Michael Weegen, Wolfgang Böttcher,
Gabriele Bellenberg, Isabell van Ackeren (Hrsg.)
Bildungsforschung und Politikberatung

Michael Weegen, Wolfgang Böttcher,
Gabriele Bellenberg, Isabell van Ackeren (Hrsg.)

Bildungsforschung und Politikberatung

Schule, Hochschule und Berufsbildung
an der Schnittstelle von Erziehungswissenschaft
und Politik

Festschrift für Klaus Klemm zum 60. Geburtstag

Juventa Verlag Weinheim und München 2002

Diese Publikation wurde ermöglicht durch die Alfried Krupp von Bohlen und Halbach-Stiftung, Essen.

Die Deutsche Bibliothek - CIP-Einheitsaufnahme

Ein Titeldatensatz für diese Publikation ist bei
der Deutschen Bibliothek erhältlich.

© 2002 Juventa Verlag Weinheim und München
Umschlaggestaltung: Atelier Warminski, 63654 Büdingen
Printed in Germany

ISBN 3-7799-1100-0

Vorwort

"Da nun kein Staatsbürger mehr oder weniger Bürger ist als der andere; da Alle gleiche Rechte und gleiche Verbindlichkeiten gegen den Staat haben: so folgt aus dem Begriff des Bürgers, daß alle Kinder in einem Staate zu gleichem Bürgerrecht und zu einer gleichen Bürgerpflicht erzogen werden müssen."
(Reinhold Bernhard Jachmann, 1812)

Die nun schon fast 200 Jahre gültige Formulierung des neuhumanistischen Gleichheitsgedankens hat nichts von ihrer Vision eingebüßt. Sucht man einen Wissenschaftler, der heute für dieses demokratische Ideal steht, so ist dies ohne Zweifel Klaus Klemm.

Während seiner gesamten wissenschaftlichen Tätigkeit hat er das neuhumanistische Ideal eingefordert. Sein Anliegen erstreckt sich auf fast alle Bereiche unseres Bildungswesens. Das Oeuvre Klaus Klemms zeichnet sich durch eine große Bandbreite aus, die sich von vorschulischen Fragestellungen über schulische Angelegenheiten bis in den tertiären Bereich mit Hochschulen und betrieblicher Weiterbildung erstreckt und historisch, bildungstheoretisch und bildungspolitisch ausgerichtet ist. Im Kern hat er immer die ‚feinen Unterschiede' auf den Punkt gebracht und sich gegen Bildungsbenachteiligung und Bildungsbeschränkung essenziell gerichtet. Es geht ihm oft um die Verbesserung zugunsten der ‚Kellerkinder' im Bildungssystem und ihre Rechte als Bürger. Dabei zielt er nicht auf krude Gleichmacherei. Von daher – und dies soll keine Etikettierung werden – zählt Klemm sicherlich zu den wenigen späten Neuhumanisten in der ‚scientific community'. Er versteht es, seine Befunde in bildungspolitische Argumente umzuwandeln und sie politisch handhabbar zu machen, um den Zielen und Idealen nach einer humaneren Gesellschaft näher zu kommen. Und es gelingt ihm jene zu finden, in deren Händen die Argumente Wirksamkeit erzielen können; wie auch in den restaurativen Zeiten der 80er und 90er Jahre, in denen die bildungspolitische Beratungsresistenz in der Politik ihren Höhepunkt erreichte. Die Ergebnisse der Bildungsforschung sind für ihn nicht ‚l'art pour l'art', sondern erhalten ihre eigentliche Bedeutung erst durch deren Wirksamkeit in der Politikberatung. Er war aber nie bereit, die wissenschaftliche Distanz zur Politik aufzugeben.

PISA, fast einem Menetekel gleich, hat nun substanziell – neben der Leistungsschwäche des deutschen Bildungssystems – den Skandal der Benachteiligung von Kindern und Jugendlichen unterprivilegierter Gesellschaftsgruppen mit aller Härte in die erste Reihe der politischen Diskussion gebracht; sicherlich eine späte Bestätigung der unermüdlichen Einforderungen Klaus Klemms, deren Einlösung weitgehend aussteht. Klaus Klemm bleibt trotz seiner wissenschaftlichen Arbeiten nie im intellektuellen Milieu stecken. Im wahrsten Sinne des Wortes zeigt er immer eine grenzenlose Präsenz: Von der VHS-Veranstaltung vor Ort bis hin zum Statement in internationalen Gremien; bei Auftritten in den öffentlichen Medien verficht er seine bildungspolitischen Anliegen kritisch und vehement.

Kooperationsbereitschaft, Vielseitigkeit und Generalismus stehen für den Germanisten, Historiker, Erziehungswissenschaftler und Bildungsökonomen Klaus Klemm. Weniger öffentlich bekannt ist der Hochschullehrer, so wie ihn die Herausgeber kennen gelernt haben: Als einer der wenigen versteht er es, erziehungswissenschaftliche Themen und bildungspolitische Fragestellungen so anzubieten, dass sie immer ihren Bezug zum Hier und Jetzt behalten und Raum für studentische Identität lassen. Obgleich inhaltlich anspruchsvoller als andere, ist sein Umgang mit den Studierenden oft unkonventionell und nicht selten von kollegialer Natur. Dies gilt insbesondere für die Arbeit unter dem Chef – auch wenn er sich mit dieser Bezeichnung nicht identifizieren kann – Klaus Klemm: Die vier Herausgeber profitierten und profitieren von seiner engagierten Nachwuchsförderung und haben sich menschlich als auch wissenschaftlich stets und fortdauernd von ihm gewertschätzt und unterstützt gefühlt.

Wir, das Herausgeberteam, wünschen dem Jubilar Klaus Klemm gute, vielleicht ruhigere Jahre und hoffen, dass wir weiterhin mit ihm zusammen arbeiten können. Wir sind sicher, dass sich die Autorinnen und Autoren dieses Bandes diesen Wünschen anschließen. Schließlich schreiben hier nicht nur Bildungsforscher, Bildungspolitiker und Journalisten – hier schreiben auch Freunde Klaus Klemms. Sicher haben wir etliche Personen übersehen, die einen Anspruch gehabt hätten, in diesem Band vertreten zu sein; diese und Klaus Klemm, der manch einen vermissen mag, mögen uns verzeihen.

Die Beiträge der Autorinnen und Autoren dieses Bandes, zu denen auch seine Kinder Annemarie und Wolfgang gehören, sind von ihrer inhaltlichen wie stilistischen Ausrichtung sehr breit gestreut. Dies ist als Hommage an die Person von Klaus Klemm zu verstehen und spiegelt die Vielfältigkeit seiner Anliegen wider. Dennoch gibt es eine gemeinsame inhaltliche Klammer. Wir haben die Autorinnen und Autoren aufgefordert, wenn möglich im ‚Duo', ihre Ideen zum Spannungsfeld Bildungsforschung und Bildungspolitik aufzuschreiben. Die hier versammelten Texte sind allerdings nicht so sehr als Bilanzierung zu verstehen, sondern vielmehr als Aufforderungen und Anstöße, weiter zu verändern.

Wir bedanken uns bei den Autoren und Autorinnen für die gute Zusammenarbeit und insbesondere bei Isabella Frenck, die maßgeblich für die schwierige Arbeit der Gestaltung dieses Bandes verantwortlich war. Nicht zuletzt gilt unser Dank der Alfried Krupp von Bohlen und Halbach-Stiftung, die die Publikation dieses Jubiläumsbandes durch ihre großzügige Unterstützung ermöglicht hat.

Essen und Berlin im März 2002

Michael Weegen, Wolfgang Böttcher,
Gabriele Bellenberg, Isabell van Ackeren

Inhalt

11

III. Hochschul- und Berufsbildung

IV. Anstelle eines Schlusswortes

Edelgard Bulmahn

Forum Bildung –
Neuer Weg zur Bildungsreform

1999 haben Bund und Länder auf meine Initiative das Forum Bildung eingesetzt, um Qualität und Zukunftsfähigkeit des deutschen Bildungssystems sicher zu stellen. Unter dem gemeinsamen Vorsitz von Bayerns Wissenschaftsminister Hans Zehetmair und mir haben in diesem Bündnis für Bildung Ministerinnen und Minister von Bund und Ländern gemeinsam mit Vertreterinnen und Vertretern der Sozialpartner, der Wissenschaft, der Kirchen, der Auszubildenden und der Studierenden in intensiver über zweijähriger Arbeit Empfehlungen zur Bildungsreform erarbeitet, die Ende 2001 vorgelegt wurden (vgl. Empfehlungen des Forum Bildung I und II). Einer der beiden Vertreter der Wissenschaft im Forum Bildung war Klaus Klemm. Die Bedeutung dieser Arbeit wurde inzwischen durch die Ergebnisse der internationalen Vergleichsstudie PISA eindrucksvoll unterstrichen. Die Empfehlungen des Forum Bildung geben bereits Antworten auf die Frage nach Konsequenzen aus dem schlechten Abschneiden deutscher Schülerinnen und Schüler bei der PISA-Studie.

1. Ausgangspunkt: Schlüsselrolle von Bildung

Ausgangspunkt für die Einsetzung des Forum Bildung war die Erkenntnis, dass Bildung national wie international zunehmend eine Schlüsselrolle erhält. Bildung bietet persönliche Orientierung in einer immer komplexeren Welt. Bildung ermöglicht Teilhabe und Gestaltung des sozialen und gesellschaftlichen Lebens. Bildung ist Schlüssel zum Arbeitsmarkt, sichert Wohlstand und hilft Arbeitslosigkeit zu vermeiden.

Gesellschaft und Wirtschaft befinden sich in einem anhaltenden Strukturwandel, der alle Lebens- und Arbeitsbereiche umfasst. Das immer schnellere Wachstum von Wissen und die weltweite Verfügbarkeit von Wissen in Folge neuer Informations- und Kommunikationstechnologien bringen gewaltige Chancen für persönlichen, gesellschaftlichen und wirtschaftlichen Fortschritt. Dem steht das Risiko gegenüber, dass Wissen wegen seiner Fülle, seiner Differenziertheit und seiner dynamischen Entwicklung immer schwerer zu erschließen ist. Die Fähigkeit, Wissen aufzufinden, auszuwählen, zu bewerten und anzuwenden für die jeweils beste Lösung einer aktuellen Aufgabe, entscheidet immer mehr über persönliche Chancen, über gesellschaftliche Teilhabe sowie über Erfolg im wirtschaftlichen Wettbewerb. In dem Maße, in dem Wissen und Kompetenzen Schlüssel für die Zukunft sind, führen jedoch Nichtwissen und Nichtbeherrschen von Kompetenzen immer häufiger zu sozialer und beruflicher Ausgrenzung.

Bildungspolitik steht daher vor einer dramatischen doppelten Herausforderung: Sie muss die Voraussetzungen dafür schaffen,

- Wissen und Kompetenzen zu vermitteln, die über die Zukunft des Einzelnen, aber auch der Gesellschaft der Wirtschaft entscheiden,

- und gleichzeitig angesichts immer höherer und neuer Qualifikationsanforderungen Ausgrenzung zu vermeiden und bestehende Ausgrenzung abzubauen.

2. Bildungsreform im Konsens

Angesichts dieser Herausforderungen brauchen wir tiefgreifendere Reformen des deutschen Bildungssystems. Diese Reformen sind nur zu verwirklichen, wenn politische Grabenkämpfe im Bereich der Bildung endgültig der Vergangenheit angehören. Das Forum Bildung hat gezeigt, dass dies heute möglich ist.

Für den Erfolg des Forum Bildung war es entscheidend, dass im Forum sehr rasch ein ideenreiches, kompetentes und vor allem gemeinsames Ringen um die Verbesserung unseres Bildungssystems entstanden ist, unabhängig von Zuständigkeitsgrenzen zwischen Bund und Ländern und unabhängig von der Zugehörigkeit zu Parteien oder Organisationen. Die Fortsetzung und Weiterentwicklung dieser neuen Kultur der Zusammenarbeit ist eine entscheidende Voraussetzung für die Umsetzung der Empfehlungen des Forum Bildung und damit für das Gelingen einer Bildungsreform.

Der zweite wichtige Faktor für den Erfolg war, dass das Forum Bildung einen intensiven Dialog zwischen Politik, Wissenschaft und Praxis zustande gebracht hat. Dieser Dialog hat zunächst im Forum selbst stattgefunden: Die fünf Themenschwerpunkte des Arbeitsprogramms – Bildungs- und Qualifikationsziele von morgen, Förderung von Chancengleichzeit, Qualitätsentwicklung und Qualitätssicherung im internationalen Wettbewerb, Lernen, ein Leben lang und Neue Lern- und Lehrkultur – wurden durch Arbeitsgruppen des Forum Bildung für die jeweilige Einstiegsdiskussion im Forum vorbereitet. Die Ergebnisse dieser Einstiegsdiskussionen wurden in Arbeitspapieren des Arbeitsstabes festgehalten, die neben einer Strukturierung des jeweiligen Themenschwerpunkts Fragen des Forum Bildung an Experten erhielten. In die fünf vom Forum Bildung zu den Themenschwerpunkten eingesetzten Expertengruppen wurden bewusst gleichermaßen Vertreterinnen und Vertreter von Wissenschaft und Praxis berufen. Die Berichte dieser Expertengruppen waren Grundlage für die Erarbeitung von vorläufigen Empfehlungen des Forum Bildung, die wiederum in einem breiten öffentlichen Dialog eingebracht wurden (vgl. Materialien des Forum

14

Bildung 5, 6, 8, 9, 10). Wir haben über diesen Weg die Diskussion mit wichtigen Zielgruppen, insbesondere Schülerinnen und Schülern, Lehrerinnen und Lehrern sowie Eltern, aber auch mit der Wissenschaft, gesucht und interessante Stellungnahmen zu den Zwischenergebnissen des Forum erhalten, die uns geholfen haben, unsere Empfehlungen noch konkreter und gezielter zu fassen. Schließlich wurden auf dem ersten Kongress des Forum Bildung und in einer Reihe von Fachtagungen und Workshops im Dialog zwischen Wissenschaft, Praxis und Politik weitere Impulse und Vertiefungen für die Arbeit des Forum Bildung erarbeitet (vgl. Materialien des Forum Bildung 3, 4, 7, 11, 12, 13, 14).

Ein drittes wichtiges Element war das Zurückgreifen auf Erfahrungen aus Praxisbeispielen. Die Feststellung, dass zu den meisten der diskutierten Einzelthemen bereits wichtige Erkenntnisse und gute Erfahrungen aus Beispielen der Praxis vorlagen, zog sich wie ein roter Faden durch die Arbeit des Forum Bildung. Das Forum Bildung hatte daher von Anfang an nicht den Anspruch, das Rad neu zu erfinden. Es wollte bewusst auch dazu beitragen, die bereits existierenden guten Erfahrungen zu identifizieren, zu bündeln und vor allem breit umzusetzen. Wir haben daher über die Homepage des Forum Bildung (www.forumbildung.de) eine Datenbank der guten Beispiele zur Verfügung gestellt, die Informationen zu Praxisbeispielen vermittelt. Diese Datenbank wird zusammen mit den übrigen Serviceangeboten über die Beendigung des Forum Bildung hinaus fortgeführt. Die Gesamtausgabe der Empfehlungen und Einzelergebnisse des Forum Bildung (Ergebnisse des Forum Bildung II) wurden mit einem Anhang versehen, in dem über 100 Praxisbeispiele Empfehlungen des Forum Bildung illustrieren.

3. Ergebnisse des Forum Bildung – Eckpunkte einer Bildungsreform

Das Forum Bildung hat seine Ergebnisse in 12 Empfehlungen zusammen gefasst (Empfehlungen des Forum Bildung I). Diese Empfehlungen werden ergänzt durch die Einzelergebnisse zu den fünf Themenschwerpunkten (Empfehlungen des Forum Bildung II) und durch die Berichte der vom Forum eingesetzten fünf Expertengruppen (Empfehlungen des Forum Bildung III). Das Forum Bildung wendet sich mit diesen Empfehlungen nicht nur an die politisch Zuständigen und Verantwortlichen, sondern gleichermaßen an diejenigen, die Bildungsprozesse vor Ort gestalten. Denn das Gelingen einer Bildungsreform setzt gleichermaßen rechtliche, organisatorische und finanzielle Rahmenbedingungen „von oben" wie das Gestalten und Mit-Leben-Erfüllen der Inhalte „von unten" voraus.

Das Forum Bildung hat insbesondere frühe Förderung, individuelle Förderung, die Verwirklichung Lebenslangen Lernens für alle, die Erziehung zur Verantwortung und die Reform der Aus- und Weiterbildung der Lehrenden als vordringlich bezeichnet. Diese Handlungsfelder decken sich weitgehend mit der Notwendigkeit, Konsequenzen aus Ergebnissen der PISA-Untersuchung zu ziehen. Ich möchte in diesem Zusammenhang insbesondere aus folgenden Feststellungen hinweisen:

- Die deutschen PISA-Ergebnisse liegen in allen Bereichen unter dem OECD-Durchschnitt. Dabei kommt den schlechten Ergebnissen im Bereich der Lesekompetenz eine besondere Bedeutung zu. Denn Lesekompetenz ist beispielsweise in hohem Maße Voraussetzung für den Erwerb von mathematischen und naturwissenschaftlichen Kompetenzen.

- 23 % der deutschen Schülerinnen und Schüler erreichen nur Stufe I der Lesekompetenz oder weniger. Sie bilden damit eine enorme Risikogruppe in einer Zeit, in der immer höhere und neue Qualifikationen gefordert werden. Gleichzeitig bleibt die Spitzengruppe (Stufe V) knapp unter dem OECD-Durchschnitt.

- Deutschland hat die stärkste Koppelung von Bildungserfolg und sozialer Herkunft. Es ist eine Schande für unser Land, wenn Kinder von Facharbeitern eine vier Mal geringere Chance haben, das Gymnasium zu besuchen als Kinder aus der sogenannten oberen Dienstklasse. Und es ist zudem eine enorme Vergeudung von Ressourcen, die wir dringend für unsere Zukunft benötigen.

Im Hinblick auf diese dramatischen Ergebnisse lassen sich aus den Empfehlungen des Forum Bildung unter anderem folgende Eckpunkte für eine Bildungsreform ableiten:

Frühe Förderung

Weichen für Bildungschancen und damit für Lebenschancen werden bereits früh gestellt. Insbesondere Motivation und Fähigkeit zu kontinuierlichem und selbstgesteuertem Lernen sind früh zu wecken. Deutschland investiert erheblich weniger in die entscheidenden ersten Bildungsjahre als vergleichbare Staaten wie Österreich, die skandinavischen Länder, die Schweiz oder die USA.

Auch in Deutschland müssen die Möglichkeiten des Kindergartens zur Unterstützung früher Bildungsprozesse deutlich besser genutzt werden. In der Grundschule müssen die Bedingungen für eine gezielte individuelle Förderung erheblich verbessert werden, damit alle Kinder unabhängig von ihrer sozialen Herkunft ihre Interessen und ihre personale und soziale Identität entwickeln können. Unzureichende Förderung in den ersten Bildungsjahren kann später nur noch beschränkt durch schulische oder außerschulische

Maßnahmen nachgeholt werden. Auch das wird durch die PISA-Ergebnisse deutlich.

Das Forum Bildung empfiehlt u.a.

- Verwirklichung des Bildungsauftrags des Kindergartens, durch Definition von Bildungszielen, Schaffung von Transfer- und Beratungsstrukturen, Reform und Aufwertung der Aus- und Weiterbildung des Personals und durch Ausbau der Forschungskapazitäten für Frühpädagogik;

- intensivere Förderung in der Grundschule, z.b. durch rechtzeitigen Ausgleich von Schwierigkeiten beim Sprechen, Lesen, Schreiben und Rechnen, durch Erkennen und Fördern von Begabungen und durch engere Zusammenarbeit zwischen Schule und Eltern;

- intensivere Förderung der Interessen von Kindern vor allem an naturwissenschaftlichen und technischen Fragen, an Fremdsprachen und an musisch-kreativen Fächern bereits im Kindergarten und in der Grundschule. Mädchen und Jungen sind dabei gleichermaßen zu unterstützen.

Individuelle Förderung

Individuelle Förderung entscheidet darüber, ob Menschen sich nach ihren Fähigkeiten und Interessen entwickeln können. Sie ist gleichermaßen Voraussetzung für das Vermeiden und den rechtzeitigen Abbau von Benachteiligungen wie für das Finden und Fördern von Begabungen. Unser gegliedertes Schulsystem hat leider auch dazu geführt, dass wir viel weniger eine Pädagogik der Vielfalt entwickelt haben als andere Staaten, wie z.B. Finnland, die erheblich weniger selektieren. Das Forum Bildung fordert eine neue Lern- und Lehrkultur mit dem Ziel der konsequenten Berücksichtigung unterschiedlicher Lernvoraussetzungen, wie z.B. Begabungen, Lernhaltungen, Lernumgebungen im Elternhaus, Vorwissen aus der Lebenswelt. Das erfordert differenzierte Lernangebote, neue Formen des Lehrens und eine zunehmende Selbststeuerung von Lernprozessen durch die Lernenden. Individuelles Lernen muss durch gemeinsames und gegenseitig unterstützendes Lernen in Gruppen ergänzt werden. Auch das Finden und Fördern von Stärken und Begabungen muss noch stärker zur Normalität werden. Diese Förderung ist auch als soziale Verpflichtung für die geförderte Person zu verstehen.

Ganztagsschulen bieten bessere Bedingungen für die individuelle Förderung, sowohl für die Vermeidung von Benachteiligungen wie für die Förderung von Begabungen. Voraussetzung dafür sind entsprechende pädagogische Konzepte und entsprechend ausgebildetes Personal.

Das Forum Bildung empfiehlt u.a.

- bedarfsgerechte Ausweitung des Angebots an Ganztagsschulen mit Schwerpunkten der individuellen Förderung und des sozialen Lernens,

- Verbesserung der Bedingungen für das Finden und Fördern von Begabungen, u.a. durch qualifizierte Diagnose und Beratung, Verstärkung von Zusatzangeboten sowie entsprechende Aus- und Weiterbildung der Lehrenden,

- Verbesserung der Förderbedingungen für Kindergärten und Schulen in sozialen Brennpunkten, verstärkte Einbeziehung und Beratung von Eltern insbesondere in diesen Bildungseinrichtungen,

- Verstärkte Integration von Behinderten in Regeleinrichtungen und Verbesserung der Bedingungen für die individuelle Förderung von Behinderten in Regeleinrichtungen unseres Bildungssystems,

- Entwicklung einer Pädagogik der Vielfalt sowie ihre Einbeziehung in die Aus- und Weiterbildung der Lehrenden.

Kompetenzen für die Zukunft

Wir brauchen noch mehr gut qualifizierte Fachkräfte, die in der Lage sind, sich in der Fülle des zunehmenden Wissens zu orientieren, ständig weiter zu lernen und Verantwortung für ihr Handeln zu übernehmen. Das erfordert insbesondere erheblich flexiblere Übergänge zwischen den Schulformen, bessere Durchlässigkeit zwischen Berufsausbildung und Hochschulen sowie eine Steigerung der Zahl der Hochschulabsolventinnen und Hochschulabsolventen. Die Deckung des zusätzlichen Bedarfs an Hochschulabsolventen, insbesondere in naturwissenschaftlichen und technischen Berufen, wird zunehmend zu einer Zukunftsfrage für Gesellschaft und Wirtschaft. Auch angesichts dieser Situation ist es dringend erforderlich, dass insbesondere die Universitäten ihre Erfolgsquoten steigern. Notwendig sind insbesondere eine bessere Berufsorientierung, eine bessere Beratung in der Eingangsphase, besser strukturierte Studienangebote und eine intensivere Begleitung während des Studiums.

Handlungskompetenz setzt in gleichem Maße solides Fachwissen und fachübergreifende Kompetenzen zur Anwendung dieses Wissens voraus. Fachliche und fachübergreifende Kompetenzen müssen den gleichen Stellenwert erhalten und dürfen nicht isoliert voneinander vermittelt werden. Besonders wichtig sind: Lernen des Lernens, Sprach- und Lesekompetenz als Schlüssel zur Bildung, frühe und integrierte Vermittlung von Fremdsprachen, technische und inhaltliche Medienkompetenz sowie soziale Kompetenzen.

In einer Gesellschaft, die immer stärker vom Wandel bestimmt ist, sind das frühzeitige Erfahren und Reflektieren von Werten und die Herausbildung eigener Werthaltungen entscheidend für die Fähigkeit, sich zu orientieren, Perspektiven zu entwickeln, das Lebensumfeld und die Gesellschaft mitzugestalten und solidarisch zu handeln. Werte lassen sich jedoch nicht abstrakt vermitteln. Bildungseinrichtungen müssen verstärkt Gelegenheit schaffen zum Erleben, Erfahren und Reflektieren von Werten. Es bedarf einer Kultur des Miteinanders, die Schülerinnen und Schüler, Auszubildenden und Studierenden Vertrauen entgegenbringt und ihnen früh die Chance gibt, Verantwortung zu übernehmen.

Das Forum Bildung empfiehlt u.a.

- Verbesserung der Bildungsbeteiligung, u.a. durch flexiblere Übergänge zwischen den Schulformen und stärkere Durchlässigkeit zwischen der Berufsausbildung und den Hochschulen,

- Steigerung des Anteils der Hochschulabsolventen, u.a. durch frühzeitige Berufsorientierung und Beratung in der Schule, bessere Strukturierung der Studienangebote und intensivere Beratung und Begleitung während des Studiums,

- Förderung des Erwerbs fachübergreifender Kompetenzen, u.a. durch neue didaktische Konzepte für die gemeinsame Vermittlung von fachlichen Kenntnissen und fachübergreifenden Kompetenzen sowie Mess- und Bewertungsverfahren für den Erwerb fachübergreifender Kompetenzen,

- Verfahren zur Leistungsbewertung und Prüfungsverfahren, die in stärkerem Maße Verständnis und Problemlösungskompetenzen erfassen und bewerten,

- Unterstützung von Bildungseinrichtungen bei der Verwirklichung von Demokratiekultur und der Vermittlung von sozialen Kompetenzen.

Lernen, ein Leben lang – für alle!

Kontinuierliches Lernen ist der Schlüssel zur Nutzung der Chancen und zur Vermeidung der Probleme, die sich aus dem Wandel ergeben. Die Bedeutung lebenslangen Lernens ist daher unbestritten. Im Mittelpunkt der Bildungspolitik steht heute das Ziel, lebenslanges Lernen zu einer Wirklichkeit für alle zu machen. Dies zieht sich wie ein roter Faden durch die Empfehlungen des Forum Bildung. Die Vermittlung lebenslangen Lernens betrifft alle Bildungsstufen und muss alle Menschen erreichen. Grundlagen werden bereits in den ersten Lebensjahren gelegt. Lebenslanges Lernen erfordert eine bessere Verzahnung von Bildungsstufen und Bildungswegen sowie neue Konzepte der Weiterbildung.

Nichtteilhabe an kontinuierlichem Lernen führt immer häufiger zu sozialer und beruflicher Ausgrenzung. Die Ermöglichung lebenslangen Lernens auch für Personen mit geringen Qualifikationen, Migrantinnen und Migranten sowie Langzeitarbeitslosen hat daher die Dimension einer nationalen Aufgabe im Interesse der betroffenen Individuen, des sozialen Zusammenhalts der Gesellschaft und im Interesse der Wirtschaft. Die Entwicklung von Verfahren zur Anerkennung von Ergebnissen informellen Lernens spielt hierbei eine wichtige Rolle.

Das Forum Bildung empfiehlt u.a.

- Entwicklung von Verfahren der Anerkennung von Ergebnissen informellen Lernens,

- Modularisierung in der Weiterbildung, verbunden mit einer Vereinheitlichung von Modulen und Modulprüfungen,

- konsequenten Ausbau der wissenschaftlichen Weiterbildung als dritte Aufgabe der Hochschulen,

- neue Finanzierungskonzepte für lebenslanges Lernen, z.B. Lernzeitkonten,

- Stärkung der Transparenz und Ausbau der individuellen Beratung,

- Schaffung eines Förderinstruments mit einheitlicher Finanzierung für eine zweite Qualifizierungschance für junge Erwachsene ohne Erstausbildung,

- breite Qualifizierungsoffensive für Un- und Angelernte unter Nutzung der Ergebnisse informellen Lernens.

Die Lehrenden: Schlüssel für die Bildungsreform

Lehrende haben eine zentrale Rolle bei der Gestaltung der Bildungsreform vor Ort. Sie sind darauf nicht ausreichend vorbereitet. Die Verwirklichung einer Bildungsreform setzt daher eine zielgerichtete Reform des Aus- und Weiterbildenden voraus. Weiterbildung muss deutlich stärker dazu beitragen, die konkreten Herausforderungen in der einzelnen Bildungseinrichtung zu erfüllen.

Die notwendige grundlegende Veränderung der Lehr- und Lernkultur erfordert ein verändertes Berufsbildung der Lehrenden, das insbesondere folgende Elemente umfasst: Eine stärkere individuelle Förderung und Beratung der Lernenden, Unterstützung der Schulentwicklung, verstärkte Zusammenarbeit mit Eltern und mit außerschulischen Einrichtungen, Weiterbildung zum Ausbau der pädagogischen und fachlichen Professionalität. Mitglieder der Leitung von Bildungseinrichtungen benötigen zusätzlich zu den fachlichen Kompetenzen erweiterte Kompetenzen, um die innovative

Entwicklung der Bildungseinrichtung einzuleiten, zu unterstützen und zu steuern.

Die materielle und personelle Ausstattung der Bildungseinrichtungen muss mit dem steigenden Anforderungen Schritt halten. Die gesellschaftliche Wertschätzung der Lehrenden hat großen Einfluss auf die Motivation und auf die Gewinnung von Nachwuchs für den Beruf der Lehrenden.

Das Forum Bildung fordert u.a.

- konsequente Umsetzung der Reform der Lehreraus- und Weiterbildung, u.a. durch Aufnahme neuer und veränderter Aufgaben, Inhalten und Methoden, stärkere Verzahnung von Theorie und Praxis sowie von Ausbildung und kontinuierlicher Weiterbildung,

- stärkere Orientierung der Weiterbildung der Lehrenden am konkreten Bedarf der einzelnen Bildungseinrichtungen,

- Verstärkung der Führungs- und Managementkompetenzen der Leiterinnen und Leiter von Bildungseinrichtungen, u.a. durch verpflichtende kontinuierliche Weiterbildung.

- Ausbau der Beratungskompetenzen der staatlichen Aufsicht,

- Entwicklung einer Evaluationskultur,

- Anpassung der materiellen und personellen Ausstattung an die neuen Anforderungen.

4. Entscheidend ist die Umsetzung

Wir haben im Forum Bildung – gestützt auf viele Vorarbeiten – konzeptionelle Voraussetzungen für die dringend notwendige Bildungsreform erarbeitet. Nun müssen wir handeln! Die Spitzenreiter der PISA-Studie, z.B. Finnland und Kanada, haben bereits vor 10 bis 15 Jahren die Schlüsselrolle von Bildung erkannt und daraus die Konsequenzen gezogen. Deutschland hat keine Zeit mehr zu verlieren.

Nur wenn wir uns heute in einem konsequenten Prozess der Bildungsreform engagieren, erhalten wir die Chance, in einem Jahrzehnt wieder die Spitzengruppe der Bildungssysteme zu erreichen. Gelingen kann dies nur, wenn wir die im Forum Bildung entstandene neue Kultur der Zusammenarbeit nutzen und ausbauen. Wer statt dessen wieder in die Grabenkämpfe von vorgestern zwischen Ländern und Bund und zwischen Parteien zurückfällt, setzt in unverantwortlicher Weise die Zukunft des Einzelnen, der Gesellschaft und der Wirtschaft aufs Spiel.

Hartmut Holzapfel/Eva-Maria Stange

PISA. Wandel der Schule und die Rolle von Staat und Gesellschaft. Thesen und eine Replik.

Dieser Beitrag besteht aus zwei Hauptteilen. Im ersten Teil beschreibt Holzapfel das Modell einer lernenden Schule, die Rechenschaftslegung als Tugend begreift. Im zweiten unternimmt Stange den Versuch einer konstruktiven Replik auf diese Vorstellung.

Hartmut Holzapfel:
Lernfähigkeit durch Dezentralisierung

Es besteht wenig Grund zu der Annahme, dass sich nach PISA Entscheidendes an deutschen Schulen ändern wird. Man erinnere sich, wie schnell man nach TIMSS zur Tagesordnung überging.

Gewiss: Auch in Hessen wurden an einigen Schulen Modellversuche zur Veränderung des mathematischen und naturwissenschaftlichen Unterrichts gestartet und von einer Hochschule begleitet. Wie wenig das jedoch in die Breite ging, zeigen die Entwürfe für neue Lehrpläne, die in diesem Land jetzt vorgelegt werden – sie lesen sich, als hätte es die Ergebnisse von TIMSS nie gegeben. Was sich als Sachverstand der Fachwissenschaftler versteht, setzt sich immer wieder gegen alle empirische Einsicht durch, wie gering der Ertrag des Unterrichts ist, den diese Fachwissenschaftler zu verantworten haben.

Nichts spricht dafür, dass dies nach PISA anders sein wird. Vielleicht werden einige Fragen nun etwas vertieft und mit größerer Breitenwirkung diskutiert werden, beispielsweise die Frage der vorschulischen Förderung und der Entwicklung von Ganztagsangeboten. Dies soll nicht gering geachtet werden, weil sich auch in ihnen der Rückstand des deutschen Bildungswesens gegenüber dem internationalen Standard ausdrückt und auch hier Änderungen Not tun, die schnell kommen müssen.

Aber sie treffen dennoch nicht den inhaltlichen Kern: die Qualität des Unterrichts. PISA hat uns zunächst erneut bestätigt, was schon bei TIMSS festgestellt werden konnte: Schlecht sind die Deutschen dort, wo es um selbstständiges Anwenden und Verstehen geht, also darum, das nachzuweisen, was „Literacy" genannt wird. PISA hat dem aber noch ein weiteres Ergebnis hinzugefügt: Das deutsche Bildungssystem zeitigt nicht nur schlechte Ergebnisse, sondern ist auch in höherem Maße sozial selektiv als Bildungssysteme anderer Industrienationen.

1.

Das rührt an den Kern des deutschen Selbstverständnisses. Dass wir, anders als alle anderen Industrienationen, unsere Kinder schon früh in bestimmte ‚Kästchen' stecken, wurde ja immer damit begründet, damit werde eine bessere „Passung" von Begabung und Schule erreicht. PISA hat diese Behauptung falsifiziert. Für den hohen Preis einer verschärften sozialen Selektion erhalten wir noch nicht einmal die versprochene Gegenleistung, dass dadurch gute wie schlechte Schülerinnen und Schüler gezielt und damit besser gefördert werden könnten. In den Spitzen sind wir nicht gut, in den schwachen Leistungsgruppen desolat.

Jedes Schulsystem bemüht sich um die Balance zwischen dem, was Kinder mitbringen, und dem, was Schule zu erreichen vermag. Kein Schulsystem vermag dabei zu zaubern. Aber keines ist so zwanghaft auf den einen Pol fixiert wie das deutsche: das, was man hierzulande „Eignung" nennt und was angeblich schon früh festgestellt werden kann. Soll in diesem Land die Qualität von Schule verbessert werden, wird nicht die Schule verbessert, sondern werden Versetzungsbestimmungen verschärft oder Querversetzungen erleichtert, damit endlich nur noch die „richtigen" Kinder auf der „richtigen" Schule sind.

Wäre unser Mathematikunterricht besser, könnte jeder Zehntklässler durchschauen, dass damit statistische Mittelwerte verbessert werden, nicht aber die Qualität der Schule. Wird der Summenstrich gezogen, wie dies in PISA geschehen ist, ist das Ergebnis eindeutig. Kein Wunder: In Deutschland wird eine Schule dadurch ‚besser', dass sie sich der pädagogischen Verantwortung für die Schülerinnen und Schüler entledigt, mit denen sie es nicht so einfach hat. In diesem System beißen den Letzten die Hunde, und so sind die Ergebnisse.

Je früher eine externe Konstante für Erfolg und Misserfolg verantwortlich gemacht werden kann, desto mehr ist die Schule von pädagogischer Anstrengung suspendiert. Das ist der Kern des Versagens der deutschen Schulstruktur. Wenn nur noch die Frage beantworten muss, ob der Schüler für eine bestimmte Schule geeignet ist, muss nicht mehr die Frage beantwortet werden, ob die Schule für den Schüler geeignet ist. Wir entlassen unsere Schulen dadurch aus ihrer Verantwortung.

2.

Freilich sei vor Kurzschlüssen gewarnt. Zwar sprechen solche Befunde für eine spätere Schullaufbahnentscheidung und dafür, dass wir auch hier endlich an das international Übliche aufschließen, wo man mehr Geduld und Aufmerksamkeit für den Einzelnen aufwendet, bevor man ihn in ein Schubkästchen tut. Würden wir das dreigliedrige Schulsystem durch ein schrittweise differenzierendes Gesamtschulsystem ablösen, wie dies in all den Ländern der Fall ist, die so deutlich bessere Ergebnisse aufweisen, so hätten wir aber nur einen Aspekt erfasst, mit dem in Deutschland die Schule von Verantwortung suspendiert wird.

In der kritischen Diagnose bürokratischer Großorganisationen ist immer wieder auf einen scheinbaren Widerspruch hingewiesen worden: Dass sich in ihnen häufig ein Maximum an Regelungsdichte mit einem Minimum an wirklich wirksamer Kontrolle verbindet. Zu Recht wird beklagt, dass der deutschen Schule eine nachgerade unüberschaubare Zahl von Vorgaben gemacht wird, und doch weiß jeder, dass dem Lehrer und seinem Unterricht in der Praxis kaum beizukommen ist, wenn er erst einmal die Klassenzimmertür zugemacht hat. Wenn man als Minister acht Jahre Berichte der Schulaufsicht vorgelegt bekommen hat, sind einem die Formeln schnell vertraut, mit denen hiervor kapituliert wird.

Kein Beruf in Deutschland hat die Furcht vor Außenkontrolle so zur Manie entwickelt wie dies bei Lehrerinnen und Lehrern der Fall ist (dies hat ein Schweizer Erziehungswissenschaftler genau so aparterweise in einer GEW-Publikation formuliert), und keinem Beruf gelingt es so wirkungsvoll, Außenkontrolle zu vermeiden. Still ruht der See in sich selbst. Niemand muss lernen, der nicht lernen will, niemand sich ändern, der sich nicht ändern will. Die deutsche Schule ist autistisch.

Die Ursachen sind einfach zu benennen: Die deutsche Schule ist nach den Regeln einer Zentralverwaltungswirtschaft organisiert. In Zentralverwaltungswirtschaften wird die Regelungsdichte immer größer und die Effizienz immer geringer; sie funktionieren nach einer Logik, in der keiner die Verantwortung für irgendetwas übernehmen muss, aber jeder immer weiß, wer Schuld ist. In solchen Systemen schiebt jeder seine Kugel, bringt sein Schäfchen ins Trockene und lässt den lieben Gott einen guten Mann sein. Den Schulen steht ein breites Spektrum von Verantwortlichen zur Verfügung, die bei Nachfragen in Anspruch genommen werden können: die Eltern, die ihre Kinder schlecht erziehen, die Kinder, die nicht lernen wollen oder auf der falschen Schule sind, die Umwelt, die Unzumutbares verlangt, der Kultusminister, der die falschen Erlasse macht, der Finanzminister, der nicht das nötige Geld bereit stellt. Ein Lehrerverband hat zu den PISA-Ergebnissen erklärt, nun müssten sich die Schüler endlich anstrengen. Von Lehrern hat er nicht gesprochen.

3.

Mit den Mitteln der Zentralverwaltungswirtschaft können die Probleme nicht gelöst werden, die durch sie verursacht sind. In den Ländern, von denen wir etwas lernen können, bestimmt die Schulen eine andere Logik: Sie konfrontieren sich immer zuerst mit der Frage, was sie selber besser machen können. Wo die Statistik nicht durch Querversetzungen bereinigt werden kann, muss man sich der Mühsal der Qualitätsverbesserung unterziehen, um bessere Ergebnisse zu erreichen. Aus den Anstrengungen jeder einzelnen Schule addieren sich die Werte, die für diese nationalen Bildungssysteme zu besseren Gesamtergebnissen führen.

Dazu sind einige einfache Voraussetzungen erforderlich. Man könnte sie mit dem Überschrift Freiheit und Verantwortung versehen, wie vor Jahren schon der Titel eines Buches lautete, das über niederländische Erfahrungen berichtete. Die Bausteine sind:

- Die Schulen brauchen ein hohes Maß an pädagogischer Freiheit und Flexibilität, um sich auf die spezifischen Bedürfnisse ihrer Schülerinnen und Schüler und ihres gesellschaftlichen Umfeldes einzustellen; wir brauchen also eine kräftige Deregulierung. Soweit war schon die Diskussion um die „verwaltete Schule" in den fünfziger Jahren, die der Bildungsrat in den siebziger Jahren verarbeitet hat.

- Die Hoffnung des Bildungsrates, dass sich mit der Freigabe pädagogischer Handlungsräume die Qualität der Schule gleichsam automatisch verbessere, teilen wir jedoch heute nicht mehr. Wir wissen (auch aus internationalen Vergleichsuntersuchungen), dass die Freisetzung von Regeln auch dazu führen kann, dass lediglich die Wohlstandsparameter der Beteiligten verbessert werden.

- Daraus folgert jedoch nicht eine Bestätigung des Status quo. So wenig das Gleichmaß bürokratischer Regeln den Bedürfnissen der Schulen gerecht werden kann, so wenig sind sie geeignet, wirksame Kontrolle auszuüben. Schule hat es nicht mit gleichförmigen Verwaltungsabläufen zu tun. Auch für die Schulen gilt (wie in anderen Bereichen, in denen wir öffentliche Dienstleistungen modernisieren), dass Zielvereinbarungen und externe Evaluation geeignete Instrumente von Steuerung und Kontrolle sein können. Sie sind es aber nur dann, wenn auch Konsequenzen aus Ergebnissen gezogen werden, und das setzt voraus, dass sie auch wirklich gezogen werden können.

- Für Zielvereinbarungen benötigt die Schule einen Verwaltungsrat, in dem Vertreter der Schulgemeinde ebenso wie des regionalen Umfeldes vertreten sind. Dadurch kann eingebracht werden, welche Bedürfnisse dieses Umfeldes in der Schule bearbeitet werden müssen, andererseits aber verbindlich gemacht werden, wie die Arbeit der Schule von außen unterstützt werden kann. Die Überprüfung der Zielvereinbarung ist ein öffentlicher Prozess.

- Externe Evaluation der gesamtstaatlich definierten Bildungsziele kann am besten geleistet werden durch ein Inspektorensystem, das die traditionelle Form der Schulaufsicht ablöst. Die Inspektoren (zu denen neben schulfachlichen Beamten auch Laien gehören können) beschreiben, was ihnen bemerkenswert erscheint; auf dieser Grundlage kann die Schule Vorschläge erarbeiten, wie Stärken verstärkt und Schwächen gemindert werden. Evaluationsberichte und Stellungnahmen der Schulen sind öffentlich; Konsequenzen hieraus müssen in die regionalen Zielvereinbarungen einfließen.

Schulen, die Eigenverantwortung wirksam ausüben können, brauchen eine Rechtsform als juristische Person; sie müssen über ihre innere Organisation und ihren Etat ebenso verfügen wie über die Personalhoheit. Sie sollten in kommunaler Trägerschaft sein, weil dadurch die Zusammenarbeit mit den örtlichen Unterstützungssystemen und –angeboten (Jugendhilfe, Bibliothek, Musikschule, Vereine, Kirchen) flexibel bis hin zum Personalaustausch organisiert werden kann. Nur unter solchen Rahmenbedingungen können Resultate verantwortet und auch Konsequenzen aus Ergebnissen gezogen werden.

Die Konstruktion des Verwaltungsrates respektiert die Grenze, die im Hinblick auf die Professionalität der Arbeit beachtet werden muss. Die Lehrkräfte müssen die Fachleute für das Wie bleiben, freilich auch Rede und Antwort stehen, wenn die versprochenen Ziele nicht erreicht werden. Sinnvoll wäre es, anstelle der bisherigen Leitungsstruktur der Schule dem Schulleiter einen kaufmännischen Direktor an die Seite zu stellen. Selbstverständlich können Leitungsfunktionen nicht mehr lebenszeitlich besetzt werden. So wie die Schulleitungen das Recht zu Personalentscheidungen erhalten müssen, hat der Verwaltungsrat das Recht, Schulleitungen zu ernennen und abzulösen.

Das System des Inspektorats ist von Aufsicht und direkter Kontrolle strikt zu trennen. Das Berichtswesen, das durch dieses Inspektorat begründet wird, wird jedoch eine höhere Verbindlichkeit zur Folge haben, als der gelegentliche Besuch eines Schulaufsichtsbeamten oder der übliche Bericht auf dem Dienstweg. Das Inspektorat legt seinen Bericht dem Verwaltungsrat vor, die Schule fügt dem die Vorschläge bei, wie sie ihre Arbeit weiter verbessern will. Die Ergebnisse des Inspektorats sind somit eingebunden in die enge örtliche Abstimmung von Zielvereinbarung und Controlling.

Dazu gehört auch die Bereitschaft, von anderen zu lernen, zu sehen, weshalb was an anderen Schulen besser klappt. So unsinnig Ranking-Tabellen sind, die bei Schulen immer Unvergleichbares in eine Rangfolge bringen, so sinnvoll sind Verfahren, die Schulen mit vergleichbarer Population oder vergleichbaren Problemen in eine Beziehung zueinander bringen und nach der ‚best practice' fragen.

4.

In einer jüngst veröffentlichten Studie der Hans-Böckler-Stiftung ist die Formulierung gebraucht worden, man müsse von der staatlichen zur gesellschaftlichen Verantwortung für die Schule kommen. Diese Formulierung trifft sehr genau das, worum es geht; sie verstärkt zudem einen Aspekt, der aus der Sicht der Schule ebenso wichtig ist wie ein neues Steuerungssystem aus der Sicht des regionalen Umfeldes.

Die Selbstreferenz, in der unsere Schulen bisher verharrten, ist von den Beteiligten zumeist als Schutz verstanden worden. Dabei wird man unterscheiden müssen. Abgewehrt werden kann nicht, dass auch die Schule einer externen Bewertung unterliegen muss, wie wir das in anderen Bereichen ganz selbstverständlich erwarten. Nachvollziehbar ist jedoch die Abwehr von Unzumutbaren: die endlose Liste von wachsenden Erwartungen, die an die Schule gestellt werden.

Freilich ist die Maßlosigkeit der Erwartungen nur der Reflex fehlender Transparenz. Wo Möglichkeiten und Grenzen, Prioritäten und Optionen nicht offen verhandelt werden, gewinnt die Öffentlichkeit auch keine Maßstäbe, an denen sie ihre eigenen Erwartungen messen könnte. Die Zielvereinbarung, die im Verwaltungsrat verhandelt wird, kann nicht nur Transparenz schaffen, sondern bringt die Schule erstmalig auch in die Position, ihre Anforderungen an andere in einer verbindlichen Weise zu formulieren und deren Verpflichtungen in die Zielvereinbarung aufzunehmen. Im Verwaltungsrat wird daher immer auch die Frage verhandelt werden müssen, wer die Schule bei ihrem unbestreitbar schwieriger gewordenen Auftrag wie wirkungsvoll unterstützen kann.

5.

Dass weniger mehr sein kann, ist eine bekannte Weisheit, die freilich in der Schule kaum beachtet wird. In keinem deutschen Land sind die Anforderungen der Bildungspläne realistisch. Es spricht einiges dafür, dass auch im internationalen Vergleich die mehr erreichen, die in der Definition ihres Curriculums die Ziele so definiert haben, dass nicht nur durchgenommen, sondern auch gelernt wird.

In Deutschland steht die Frage eines Nationalen Curriculums auf der Tagesordnung, weil nicht nur die Anforderungen an die Schule von außen, sondern auch die Addition von Fächern und Stoffen durch die Schulverwaltungen zu solch unrealistischen Vorgaben geführt hat. Daher wird in der Schule schnell vorangegangen und nicht vertieft, wird das Ergebnis zum

Memorieren gegeben und nicht der Lernweg in den Mittelpunkt gerückt. Vor hundert Jahren hat es die letzte kritische Durchsicht der Stoffkataloge und Fächergewichtungen gegeben: als das altphilologische Gymnasium seine Definitionsgewalt über den Hochschulzugang verlor und die Realien der Industriegesellschaft gymnasialfähig wurden. Danach ist immer nur addiert worden. Die Überprüfung der Fächer und Stoffe, die im Übergang zur Informationsgesellschaft erforderlich ist, steht noch aus. Das ist keine Aufgabe, die ein einzelnes Land schultern kann, sondern eine nationale Aufgabe.

Die Vergleichsstudien lehren uns, dass es nicht nur um Inhalte, sondern vor allem um Methoden geht. Die deutsche Schule ist von den Fachwissenschaften her konzipiert, nicht von den Fragestellungen her, die zu bewältigen sind. Daher haben wir die Naturwissenschaften in Minifächer seziert, statt „Sciences" zu unterrichten. Die deutsche Schule ist nicht schlecht, wo repetiert wird. Sie übersieht nur, dass das Leben überwiegend aus Fragen besteht, die in der Schule noch nicht vorgekommen sind, und dass in der Bewältigung dieser Fragen die Bewährungsprobe liegt. Die Fragen, die PISA stellt, sind daher darauf ausgerichtet, „Literacy" zu überprüfen, also die Fähigkeit, die „Sprache" einer Disziplin zu begreifen, um auch unbekannte Sätze dechiffrieren zu können.

Dass die deutsche Schule hierauf nicht ausgerichtet ist, die deutschen Schülerinnen und Schüler deswegen schlecht abschneiden, liegt an ihrem selbstreferenziellen Charakter. Die Öffnung nach außen wird häufig immer noch als Bedrohung empfunden. Wenn die Schule in den alten Strukturen verharrt, wird sich wenig ändern. Nach TIMSS hat sich schon gezeigt: Für viele reicht es, still zu sein und nicht aufzufallen, bis die Aufregung vorbei ist. Dann macht man weiter wie bisher.

Deswegen ist es aber umso richtiger, wenn nach PISA darauf insistiert wird, dass es um den Kernbereich von Schule geht, den Unterricht, seine Inhalte, vor allem: seine Methoden. Aber sich wie Münchhausen am eigenen Schopf aus dem Sumpf zu ziehen, vermag niemand. Der Kernbereich der Schule wird sich nur dann ändern, wenn er mit den Fragen konfrontiert wird, die bisher aus ihm ausgeschlossen sind. Die Zentralverwaltungswirtschaft war nicht innovativ, weil ihr geschlossener Kreislauf keine Innovationen ermöglichte, geschweige denn ermutigte. Nur wenn auch die Schule aus ihren geschlossenen Kreisläufen ausbricht, werden wir den Abstand vermindern, der uns in TIMSS und PISA vor Augen geführt werden wird. Lassen wir sie darin, werden die nächsten Studien das bestätigen, was wir schon wissen. (Und schon länger wussten: Die IEA-Ergebnisse, die 1974 vorgelegt wurden, zeigten bereits dasselbe Bild geringer Effizienz bei gleichzeitig hoher Selektivität.)

P.S.:

Natürlich weiß ich, dass es Schule und Lehrer gibt, die schon auf den Weg gebracht haben, was auf den Weg gebracht werden muss. Ihnen werden die aggregierten Daten von PISA ebenso wenig gerecht wie alle Sätze dieser Überlegungen, die von ‚der' Schule und ‚den' Lehrern sprechen. Wenn die aggregierten Daten aber so sind, wie sie sich nun ergeben, zeigt dies auch, dass die anderen Schulen und die anderen Lehrer nur eine Minderheit sind, die das Bild nicht zu bestimmen vermögen. Diese Einsicht ist bitter, aber anders lassen sich die Ergebnisse nicht verstehen, die nun auf dem Tisch liegen.

Eva-Maria Stange:
Was hat die Diskussion über die Rolle des Staates im Bildungswesen mit PISA zu tun?

PISA reizt zum grundsätzlichen Umdenken in der Bildungspolitik und zu einer Auseinandersetzung um den Weg zu einer qualitativ guten Bildung für jeden und jede Einzelne/n.

1.

„Es besteht wenig Grund zu der Annahme, dass sich nach PISA Entscheidendes an deutschen Schulen ändern wird", schreibt Holzapfel. Ja, das (west-)deutsche Bildungssystem scheint resistent gegenüber Veränderungen zu sein, auch wenn PISA wesentlich mehr Verantwortliche und die Medienöffentlichkeit mit seinen schockierenden Ergebnissen erreicht hat, als das je vorher anderen nationalen und internationalen Vergleichsstudien gelungen ist. Allerdings gibt es eine Diskrepanz zwischen dem öffentlichen Aufschrei sowie der Vielzahl von Diskussionsveranstaltungen einerseits und den tatsächlich zu erwartenden Handlungsschritten andererseits. Offenbar in der stillen Erwartung, der Druck lasse mit dem Medieninteresse allmählich wieder nach, sieht man Reaktionen von Aktionismus bis hin zu Abwehrstrategien vieler Kultusminister, die nach dem Muster funktionieren: „Nicht Überdramatisieren, denn das deutsche Bildungssystem ist nach wie vor gut und die föderal eingeleiteten Reformen können ja noch gar nicht greifen."

Umso wichtiger ist es, dass diejenigen, die seit Jahren auf Fehlentwicklungen im deutschen Bildungssystem hingewiesen haben und diese teilweise – auch in der Ursachenanalyse bestätigt finden, weder den ‚Schnellschüssen' noch diesem ‚Aussitzen' eine Chance geben. PISA ist eine einmalige Möglichkeit, endlich grundlegende und wirksame Veränderungen im deutschen

Bildungssystem einzuleiten. Die Vereinigung der beiden deutschen Staaten hat dies leider nicht erreichen können, obwohl sich heute viele Stimmen – nicht nur im Osten – zu Wort melden und die vorschnelle Übertragung des westdeutschen Bildungs- (insbesondere Schul-)systems auf die östlichen Bundesländer beklagen. Verpasst wurde eine Auseinandersetzung mit Vorzügen und Nachteilen beider Systeme, auch vor dem Hintergrund der Entwicklung in anderen europäischen und OECD-Ländern. Bereits vor zehn Jahren, als sich die Grenzen der Leistungsfähigkeit des mehrfach gegliederten Schulsystems, der unzureichenden Frühförderung von Kindern, der naturwissenschaftlich-technischen Ausbildung der Jugendlichen andeuteten, wäre eine rechtzeitige öffentliche Auseinandersetzung mit dem Bildungssystem notwendig und möglich gewesen. Ich will es bei diesen kurzen Anmerkungen zu dieser einmal verpassten Chance bewenden lassen. PISA hat uns den Spiegel vorgehalten und zwingt im Interesse der Heranwachsenden zum Handeln, aber auch mit Blick auf die zukünftige Leistungsfähigkeit von Gesellschaft und Wirtschaft. Die Fortsetzung ideologischer Grabenkämpfe mit altbekannten und mehrfach ausgetauschten Argumenten, bei der es mehr darauf ankommt, die nächste Wahl zu gewinnen, als tatsächlich im Interesse von Kindern und Jugendlichen etwas nachhaltig zu bewegen, führt nicht nur zu einem wachsenden Desinteresse in der öffentlichen Bildungsdebatte, sondern wäre der Tod für eine noch nicht begonnene Bildungsreform.

Es gibt kein Patentrezept dafür, wie das deutsche Bildungssystem in einem überschaubaren Zeitraum (ich denke dabei an zehn Jahre) auf ein höheres Leistungsniveau gebracht werden kann. Eine Vielzahl kausaler Zusammenhänge unterschiedlicher Einflussstärke ist zu untersuchen. PISA ist eine Fundgrube für die Analyse. Die Schlussfolgerungen für den konkreten Handlungsbedarf sind jedoch von den politisch Verantwortlichen zu ziehen, und das möglichst im Konsens mit den Betroffenen und den pädagogisch Verantwortlichen in den Bildungseinrichtungen.

Es reicht auch nicht mehr aus, hier und da einen Modellversuch zu fördern oder auf den Wettbewerb zwischen den Bildungseinrichtungen unter verschärftem öffentlichen und ökonomischen Druck zu rechnen. Wettbewerbe leben von einem Zielsystem, an dem es sich zu messen gilt und sie produzieren Verlierer und Gewinner. Wer legt jedoch diese Ziele fest und was passiert mit den Verlierern? Dass ein Bildungssystem – wenn es politisch gewollt wird – grundsätzlich geändert werden kann, hat der Transformationsprozess in den östlichen Bundesländern deutlich gezeigt. Aber auch der Blick in andere europäische Länder, die teilweise enorme Veränderungen in den letzten zehn Jahren auf den Weg gebracht haben, ist ein schlagender Beweis gegen den verbreiteten Reformpessimismus in Deutschland. Was ein Bildungssystem allerdings nicht verträgt, ist (Wahl-) Aktionismus ohne erkennbares Gesamtkonzept, ohne Beteiligung der Betroffenen und ohne die notwendige Vorbereitung und Folgenabschätzung. Ein Beispiel soll dies deutlich machen: PISA zeigt Defizite in der sprachlichen Entwicklung von Kindern aus sozial schwachen und Migrationsfamilien. Lösungsvorschlag aus dem Saarland und Bayern: Verpflichtender Kindergartenbesuch und verpflichtende Sprachförderung (natürlich Deutsch) vor Eintritt in die Schule. Keine Rede von der Qualität der Kindertagesstätten, keine Aussagen zu den Folgen weiterer Rückstellungen vor Schuleintritt usw. Ein typischer Fall von Kurzschluss und Populismus, mit dem man bereits in den vergangenen Jahren notwendige grundsätzliche Reformen abgetötet hat.

Zweifelsohne ist der qualitative und quantitative Ausbau der institutionellen Frühförderung aller Kinder erforderlich: aus lernpsychologischen, erzieherischen, sozialen, arbeitsmarktpolitischen und gleichstellungspolitischen Gründen. Die Konzepte liegen bereits für die praktische Umsetzung vor. Allerdings fehlen der politische Wille und die notwendige finanzielle Basis zur Umsetzung. Wer meint, mit Hilfskräften statt wissenschaftlich fundiert ausgebildeten Erzieherinnen und Erziehern eine qualitativ gute frühkindliche Bildung aufbauen zu können, ist nur an einem Scheinerfolg interessiert, nicht aber an einer nachhaltigen qualitativen Entwicklung von Kindertagesstätten zu Bildungseinrichtungen.

Vieles spricht dafür, ein parteipolitisch unabhängiges Berater-/Expertengremium zur Erarbeitung von Empfehlungen für die notwendigen Bildungsreformen in Deutschland einzusetzen und einen ebenso von der Politik unabhängigen nationalen Bildungsbericht, der regelmäßig öffentlich den Entwicklungsstand dokumentiert, vorzulegen. Was wir brauchen, ist eine kontinuierliche, auf Nachhaltigkeit angelegte Bildungspolitik, in deren Mittelpunkt die Entwicklung aller Kinder und Jugendlichen steht und mit der gleichzeitig die Basis für gesellschaftliche und wirtschaftliche Entwicklung gelegt wird.

Insofern ist die Schlussfolgerung von Hartmut Holzapfel, die Qualität des Unterrichts sei der inhaltliche Kern für die Entwicklung des deutschen Bildungswesens, aus meiner Sicht wesentlich zu kurz gegriffen.

2.

Im Zentrum des deutschen Schulsystems stehen die Auslese und die Vergabe von Berechtigungen und nicht die Förderung des/der Einzelnen. In keinem anderen untersuchten Land war der Zusammenhang zwischen sozialer Herkunft und Leistungsniveau im Rahmen der PISA-Studie so deutlich wie in Deutschland. Schüler werden auf Schulen aufgeteilt, statt die Schulen entsprechend den Lernbedürfnissen der Schüler zu gestalten. Lehrkräfte werden für Hauptschulen, Realschulen und Gymnasien, für Mathematik und Deutsch ausgebildet, aber nicht in ausreichendem Maße im Bereich der Lerndiagnostik und der Lernpsychologie bzw. der Fachdidaktik. Eltern sind der Meinung, in der Gymnasialklasse ihres Kindes lernen die falschen Kinder oder in der Grundschulklasse sind zu viele Kinder ausländischer Herkunft. Gesamtschulen werden zum Auffangbecken für Rückläufer oder Kinder, die nach Meinung, der Eltern einer intensiveren, möglichst ganztägigen Förderung bedürfen. Das selektive Schulsystem hat zu einer selektiven Pädagogik (auch in der Lehrerausbildung) und zu einem Selektionsverhalten der Eltern geführt.

Die Schule (gleich welchen Schultyps) und die in ihr arbeitenden Pädagoginnen und Pädagogen sind ihrer professionellen und gesellschaftlichen Verantwortung – die Förderung jedes einzelnen Kindes – nicht in ausreichendem Maße nachgekommen. Sie sind aber nicht allein dafür verantwortlich und sie können nicht gegen ein gesellschaftliches System der Selektivität und frühen Differenzierung arbeiten, da sie selbst Teil dieses Systems sind.

Daher kann die Systemfrage nicht abgekoppelt werden von der Aufforderung zur Eigenverantwortung sowohl der Bildungseinrichtung als auch der Pädagogen. Im Zusammenhang mit der Vorstellung der PISA-Studie stellt Prof. Baumert zu Recht fest: Wer eine frühe Differenzierung im Schulsystem politisch will, muss die Folgen rechtzeitig mit bedenken.

3.

Insofern weicht Holzapfel zu schnell der Frage „gegliedertes Schulsystem oder flächendeckende Gesamtschule" aus. Eine zentrale Ursache für das Versagen des deutschen Schulsystems ist die viel zu frühe Entscheidung über die weitere Schullaufbahn. Außer Österreich trifft kein anderes europäisches Land bereits im Alter von zehn Jahren eine so grundlegende und in der individuellen Lebensbiographie so einschneidende Entscheidung wie Deutschland, und das bei gleichzeitiger unzureichender Frühförderung. Die Konsequenzen – auch in Hinsicht auf die Sozialverteilung der Schüler auf die Schularten – konnte man seit Jahren in den statistischen Berichten und im Bericht der Ausländerbeauftragten der Bundesregierung nachlesen. Schüler aus sozial schwachen Milieus und aus Familien mit Migrationshintergrund sind in überproportional hoher Zahl in Hauptschulen und Förderschulen vertreten. Es drängt sich schon die Frage auf – ohne dass ich sie hier weiter verfolgen kann –, wer hat eigentlich ein Interesse daran, dieses gegliederte Schulsystem weiter aufrecht zu erhalten?

Die Gesamtschule in Deutschland ist allerdings nicht vergleichbar mit der Gesamt- oder Einheitsschule in Finnland, Japan und anderen OECD-Ländern. Sie ist in Deutschland Teil eines gegliederten Schulsystems und unterliegt somit bei allen positiven Ansätzen den gleichen Selektionsproblemen wie alle anderen Schultypen. Ein zentrales Problem auch an der deutschen Gesamtschule ist die Ausbildung der Lehrkräfte, die nicht auf die Unterrichtung heterogener Gruppen bzw. auf die gezielte Förderung individueller Lernprozesse vorbereitet sind. Hinzu kommt die in vielen Fällen unzureichende materielle und personelle Ausstattung der Schulen einschließlich der Klassengrößen, die mangelnde pädagogische Gestaltung eines ganztägigen Schulalltags etc. PISA sollte endlich der Anlass dafür sein, auch in Deutschland ein Schulsystem zu entwickeln, das auf positive Erfahrungen der polytechnischen Einheitsschule der DDR, der Gesamtschule(n) im Westen Deutschlands und der einheitlichen Schulsysteme in anderen europäischen Nachbarstaaten zurückgreift. Dabei soll nicht in Abrede gestellt werden, dass es auch hervorragende pädagogische Schulkonzepte im Rahmen des gegliederten Schulsystems gibt und dabei einzelne Schulen ihre Verantwortung zur Förderung aller Kinder mit allen Kräften wahrzunehmen versuchen. Das gilt in besonderem Maße für Haupt- und Förderschulen. Die Systemgrenzen und ihre Wirkungen können jedoch nicht außer Acht gelassen oder nur am Rande behandelt werden.

„Die deutsche Schule ist autistisch", schreibt Holzapfel. Es ist hier nicht der Raum zu debattieren, warum Schule und Lehrkräfte sich derart abgekapselt verhalten. Es sei jedoch die Frage erlaubt, ob sich die Gesellschaft (Eltern, Politik etc.) bisher so intensiv dafür interessiert hat, was hinter geschlossenen Schul- und Klassentüren passiert. Eine Öffnung für den konstruktiv-kritischen Blick und die Zusammenarbeit mit den anerkannten Profis würde der Entwicklung der Schule enorm helfen. Ist es vielleicht die Sorge oder Erfahrung, lediglich mit neuen Forderungen, mit Sanktionen, mit Missachtung professionellen Handelns konfrontiert zu werden? Die derzeitige Struktur von Fach- und Dienstaufsicht in einer Hand, von Überregulierung und Entmündigung des pädagogischen Alltages ist sicher wenig geeignet, die Öffnung der Schule und die Bereitschaft zur externen und internen Evaluation zu befördern. Ohne diese gesellschaftliche Öffnung und Transparenz wird es jedoch auch keine öffentliche Unterstützung von Schulentwicklung und die Anerkennung pädagogischer Professionalität geben können.

4.

Insofern ist dem Motto *„Freiheit und Verantwortung"* zuzustimmen. Allerdings fällt damit die Verantwortung zentralen staatlichen Handelns nicht weg oder wird weniger bedeutsam. Die Balance zwischen angemessenem und notwendigem staatlichen Handeln und hinreichender pädagogischer Freiheit und Verantwortung, sowohl der einzelnen Schule wie auch der einzelnen Lehrkraft, ist das politische Kunststück, das es zu bewältigen gilt.

Die Entwicklung von Schulprofilen unter Beteiligung aller Mitglieder einer Schulgemeinde (Eltern, Schüler, Lehrer, Schulträger) ist ein wichtiges Instrument, um den besonderen Gegebenheiten und spezifischen Anforderungen eines Schulstandortes besser gerecht zu werden. Der Staat trägt die Verantwortung für ausreichende Rahmenbedingungen und für die Beratung und Unterstützung zur Schulentwicklung. Letztendlich legt er auch die wesentlichen Inhalte und Ziele aller Schulen bis zu einem bestimmten Umfang fest und hat für eine qualitativ hochwertige Aus- und Weiterbildung der Lehrkräfte Sorge zu tragen. Die Wahrnehmung der grundgesetzlichen Verantwortung des Staates für das Schulwesen ist eine notwendige Bedingung für Chancengleichheit. Sie ist jedoch nicht hinreichend, was der derzeitige Zustand des Bildungswesens, siehe PISA, beweist. Wer meint, dass ein (vernichtender) Konkurrenzwettbewerb zur qualitativen Verbesserung der Schulen führt, verkennt, dass der Staat und die Gesellschaft die Verpflichtung haben, qualitativ gute Schulen für jedes Kind in erreichbarer Entfernung vorzuhalten, egal ob im dünn besiedelten Mecklenburg-Vorpommern, in Berlin oder Frankfurter Stadtteilen mit einem hohen Ausländeranteil. Ein Wettbewerb zwischen den Bildungseinrichtungen muss unter fairen, vergleichbaren Bedingungen stattfinden können und die Anstrengungsbereitschaft zur qualitativen Verbesserung schulischen Lernens und Lehrens unterstützen.

Eine wichtige Rolle dabei spielt die Verantwortung der in den Bildungseinrichtungen Beschäftigten, der Eltern und Schüler und deren konkreten Möglichkeiten zur demokratischen Mitbestimmung und Mitgestaltung. In einem Bereich, der von der Interaktion zwischen Lehrenden und Lernenden maßgeblich abhängig ist, haben die Beschäftigten nicht nur eine hohe Verantwortung für die Gestaltung des Bildungsprozesses, sondern sie müssen auch den Spielraum dafür erhalten, diese Verantwortung wahrnehmen zu können. Notwendige innere Reformschritte sind nur *mit* den Beschäftigten zu leisten, alles andere bleibt oberflächliche Strukturkosmetik. Das heißt auch, dass Mitbestimmungsmöglichkeiten verstärkt auf die einzelne Einrichtung zu verlagern sind. Die heutige Gestaltung der Personalvertretungsgesetze, insbesondere für den Bereich der Schulen, wird in den meisten Bundesländern diesem Anspruch nicht gerecht. Gleiches gilt für Schülerinnen und Schüler in Bezug auf ihre realen Möglichkeiten der Gestaltung von Lernprozessen und demokratischen Mitwirkung an der Schulentwicklung.

Holzapfel stellt in seinem Beitrag ein interessantes Modell der Deregulierung vor, mit dem mehr Transparenz und Verantwortlichkeit gesichert werden sollen. Leider fehlt aus meiner Sicht eine angemessene Problembeschreibung, die deutlich macht, warum zum Beispiel die Kommunen und nicht die Länder die komplette Trägerschaft für Sach- und Personalmittel übernehmen sollen. Warum werden die Lehrkräfte ebenso wenig berücksichtigt wie die staatliche Gesamtverantwortung für das Schulsystem? Die Zusammensetzung des „Verwaltungsrates" – der vielleicht besser ein Schulbeirat sein sollte – wäre von besonderen Interesse (z.B.: Welche Rolle nimmt die regionale Wirtschaft dabei ein?). Das unabhängige Inspektionssystem wird auch ausdrücklich von meiner Seite begrüßt, wenn es denn auf der Grundlage öffentlich anerkannter und transparenter Maßstäbe arbeitet. Das Wechselverhältnis externer und interner Evaluation – letzte ist für

Entwicklungsprozesse von besonderer Bedeutung – müsste in einem derart deregulierten System klarer beschrieben werden. Vollkommen offen bleibt hier die Frage: Wo kommt die notwendige Zeit und wo kommen die personellen Ressourcen für diese Form der permanenten Schul- und Unterrichtsentwicklung her? Qualitätsentwicklung – einschließlich der Fortbildung der Lehrkräfte und der Schulleitungen, Teamarbeit sowie Gremienarbeit z.B. im Verwaltungsrat – ist unter derzeitigen Belastungsbedingungen von Vornherein zum Scheitern verurteilt. Alles in Allem dennoch ein interessantes Modell, das es ausführlicher zu diskutieren gilt und das auch ein vollkommenes Umdenken auf Seiten der Schuladministration und deren Rolle erfordert.

5.

„In Deutschland steht die Frage eines Nationalen Curriculums auf der Tagesordnung [...]", behauptet Holzapfel. Dieser These kann ich zustimmen, denn viele Defizite im Bildungsniveau sind auf die permanent gestiegenen Anforderungen an das, was Schule, das einzelne Unterrichtsfach und die Lehrkräfte leisten sollen, zurückzuführen. Reduzierungen der Stundentafel wegen unzureichender Lehrerversorgung bleiben auf Dauer nicht ohne Wirkung. Statt die Lehrpläne im Kontext aller Unterrichtsfächer einmal grundsätzlich zu überarbeiten und gegebenenfalls ein nationales Curriculum zu entwickeln, wurden neue Unterrichtsfächer oder neue Unterrichtsinhalte, möglichst noch von Bundesland zu Bundesland unterschiedlich, draufgesattelt. Meist geht das zu Lasten des Basiswissens und der Ausbildung von grundlegenden Kompetenzen. Zeitmangel, inhaltliche Überfrachtung und mangelnde lernmethodische Umsetzung sind die größten Probleme heutigen Unterrichts. Der Ruf nach klaren Zielvereinbarungen ist gut nachzuvollziehen. Nur nach wie vor ist ungeklärt, wer die Partner solcher Zielvereinbarungen sind und was die Ziele sind, die vereinbart werden sollen. Vielleicht hilft auch hier ein Blick in andere Länder wie Dänemark oder Schweden, wo es solche Modelle bereits in der praktischen Umsetzung gibt.

PISA ist für Deutschland eine einmalige Chance, das deutsche Bildungssystem grundsätzlich in Frage zu stellen. Jede voreilige Verkürzung auf einzelne Aspekte (z.B. ausschließlich auf den Unterricht) oder Schuldzuweisungen an einzelne Verantwortliche (Lehrkräfte oder Kultusminister), jeder Aktionismus nach dem Motto „Hauptsache, es wurde gehandelt", machen diese Chance im Keim zunichte. Auch der bevorstehende anachronistische Bundesländervergleich birgt diese Gefahr. Statt Bildungsnetzwerke zu entwickeln, werden unfruchtbare (ideologische) Bildungswettbewerbe angeheizt. Es geht dabei weniger um die Zukunft der Kinder als vielmehr um politische Rechthaberei und Wahlkampfsieger. Wenn es schon einmal den Bundesländervergleich gibt, dann sollte er wenigstens nicht zum erneuten ideologischen Kleinkrieg genutzt werden, sondern zum Lernen voneinander und zur Entwicklung des Gesamtbildungssystems in Deutschland. Dabei muss auch die Frage erlaubt sein, ob der Kulturföderalismus in seiner derzeitigen Verfassung der Weisheit letzter Schluss ist.

Hartmut Kienel/Dieter Wunder

Wissenschaftliche Beratung und Bildungspolitik

Dieter Wunder:

Ein erster Blick zeigt: Erziehungswissenschaftler[1], also alle die Wissenschaftler, die an Universitäten oder Instituten sich als Pädagogen, Soziologen, Psychologen etc. mit Schule und anderen Bildungseinrichtungen beschäftigen, haben offensichtlich eine bedeutende Rolle in der Bildungspolitik der letzten 40 Jahre gespielt und tun dies immer noch. Davon zeugen die unzähligen Kommissionen, die vielen Tagungen, die vorübergehenden und dauerhafteren Beratungsverhältnisse, die öffentlichen oder internen Interventionen, die zahlreichen Gutachten. Eine Erfolgsgeschichte!

Dennoch: Die Unzufriedenheit mit der Bildungspolitik ist groß, gerade auch von wissenschaftlicher Seite. Haben die Wissenschaftler den falschen Rat gegeben oder haben Politiker nicht genügend auf sie gehört? Täuschen sich Wissenschaftler über Politik und die Qualität ihres Rates? Wie ist das Verhältnis von Erziehungswissenschaftlern und Politikern genauer zu kennzeichnen? Es geht um Unterstützung, Versachlichung, Einfluss. Ist dieses Verhältnis primär eine fruchtbare Kooperation oder ein spannungsgeladenes Mit- und Gegeneinander?

Hartmut Kienel:

Ich bin mir nicht sicher, wie wirksam und erfolgreich wissenschaftliche Beratung wirklich ist. Denn nach meiner Kenntnis fehlt es derzeit an einer wissenschaftlich fundierten Bearbeitung dieses Themas. Vielleicht kann unser Gespräch Anregungen für eine solche Untersuchung geben. Mehr als 50 Jahre Geschichte der alten, mehr als 10 Jahre der neuen Länder geben Material genug. Es wäre sicherlich reizvoll, systematisch die ehemaligen Kultusministerinnen und Kultusminister zu befragen und diese Auskünfte dann mit denen der Berater zu vergleichen. Wir beide sind keine Wissenschaftler,

---

1 Wir verwenden im Allgemeinen jeweils die männliche Form, obwohl wir uns dessen bewusst sind, dass dies irreführend ist. Wir haben allerdings für unseren Text keinen sprachlichen Weg gesehen, die Realität adäquat abzubilden.

sondern, so möchte ich sagen, reflektierende Praktiker; aus dieser Sicht sollten wir das Thema beleuchten, im Bewusstsein, dass unsere Erfahrungen begrenzt und unsere Sichtweisen durchaus subjektiv sind. Wir haben in über 30 Jahren in unterschiedlicher Weise Erfahrungen mit wissenschaftlicher Beratung von Bildungspolitik gemacht. Ich möchte allerdings eine Einschränkung des Themas vornehmen: Wir wollen uns vor allem mit der ‚personalen' Seite beschäftigen, also dem Verhältnis von Wissenschaftlern und Ministern.

Ich war jahrelang Vorstandsmitglied des größten Landesverbandes der GEW, der GEW Nordrhein-Westfalen, zugleich in der Schulaufsicht tätig, schließlich war ich leitender Beamter im brandenburgischen Bildungsministerium. Ich habe also wissenschaftliche Beratung aus unterschiedlichen Perspektiven miterlebt und gestaltet.

D. W.:

Ich war ‚einseitiger' tätig. Nach meiner Schulleitertätigkeit in Hamburg war ich viele Jahre Vorsitzender der GEW, seit ein paar Jahren ‚tummle' ich mich in der bildungspolitischen Beratung, oft zusammen mit Wissenschaftlern. Meine Sicht ist also anders, ich komme mehr von außen als von innen.

Unser Gespräch möchte ich mit einer provozierenden These beginnen: Wissenschaftliche Beratung ist primär ein Legitimationsfaktor für Bildungspolitik, hat aber nicht, wie man sich vorstellen könnte und müsste, die Funktion, eine Quelle fundierter Sachdarstellung oder die reflektierte Aufbereitung eines Sachverhalts zu sein, auf der die Politik aufbauen könnte.

H. K.:

Dem direkt zu widersprechen wäre zu einfach. Das Problem ist vielschichtig. Bildungspolitiker wissen sehr wohl die Notwendigkeit und die Vorteile von Beratung zu schätzen. Man kann sich heute nur noch schwer vorstellen, dass eine Ministerin, ein Minister ganz ohne wissenschaftlichen Sachverstand auskommen kann; immer gibt es Fragen, für die man in welcher Form auch immer auf Wissenschaftler zurückgreifen muss. Natürlich dienen Wissenschaftler dem Politiker zur Stärkung seiner Position. Aber viele Sachverhalte, auch in der Bildungspolitik, sind äußerst komplex. Von Wissenschaft wird die detaillierte Aufbereitung der Probleme und des Zusammenspiels verschiedener Faktoren sowie die Darstellung möglicher Folgewirkungen von Entscheidungen erwartet oder erhofft. Insofern schätzt Politik die Kompetenz der Wissenschaftler oder der in Bildungspolitik Erfahrenen, die Unabhängigkeit bewiesen oder gewonnen haben.

D. W.:

Du idealisierst ein bisschen. Wir beide kennen doch genügend Beispiele, wo die fundierten Aussagen von Wissenschaftlern achtlos beiseite geschoben worden sind. Nun könnte man zwischen guten, wissenschaftsfreundlichen Politikern und ‚bösen', wissenschaftsfernen unterscheiden; aber das wäre mir zu primitiv, so ist es in Wirklichkeit ja auch nicht. Ich will auch einmal davon absehen, dass manche Wissenschaftler etwas weltfremd sind, ohne jede Ahnung von Politik oder ohne jeden Willen, sich darauf einzulassen.

Also: Was nutzen die Problemdarstellungen und daraus abgeleitete Empfehlungen? Oft habe ich den Eindruck, als füllten die Gutachten lediglich die Bücherregale der Ministerien und wissenschaftlichen Institute. Später bieten sie dann einen Fundus für wohlfeile Politikerreden. Mit anderen Worten: Es stellt sich die Frage, ob nicht – bei aller von Politik geforderten und gewünschten Kompetenz von Außenstehenden – die politische Funktion der Beratung, also die Unterstützung des Ministers oder der Ministerin, maßgebend ist, weniger die Sachkompetenz.

H. K.:

Dem kann ich zustimmen, da in deiner Frage die Doppelfunktion von Politikberatung zum Ausdruck kommt. Noch einmal: Politik will durchaus den Stand der Wissenschaft kennen lernen, schon um sich nicht dem Vorwurf auszusetzen, sie sei nicht auf der Höhe der Diskussion. Sie will auch dieses Bedingungsgefüge in das eigene Handeln integrieren und sich damit zusätzliche Sicherheit verschaffen. Oft ist ein Ministerium vom Tagesgeschäft derart beansprucht, dass konzentriertes Nachdenken, aus dem sich langfristige Perspektiven ergeben, kaum möglich ist. Ein Wissenschaftler kann sich auf eine Sache konzentrieren, sie von allen Seiten beleuchten, auch von Seiten, die im Schatten öffentlicher und politischer Diskussionen liegen. Das hilft der Politik. Sie kann dann ihre Entscheidung in Kenntnis der dargestellten Komplexität des Sachverhaltes und der eingenommenen Position treffen.

Der eine Politiker sucht bei der Wissenschaft Unterstützung für seine eigenen Vorstellungen gegen die der Ministerialbürokratie oder gegen wichtige Koalitionspolitiker, der andere will Unterstützung durch die Entwicklung neuer Vorstellungen, der dritte erhofft sich in der öffentlichen Diskussion Unterstützung gegen Widersacher. Diese und weitere Gründe sind nicht immer sauber zu trennen, oft kommen mehrere Gründe zusammen. Selten geht es um das pure Beheben von ‚Nicht-Wissen'.

D. W.:

Gut, wenn man die Funktion wissenschaftlicher Beratung genauer betrachtet, muss man erst einmal die grundlegende Frage stellen: Wer ‚macht' Bildungspolitik? Ein Minister, eine Ministerin oder die Ministerialbürokratie, die Landtagsfraktionen oder die Staatskanzlei? Von der Beantwortung dieser Frage hängt es ab, wessen Interesse bei der Beauftragung eines Beraters oder eines beratenden Gremiums durchschlägt.

H. K.:

Ich kann das komplexe Verhältnis von Politik und Verwaltung in einem Ministerium oder gar das Zusammenspiel innerhalb einer Regierung und mit den Fraktionen des Landtags nicht in wenigen Sätzen beschreiben. Jedenfalls muss sich ein Wissenschaftler darüber klar sein, dass er mit seinem Auftrag in ein vielgestaltiges Bedingungsgefüge eintritt. Er darf es nicht einfach naiv negieren, er darf allerdings auch nicht glauben, er könne sich zum Herrn dieses Gefüges machen; ein Minister muss sich zudem auf loyale Beratung verlassen können.

Ich will dieses komplexe Verhältnis konkret machen. Als in Brandenburg vor einigen Jahren Klaus Klemm gebeten wurde, ein Gutachten zu Fragen der Schulstrukturentwicklung in Folge der dramatisch sinkenden Schülerzahlen zu stellen, geschah dies fast ausschließlich auf Initiative der Verwaltung, also der Ministerialbürokratie. Die politische Leitung akzeptierte dies, war aber kaum bestimmend. Anders bei der Beauftragung der von dir geleiteten Kommission, die die Schulstrukturentwicklung im ländlichen Raum untersuchen und Handlungsoptionen aufzeigen sollte. Hier war die politische Ebene von Anfang an begleitend. Auch die Landesregierung hatte darüber Beschluss gefasst, der Landtag war informiert. Es kommt also sehr darauf an, ob sich die politische Leitung des Ministeriums einer Sache annimmt und sie für politisch bedeutsam erachtet.

D. W.:

Du stellst das so sachlich dar, als folge das Verhältnis von Politik und Beratung rationalen Sachkriterien. Hängen wir beide vielleicht altmodischen Vorstellungen von Politik an? Ist das Showgeschäft nicht entscheidend geworden? Muss man also den Wissenschaftler doch als Feigenblatt für Blößen, gar als Hofnarren in der medialen Inszenierung eines Politikers definieren?

H. K.:

Show spielt eine große Rolle, wobei ich voraussetze, dass auch der Berater-
seite die von dir beschriebene Änderung des Politikverständnisses klar ist.
Selbstverständlich wird die Politik immer versuchen, die Einrichtung von
Beratergremien und ihre Erkenntnisse so darzustellen, dass sie Teil öffentlicher Selbstinszenierungen sind, also Teil der Einflussnahme auf die öffentliche Meinung. Und es ist auch nicht von der Hand zu weisen, dass Politik
am sachlichen Gehalt der Beratung eventuell weniger interessiert ist als an
der medial gelungenen Präsentation von Ergebnissen oder der hierdurch er-
folgenden Stärkung der eigenen Politik.

D. W.:

Du unterstützt im Grunde meine Sicht. Politiker versuchen, gleich wie die
Ergebnisse ausfallen, über die öffentliche Kommunikation Bestätigung für
ihren vielleicht schon vorher festgelegten Kurs zu finden. Insofern läuft die
beratende Wissenschaft doch Gefahr, instrumentalisiert zu werden. Dann
bestimmt die Politik die Interpretation des Beratungsprozesses und die Ergebnisse. Man muss sicher auch berücksichtigen, dass ein Politiker wie der
Kapitän eines Schiffes auf unruhiger See handelt. Jeden Moment kann eine
unerwartete Welle einen bedrohen; die Überlegung von eben kann wertlos
werden, weil die neue Gefahr andere Maßnahmen erfordert.

Was bewegt also einen Wissenschaftler, sich auf dieses unsichere politische
Geschäft einzulassen? Sehen wir einmal von persönlichen Eitelkeiten ab,
die jedem Menschen eigen sind – öffentliche Auftritte, Nähe zu politischer
Macht –, Beratung hat mit Realität und möglicher Realitätsveränderung zu
tun. Da wird Wissenschaft praktisch und gerade ein Erziehungswissenschaftler muss davon fasziniert sein, da Erziehungswissenschaft – jedenfalls
für viele Wissenschaftler – keine theoretische, sondern eine praktische Wissenschaft ist.

H. K.:

Ich stimme dir grundsätzlich zu. Es gibt viele Beispiele dafür, wie sich
überzeugende und kompetente Beratung Geltung verschafft: Weil starke
Persönlichkeiten prägend wirken, weil Beratung selbst das Spiel der Selbst-
inszenierung beherrscht, weil die Medien die Beratungsergebnisse gegen
die Politik nutzen und ‚Meinung' machen.

D. W.:

Die Vorteile und Stärken der beratenden Wissenschaft liegen offenbar in der Konzentration auf einen bestimmten Sachverhalt. Der Wissenschaftler muss allerdings wissen, dass er in der Regel nur punktuell zu einem Aspekt gefragt ist, während der Politiker sehr viel mehr im Kopf haben muss: die Klärung des Sachverhalts, die politischen Kontextbedingungen, die Stimmung im Land und in seiner Fraktion, die Position der Medien, die Haltung des Ministerpräsidenten, nicht zuletzt die Vielfalt der Aufgaben eines Ministeriums usw.

H. K.:

Ich will ergänzend darauf aufmerksam machen, dass Wissenschaft dann relativ wirkungslos bleibt, wenn der Beratungsgegenstand in seiner Bedeutung verabsolutiert wird und die zu beachtenden sachlichen und politischen Rahmenbedingungen zu wenig oder gar nicht mitbedacht werden. Dann erreicht sie weder die Politik noch die vielleicht zu verändernde Praxis.

D. W.:

Kann ein Wissenschaftler eventuell die Politik eines Landes stark beeinflussen? Er formt die Vorstellung eines Politikers. Der Experte bemächtigt sich sozusagen des Politikers. Ohne seine Ideen wäre der Minister, sein Stab, sein Ministerium hilflos? Das galt vielleicht früher; seither hat sich viel geändert. Als ich in den 60er Jahren anfing, mich bewusst um Bildungspolitik zu kümmern, da war die Kompetenz der Ministerien in vielen Fragen wenig ausgebildet. Heute sitzen dort fast überall ausgezeichnete Fachleute, die sich zudem auch in der wissenschaftlichen Diskussion auskennen. Vereinfacht: 1970 konnten Ministeriale von Wissenschaftlern lernen, aber heute?

H. K.:

Meine ein bisschen ironische Antwort: Du hast Recht, wir Ministeriale können eine ganze Menge, inzwischen auch in der Beurteilung der Wissenschaft.

Eine gut funktionierende Verwaltung verfügt heutzutage über eine Vielzahl von Daten und Materialien zu den meisten bildungspolitischen Fragestellungen und Entscheidungsfeldern. Und häufig haben gut ausgebildete Expertinnen und Experten Einzug in die Ministerialbürokratie gehalten, zudem solche, die kontinuierlich in Kontakt zu den relevanten Wissenschaftlern stehen. Insofern sind auch mindestens Ergänzungen, wenn nicht Korrekturen möglich bis hin zu Zweifeln an Beratungsergebnissen auf der Grundlage vorhandener Daten und der vorhandenen Kompetenzen. So, wie zwischen Politik und Beratung ein Spannungsverhältnis besteht, gibt es auch Bündnisse oder Rivalitäten zwischen Verwaltung und Beratung; manchmal auch zum Versuch der Instrumentalisierung der einen Seite durch die andere.

Ein Zweites: Die Stärke und Überzeugungskraft der Beratung besteht in der sachlich umfassenden und systematischen Darstellung des Beratungsgegenstandes. Hieraus sollten sich auch ihre Empfehlungen und Vorschläge ableiten. Sie in den politischen Kontext einzuordnen und darauf zu prüfen, wie sie unter bestimmten politischen Konstellationen umgesetzt oder verworfen werden, ist ihre Sache nicht. Dies ist das Feld der Politik. Schwach wird Beratung also dann, wenn sie sich auf dieses Feld begibt. Wissenschaftler verlassen dann, vereinfacht gesagt, ihr Metier und werden selbst Politiker. Dann werden sie auch in Kauf nehmen müssen, als solche behandelt zu werden. Vereinfacht gesagt, ihre Ergebnisse werden dann leicht mit dem Vorwurf zurückgewiesen, sie verständen nichts von Politik.

D. W.:

Das dürfte aber bei Gremien, die ausdrücklich bildungspolitische Empfehlungen formulieren sollen, anders sein. Dann akzeptiert die Politik auf ihrem Feld die womöglich konträre Darstellung von Positionen. Außerdem ist mir die Trennung von fachlicher Kompetenz und politischer Position zu zugespitzt. Schließlich ist, bei allen Vorbehalten gegenüber den von mir vorhin geäußerten medialen Inszenierungen der Politik, doch der Streit um unterschiedliche sachliche Positionen Kern der politischen Auseinandersetzung.

H. K.:

Nun möchte ich dir widersprechen. Kern der politischen Auseinandersetzung ist der Kampf um Machtausübung und Einfluss. Wenn es dienlich ist, übernimmt man die Position des politischen Gegners; bei solchem Stellungswechsel kann Beratung hilfreich sein. Natürlich tritt dann die politische Funktion der Absicherung in den Vordergrund.

Weil Politik die Beratungsergebnisse berechenbar und steuerbar halten will, wird sie versuchen, bei der Zusammensetzung der entsprechenden Kommission und bei der Formulierung des Auftrags ihr genehme Vorgaben zu machen. Doch auch dabei kann sie sich nicht sicher sein. Die Eigendynamik und das Entstehen von Selbstbewusstsein der Beratungsgruppen führen oft genug dazu, dass Ergebnisse präsentiert werden, die gerade im bildungspolitischen Bereich konträr zur vorherrschenden Auffassung stehen.

D. W.:

Ich spitze dennoch zu: Geben sich Wissenschaftler nicht einer großen Täuschung hin? In der Hoffnung, praktisch werden zu können, entfalten sie Kraft und Fantasie und dann werden ihre Anstrengungen oft mit einem Federstrich zunichte gemacht. Missbrauchen die Politiker, von Lehrerorganisationen ganz zu schweigen, nicht die Wissenschaft?

H. K.:

Ich sehe das nicht so negativ. Die Politik ist auf Beratung angewiesen, dafür sind viele Sachverhalte zu komplex. Die Politik profitiert darüber hinaus von kompetenter Beratung, sie schmückt sich, wenn man so will, auch damit. Und sicher riskiert sie auch etwas: Sie bekommt oft genug Ergebnisse, die ihr nicht ,passen'. Das sage ich, obwohl ich dir zustimmen muss, dass Politik bisweilen an Inhalten weniger interessiert ist als an günstiger Meinung in der Öffentlichkeit, an der Tatsache, dass Medien berichten, auch daran, dass es gelungen ist, bekannte Wissenschaftlerinnen und Wissenschaftler für eine Sache zu ,gewinnen'. Das muss allerdings auch der beratenden Wissenschaft klar sein.

D. W.:

Versuchen wir noch einmal einen anderen Ansatz. Minister müssen darauf bedacht sein, innerhalb einer Wahlperiode zu für die Regierung günstigen Ergebnissen zu gelangen, zumindest aber schädliche zu vermeiden. Jeder Ärger, aus dem die Opposition Stimmung machen kann, ist zu vermeiden. Der Zeithorizont ist also sehr begrenzt. Der Sachhorizont ist zudem machtpolitisch eingefärbt oder bestimmt.

H. K.:

Unterschätze die Politiker nicht! Für ihr Image ist es notwendig, dass sie als verantwortlich und langfristig denkende Menschen gelten. Sie brauchen zudem eine Selbstwahrnehmung, die sie als dem Gemeinwohl dienende Menschen ausweist. Mit anderen Worten: Sachgesichtspunkte spielen durchaus eine wichtige Rolle. Das Problem besteht mithin ,nur' darin, ob sich eine günstige Mischung der unterschiedlichen Motive ergibt.

Andererseits – idealisierst du nicht den Wissenschaftler? Er will Renommee gewinnen, hier und heute, nicht erst nach seinem Tode in der Literatur, insbesondere in Fußnoten. Er will vielleicht Forschungsmittel für sich und seine ,jungen Leute' an Land ziehen. Wir wissen zudem beide sehr genau: Es gibt immer wieder Wissenschaftler, die über Beratung den Weg in die Politik oder die Wissenschaftspolitik suchen und finden. Zeitweise gefragter Interviewpartner von Journalisten, besonders im Fernsehen, zu werden, ist durchaus reizvoll. Also: Sachorientierung und langfristiges Denken dem Wissenschaftler immer und zu jeder Zeit zu unterstellen, das wäre weltfremd.

D. W.:

Sind wir beide jetzt nicht in der Gefahr, in richtiger und umfassender Analyse die Unterschiede im Verhalten von beratenden Wissenschaftlern und Politikern zu verwischen? Ich behaupte: Strukturell sind die dominierenden Zeithorizonte unterschiedlich, der Wissenschaftler denkt vielleicht in Jahrzehnten, der Politiker nicht einmal in Legislaturperioden.

H. K.:

Ja, so ist es. Für einen Bildungspolitiker müssen Hinweise von Wissenschaftlern, manche Anstöße brauchten mindestens 10 Jahre, bis ihre Wirksamkeit feststellbar sei, nur schwer akzeptabel sein. Insofern befinden sich Politiker in dem Dilemma, einerseits ständig Erfolge und ,Events' präsentieren zu wollen, andererseits aber zu wissen, dass gerade im Bildungsbereich eine kontinuierliche, auf Jahre angelegte Politik notwendig ist.

D. W.:

Der Wissenschaftler ist überdies am ,Machtspiel' nicht direkt beteiligt. Wenn dem so ist, was ergibt sich daraus für das Gewicht wissenschaftlicher oder wissenschaftlich gestützter Expertise in der Bildungspolitik? Wie ist der gegenwärtige Zustand zu beurteilen? Was wäre wünschenswert?

H. K.:

Lass mich vorweg ein doppeltes Fazit der bisherigen Diskussion ziehen. Wir sind erfahren und realistisch genug, uns vor Idealisierungen der Beteiligten zu hüten. Wir wissen aber auch, dass die beteiligten Personen durchaus – jedenfalls im Allgemeinen – vernünftige und verantwortungsvolle Menschen sind. Eine zynische Politiker- und Wissenschaftlereinschätzung liegt uns nicht, widerspricht bei genauem Abwägen auch unserer Erfahrung.

Zum andern: Es gibt immer wieder politische Situationen, in denen wissenschaftlich aufgearbeitete Sachverhalte beachtet werden. Sachbezogenes Denken spielt durchaus eine Rolle.

D. W.:

Zustimmung. Erlaube mir, einen neuen Gesichtspunkt, diesmal zugunsten des Politikers, vorzubringen. Das Machtspiel des Politikers ist nicht so negativ zu werten, wie wir dies bisher getan haben. Indem er sich als Person oder seine Regierung sichern will, muss er die öffentliche Stimmung beachten, letztlich die Wählerinnen und Wähler im Kalkül haben. Er kann und muss sich also bis zu einem gewissen Grade aus den Fängen des ‚Bildungsbetriebes' frei machen können und erspüren, was eine Mehrheit der Wähler interessiert. Er hat schließlich sehr viel mehr Gelegenheiten, Meinungen zu hören und Stimmungen aufzunehmen als die Verwaltung oder die Wissenschaft. Er bringt also den – ich sage das so zugespitzt – ‚gesunden Menschenverstand' in die Sachfragen mit ein. Dies halte ich für verständlich und nachvollziehbar. Demgegenüber repräsentiert der Experte immer ein Fachdenken; im besten Fall eine Form des ‚reflektierten gesunden Menschenverstandes', die sich bei Kenntnis gewisser Grundlagen einstellt. Die demographischen Entwicklungen der neuen Länder mit ihren Folgen kann jeder, der sich ein bisschen Zeit nimmt, nachvollziehen.

H. K.:

Ich nehme dich beim Wort. Nach deiner Konstruktion versuchen wissenschaftliche Experten, rivalisierend oder – eher – ergänzend das Expertentum des Ministeriums, vertreten durch die Verwaltung, gegen die Wähler und ihren fehlenden Sachverstand zu unterstützen – gegen den Minister als Anwalt des Volkes! Oder anders: Der Minister bedient sich des unwissenden Volkes gegen seine Verwaltung und die hilflosen Experten. Ich habe zwar zugespitzt, aber die Konstruktion, die du da vornimmst, ist mehr als unwahrscheinlich.

D. W.:

Ich erinnere mich durchaus an Kultusminister, deren Handeln man so erklären könnte. Kultusminister Hahn hat dies sogar ähnlich dargestellt.

Jedenfalls müsste ich meine vorherige Frage nach dem wünschenswerten Zustand von Beratung verändern. Was kann Wissenschaft in einer Demokratie leisten? Sie könnte, müsste eine Korrekturfunktion zum Alltagsverstand, zur Laiensicht ausüben. Der Politiker wäre dann der politische Vermittler zwischen drei berechtigten Positionen, der der Laien, der fachlichen Welt und der Verwaltung, die etwa das Schulsystem organisiert und ‚am Laufen hält'. Ein Ministerium ist sowohl Teil der Fachwelt wie eine eigenständige Welt. Aufgabe des Wissenschaftlers wäre es, die Differenz zwischen seiner wissenschaftlichen Sicht, also einem spezifischen Teil der Fachwelt, und der des Laien zu reflektieren und fruchtbar zu machen. Es gälte also, eine Didaktik der Beratung zu entwickeln: Der beratende Wissenschaftler wäre ein Vermittler zwischen Wissenschaft und Laien. Erfüllt er diese Funktion, dann verändert sich sein Verhältnis zum Politiker: Auch er setzt sich zum Wähler – nicht als Politiker, sondern als Wissenschaftler – in ein Verhältnis. Indem der Politiker mit dem Wissenschaftler im Vermitteln konkurriert, entsteht die Chance, dass der Wissenschaftler vom Wähler ‚gehört' wird, zumindest seinen Interpreten, also den Vertretern der Medien. Mit anderen Worten: Der Politiker wird vom Wissenschaftler in seinem spezifischen Denk- und Handlungshorizont angesprochen. So kann Beratung effektiv werden.

H. K.:

Du skizzierst zweifellos ein positives, vielleicht allzu ideales Bild. Wir stimmen wahrscheinlich darüber überein, dass dieses Konkurrieren über die öffentliche Kommunikation geschieht. Denn die Wissenschaftler werden sich nicht unmittelbar an die Wähler wenden können. Beide Seiten haben also die Gelegenheit, diese Bühne zu nutzen. Allerdings verkürzt du die Versuchungen, in die ein Wissenschaftler kommt. Auch er ist ja, insbesondere in seinem Fach, von politischen Überzeugungen geprägt. Nicht umsonst habe ich vorhin auf die Auswahl von Wissenschaftlern durch Politiker hingewiesen. Seinen wissenschaftlichen Forschungen liegen, so hätte man früher gesagt, ‚erkenntnisleitende Interessen' zugrunde. Ich glaube, es kommt selten vor, dass ein Wissenschaftler in der politischen Beratung zu Ergebnissen kommt, die er nicht haben wollte, deren Dimensionen ihm zumindest nicht vorher bekannt waren.

D. W.:

Wissenschaft, zumindest wissenschaftliche Beratung ist also einseitig; wenn sie nicht parteigebunden – auch das darf man nicht unterschätzen – ist, so ist sie doch mit einer bildungspolitischen Perspektive verbunden. Wenn das stimmt, dann wäre zu fragen, welche Bindung ist akzeptabel, welche abzulehnen?

H. K. :

Wissenschaftler müssen offen legen, welche Annahme und Zielpunkte ihre Arbeit bestimmen, von welchen Rahmenbedingungen sie ausgehen und welche Vorgaben sie erhalten haben. Nur wenn Transparenz herrscht, kann der Eindruck vermieden werden, sie lieferten Gefälligkeitsgutachten. Andererseits: Seriöse Wissenschaftler werden sich solche Gutachten kaum leisten können.

D. W.:

Der Politiker lebt im politischen System, der Wissenschaftler im wissenschaftlichen. Nun kommen beide zusammen, wechseln nicht ins jeweilige andere, sondern interpretieren das Geschehen aus der Sicht ihres Systems. Jeder nutzt den anderen; wer sich nichts vormachen will, muss dies wissen. Die Gratifikationen und Sanktionen sind für den einen, den Politiker, größer als für den anderen. Insofern bleibt beider Verhältnis ein prekäres. Nur in solcher ‚Resignation', dem Wissen um die jeweiligen Bedingtheiten und Versuchungen, scheint mir die Kooperation von Erziehungswissenschaftlern und Politikern ehrlich zu sein.

Literatur

Klein, Ansgar/Schmalz-Bruns, Rainer (Hrsg.): Politische Beteiligung und Bürgerengagement in Deutschland. Möglichkeiten und Grenzen. Bonn/Baden-Baden 1997

Tillmann, Klaus-Jürgen/Vollstädt, Witlof (Hrsg.) Politikberatung durch Bildungsforschung. Das Beispiel: Schulentwicklung in Hamburg. Opladen 2001

Wunder, Dieter: Auf den Minister, die Ministerin kommt es an. Ein Versuch zu analysieren, wie Bildungspolitik „gemacht" wird. In: Frommelt, Bernd/Klemm, Klaus/Rösner, Ernst/Tillmann, Klaus-Jürgen (Hg): Schule am Ausgang des 20. Jahrhunderts. Weinheim und München 2000, S. 177-196

Marianne Horstkemper/Klaus-Jürgen Tillmann

Die Beiräte-Republik –
Erziehungswissenschaftler unterwegs

Wissenschaftliche Politikberatung im Feld von Bildung und Erziehung ist ein komplexes Geschäft. Dazu gibt es mehr oder weniger kluge Äußerungen mit mehr oder weniger hohem theoretischem Anspruch (vgl. z.b. Mayntz/Mohr/Henkel 1996, Tillmann 1991), aber über die realen Abläufe solcher Prozesse ist herzlich wenig bekannt. Die wenigen Versuche, diesen Bereich ein wenig auszuleuchten, greifen überwiegend auf vereinzelte subjektive Erfahrungen oder aber auf biografische Erinnerungen zurück (etwa Edding 2000). Es fehlen jedoch bislang nahezu völlig systematische Versuche, zu elementaren empirischen Erkenntnissen zu gelangen. Das ist umso bedauerlicher, als es sich bei diesem Feld um einen prosperierenden Sektor handelt, dessen Bedeutung bislang nur schwer einschätzbar ist. Professionspolitische Überlegungen lassen es sowohl im Sinne einer disziplinären Ausdifferenzierung der Erziehungswissenschaft als auch der Nachwuchsförderung dringend geboten erscheinen, dieses Informationsdefizit zu beheben.

Im Folgenden legen wir hierzu einen Beitrag vor, der exemplarisch einen ersten Versuch unternimmt. Wir konzentrieren uns dabei auf die Analyse von Chancen und Grenzen eines der momentan beliebtesten Instrumente der Politikberatung: den „wissenschaftlichen Beirat". Solche Gremien etablieren sich in den letzten Jahren allerorten in der Bildungslandschaft, ihre Vermehrung verläuft in epidemieförmigen Wellen. Auch dies erklärt die Tatsache, dass sie sich jeder kontrollierenden Evaluation bislang entziehen konnten. Der hier vorgelegte erste Zugang ist daher notwendigerweise als Pilotstudie zu betrachten, die Anknüpfungspunkte für vertiefende Forschung benennt. Eben das soll hier geschehen. Da wir insgesamt Neuland betreten, haben wir uns für einen eher ungewöhnlichen Ansatz entschieden. Methodisch lässt er sich klassifizieren als Koppelung einer Phänomenologie des Alltags mit Elementen satirischer Zeitkritik, er ist in etwa gleichen Anteilen – wenn auch in sehr unterschiedlicher Weise – sowohl von Husserl (1910/11) als auch von Loriot (1995) beeinflusst. Dazu präsentieren wir in einem *ersten Schritt* als Quellenmaterial authentische Aussagen von WissenschaftlerInnen, die sich über ihre Arbeit in verschiedenen Beirats-Kontexten austauschen. Es wurde nicht zu Forschungszwecken produziert, sondern stellt quasi ein Epiphänomen realer Beiratsarbeit dar und erlaubt damit einen unverstellten Einblick in die subjektiven Wahrnehmungen, emotionalen Befindlichkeiten und in die Selbstevaluationseinschätzungen der Mitglieder solcher Gremien. Im *zweiten Schritt* werden wir die in den Quellen angerissenen Themen, Fragen und Kritikpunkte systematisieren und vorsichtig interpretieren. Dabei wenden wir das bereits angesprochene Verfahren der sozial-satirischen Paraphrasierung an. Einbeziehen können wir dabei auch unsere eigenen, langjährigen Erfahrungen in Beiräten unterschiedlicher Art – in denen wir mehrfach das Vergnügen hatten, gemeinsam mit Klaus Klemm ‚beizuraten'. Im *dritten Schritt* schließlich bilanzieren wir die auf diesem Wege gewonnen Erfahrungen und entwickeln daraus Anregungen für die weitere Forschungsarbeit.

1. Die Quelle

Ausgewählt haben wir hier die E-Mail-Korrespondenz von drei Beteiligten, soweit sie sich auf unseren Erkenntnisgegenstand ‚Beiräte' bezieht. Alle drei gehören zum Pool potenzieller Beiratsmitglieder. Sie sitzen auf erziehungswissenschaftlichen Professuren und beschäftigen sich mit Schule und Schulentwicklung und treten nicht nur innerhalb ihrer Zunft auf, sondern sind immer wieder auch in bildungspolitischen Feldern aktiv. Sie kennen und schätzen sich allesamt seit knapp dreißig Jahren, sind nicht nur kollegial, sondern auch freundschaftlich verbandelt. Alle drei sind verheiratet, zwei von ihnen sogar miteinander – sie arbeiten aber an getrennten Orten, was die Notwendigkeit schriftlicher Korrespondenz erklärt. Zwei haben denselben Vornamen, was man als Signal für Nähe und Verbundenheit deuten könnte. Es geht aber wohl eher auf Zufall oder die hohe Vorliebe für den Namen ‚Klaus' in den vierziger Jahren zurück und gibt wegen der inhaltlichen Nähe der von ihnen vertretenen Positionen zuweilen zu Verwechslungen Anlass. Ansonsten gibt es aber trotz vielerlei Gemeinsamkeiten klar abgrenzbare Schwerpunkte, was die Kooperation beflügelt. Manchmal arbeiten alle drei zusammen, es gibt allerdings derzeit (noch) keinen Beirat, in dem sie alle gemeinsam sitzen. Ob sie das wollen sollten?

M. H. an K. K.:

Der Ministerpräsident des Landes XY fragt an, ob ich in den kommenden drei Jahren bereit wäre, in einem Bildungsrat mitzuarbeiten, der ihn in allen Fragen der Gestaltung des Bildungssystems berät. Auf der Liste der künftigen Beiratsmitglieder steht eine illustre Schar von KollegInnen und eine nicht minder prominente Auswahl von Vertretern der Wirtschaft, der Weiterbildung – echt beeindruckend. Du stehst auch auf der Liste. Sollen wir das machen?

K. K. an M. H.:

Über die Anfrage habe ich mich natürlich gefreut. Ob ich mitmache, weiß ich noch nicht. Zeit habe ich ja keine, aber die Sache scheint interessant, und es sind ja überwiegend nette Kolleginnen und Kollegen dabei.

K. J. T. an M. H.:

Ich habe gestern bei der Fahrt zum Beirat der Osram-Stiftung Hans-Günter und Hannelore im ICE getroffen. Beide haben mir erzählt, der Ministerpräsident von XY würde einen Bildungsbeirat gründen – und du ständest auf der Liste. Stimmt das? Wieso bist du gefragt worden und ich nicht?

M. H. an K. J. T.:

Ja, das stimmt. Warum du nicht dabei bist, weiß ich nicht. Aber du hast doch genug zu tun, wofür brauchst du noch einen Beirat? Wenn du aber wieder mal behauptest, ich stände nur wegen der Frauenquote auf der Liste, kriegst du richtigen Krach mit mir. Ob K. K. mitmachen will, weiß ich noch nicht. Leider ist Y., dieser Blödmann, auch dabei. Aber man kann sich die Mit-Beiräte ja nicht aussuchen.

K. J. T. an M. H.:

Allein in der Kommission Schulpädagogik der DGfE sind über 300 Mitglieder registriert, der größte Teil davon hat eine Professur. Da wird doch wohl die Frage erlaubt sein, warum ausgerechnet du gefragt worden bist. Und natürlich werden die tierisch drauf achten, dass der Frauenanteil hoch genug ist. Du hast mir neulich doch selbst erklärt, was Gender-Mainstreaming ist. Meinst du nicht, dass die Ministerpräsidenten das inzwischen auch wissen? Übrigens kann ich dir schon sagen, dass K. K. bei dem Unternehmen in XY nicht dabei sein wird. Er ist nämlich von der Bundesbildungsministerin für die dort angesiedelte „Arena Bildung" angeworben worden. Und er spielt auch lieber in der obersten Liga.

M. H. an K. K.:

Nachdem es im ersten Anlauf mit unserer gemeinsamen Beiratsmitgliedschaft nicht geklappt hat, zeichnet sich eine zweite Chance ab: Es geht um den Projektbeirat „QUALIZUK", dem du ja schon seit einiger Zeit angehörst. Ab August werde ich mich dort einreihen. Wird da wirklich „Qualität für die Zukunft" gesichert? Ich bin schon ganz gespannt. Übrigens würde ich dich gern für ein weiteres Vorhaben gewinnen, nämlich für den Beirat einer internationalen Zeitschrift, die wir gerade gegründet haben. Außer mit der Ehre wäre das allerdings auch mit der Bereitschaft verbunden, als Gutachter in Peer-Review-Verfahren tätig zu werden. Denkst du schon mal drüber nach? Genaueres bereden wir dann am Rande unserer gemeinsamen Beiratssitzung.

K. J. T. an M. H.:

Es ist zum Verrücktwerden: Ich kriege keinen Termin für die Einladung des Beirates unserer Reformschule zustande, weil alle Mitglieder ununterbrochen auf anderen Hochzeiten tanzen: Einige sind sie bei der „Arena Bildung", andere beim Bildungsrat von XY, die anderen gründen gerade einen Beirat in YZ und der Rest ist bei den Beiräten von TIMSS, PISA, IGLU, LAU, WALZER oder QUALIZUK. Was soll ich tun? Unsere Beiratssitzung mit einer der vielen anderen zeitlich und örtlich koppeln? Sie auf die Schiene verlegen? Vielleicht ließe sich das als Subvention der Bundesbahn günstig finanzieren?!

M. H. an K. K.:

Nun haben wir ja schon dreimal in unserem QUALIZUK-Beirat getagt, bei dem du letztes Mal nicht dabei sein konntest. Überhaupt waren wir noch nie vollzählig, weil immer ein bis zwei Mitglieder unverzichtbar bei einem noch wichtigerem waren – so wie du eben auch. Na klar, wenn die Bundesministerin ruft. Mit Peter konnte ich wegen der Berufungsangelegenheit, die uns beide interessiert, leider nicht sprechen, weil er später kam und ich früher wegmusste. Im Beirat haben wir Empfehlungen für die Finanzierung von Projekten ausgesprochen. Vorher haben wir Kriterien diskutiert und beschlossen. Wir waren uns z. B. einig, dass nur wirklich neue Ideen zum Zuge kommen sollten, dass sie auf jeden Fall die Qualität von *Unterricht* betreffen müssen, nicht etwa nur die Effektivierung von Schulverwaltung oder so. Wahnsinnig geärgert hat mich, dass trotz dieser Kriterien nun ein Wirtschaftsprüfungsbüro den Auftrag bekommt, ein Selbstlernprogramm zur effektiven Erstellung von Stundenplänen auf CD-ROM zu erstellen. Kannst du mir mal sagen, worin da die innovative Sprengkraft zur Verbesserung der Unterrichtsqualität steckt? Mein Eindruck war, dass hier die Pensionäre aus der Schulverwaltung, die in diesem Beirat ja einen besonders großen Einfluss haben, die Sache gedreht haben. Abends nach dem vierten Bier habe ich dann auch gehört, dass der Inhaber dieses Büros schon ganz lange ganz eng mit der Regierungspartei in seinem Land zusammenarbeitet. Weißt du was darüber?

K. J. T. an M. H.:

Schöne Grüße von K. K.. Ich habe Donnerstagabend mit ihm beim Beirat der Nöckler-Stiftung zusammengesessen. Hannelore, Sybille und Dieter waren auch da; es war mal wieder so richtig nett! K. K. hatte keine Zeit mehr, dir eine Antwort zu mailen, weil er zu einem Spezialberatungstermin zur Ministerin nach M. musste. Ich soll dir ausrichten, dass er deine Einschätzung der Sache teilt. Du hättest aber nicht berücksichtigt, dass aus diesem bildungspolitisch eher sperrigen Bundesland sonst weit und breit kein förderbarer Antrag vorlag. Was soll man da machen? So eine CD-ROM schadet wenigstens nicht, die Schulen kriegen ein Produkt in die Hand, man kann das auf der Pressekonferenz hochhalten – alles unbestreitbare Vorteile, findest du nicht?

M. H. an K. K.:

Meinen Beirat beim Ministerpräsidenten bin ich los – ich bin zurückgetreten. In zwei Jahren haben wir nicht rausgekriegt, was eigentlich unsere Aufgabe war. Ein kluger Kollege hat es schon in der ersten Sitzung erkannt: Beraten kann man nur jemanden, der ein Problem hat. Hatte hier aber keiner. Wie die Bildungspolitik laufen soll, war dem Ministerpräsidenten schon immer klar – der Beirat konnte das jeweils aus der Presse erfahren. Nicht mal unsere Meinung dazu interessierte ihn, das finde ich verwirrend. Wenn wir zur Legitimation zitiert würden, das würde mir ja noch einleuchten. Aber so? Hast du noch eine Beirats-Lektion für mich? Taugen wir zu irgendwas, was ich nicht sehe?

2. Die Interpretation

Soweit also die E-Mail-Korrespondenz – eine höchst interessante Quelle, die viele interne Einblicke vermittelt. Davon ausgehend lassen sich nun wesentliche Strukturen, Merkmale und Prozesse von „wissenschaftlichen Beiräten" im Bildungsbereich erschließen. Dazu formulieren wir im Folgenden fünf zentrale Fragen und versuchen dann, diese – soweit es geht – auch zu beantworten. Wenn die hier präsentierte Quelle an einigen Stellen nicht genug Material für die Beantwortung liefert, greifen wir ergänzend auf unseren eigenen Erfahrungsschatz zurück.

2.1 Wer braucht einen Beirat?

Eine Schulministerin, die von den Einsparungen ablenken und die Aufmerksamkeit auf ein Schulentwicklungsprojekt lenken will, braucht einen Beirat. Eine pädagogische Fachzeitschrift, die ihr Impressum mit wohlklingenden Namen schmücken möchte, braucht einen Beirat. Die internationale Leistungsvergleichsstudie FOLA („Foreign Language Assessment"), die potenzielle wissenschaftliche Kritiker einbinden will, beruft sie in ihren Beirat. Eine Reformschule, die sich ständig der Angriffe des eigenen Kultusministeriums erwehren muss, holt sich Unterstützung beim eigenen Beirat. Die Hanna-Nöckler-Stiftung, die öffentlichkeitswirksame Aktivitäten nachweisen muss, braucht selbstverständlich einen Beirat, der ihre Pressekonferenzen belebt. Und die „Zentral-Regional-Kommission" (ZRK), die die QUALIZUK-Modellversuchsmittel auf die verschiedenen Bundesländer verteilt, hält sich einen Beirat, damit diese Verteilung den Anstrich einer wissenschaftlichen Legitimation erhält. All die Einrichtungen, Institutionen oder auch Personen, die Beiräte einrichten oder am Leben halten, bezeichnen wir im Folgenden als Beiratgeber (analog: Arbeitgeber).

2.2 Wer ist beiratstauglich?

Was muss man wissen, können, leisten, um Mitglied eines Beirats zu werden? Zuallererst: Man sollte Professor sein. Noch besser ist Professorin. Aber nicht irgendeine(r): Ein möglichst bekannter Name sollte es schon sein – viel geschrieben, häufig zitiert, deshalb auch dauernd unterwegs. Menschen dieser Kategorie sitzen in mindestens fünf Beiräten, wehren daneben laufend Anfragen auf weitere Mitgliedschaften ab, haben trotzdem kaum Zeit – und erscheinen deshalb zu Beiratssitzungen nur sporadisch. Wenn sie kommen, treffen sie später ein oder müssen eher weg, manchmal auch beides.

Neben dieser Wissenschaftler-‚Elite' gibt es außerdem die Gruppe der Bildungspolitiker und der höheren Beamten aus Ministerien und ihren nachgeordneten Einrichtungen. Ihre besondere Beiratseignung steigt mit der Nähe zur Pensionierungsgrenze – ob sie sich kurz davor oder kurz danach befinden, ist dabei nicht entscheidend. In beiden Fällen haben sie mehr Zeit als die gehetzten Wissenschaftler, dürfen sich dies aber – schon aus Prestigegründen – nicht anmerken lassen. In der Regel kommen deshalb auch sie später und/oder gehen früher. Unmittelbare Vertreter oder Vertreterinnen der verschiedenen Praxisfelder – etwa aus Kindergärten, Jugendheimen, Schulen, Ausbildungsstätten – werden offensichtlich als weniger geeignet betrachtet. Gelegentlich finden sich Vorsitzende von Handwerkskammern oder auch Ausbildungsleiter global operierender Konzerne in besonders plural bestückten Gremien. Der alltägliche Kontakt mit den Problemen, über die der Beirat zu befinden hat, gilt aber wohl nicht als förderlich für Analyse- und Beratungskompetenz.

Die Zahl der Menschen, die von den Beiratgebern als würdig angesehen werden, in einen solchen berufen zu werden, ist demnach begrenzt. Zwar gibt es in der Bundesrepublik etwa 1.000 Pädagogik-Professorinnen und -Professoren, aber als beiratsfähig gelten höchstens 50. Dieser kleine Kreis der Überlasteten zeigt hohe Stabilität bei gleichzeitig hohem Altersdurchschnitt. Weil viele Beiratsmitglieder erst nach ihrer Pensionierung endlich richtig Zeit für die Beiratsarbeit haben, kommen sie nunmehr nicht nur öfter, sondern schreiben auch häufiger Texte, liefern Gutachten oder arbeiten in Jurys mit. Was sie aber keinesfalls tun: zurücktreten! Auf diese Weise kann es leicht passieren, dass schon die Ablösung eines 70-jährigen Beiratsvorsitzenden durch seine 60-jährige langjährige Stellvertreterin nicht nur als Akt der Verjüngung, sondern gleichzeitig auch als Indiz für den emanzipativen Durchbruch der Frauen gefeiert wird.[1]

2.3 Was machen Beiräte eigentlich?

Die Antwort ist klar und einfach: Sitzungen. Man trifft sich – meist in komfortablen Hotels mit guter Küche und Klavier in der Nachtbar – und redet über die Themen, die dem Beiratgeber wichtig sind: Lehrerarbeitszeit, reflexive Koedukation, Rolle der Schulaufsicht, Gewaltprävention, Optimierung des Schulbusverkehrs, Frieden in der Welt – das alles sind beliebte Themen. In komfortablen Beiräten wird die Diskussion von einer Mitarbeiterin des Beiratgebers protokolliert – alle können es dann irgendwann nachlesen und abheften. In unkomfortablen Beiräten werden die Beiratsmitglieder aufgefordert, das, was sie gesagt haben, selber aufzuschreiben. Wenn mehrere Beiratsmitglieder das tatsächlich tun, entsteht eine Expertise, ein Gutachten oder eine Denkschrift. So etwas wird als Broschüre in großer Auflage gedruckt und an alle Pädagogik-Professoren, Schulleiter und Landtagsabgeordnete verschickt. Wenn es nach der Vorstellung auf der Pressekonferenz – möglichst in Anwesenheit aller Beiratsmitglieder – auch noch den einen oder anderen Artikel auf den Bildungsseiten der Tagespresse gibt, dann sind die Beiratgeber gewöhnlich hoch beglückt und es gibt ein besonders opulentes Abendessen.

2.4 Warum tritt man in einen Beirat ein?

Warum sagen die viel beschäftigten Menschen doch immer wieder „Ja", wenn sie gefragt werden, ob sie Mitglied eines weiteren Beirats werden wollen? Entgegen eines weit verbreiteten Gerüchts ist hier festzuhalten: Beiratstätigkeiten im Bildungsbereich werden in aller Regel miserabel oder gar nicht bezahlt. Viele Beiratgeber (z.B. Stiftungen, Gewerkschaften, Reformschulen) haben einen idealistischen Hintergrund, man arbeitet gemeinsam für die „gute Sache", die Frage nach dem Geld gilt dann als eher unanständig. Erziehungswissenschaftler schauen hier immer wieder neidvoll auf Wirtschaftswissenschaftler, Juristen und Biologen – doch von den dort üblichen Honorierungen sind und bleiben sie Lichtjahre entfernt. Also muss es andere Anreize geben. Wir nennen den Hauptanreiz hier „Teilhabe an Bedeutung". Ein Beirat kann bedeutend sein, weil er einen bedeutenden Amtsinhaber berät: eine Bildungsministerin, einen Ministerpräsidenten oder (das ist dann das absolute Highlight) sogar den Bundespräsidenten. Ein Beirat

---

1 Zur auch gegenwärtig noch unübersehbaren Unterrepräsentanz von Frauen in der oberen Etage des Wissenschaftssystems vergleiche die von Klaus Klemm initiierte kontinuierliche Berichterstattung, hier insbesondere Horstkemper 1995.

kann aber auch Bedeutung verströmen, weil er Geld verteilen darf; dabei geht es dann entweder um Preise oder um Forschungsmittel: Hier gewinnt man Einfluss, der an anderer Stelle nützlich sein kann, etwa wenn man ein eigenes Projekt durchbringen oder den eigenen Nachwuchs fördern will. Und schließlich tritt man in Beiräte ein, weil die anderen Beiratsmitglieder bedeutend sind. Man kann dann im Kollegenkreis beiläufig fallenlassen: „Das habe ich neulich mit Wolfgang beredet", oder – noch besser: „Wenn du willst, spreche ich Helmut mal darauf an: Ich sehe ihn ja regelmäßig." Mit solchen Sätzen lässt sich – jedenfalls bei wohldosierter Anwendung – der Glanz eigenen Ruhmes in der heimatlichen Hochschule hervorragend aufpolieren. Und schließlich gibt es – angeblich mit zunehmendem Alter immer stärker – das Affiliations-Motiv: Man möchte einfach gerne dabei sein. Je ausgeprägter dieses Motiv ist, desto stärker nimmt in aller Regel – ähnlich wie bei Jugendlichen in der 7. Klasse – das Interesse an der sach- und zielgerichteten Kommunikation ab, das an der informellen Kommunikation dagegen massiv zu: Der Beirat wird dann vor allem als der Ort betrachtet, an dem man die alten Freunde trifft.

2.5 Wie verläuft die Beirats-Kommunikation?

Wir haben schon darauf hingewiesen: Die Zahl der Beiräte ist groß, die der potenziellen Mitglieder begrenzt. Es besteht damit ein (künstlich erzeugtes) Knappheitsproblem, was wiederum eine verdichtete Kommunikation verursacht. Sie lässt sich unterscheiden in eine *primäre* und eine *sekundäre* Beiratskommunikation. Beide Formen sollen im Folgenden einzeln beleuchtet werden.

Die primäre Beiratskommunikation

Die primäre Beiratskommunikation findet auf den Beiratssitzungen und an ihren Rändern statt. Hier treffen sich die, die sich immer treffen: Die Kläuse, Hans-Günter und die Hannelore, der immer noch muntere Wolfgang, der kreative Peter, seltener inzwischen Andreas, besonders aktiv in jüngerer Zeit Ewald und Elmar, manchmal auch die Zwillinge aus dem Norden. Und immer wieder dabei: Jürgen und Helmut aus der Schweiz. Von der Bank der früheren Politiker und Beamten sind Sybille, Dieter und Rainer gern dabei, einige kurz vor der Pensionierung stehende Kollegen stehen noch in den Startlöchern.

Im Rahmen der primären Beiratskommunikation wird in den Sitzungen das schon skizzierte Pflichtprogramm absolviert, um dann abends zur Kür überzugehen. Da wird dann erzählt, wie es wirklich ist: mit der Inkompetenz des Ministers X, mit der neuesten Intrige in der Landtagsfraktion von Y, mit der neuen Freundin des Staatssekretärs Z. Manchmal sondern sich abends auch kleine Grüppchen verschwörerisch an Extratische ab. Ministerialbeamte eruieren vorsichtig die Möglichkeiten der strategischen Zusammenarbeit in einem der vielen Gremien der Kultusministerkonferenz, Hochschullehrer erörtern die Besetzung der C-4-Stelle in X und vor allem die Bereitschaft des Kollegen, ein vergleichendes Gutachten dafür zu schreiben. Kurz: Neben der eigentlichen Tagesordnung gibt es noch eine Fülle von wichtigen Dingen zu erledigen. Dies muss bei der Programmplanung unbedingt berücksichtigt werden. Falls hier keine legitimen Freiräume vorgesehen sind, kommt zum Problem des Späterkommens und Frühergehens noch das Problem des temporären Time-out hinzu. In wechselnden Kombinationen ziehen sich dann diejenigen mehr oder weniger kurzfristig aus der Sitzung zurück, die ihre dringenden Angelegenheiten sonst nicht mehr klären könnten. Kluge Beiratgeber kalkulieren das ein, bieten ein möglichst angenehmes abendliches Ambiente mit flexibler Sitzordnung, guter Speisekarte und gehobenen Weinen. In letzteren liegt ja bekanntlich Wahrheit, wobei man hoffen kann, dass mit steigender Qualität der Weine das Urteil der Beiratsmitglieder umso abgewogener wird – mindestens soweit, dass Beiratgeber damit einigermaßen gut leben können.

Von der mehr oder weniger gelungenen Zusammensetzung des Beirats hängt es im übrigen ab, was *innerhalb* der Sitzung erschöpfend besprochen werden kann, was dagegen in vertrauliche Gespräche am Rande ausgelagert oder dort vorbereitet werden muss. Auch aus diesem Grunde ist es unerlässlich, durch kluge Programmgestaltung vielfältige Differenzierungsmöglichkeiten vorzusehen. Zur Beschäftigung derjenigen Beiratsmitglieder, die die primäre Kommunikation in den Sitzungen nicht besonders spannend finden, empfiehlt sich beispielsweise die Offerte eines themenspezifischen Kulturprogramms. Beliebt sind etwa folkloristische Darbietungen von Schülergruppen, wenn es um Fragen interkultureller Bildung geht, oder auch Kammerkonzerte jugendlicher Preisträger, falls es sich um Hochbegabtenförderung handelt. Solche Programmpunkte ermöglichen den Beiräten mindestens punktuell eine direkte Begegnung mit dem Praxisfeld, zugleich erlauben sie aber auch einen dezenten Rückzug zur Bewältigung unaufschiebbarer Geschäfte.

Die sekundäre Beiratskommunikation

Die sekundäre Beiratskommunikation findet zwischen Beiratsmitgliedern statt, die zur gleichen Zeit in verschiedenen Beiräten agieren, sich aber aus vielen Gründen und an vielen Orten darüber verständigen. Der bevorzugte Ort dieser Kommunikation ist die erste Klasse des ICE: „Mein Gott, was machst du denn hier?", ist der verbreitetste Eröffnungszug. Die Antwortet lautet dann: „Ich komme vom/ich fahre zum XY-Beirat – und du?" Schon ist die sekundäre Beiratskommunikation in Gang. Nicht selten kommt ein dritter Kollege – deutlich seltener eine dritte Kollegin – hinzu. Spätestens dies ist das Signal für einen Umzug in den Speisewagen, wo Chefsalat und Rotkäppchensekt den Informationsaustausch über die bildungspolitische Landschaft mächtig beflügeln. Bei dieser Gelegenheit besteht die Chance, sich gleichsam ‚taufrisch' über die Ereignisse in den verschiedenen Beiräten zu informieren: Warum Rainer sich so entschieden für die Förderung eines bayerischen Projekts ausgesprochen hat. Wer im Beirat der Osram-Stiftung die gut dotierten Expertisen an Land gezogen hat. Was der Ministerpräsident Michael an Entscheidungen schon wieder festgezogen hat, während er seinen Beirat bittet, genau darüber „gründlich und völlig ergebnisoffen" nachzudenken. Und welcher Kollege im Beirat A ziemlich genau das Gegenteil von dem vorher Vertretenen akzeptiert hat, nur um den Beiratgeber – der zugleich auch Drittmittelgeber ist – nicht zu verärgern. All diese Informationen, die in der sekundären ICE-Kommunikation ausgetauscht werden, sind hervorragend brauchbar, um sich in der nächsten Sitzung des nächsten Beirats als glänzend informiert zu zeigen. Dann kann ein Beirat so schöne Sätze wie die folgenden sagen: „Obwohl es offiziell noch nicht raus ist: Zu dem Problem wird der Kollege X für die Osram-Stiftung eine Expertise erstellen." Oder: „Die ZRK hat es zwar noch nicht beschlossen, aber das Bayern-Projekt wird todsicher laufen." Dies alles ist in der informellen Beiratskommunikation ein Geschäft auf Gegenseitigkeit. Und es ist ganz scharf von ‚Klatsch' zu unterscheiden; denn Männer klatschen nie – allenfalls nimmt ihr Diskurs eine informelle Färbung an.

3. Das Forschungs- und Entwicklungskonzept: Der Meta-Beirat

Als zentrale Ergebnisse unserer Pilotstudie lassen sich vor allem drei Gesichtspunkte festhalten, die in weiterer Forschungsarbeit aufgegriffen und differenzierteren Analysen zugeführt werden sollten:

- Beiratsmitglieder sind hochmotiviert, hochmobil, hochkommunikativ. Unter dem Einfluss von Zeitdruck, delikater, aber ungesunder Ernährung und der nicht auszuschließenden Gefahr gelegentlich erhöhten Alkoholgenusses kann die Kombination der hier konstatierten Eigenschaften zu massivem Stress bis hin zum Burnout-Syndrom führen. Beiratsforschung ist somit interdisziplinär anzulegen und im Schnittfeld von Professionalisierungsforschung und epidemiologischer Forschung zu verorten. Fokussiert werden sollten auf dieser Ebene Fragen nach Belastungen, vor allem aber auch nach Entlastungs- und Unterstützungsmöglichkeiten bereits aktiver Mitglieder. Erfolgreicher Umgang mit solchen Belastungen (Coping) sollte modellhaft beschrieben und in Trainingseinheiten vermittelt werden. Auf der anderen Seite sollten auch die Rekrutierungsstrategien für neue Mitglieder in den Blick genommen werden. Sind bislang die wesentlichen Dimensionen berücksichtigt worden? Hier ist an die Entwicklung diagnostischer Instrumente für die Hand der Beiratgeber zu denken.

- Beiratsmitglieder möchten Wirkung erzielen. Sie wünschen Zielklarheit bei ihren Aufträgen, Rezeption der formulierten Empfehlungen und Umsetzung ausgesprochener Anregungen. Fortgesetzte Frustrierung dieser Bedürfnisse löst hochgradige aversive Empfindungen bis hin zu völliger Desorientierung aus. Besonders gefährdet sind in dieser Hinsicht Novizen, sie bestehen gelegentlich in nahezu selbstzerstörerischer Weise darauf, ihre Tätigkeit nach rationalen Kriterien auszuführen und über Erfolg oder Misserfolg des eigenen Handelns Gewissheit zu bekommen. Notwendigerweise muss Beiratsforschung deshalb auch *Evaluationsforschung* sein. Entwickelt werden müssen hier sowohl produkt- als auch prozessorientierte Strategien. Letztere dürften besondere Bedeutung gewinnen, da konkrete Produkte eher selten das Ergebnis beirätlicher Aktivitäten darstellen. Der Schwerpunkt sollte auf die Entwicklung neuer Instrumente für die erfolgsorientierte Selbstevaluation gelegt werden. Zu flankieren ist dies allerdings auch mit entsprechenden Verfahren der Fremdevaluation. So könnten Leitfäden für eine Peer-Evaluation entwickelt und erprobt werden, in denen Mitglieder unterschiedlicher Beiräte sich gegenseitig zu ihrer Arbeitssituation befragen, ihre Eindrücke rückmelden und Tipps zur Effizienzsteigerung formulieren. Erste Erfahrungen mit solchen CECs (= Cross-Evaluation-Coachings) berechtigen zu schönen Hoffnungen. Die Feinheiten wären jedoch in einer Longitudinalstudie herauszuarbeiten.

- Es deutet sich an, dass die Bedeutung der Pflege von Beziehungsstrukturen und Arbeitsklima als Moderatorvariablen für die erfolgreiche und für alle Seiten befriedigende Beiratstätigkeit bisher unterschätzt wurden. Vermutlich wurde fälschlich unterstellt, die hier beteiligten Experten verfügten qua Amt und Erfahrung über ein Ausmaß kommunikativer Kompetenz, das steuernde und regulierende Eingriffe überflüssig mache. Vermutlich aus diesem Grund wurde bisher in aller Regel auch darauf verzichtet, Beiratsvorsitzende für ihre verantwortungsvolle Aufgabe zu qualifizieren oder gar durch Supervision zu unterstützen. Bereits unsere Pilotstudie lässt hier jedoch erkennen, dass sich – angeregt durch Ergebnisse der Schulqualitätsforschung – eine Fülle von Forschungsfragen aufzeigen lässt. So wäre beispielsweise dringend durch teilnehmende Beobachtung zu ermitteln, ob sich modellhaft ,gute Beiräte' identifizieren lassen, bei denen straffe, sachbezogene Sitzungsführung (time-on-task) korreliert mit hohem Output bei gleichzeitig hoher Arbeitszufriedenheit. Nicht weniger wichtig wäre die Ermittlung hinderlicher Faktoren einschließlich der Frage nach ihrer Überwindbarkeit. Beiratsforschung – das liegt auf der Hand – muss zwingend als *Beiratsentwicklungsforschung* verstanden werden.

Die hier aus Platzgründen nur sehr knapp skizzierten Forschungsperspektiven richten sich somit auf eine differenzierte Analyse der Arbeitsbedingungen, -prozesse und -ergebnisse von Beiräten, die Hinweise zur Optimierung sowohl aus der Sicht ihrer Mitglieder als aber auch aus der Sicht der Beiratgeber zu liefern in der Lage ist. Aus guten Gründen wurde Beiratsforschung hier als Einheit von Forschung und Entwicklung konzipiert. Gerade in innovativen Forschungsfeldern lassen sich Grundlagenforschung und Anwendungsbezug nur selten trennen. Politikberatung lässt sich als prototypisches Beispiel hierfür kennzeichnen.

Diese Position hat im übrigen Klaus Klemm schon vor mehreren Jahrzehnten vertreten (Klemm 1966). Wissenschaftliche Expertise – so hob er bereits damals hervor – könne nur dann gestaltend wirksam werden, wenn Forscher sich in das Feld von Anwendung und Umsetzung hineinbegäben, die dort Tätigen in symmetrische Kommunikation verwickelten und Herrschaftswissen durch transparente (vorzugsweise tabellarische) Aufbereitung zu gemeinsamer Erfahrung umschmieden lernten. Die sprachlich möglicherweise etwas gewagten Bilder sind vermutlich dem damaligen Sprachgebrauch geschuldet, inhaltlich legen sie aber präzis den Finger auf die Wunde bzw. den springenden Punkt. Weitsichtig ahnte der Autor offensichtlich bereits damals den Bedarf an Beratungs- und Vermittlungskompetenz voraus.

Seine visionäre Argumentation aufgreifend und gestützt auf die Ergebnisse unserer Pilotstudie empfehlen wir nachdrücklich, den hier von uns in groben Umrissen angedeuteten Fragenkomplex ‚Beiratsforschung' als neuen Schwerpunkt bei der Deutschen Forschungsgemeinschaft zu etablieren. Unter dem vorläufigen Arbeitstitel „Zukunft der Beiräte – Beiräte der Zukunft" sollte ein facettenreiches Programm aufgelegt werden, das unter Ausschöpfung quantitativer wie qualitativer Forschungsmethoden die Problematik erschöpfend behandelt und damit eine auf gesicherte empirische Erkenntnis gestützte Entwicklung eines Curriculums für lebenslanges Beiratslernen ermöglicht.

Wir halten es darüber hinaus für unverzichtbar, dies zu flankieren durch die Gründung eines Beirats zur Koordinierung der Beiratsforschung (BeizKoBei): Selbstverständlich sollte er angesichts der Bedeutsamkeit seiner Aufgabe möglichst hochkarätig besetzt werden. Simultane Tätigkeit in mehreren Beiräten über die Dauer von 10 bis 15 Jahren dürfte die Mindestvoraussetzung sein, intime Kenntnis der Wissenschafts- wie Politprominenz ist erwünscht, flexibler Umgang mit Fahr- und Flugplänen von Vorteil, Kompetenz in Sachfragen unschädlich. Es wird niemanden wundern, der auch nur ein bisschen von der Sache versteht, dass wir Klaus Klemm als Beiratsvorsitzenden vorschlagen. Wir hoffen, dass er uns trotzdem nicht die Freundschaft aufkündigt.

Literatur

Edding, Friedrich: Mein Leben mit der Politik 1914-1999. Teilhabe an der Entwicklung bildungspolitischen Denkens. bearb. Neuaufl., hrsg. von Wolfgang Edelstein. Berlin 2000

Horstkemper, Marianne: Mädchen und Frauen im Bildungswesen. In: Böttcher, Wolfgang/Klemm, Klaus (Hrsg.): Bildung in Zahlen. Statistisches Handbuch zu Daten und Trends im Bildungsbereich. Weinheim und München 1995, S. 188-216

Husserl, Edmund: Die phänomenologische Methode. Leipzig 2000 (überarb. Neuauflage)

Klemm, Klaus: Beratung durch Zahlen. Die Ignoranz der Politiker und die Überzeugungskraft der Tabelle. München/Weinheim 1966

Loriot: Loriots Gesammelte Werke. Zürich 1995

Mayntz, Renate/Mohr, Hans/Henkel, Hans-Olaf: Das Experten Dilemma. In: Spektrum der Wissenschaft 1996/5, S. 34-45

Tillmann, Klaus-Jürgen: Erziehungswissenschaft und Bildungspolitik. Erfahrungen aus der jüngsten Reformphase. In: Zeitschrift für Pädagogik 6/1991, S. 955-974

Manfred Dammeyer/Andreas Gruschka

Gebraucht oder missbraucht, hilfreich oder ohnmächtig? – Ein Gespräch über die Beratung von Politik und Verwaltung durch Erziehungswissenschaft

Andreas Gruschka:

Was wir über das Verhältnis von Verwaltung, Politik und Wissenschaftsberatung gelernt haben, darüber wollen wir uns heute unterhalten. Siehst du das auch so, dass die große Zeit der Bereitschaft der Politik, sich wissenschaftlich beraten zu lassen, vorbei ist? Wenn man zurückdenkt an die glorreichen Arbeiten des Bildungsrates und die große Zeit der Bildungsreform der frühen 70er Jahre bis Anfang der 80er Jahre, da gingen Wissenschaftler sowohl im Landtag als auch in der Kultusadministration ein und aus. Es war selbstverständlich, dass man als Professor für Erziehungswissenschaft in einem Projekt-Beratungsverhältnis stand. Während ich jetzt den Eindruck habe: Das ist wie abgeschnitten, jedenfalls in dem Bundesland, in dem wir leben.

Manfred Dammeyer:

Ich bin mir nicht sicher, ob man das mit den „großen Zeiten" richtig einordnet. Vielleicht waren es schlicht andere Zeiten. Einer der wichtigen Punkte in den 50er und 60er Jahren bestand in einer anderen Sorte von politischen Entscheidungen im Bildungsbereich. Es ging darum, das Bildungswesen neu aufzubauen, die Voraussetzungen für einen dynamischen Wandel mussten erst einmal geschaffen werden. Die Gutachten des deutschen Ausschusses für das Erziehungs- und Bildungswesen waren z.B. sämtlich Angelegenheiten von Professoren, die gar nicht den Anspruch erhoben haben, als Politiker zu handeln, sondern die für eine reflektierende Öffentlichkeit vorstellten, wie die unterschiedlichen Sektoren des deutschen Bildungswesens neu gestaltet werden sollten. Die Administration saß mit am Tisch und ließ sich von Gelehrten wie Wilhelm Flitner belehren. Erst bei späten Arbeiten des deutschen Bildungsrates zur Verselbstständigung des Bildungssystems wurde die eigene, deutlich abweichende Meinung der Administration zum Grund, das unbotmäßig gewordene Planungsgremium abzuschaffen.

Dass die Mitglieder des deutschen Bildungsrates in erster Linie ihre Köpfe vertraten, das war in der neuen deutschen Bundesrepublik schon eine ganze Menge. Aber außer ihren Köpfen vertraten sie eben nichts, das rächte sich später. Es war zunächst gar nicht entscheidend, was von den Vorstellungen der Gutachten umgesetzt wurde. Erst später wurde es zu einer parteiischen Frage, wie mit den Ergebnissen von wissenschaftlicher Arbeit, egal ob in Politik oder Verwaltung, umgegangen wurde. Diejenigen, die den Bildungsrat liquidierten, schafften sowohl die Technik der unparteiischen Beratung ab als auch die junge Tradition, unbefangen und zukunftsorientiert Vorschläge zu erarbeiten, wie das Bildungswesen in Deutschland gestaltet werden sollte.

A.G.:

Aber das bestätigt doch meine These!

M.D.:

Jein, das bestätigt erst einmal, dass diese Art des Denkens in der Anfangsphase der bundesdeutschen Politik eine gewichtige Rolle gespielt hat, während die Kultusministerkonferenz gleichzeitig die Mindestform an Einheitlichkeit des Schulwesens und auch der anderen Aspekte des Bildungswesens in Deutschland sicherstellte. Aber mit der Zeit entwickelte sich ein fein ausgefieseltes Regelwerk der Kultusministerkonferenz, von dem das Abweichen schwieriger wurde als das Entwickeln neuer eigenständiger Vorstellungen in einzelnen Ländern. Inzwischen gibt es eine unabhängig von Räten sich darstellende Tradition des öffentlichen Streits über Schulstrukturen, über Bildungsinhalte, über Methoden, über den mehr oder weniger demokratischen Umgang in der Schule, über Zielsetzungen von Erziehung. Gleichzeitig sind die Beratungs- und Entscheidungssektoren mehr oder weniger vermachtet und d.h. offenbar an die eine oder andere politische Orientierung gebunden.

A.G.:

Würdest du behaupten, dass sozusagen die Wirkmächtigkeit des Bildungsrates darin bestand, dass die Administration oder die offizielle Bildungspolitik ungleich weniger in den Inhalten festgelegt war und insofern sozusagen auf den Rat der Weisen, den man auch nicht als parteiisch festgelegt interpretierte, eher zu hören bereit war als in einer Situation, in der heute selbst der rangniedrigste Ministerialbeamte eine dezidierte Auffassung darüber hat, was richtig und was falsch ist, und insofern sich keinen Rat holen muss, um zu erfahren, was sein soll?

M.D.:

Mir geht es erst einmal um die Rahmung der Beratung: Das, was die Bildungskommission des Bildungsrates vorgelegt hat, war primär ein Beitrag für ein öffentliches Räsonnement, es war keine direkte, unmittelbare Politikberatung für Einzelne, auch keine Beratung in Sachfragen für Spezialisten, die darauf abzielte, wie heute dies oder jenes zu gestalten ist.

A.G.:

Aber die Räte haben doch auch gegen die bestehenden Strukturen ein integriertes Stufensystem vorgeschlagen!

M.D.:

Das war aber nur einer der Punkte unter vielen anderen, gewiss der gewichtigste, der aus allen anderen herausragte. Aber dieser Vorschlag umfasste im Strukturplan vielleicht 10 von ein paar hundert Seiten. Vieles andere wurde gleichzeitig mit öffentlich verhandelt. Der nächste Schritt in der Geschichte einer bundesweiten Politikberatung war dann der Bildungsgesamtplan. Der wurde nicht mehr in erster Linie von Wissenschaftlern erarbeitet, sondern von den Kultusbürokratien. Es wurden dann zwischenstaatliche Regelungen vereinbart, die Ministerpräsidentenkonferenz verabredete schließlich, dass der Plan bundesweit gelten sollte, freilich mit allen möglichen differierenden Absichten einzelner Länder. Diese drei je unterschiedlichen Gremien beschreiben eigentlich den Prozess der zunehmenden Vermachtung, der Instrumentalisierung auch der wissenschaftlichen Diskussion und der damit verbundenen politischen Entscheidung. Nach dem Bildungsgesamtplan, nach seinem Scheitern an den Finanzfragen, gibt es nach meiner Einschätzung nur noch Beratung zu einzelnen Projekten.

Wissenschaft beschäftigt sich mit Detailerörterungen, dabei kommt es nicht mehr darauf an, das große politische Räsonnement in Gang zu setzen oder aufrechtzuerhalten, sondern am Ende darüber zu beraten, wie viele Lehrer man für bestimmte Maßnahmen braucht und wie sie dafür ausgebildet sein mussten, welche Moderatoren man benötigte, um in möglichst kurzer Zeit möglichst viele Lehrer zu qualifizieren.

A.G.:

Da war dann also mehr technokratischer Rat gefragt?

M.D.:

Das musste aus der Sicht von politischen Entscheidungen so sein. Das mag möglicherweise aus der Sicht von wissenschaftlicher Streitlust als technokratische Beschränkung erscheinen.

A.G.:

Ich sehe nicht nur den Übergang von dem großen Räsonnement zu der Detailberatung, sondern auch eine scheinbare Kontinuität dieses Räsonnements. Ich denke an die Enquetekommission im Bundestag, an der Klemm beteiligt war. Bis heute wird es als ein Defizit empfunden, dass es keine systematische, das ganze Thema umfassende Form von Perspektivierung des Bildungswesens gibt. Entsprechend kommt es immer wieder zu Aktivitäten in dieser Richtung. Jahrelang gab es in Nordrhein-Westfalen die Arbeit der Rau-Kommission, wo ja auch aufs Ganze geblickt werden sollte. Da waren zwar immer noch einige meiner Kollegen beteiligt, aber andere schienen die Musik zu machen, wie Herr Mohn von Bertelsmann oder Herr Kopper von der Deutschen Bank. Mein Verdacht ist, wenn man das jetzt nun miteinander vergleicht: das große Räsonnement Ende der 60er oder Anfang der 70er mit der Denkschrift, dann ging man damals wie heute davon aus: Es besteht ein großer Gestaltungsbedarf. Man las den Strukturplan als einen großen Entwurf, den man im Grundsatz auch für realisierbar hielt. Schon während der Arbeit der Rau-Kommission gab es bereits ein großes Palaver, aber niemand fürchtete so recht, dass aus der Diskussion im strengen Sinne die Perspektive einer wirklichen Veränderung der Schule erwachsen würde.

M.D.:

Den einzigen grundlegenden Vorschlag hat die Regierung ja dann auch sofort nach Veröffentlichung als abwegig abgetan: die sechsjährige Grundschule.

A.G.:

Um meine Vermutung zu untermauern, erzähle ich eine Anekdote: Es war wohl 1972, da wurden wir zum Gemener Kongress des Philologenverbandes eingeladen, um zu erläutern, wie die Umgestaltung der gymnasialen Oberstufe zur Kollegschule wohl aussehen werde. Die Gymnasiallehrer gingen damals tatsächlich von diesem Schicksal aus, weil der Strukturplan, das Kollegstufengutachten, später die Empfehlungen zur Sekundarstufe II und die vielen anderen Empfehlungen mit all dem geballten wissenschaftlichen Sachverstand den Willen zur Umgestaltung zu verbürgen schienen.

M.D.:

Es war eben die Zeit der Illusionen über den Wandel.

A.G.:

Die Verwirklichung der Einheitsschule und der Integration von allgemeiner und beruflicher Bildung in Deutschland war in all den Plänen wesentliche Option, die nicht nur diskutiert wurde, sondern mit der man rechnen musste.

M.D.:

Mit Verlaub, das war die Vorstellung des Bildungsrates und der Bildungskommission, nicht die der Politik insgesamt. Schon im Bildungsgesamtplan war man zu diesen Fragen gespalten. Bayern hat schon da erklärt, dass es die Gesamtschule nicht einführen würde, sondern nur die bestehenden Versuche für Gesamtschulen weiter fortführen wolle. Und dieses wurde durch den Kultusminister Hans Meier erklärt, der seinerseits in der Bildungskommission des Bildungsrates an den vorhergehenden Konzepten beteiligt war.

A.G.:

Bleiben wir in NRW. In der Planungskommission von Kollegschule galt der Bildungsrat als die Grundlage der Arbeit. Dann stellte man fest, dass in dem Strukturplan die Einheit von beruflicher und allgemeiner Bildung nicht postuliert worden war. Es entstand ein Erklärungsbedarf, der wissenschaftlich von Herwig Blankertz nachgeliefert wurde. Die Ministerialbeamten, die aus allen Schulformen beteiligt waren, haben die Expertise selbstverständlich akzeptiert. Und entsprechende Erinnerungen habe ich an die Debatten um die Gesamtschule in den frühen Reformjahren. Diese Papiere sind in der Absicht geschrieben worden, Praxis zu werden. Und das geschah in einem politischen Kontext und einer Diskussion, die das auch als möglich betrachtete.

M.D.:

Das trifft zu, und wie selbstverständlich standen im Anhang Strategien, die instrumentelle Perspektive der Umsetzung wurde mitbedacht.

A.G.:

Während das bei der Rau-Kommission von vorne herein nicht der Fall war.

M.D.:

Da bin ich nicht so sicher, weil einerseits dein Verdikt wohl zutrifft, dass es ein sehr allgemeiner Text ist, der die Perspektiven von Bildung und Zukunft miteinander vereinbaren möchte, bei dem aber andererseits eine ganze Reihe von Elementen enthalten sind, die gegenwärtig doch in ähnlicher Weise erörtert werden wie seinerzeit die Fragen der Umsetzung. Ich nenne etwa die Frage der Selbstständigkeit der jeweils einzelnen kleinen Einheit, die Frage der Curriculum-Zuständigkeit vor Ort oder die Frage der Lehrereinstellung durch die Schulen. Das sind ja keine Kleinigkeiten für die Schulpraxis.

A.G.:

Also du würdest da keinen qualitativen Unterschied sehen?

M.D.:

Doch, ich sehe große Unterschiede. Es ist alles sehr viel detaillierter geworden, sehr viel mehr eine problemlösungsorientierte Beratung, jedenfalls aus der Sicht der Ministerialbürokratie und auch bei den Abgeordneten. Die haben weniger das Interesse an einem großen Wurf. Die Frage wäre ja auch: Was wäre denn die Qualität dieses großen Wurfes, der heute vorgelegt werden müsste. Ich fand es ganz bezeichnend, dass mit der deutschen Einheit diese Frage von niemandem mehr gestellt wurde. Noch in dem Plan Z hat Waldemar von Knöringen ausdrücklich darauf hingewiesen, dass die unterschiedliche Entwicklung in den beiden deutschen Staaten auch die Verpflichtung beinhaltet, dass im Falle einer Wiedervereinigung nicht einfach das eine System dem anderen aufgestülpt werden sollte, sondern dass man Erfahrungen, die anderswo gesammelt wurden, auch nutzen müsste.

A.G.:

Aber für den Bildungsbereich galt das ja dann später nicht, Schule wurde einer der gesellschaftlichen Bereiche, zu dem im Einigungsvertrag gesagt wurde: Die Übertragung von West auf Ost ist kein Problem, sondern geboten.

M.D.:

Es wäre aber die Gelegenheit gewesen, wie für viele anderen Bereiche auch, diesen Einschnitt für die Überlegung zu nutzen, ob man nicht prinzipiell neue Orientierungen verfolgen sollte.

Wir tun im Übrigen die ganze Zeit so, als ob es Gestaltung, sei es mit Politik oder Wissenschaft, nur von oben gegeben hätte. Das führt in die Irre. Wir müssen uns klar machen, dass die Bewegung vor allem eine von unten war und die Politik darauf immer stärker reagieren musste. Man schaue sich nur die überkommenen Begrenzungen der Bildungsbeteiligung an und wie dann die Dämme brachen, als die Eltern massenhaft beschlossen, ihre Kinder tatsächlich länger auf bessere Schulen zu schicken. Als dafür mit der Hauptschulgründung und vor allen Dingen dem leichteren Übergang in die Gymnasien die Hürden fielen, entstand Bildungspolitik als Reaktion auf die Dynamik der realen Entwicklung.

Also ist zu fragen: Hat wirklich eine bestimmte wissenschaftliche Darstellung oder ein Parteiprogramm dazu geführt, dass sich die Verhältnisse so schnell verändert haben? In der Bildungsreform ist das sehr eng miteinander verwoben, weil eine Reihe von Effekten durchaus durch eine öffentliche Diskussion gefördert worden sind. Zugleich sind wir damals in die Phase eingetreten, in der die Modernität des Bildungswesens bezweifelt wurde. Es wurde halt richtig und es wurde positiv sanktioniert, wenn man mehr lernen wollte. Nur, was war wirklich die Ursache für diese Entwicklung, und wie ist sie zustande gekommen? Die Eltern erwarteten, dass bei künftigen Konkurrenzverhältnissen ihre Kinder besser bestehen können müssen. Und dass sie deshalb diese Entscheidung für bessere und längere Bildung getroffen haben. Denen ist wissenschaftliche Politikberatung unbekannt geblieben, und ob sie das SPD-Programm erfüllen wollten, können wir auch mal dahingestellt sein lassen. Sie haben Entscheidungen getroffen, die für den Bildungsbereich von erheblicher Bedeutung waren. Die eintretenden Bildungsstromverlagerungen provozierten Diskussionen, wie sie etwa der Philologenverband bei seinen Gemener Kongressen über die mögliche Zukunft des Gymnasiums führen musste. Naturgemäß musste auch die gewandelte Einstellung von Eltern und Lehrern die Ministerialbürokratie und die Abgeordneten interessieren, das greift schon ineinander.

Und du hast schon Recht: Wenn man diesen Wandel auf das Selbstverständnis der Administration zurück bezieht, dann folgt daraus eine ungleich autonomere Haltung zum Problem und Nutzen der wissenschaftliche Expertise. Der alte Ministerialbeamte, der hätte gesagt: Bildungsplanung auf der Basis sozialwissenschaftlicher Daten, das ist nicht meine Aufgabe, fragen wir mal Wissenschaftler. Demgegenüber sagt der Administrator neuen Typs: Ich habe mein Landesinstitut und ich habe meine eigene Bildungskommission, meine Hauswissenschaftler und meine eigene Ausbildung.

A.G.:

Wenn ich dich recht verstanden habe, dann verfichst du die These, dass ein solcher Administrator, wenn er nicht sozusagen fehl am Platz sein soll, heute auch in der Lage sein muss, wissenschaftliche Literatur zu lesen und sich selbst eine Expertise zu verschaffen. Er benötigt nicht mehr den Rat in dem Sinne, wie es früher war. Die können heute alle Material sammeln, die können Szenarien entwerfen, Statistiken anfertigen und auswerten. Sie können Entwicklungsreihen beurteilen, kurz, all das, was ansonsten auch an Hochschulen gemacht wird. Sie sind zuständig, daraus ein Dossier anzufertigen, egal, ob es nun publiziert wird oder ob das nur für den Dienstgebrauch erstellt wird.

M.D.:

Das meine ich mit: Können können sie das, aber können oder dürfen sie das auch? Die entscheidende Frage ist nach meinem Dafürhalten: Wie sehr sie sich dabei sicher sind oder wie sehr sie sich auf ihre Kompetenz stützen wollen. Ob sie bereit sind, sich zu vergewissern oder das in Zweifel zu ziehen, was sie denken. Etwas zu verifizieren oder zu falsifizieren ist die eigentlich wichtige Aufgabe, die nur im Gespräch mit anderen, nur in der Auseinandersetzung geschehen kann. Und dafür würden wieder Wissenschaftler gebraucht. Der Wissenschaftler würde also als Kritiker des eigenen Verständnisses gebraucht oder man kann auf ihn verzichten.

Aber das alles bringt uns noch mal zurück auf die Frage: Worauf sind bestimmte Effekte zurückzuführen? Ich sagte, es gibt unterschiedliche Momente, die aufeinander einwirken, ehe denn eine Entwicklung eintritt. Man kann aber auch anders rangehen und sagen: Welche politische Entwicklung ist denn eingetreten im Anschluss an den Vorschlag des Bildungsausschusses des Bildungsrates, ein stufengegliedertes Schulsystem einzuführen? Danach haben nahezu alle Länder, auf jeden Fall die sozialdemokratischen, die Gesamtschule eingeführt. Sie haben mit Kollegschulen oder anderen Formen der beruflichen Bildung experimentiert. Die quantitative Ausweitung des Bildungswesens mit höheren Abschlüssen wurde betrieben und dafür der Elternwille für maßgeblich erklärt. Wenn denn Eltern ihre Kinder an den anderen Schulformen anmeldeten, mussten solche Schulen errichtet werden und auf diese Weise sind in Nordrhein-Westfalen in der gleichen Zeit, in der 76 Gesamtschulen im Schulversuch errichtet worden sind, nicht weniger als 180 Gymnasien außerhalb jeden Schulversuches gegründet worden, vor allen Dingen in Landkreisen. Dadurch wurde das Stadt-Land-Gefälle deutlich minimiert. Ich kann damit den Willen zur Veränderung für die Sozialdemokraten und eigentlich auch für die Gewerkschaften belegen, die viele dieser Elemente zur Aufhebung von Ungerechtigkeit in völliger Parallelität mit übernommen haben. Ich möchte diese Zuschreibung von

Wirkung auf die Spitze treiben: Gibt es irgendwelche von Wissenschaftlern erdachte Konstrukte, die umgesetzt wurden in der Politik, auch wenn es dafür keine Resonanz in der Bevölkerung gegeben hat? Also eine davon abgehobene Politikberatung stellen wir uns beide doch wohl nicht vor. Die wäre nun wirklich töricht.

A.G.:

Es sei denn, es geht nicht um Bildungsreform im Interesse der Kunden, sondern um technokratische Stabilisierung des Systems auf Kosten ihrer Interessen! Dann sollte man das Publikum besser nicht fragen, sondern möglichst geräuschlos ausführen, was man glaubt, tun zu müssen. Wenn es um zusätzliche Chancen geht, dann braucht man auch diejenigen, die mehr wollen, aber wenn es um die Beschränkung der Haushalte geht und das Rationalisieren und das den Menschen weh tut, dann ist es nicht unbedingt so.

M.D.:

Schönwetterberatung hat es halt leichter als ein Schlechtwettergutachten. Aber vor denen darf sich die Wissenschaft doch nicht drücken.

A.G.:

Das ist einer der Punkte, der mit Klaus Klemm in Zusammenhang steht. Klaus analysiert die gegenwärtigen ökonomischen Verhältnisse, also auch die Haushaltsverhältnisse. Er analysiert Schülerströme und Entwicklungen und sagt, was nicht aufrechtzuerhalten ist, solange die Ausstattungsvorgaben bestehen und die Steuermasse darauf nicht angepasst werden kann. Er sagt dann, dies oder jenes wäre zu machen. Seine Hinweise, welche Konsequenzen unter Knappheitsbedingungen zu ziehen sind, lösen keine Begeisterung aus. Klaus Klemm setzt sich zwischen alle Stühle, wenn er sagt, wir müssen eine Strategie finden, wie wir bei reduzierten Haushaltslagen die Aufgaben, die der Pädagogik im öffentlichen Schulwesen abverlangt werden, erfüllt werden können.

M.D.:

Ja, aber der Unterschied in der Politikberatung, den man daran deutlich machen kann, ist doch, dass, unterstellt Klaus spricht eine unangenehme Botschaft aus, dann allein zählt, ob sie wissenschaftlich verbürgt ist. Aber diese Wahrheit auszusprechen bedeutet, nicht nur einfach eine Erkenntnis dem Publikum zu vermitteln, sondern das Publikum nimmt unmittelbar diese Erkenntnis politisiert auf und sagt: Wer so etwas formuliert und zeigt, was das für praktische Politik bedeutet, der verlangt, dass wir uns auf etwas einlassen, was immer nur weitere Reduktion nach sich ziehen wird. Wir akzeptieren dann die Großwetterlage, die wir doch eigentlich bekämpfen müssen. Nämlich, dass fiskalpolitisch nicht mehr drin ist.

Da sind wir bei dem zentralen Problem von Wissenschaft, von wissenschaftlicher Politikberatung, wen und mit welchem Ziel darf Wissenschaft vernünftigerweise beraten? Nur solche, die in freundlicher Absicht an der weiteren Expansion und Weiterentwicklung beteiligt sind, oder auch solche, die Zwängen zur Einschränkung folgen müssen?

A.G.:

Aber der Reduktionismus ist doch kein Naturgesetz.

M.D.:

Völlig richtig. Aber der ‚Weltgeist' diktiert heute Rationalisierung, Wettbewerb, Differenzierung. Das, was Klaus Klemm über die Brutalitäten sagt, auf die wir uns einstellen müssen, ist ein Teil einer objektiven Entwicklung. Wir müssen uns mit dieser objektiven Dynamik auseinandersetzen. Mit der Dynamik in den 60er und 70er Jahren konnten wir uns identifizieren, weil wir Gewinner waren. Heute scheint es, dass, egal was passiert, wir höchstens den Verlust reduzieren können. Der Punkt ist doch der, dass die alte wissenschaftliche Beratung eigentlich nur die Begleitmusik war für eine objektive gesellschaftliche Entwicklung, und das, was wir heute erleben, auch eigentlich nur diese Begleitmusik im Medium wissenschaftlicher Expertise zu etwas ist, was sowieso passiert. It's easier to follow a growing economy and it is more difficult to plan in an decreasing economy. Die eine Wissenschaft war politisiert in dem Sinne, wie wir sie gern politisiert sehen. Die heutige Wissenschaft ist politisiert in einem Sinne, dass wir Schmerzen verspüren.

Das bedeutet, dass in diesen Fällen Wissenschaft nicht bloß Wissenschaft ist, sondern ein Aspekt von Politik und dass die Zustimmungsbereitschaft zur wissenschaftlichen Expertise, wenn man so will, nicht mit der Qualität der wissenschaftlichen Expertise wächst, sondern mit ihrer Nähe zu dem, was man wünscht.

A.G.:

Ich habe damit kein Problem, aber du sagst selbst, dass das Wort „politisiert" häufig so verstanden wird, dass das, was danach als Hauptwort kommt, missbräuchlich in Dienst gestellt wird. Das würde ich gerne genauer bestimmen. Es gibt zwei Formen von politisierter Wissenschaft. Die eine ist naiv politisch Partei und lässt sich vereinnahmen. Das sind dann nur noch Ghostwriter für politische Interessen, Hofweisen oder -narren. Die andere besitzt ein genuines wissenschaftliches Interesse und ein Bewusstsein um die eigene Verantwortung dafür, dass es in Bildungsfragen nicht – wie in den Naturwissenschaften – um ein Objektives, an-sich-Seiendes geht. Jede Entscheidung über die Schulstruktur ist zutiefst verwurzelt in politischen Interessenlagen und mündet im Krisenfall in die dazu passenden Auseinandersetzungen. Schon unsere Sprache teilt das mit: Gesamtschule ist nicht nur eine deskriptive Bezeichnung für eine von vielen Schulformen, sondern enthält das Postulat, die einzige Schule für alle zu sein. Weswegen sie als eine Form unter vielen bereits einen Widerspruch in sich darstellt. Das Gymnasium ist auch nicht bloß ein traditioneller Terminus, sondern enthält – selbst wenn man von der Geschichte nichts weiß – in sich den ganzen Widerspruch zwischen Menschen- und Bürgerbildung. Was ich nur sagen will ist: Wenn ein Wissenschaftler sich mit der Pädagogik beschäftigt, dann muss er wissen, dass er sich mit einem System der Gesellschaft beschäftigt, das nicht neutral angeschaut werden kann, sondern das, egal was er sagt, immer in einem von normativen Konflikten bestimmten Kontext steht. Das ist der Kern der politischen Wissenschaft. Insofern eine unpolitische Erziehungswissenschaft oder Pädagogik zu fordern, das ist eine ideologische Vorstellung. Die Werturteilsfreiheit ist für sie abwegig, mit ihr würde sie den Gegenstand, auf den sie sich bezieht, verfehlen. Die Frage, die mich beschäftigt, ist die nach dem Umgang mit dieser politischen Dimension. Ich kann – wie es manche meiner Kollegen tun – in die Beobachterperspektive flüchten und die Funktionsweise dieser politischen Wissenschaft und Praxis untersuchen, ohne selbst politisch Partei ergreifen zu wollen. Oder aber ich kann sagen, ich bin in der Sache Partei und versuche das so gut wie möglich mit wissenschaftlicher Argumentation zu unterfüttern. Und wenn ich Klaus Klemm richtig verstanden habe, ist er ein Typ von Politikberater dieser Art, also er hat ja kein Problem zu erklären, auf welcher Seite er steht und er hat keines zu begründen, warum er wissenschaftlich argumentiert.

M.D.:

Auch wenn sich Situationen ändern, müssen Überzeugungen mit dem Wandel des Klimas nicht gewechselt werden. Das Festhalten an dem alten Emanzipationsprogramm gibt es auch heute noch. Und solche Überlegungen sind Klaus Klemm nicht fern. Da gibt es keine seiner Arbeiten, bei denen er nicht etwa auf die demokratischen Verhältnisse in den Schulen, auf den pädagogischen Umgang, auf die Qualität von Unterricht, die schulpädagogische Forschung und Praxis, die fortdauernde Unterprivilegierung von Kindern aus bildungsfernen Schichten, also aus Arbeiterfamilien oder mit Migrationshintergrund, verweist, also auf alles das, was eigentlich die demokratische Qualität der Schulen ausmacht. Solche Perspektiven sind ganz selbstverständlich, selbst wenn es ökonomisch schwieriger wird.

A.G.:

Nochmals zugespitzt die Frage nach der Rolle der Wissenschaft: Wie soll sie ihre politische Verantwortung wahrnehmen? Wir werden wohl darin übereinstimmen, dass es nicht darum gehen kann, sich ganz den lobbyistischen Interessen auszuliefern. Wer das tut, hat sich als Legitimationswissenschaftler selbst aufgegeben. Aber bezogen auf unser Generalthema, wie kann und soll Beratung stattfinden, wenn es nicht mehr offensiv, sondern nur noch defensiv zugeht, diese Frage ist damit noch nicht erledigt. Du plädierst dafür, den Tiger zu reiten, der gerade durch die Gemeinde zieht. Man hat es mit solchen wilden Tieren zu tun und es kommt nur darauf an, dass man weiß, wogegen man kämpft. Ich bin mir da nicht so sicher, ob das alternativlos ist.

Wenn die GEW Klaus Klemm rausschmeißen wollte, weil er in manchen Funktionärsaugen „gewerkschaftsschädigende" Gutachten erstellte, dann handelte sie töricht, aber nicht ganz ohne ein Argument. Ich kann mich zur gegenwärtigen öffentlichen Armut immanent verhalten oder aber diese selbst zum Gegenstand meiner wissenschaftlichen Kritik machen. Wenn ich jenes tue, bleibe ich im Geschäft, wenn ich dieses tue, muss ich auf bessere Zeiten hoffen. Ich kann realpolitisch feststellen, dass der Versorgungsstaat mit der öffentlichen Bildung an das Ende seiner Expansion gekommen ist. Und deswegen überlegen wir, wie wir das neue System möglichst gerecht gestalten. Oder aber ich kann meine wissenschaftlichen Expertisen auch darauf ausrichten, dass ich die Gestehungskosten dieses Politikwechsels beschreibe. Ich wundere mich, warum die Sozialdemokratie so geschichtslos geworden ist. Sie kämpft ja unter den gewandelten Verhältnissen nicht mehr für Chancengleichheit, sondern für Chancengerechtigkeit, und die bedeutet dann faktisch Differenzierung statt Integration. Denke mal an den Irrsinn, was es an Anstrengungen gekostet hat, die pädagogischen Hochschulen in die Universitäten zu integrieren und wie nun daran gearbeitet wird, sie wieder aus ihnen zu entfernen und den Fachhochschulen als Erben zuzuschlagen. Es gibt Kollegen, die schreiben jetzt Handbücher für das Gymnasium, nachdem ihre Aufsätze über die Gesamtschule oder Kollegschule keine Resonanz mehr finden. Muss man sich das antun? Sollte man zum Rückschritt eine positive Begleitmusik liefern? Wenn der private Reichtum in der Gesellschaft immer weiter zunimmt, dann gibt es keinen Grund dafür, die öffentliche Armut zur Tugend zu erklären. In diesem Kontext stellt sich die Frage, wie gehe ich mit meinem Bewusstsein von der politischen Dimension meiner Expertisen um.

M.D.:

Ich plädiere nicht dafür, den Tiger zu reiten, wohl aber dafür, das Tier zu sehen, das durchs Dorf läuft und dabei zu prüfen, ob es wirklich ein Tiger ist. Konkret heißt das im komplizierten Spannungsfeld von wissenschaftlicher Politikberatung und politischen Entscheidungen, dass man sich die Gegenstände je einzeln ansehen muss. Um dein Beispiel aufzunehmen: Was ist Irrsinn, die Lehrerbildung an eigenständigen und begrenzten Pädagogischen Hochschulen zu führen, sie mit den Universitäten zu integrieren oder mit Fachhochschulen zu kombinieren? Aber was hat das auch mit dem Unterschied von Gleichheit und Gerechtigkeit zu tun? Und dass es Professoren gibt, die ihre Publikationen weniger an ihren Überzeugungen als an Absatzmöglichkeiten orientieren – wofür oder wogegen spricht das?

Mir würde in den Sinn kommen, dass zur Vorurteilsfreiheit gehört, dass man gewandelte Verhältnisse bei den eigenen Überlegungen auch berücksichtigt. Aber das als angebliches Überlaufen zum Gegensatz zu früheren Überzeugungen, die natürlich alle richtig waren, zu denunzieren, ginge mir zu weit.

A.G.:

SPD-Länder scheinen gegenwärtig große Schwierigkeiten zu haben, sich zu den Standards zu bekennen, die sie politisch erreicht hatten. Lehrereinstellung zu fordern, wurde in der jüngeren Vergangenheit zum hoffnungslosen Kampfplatz in den Parlamenten. Nun gewinnt die CDU Wahlen mit dem Versprechen, die Schulen wieder angemessen mit Lehrern auszustatten, und in Hessen macht man das öffentlich so geschickt, dass das Publikum Zustimmung zur Schulpolitik signalisiert. Demgegenüber hast du dir doch die Stimme heiser geredet, wenn es um Entsprechendes in NRW ging. Das wurde doch von der Partei immer stärker als Anspruchsdenken denunziert. Niemand ist mehr so recht auf die Idee gekommen, die Bedingungen politisch herbeizuführen, die das Land in die Lage versetzen würden, die Schulen angemessen auszustatten. Warum hat man nicht Gutachten in Auftrag gegeben, mit denen belegt werden konnte, was man an Mitteln benötigt, um drastisch zu zeigen, was geschieht, wenn der Bürger dem Staat nicht gibt, was er benötigt, damit es in die Schulen nicht hineinregnet und die Hochschulen nicht wie Ruinen aussehen. Wäre das nicht der Ort, ein für Verantwortung sensibleres Klima für ein bildungspolitisches Räsonnement zu schaffen? Statt dessen geben viele Wissenschaftler dem Affen Zucker. Sie lernen um, als bestünde ihre Zukunft in der Betriebswirtschaftslehre. Das falsche Bewusstsein über die ökonomische Entwicklungslogik wird zur Vernunft – wie sagtest du? –, zum Weltgeist verklärt. Zu dieser Form der Gefälligkeit sage ich nein, denn ich will nicht missbraucht werden.

Es ist auffällig, wie dominant Bildung als Thema heute ist. Ich war kürzlich bei der Alfred-Herrhausen-Stiftung der Deutschen Bank eingeladen. Was war deren Leitthema für 2001? Bildung! Überall ist Bildung das Thema, natürlich auch der beunruhigende Verfall der Bildung in den Bildungsanstalten. Aber die Partei, die das eigentlich aufnehmen müsste, scheint lieber die Finger davon zu lassen, denn das kann sehr teuer werden.

M.D.:

Das ist ungerecht geurteilt. Ich glaube, wir müssen ein paar Veränderungen registrieren, die eingetreten sind. Die Bildungsreform hat Effekte gehabt, sie war wirkungsvoll, auch dazu hat ja Klaus Klemm eine Reihe von Studien vorgelegt. Die Bildungsreform hat in Fragen von Ungleichheit eine ganze Menge bewirkt, aber nicht alles. Und das, was an Ungleichheit geblieben ist, vor allem anderen die fortdauernde Unterprivilegierung von Arbeiterkindern, ist wirklich nur mit einer quantitativen Ausweitung des Bildungswesens zu beheben, während ein paar andere Sachen durchaus mit geringfügigen qualitativen Veränderungen gemacht werden könnten. Was die Herrhausen-Stiftung im Kopf hat, ist eine bessere Internationalisierung der qualifiziertesten Leute, also insbesondere im Umgang mit der Globalisierung, den Computern, die Einflussnahme auf Wirtschaft durch Teilhabe der Wirtschaft an Erziehungsprozessen und was damit sonst noch in Zusammenhang steht. Das sind die Dimensionen, an denen die Modernisierer gegenwärtig ein Interesse haben, das ist ihre Klientel, die haben nicht jene anderen Aspekte im Kopf, die für Sozialdemokraten eine höhere Identifikation beinhalten. Selbst mit dem qualifizierten Facharbeiter haben sie etwas anderes vor als wir. Was bitteschön haben die Wirtschaftskonservativen für den Aufstieg der Arbeiterkinder im Bildungswesen getan? Hier käme man mit quantitativer Ausweitung weiter. Wo steht in Papieren der Herrhausen-Stiftung, dass man dort dafür ist, die Staatsquote zu erweitern, um diese Menschen zu fördern? Und bei vielen konservativen Intellektuellen findest du davon nichts, weil die von diesen Leuten eigentlich gar nichts wissen.

A.G.:

Deine Ausführungen könnte man in einem paradoxen Sinne verstehen. Da, wo die SPD für Bildungspolitik noch interessiert ist, ist sie traditionalistisch. Weil sie aber traditionalistisch ist und nicht über die fiskalpolitischen Möglichkeiten verfügt, das entsprechend zu unterstützen, schweigt sich die SPD in Bildungsfragen aus.

M.D.:

Wenn man über weniger Geld verfügt, hat man für Bildungsreformen wirklich weniger Handlungsmöglichkeiten. Und nicht alles ist mit mehr Engagement der Lehrer und mit Reformbereitschaft zu schaffen. Eine SPD, die Ungleichheiten beseitigen will, muss auch expansionistische Bildungspolitik betreiben. Jedenfalls muss man nach den Erfolgen bei der Bekämpfung von Ungleichheit, die man am heutigen Status der Mädchen im Bildungssystem erkennen kann, angemessene Aktionen zugunsten der weiterhin unterprivilegierten Kinder aus bildungsfernen Schichten beginnen. Das ist nicht allein traditionalistisch, das ist auch modern: so fördert man Bildungsreserven und lässt sie nicht brach liegen. We want to be equal and excellent, too.

Manchmal müssen die Menschen erst einen Fehler begehen, ehe sie ihn beseitigen können. Die gegenwärtige Diskussion scheint mir darauf zuzulaufen, viele Aspekte des Bildungswesens nicht mehr als selbstverständlich der öffentlichen Verantwortung zugehörig anzusehen, und deshalb eher das eine oder andere ‚outzusourcen'. Dafür gibt es ja auch internationale Vorbilder, deren Versagen müsste jetzt offenkundiger werden, ehe man daraus richtige Schlussfolgerungen zieht.

A.G.:

In der Mentalität der Bevölkerung ist doch verwurzelt, dass Schule in Deutschland anders als in Frankreich oder in England öffentliche Aufgabe ist. Das hat sehr lange gedauert, bis sich das durchgesetzt hat. Das ist weiterhin eine Erwartungshaltung der Bevölkerung. Wir haben im Vergleich mit anderen Ländern ein marginales privates Bildungssystem. Schule ist doch ein öffentliches Gut, daran kann man doch anknüpfen. Es gibt nicht die Fluchttendenz beim Publikum, die manche Politiker erfasst hat.

M.D.:

Stimmt, mit wichtigen Einschränkungen. Das, was du selber in der Kollegschule erlebt hast, ist ja genau in diesem Spannungsfeld von privater und öffentlicher Zuständigkeit so schwierig gewesen. Weil die Berufsausbildung kombiniert mit der höheren Formalqualifikation in der Schule eine neue Qualität bekommen sollte, war das Projekt nicht selbstverständlich. Die Wirtschaft hat darüber zu entscheiden versucht, wann eine solche Höherqualifikation in ihrem Interesse ist und wann nicht. Und wenn nicht, dann hat die ihr privates Interesse gegen das öffentliche durchzusetzen gewusst. Zu deinem Optimismus passt auch nicht die gestiegene Sensibilität der Bürger, wenn sie den Eindruck haben, ihre Kinder würden durch die Lasten, die Kinder anderer Leute in die gemeinsame Schule tragen, benachteilig. Dann suchen sie nach Alternativen, und so manche von diesen Fluchtherbergen haben ja in der Vergangenheit eine Blüte erlebt. Deswegen sind wir wieder an diesem Punkte, wie denn öffentliches Räsonnement und Ratschläge mit Konsequenzen miteinander kombiniert sein können und wie sie zueinander stehen, wenn der Adressat nicht mit den Wortführern übereinstimmt.

A.G.:

Nehmen wir doch einmal die Teile der Bevölkerung, die der Auffassung sind, dass sie für die Bildung ihrer Kinder zu zahlen haben, damit diese gut ist. Die Bereitschaft, das zu tun, wächst in dem Maße, in dem die privilegierten Teile der Bevölkerung sagen, die öffentliche Schule leistet die Aufgabe nicht, die sie eigentlich leisten sollte, und meine Kinder sollen nicht Opfer dieses Leistungsverlustes werden. Dahinter steckt nicht nur die Konkurrenz um die knapper werdenden Positionen, es geht nicht nur darum, mehr Einfluss oder Chancen für ihre Kinder zu sichern, sondern es ist auch eine Reaktion auf die wahrgenommene Verwahrlosung des Schulsystems. Die wollen sie nicht. Also ich spitze noch einmal zu: Es könnte doch sein, dass die Sozialdemokratie sagt, wir suchen eine geballte Expertise, das inszenieren wir nach allen Regeln der Kunst, eine Expertise für ein öffentliches, leistungsfähiges Bildungswesen und was das finanziell bedeutet. Man greift zurück auf demographische Daten, wie weit dieses Bedürfnis in der Bevölkerung verankert ist, wie weit sie bereit ist, sich für diese öffentliche Aufgabe auch wirklich krummzulegen. Man macht deutlich, dass ein leistungsfähiges Schulsystem nicht bloß ein technokratisches bedeuten kann, sondern warum republikanische Gesinnung sich in einem kollektiv getragenen System konkretisieren muss: Wenn in der gemeinsamen Schule nicht mehr die Hoffnung auf eine humane Gestaltung der Zukunft begründet liegt, sondern nur noch Privilegierung der einen und Aussonderung der anderen, dann steht die Schule für eine Gesellschaft der Kälte, die selbst die Leser der FAZ nicht haben wollen. Die Botschaft lautet: Wenn ihr steuerleistungsstarken Gruppen keine Lebensverhältnisse wie in den Schwellenländern oder den USA haben wollt, dann müsst ihr den Staat in die Lage versetzen, die Gemeinschaftsaufgaben wieder auszubauen.

M.D.:

Das ist schon mal ein gutes Design für eine wichtige Studie. Die wissenschaftliche Expertise wäre damit aber auch der Ort des schlechten Gewissens der Politik, die sich nicht mehr mit einem gesellschaftlichen Projekt beschäftigt, sondern mit dem Durchwursteln. Zugleich darfst du nicht vergessen, dass die Luft sofort dann dünn wird, wenn du dieses Projekt mit konkreten Eingriffen ins Portemonnaie umsetzt. Die nicht unberechtigte

Angst vor Legitimationsentzug hindert auch Politiker, die auf die Notwendigkeit eines solches Projektes gestoßen werden, egal, ob es auf wissenschaftliche Expertise gegründet ist oder nicht, daran, es zu entwickeln. Denk nur an die unglaublich kurze Halbwertzeit von ökologischen Gutachten, die in keinem Verhältnis steht zu der realen Halbwertzeit der Stoffe, die in den Texten beschrieben werden.

Dass Bildungsreserven erschlossen werden müssen, dass alle gleiche Chancen im Bildungswesen haben sollen – da werden viele zustimmen. Aber ich sage die Auseinandersetzungen voraus, die sofort einsetzen, wenn sich herausstellt, dass die bislang Benachteiligten, die da gefördert oder gar bevorzugt werden sollen, nicht die eigene Klientel darstellen. Solche Auseinandersetzungen muss man nicht scheuen, aber man muss wissen, dass sie bevorstehen und man muss sich seiner Ressourcen und seiner Verbündeten versichern.

A.G.:

Aber wenn du mir an dieser Stelle zustimmst, dann muss es doch auch dir problematisch erscheinen, wenn statt eines solchen Projektes entweder der neoliberale Segen gepredigt wird, den der erfolgreiche Einzelne für alle anderen bedeuten soll oder die gerechte Verteilung der Armut als Alternative betrieben wird. Ich möchte deswegen noch einmal zurück auf einen möglicherweise wunden Punkt. In einem seiner letzten Gutachten sagt Klemm sinngemäß: Betrachten wir, was der öffentliche Haushalt bereitstellt zur durchschnittlichen Bildungskarriere eines Gymnasiasten oder eines Studenten, der Medizin studiert, und kontrastieren wir das mit dem, was ein Ökotrophologe oder ein Krankengymnast selbst mitbringen muss, damit er seine Ausbildung bekommt. Dann stellen wir fest, dass in die ersten ungleich viel mehr reingesteckt wird und die Zahlenden nicht einmal eine angemessene Rendite bekommen. Das ist ungerecht. Der eine muss für seine Berufsausbildung zahlen, während die hohe Einkommen versprechende Ausbildung des anderen zu 100% vom Staat finanziert wird. Da ist beides drin: die Aufklärung über eine eklatante Ungerechtigkeit im System, aber auch eine Tendenz zu sagen: Wir müssen oben etwas wegnehmen, damit wir unten kompensatorisch finanzieren können. Konrad Adam hat das, solange er noch bei der FAZ seine Kommentare ablieferte, das sozialdemokratische Downgrading statt Upgrading genannt, negative Umverteilung nach unten. Kann diese Art der Verteilungsgerechtigkeit jenes Projekt stiften oder muss es nicht darum gehen, den ungerecht Behandelten das zu geben, was sie benötigen, ohne dass man den besser Gestellten nimmt, was sie bislang gemacht haben? Das geht doch nur über einen größeren fiskalpolitischen Spielraum.

M.D.:

Ich sehe, was Klaus Klemms Darlegungen angeht, ein anderes Problem. Es wird wahrscheinlich weniger darum gehen, dass man für die Ausbildung der Ökotrophologen so viel aus öffentlichen Mitteln aufwendet wie für die Mediziner. Sondern man wird sich wohl auch darüber unterhalten müssen, ob den Medizinern nicht zugemutet werden kann, dass sie mit den hohen Einkommen für eine Refinanzierung ihrer Ausbildung aufzukommen haben. Hier kann man von Amerika auch etwas lernen. Es gibt dort nicht nur fiskalische Strategien für den Erhalt von Hochschulen. Leute, die in einer besonders guten waren und der Hochschulausbildung einen guten Job verdanken, sind verantwortlich für den Erhalt dieser Einrichtung. Allerdings muss man von Amerika auch lernen, dass Magnete, die zur Entwicklung von vernachlässigten Bevölkerungsgruppen oder Quartieren geschaffen werden müssen, nie über solche Finanzierungsmöglichkeiten verfügen.

A.G.:

Aber das löst das Problem der Ökotrophologin nicht. Die können diese Ausbildung nicht refinanzieren, sondern sind darauf angewiesen, dass die Mediziner dies für sie tun. Und damit ist eine regulierende Instanz vonnöten, der Staat, der über die entsprechende Besteuerung von Einkommen die Bildungswege finanziert, die sich nicht selbst auf dem gewünschten Niveau finanzieren können.

M.D.:

Sicher. Deshalb findet auch die Selbstständigkeit der Bildungseinrichtungen hinsichtlich ihrer Finanzierung dort ihre Grenzen, wo man sie über solch ein Modell in grobe Ungleichheiten treiben würde. Ich wollte nur sagen, dass wir aber nicht schon deswegen Scheuklappen tragen müssen, weil wir nichts anderes sein wollen als lupenreine Etatisten. Wenn bestimmte Bildungswege privilegieren, und das werden sie bis auf weiteres tun, müssen dann diese Wege vom Staat auch noch finanziert werden? Es spricht nichts dagegen, dass die Nutznießer das wenigstens refinanzieren. So bleibt das Gerechtigkeitsproblem genauso auf der Tagesordnung wie die Frage, wie man die Finanzierung durch diejenigen regelt, die das System finanzieren können. Ich sehe hier eher einen Bedarf an weiter ausgreifender Expertise, als dass man davor zurückschrecken müsste. Schließlich ist wissenschaftliches Arbeiten nicht unbedingt durchweg Politikberatung sondern auch Beitrag zu öffentlichem Räsonnement.

A.G.:

Aber die Verbindung von wissenschaftlichem Arbeiten und politischer Entscheidung ist unser Thema. Natürlich sind wir nicht daran gehindert, soweit es geht, öffentlich Stellung zu beziehen. Auch dabei bleibt das Problem, wie man aus dieser Immanenz des ‚Zeitgeistes' herauskommen kann. Mein Gedanke ist dabei, dass wir die Krise der Bildungsanstalten, ohne in Tartarennachrichten zu verfallen, schildern müssen, damit wir die öffentliche Aufmerksamkeit für den anderen Geist wecken können.

M.D.:

Nichts dagegen, schließlich darf auch wissenschaftliche Politikberatung nicht zum Gegenbegriff für öffentliches Räsonnement werden, so dass es ausreichen könnte, im Stillen Politiker zu beraten. Aber damit ist es nicht so einfach. Wenn ich mir anschaue, wie das an bestimmten Stellen mit unterschiedlichen Interessen verfolgt wird, dann frage ich mich manchmal, in welchem Land wir eigentlich leben: „Total verrottet", „unheilbar krank,, „hoffnungslos veraltet", „Ruinenlandschaften", so hast du ja Kritiker schon zitiert. Solche Charakterisierungen haben nicht einmal den Sinn eines Kampfwerts. Denn wenn man in andere Länder fährt, dann erlebt man eine Überraschung, nämlich dass die durchschnittliche Ausstattung der Schulen und Universitäten bei uns immer noch deutlich besser ist als in vielen anderen Ländern. Wer wollte im schönen Italien Gymnasiallehrer werden, wenn er dort bezahlt wird wie eine Erzieherin hier? Wer wollte ein System mit den reichen Schulen hier und den wahrlich pädagogisch entkernten Anstalten dort. Und in den USA ist wirklich nicht Gold, was nicht glänzt und manches, was glänzt, auch nicht. Es führt in die Irre, wenn man die Edelcolleges und Elitehochschulen als Beispiel vorgeführt bekommt.

A.G.:

Ich hoffe, du wolltest damit nicht verharmlosen, dass wir ein riesiges Bau- und Renovierungsprogramm finanzieren müssten, dass wir Überlasten in Hochschulen haben, die vielerorts einen sinnvollen Studienbetrieb unmöglich machen usf.

M.D.:

Natürlich will ich das nicht, nur möchte ich auf ein Problem aufmerksam machen, dass wir nicht kritisieren können ohne Maßstäbe der Kritik. Wenn wir im Vergleich zu anderen die Bildungsanstalten wirklich verrotten ließen, dann wäre das etwas anderes. Aber davon kann keine Rede sein, bei den ungeheuren Summen, die jährlich aufgebracht werden. Aber dass da viel zu tun ist, steht außer Zweifel – da möchte ich nicht missverstanden werden.

A.G.:

Ich denke, wir beobachten gerade eine gewaltige Deprofessionalisierung von Politik und Administration in Zeiten der gestiegenen Postulate an die Professionalität. Mir drängt sich hier die Parallele zum Management auf. Hier haben wir es ja mit der Avantgarde der wissenschaftlich qualifizierten Praktiker zu tun. Die lernen, mit Hilfe der Wissenschaft die Welt umzukrempeln, Krisen zu managen, Kausalitäten in das Chaos des Wirtschaftens zu verlegen, Steuerungsmodelle zu entwickeln usf. Aber was geschieht wirklich? Die Manager in den Unternehmen werden umlagert von Beratern, Helfern, Ausbildern. Junge Consulter, zuweilen ohne große Projekterfahrung, übernehmen die Steuerung gegenüber hochbezahlten Mitarbeitern, die genauso gut ausgebildet sind. Die Unternehmensspitze holt, wenn es hart auf hart geht, McKinsey, und die beweisen dann wissenschaftlich, warum x Arbeitsplätze wegmüssen. Wissenschaft wird zur Task-force. Der wissenschaftlich qualifizierte Praktiker zum Anhängsel des Apparates, dessen Existenz ihm seine Macht und Bedeutung symbolisch mitteilt, in Wahrheit aber seine Ohnmacht beweist.

M.D.:

Das Ganze wird mit der immer komplizierter werdenden Welt gerechtfertigt. Sie ist ja auch wirklich komplizierter geworden, aber das ist auch eine bequeme Ausflucht.

A.G.:

Sinnfällig wird das daran, wie dann die Formeln lauten, die diese vermeintlich so komplexe Welt orientieren können. Die Marketing-Branche, die ja immer stärker in alle Lebensbereiche eindringt, kann einen das Fürchten lehren. Je trivialer und aufgeblasener die Botschaften, desto besser für das Geschäft.

M.D.:

Allgemeinplätze sind häufig die teuersten; weil sie allgemein sind, sind sie angeblich gut. Dein Hinweis ist deswegen auch so wichtig, weil wir das ja schon einige Jahre im Bildungsbereich beobachten können. Da gibt es ja längst diesen wissenschaftlichen Beistand: Mummert und Partner, Kienbaum etc. Das ist ja auch oft kennzeichnend, dass Leute, die von sich offensiv bekennen, dass sie von den Sachen selbst nichts verstehen, sagen, wie es weitergehen soll. Wenn man das nicht so dramatisch sehen will, kann man feststellen: Es kann auch heilsam sein, dass viele Professionen und Disziplinen zusammenkommen, denn dadurch kann man unbefangener und mehrperspektivisch und in Distanz zur fachimmanenten Debatte urteilen.

A.G.:

Das mag so sein, aber zugleich möchte ich daran festhalten, dass dieser Vorteil in einem Kontext steht, der selbst irrational ist. Manche dieser Unternehmensberatungen resultierten doch aus einem Akt der Verzweiflung: Ich nehme jemanden, der für mich gegebenenfalls etwas aufschreibt und einen Vorschlag macht, weil ich sage, mit meinen Mitteln komme ich nicht mehr klar. Ich delegiere das möglichst weit nach außen. Im besten Falle suche ich mir zynisch einen Ausputzer, der die Grausamkeiten verkündet, die auszusprechen ich mich als Minister nicht mehr traue. Aber das lebt immer von der Vorstellung: Grausamkeiten sind die Leibspeise des gegenwärtigen Weltgeistes.

M.D.:

Damit haben wir aber nur das Großgewerbe charakterisiert, daneben gibt es unzählige Potenzhilfen im Kleinen. Es würde mir fast Spaß machen, aus den Haushaltsansätzen der unterschiedlichen Ressorts rauszusuchen, was die für wissenschaftliche Untersuchungen in ihrem jeweiligen Etat stehen haben. Die Verkehrsplaner, die Umweltleute, die Landwirtschaftsministerien, die im Hochschulbereich, die Staatskanzleien, sie haben alle kleinere und mittlere Partner, die allesamt wissenschaftliche Begleitung auf der Basis relativ umfangreicher Etats betrieben.

Und diese Ergebnisse werden verschieden genutzt, denn über die Lese- und Lerngewohnheiten der Beamten und der Politiker weiß ich nicht viel. Da Erkenntnisse immer durch den Kopf gehen, durch jeden Kopf auf eine eigene Weise, ist das, was daraus gelernt wird, gelegentlich auch beliebig.

A.G.:

Ich weiß von vielen Brotwissenschaftlern, wie sehr sie das frustriert. Es wird ganz gut bezahlt, aber es wird nicht einmal gelesen. Wie heißt es ultimativ? Schreiben sie mir auf einer Seite auf, was sie herausgefunden haben.

Eifersüchtig reagieren diese Kollegen auf die wenigen Großmeister der Zunft, die mit ihren Studien zu Medienereignissen werden. Denken wir etwa an TIMSS oder PISA. Der Medienerfolg zwingt die Administration fast schon dazu, das zu wiederholen. Hauptsache, man redet heftig darüber, unwichtig wird, auf welchem Niveau geredet wird. Und wenn die Ministerin nach TIMSS die Matheschraube im Gymnasium anzieht, ist sie schon deshalb eine erfolgreiche Managerin. Das ist aus dem öffentlichen Räsonnement geworden, das du so lobtest!

M.D.:

Auch öffentliches Räsonnement kennt Interessen und Debatte ist streitige Diskussion; das ist doch nicht neu. Und der Wunsch, ein Monopol auf die Interpretation der Welt zu haben, ist blanke Illusion.

A.G.:

Heute interessiert weniger, was unsere Kinder in Mathe können, sondern ob sie oder schlechter sind als Kinder aus konkurrierenden Ländern. Und wichtig wird das, weil man angesichts der Globalisierungs- und Modernisierungsängste zum Mythos der Mathematikkenntnisse als Schlüssel für den Kampf der Nationen greift. Nun kommt ein anderer Gebrauch der Studien durch die Administration hinzu. Nahm man schlechte Nachrichten früher zum Anlass zu überlegen, wie man die Schulen verbessern könne, so nimmt man sie nun eher als Rückmeldung für die Schulen auf. Es wird ein Berichtswesen etabliert, das die Verantwortung für die Daten neu justiert: Die Schulen bekommen eine Nachricht darüber, was sie leisten, und sie sind es denn auch, die das festgestellte Defizit verantworten und beseitigen müssen. Das Ministerium wird zum Controlling-Institut. Ich übertreibe, aber ich mache auf einen gewandelten Umgang mit solche Daten aufmerksam.

M.D.:

Man kann das nicht auch als einen Fortschritt betrachten, denn so wird ja wirklich Verantwortung unten stimuliert.

A.G.:

Ein letzter Typ der Beratung durch Wissenschaft, auf den wir zu sprechen kommen sollten, ist das neueste Kommissionswesen. Nehmen wir die Erichsen-Kommission. Hier evaluiert sich die Wissenschaft selbst und sie produziert die schlechten Nachrichten für die Hochschulen: Abbau der Kapazitäten statt angemessene Ausstattung! Ist das nicht eine wissenschaftliche Praxis, wo man sich fragen muss, warum tun sich das die Wissenschaftler an: Sind sie Masochisten geworden?

M.D.:

Warum wundert dich das? Die Wissenschaftler sind ganz normale Menschen. Sie haben diese und jene Interessen. Und wenn sie dabei die Möglichkeiten haben, ihre eigenen Bewertungen etwa über den angeblichen Unsinn der Lehrerausbildung an wissenschaftlichen Hochschulen in Gutachten zu gießen, dann werden sie es tun. Auf so etwas haben eben auch die Unternehmensberater kein Monopol. Im übrigen muss es nicht so sein, dass hier eine Schwäche vorliegt, sondern es kann auch genauso gut sein, dass jemand diese Macht auch dazu nutzt, die eigenen Kräften zur professionellen Selbstbesinnung zu mobilisieren. Was deinen Fall betrifft, so habe ich den Eindruck, dass die Erichsen-Kommission keineswegs über die Köpfe der Hochschulen hinweg ihre Empfehlungen getroffen hat, sondern dass dort vieles von dem gesammelt wurde, was aus den Hochschulen und ihren Gremien kam. Über die Schließung einer Hochschule wurde in der nordrhein-westfälischen Landesrektorenkonferenz doch schon vor Jahren laut nachgedacht. Haben denn Wissenschaftler je eine andere Natur, wenn sie a) für sich forschen, lehren und publizieren, wenn sie b) in politikberatenden Kommissionen sitzen und wenn sie c) in Hochschulgremien beraten und entscheiden? Und ist das wieder alles unterschieden zu ihrem Engagement in Zusammenarbeit mit Wirtschaftsunternehmen, was wir in unserem Gespräch allenfalls gelegentlich gestreift haben?

A.G.:

Aber du weißt doch, dass es immer die Frage ist, wer für die Hochschulen spricht. Wenn man die Naturwissenschaftler fragt, die nie eingesehen haben, warum sie Lehrer ausbilden sollten, dann bekommt man andere Antworten, als wenn man uns Pädagogen fragt.

M.D.:

Das stimmt natürlich. Aber die Dinge kann man nicht so einfach sortieren, wie du es gerne möchtest. Es gibt Auftragsforschung und Kommissions-Berichte, die sind unabhängig und gewichtig in den Aussagen und es gibt solche Texte, wo man sich sagen muss, warum waren die nötig, wo doch klar war, was herauskommen soll. Was Hochschullehrer unter ihrem Pseudonym Bund der Steuerzahler so veröffentlichen, hat oft solche Qualität.

A.G.:

Wenn Du das so in allen Möglichkeiten ausdifferenzierst, dann heißt das, es gibt alles und eine Tendenz kann man nicht ausmachen. Das frustriert, auch wenn es stimmen sollte. Mit dieser Ausgewogenheit kann ich nicht so viel anfangen.

M.D.:

Und umgekehrt kann ich wenig mit deinem Vorbehalt anfangen, so als ob heute Auftragsforschung etwas sein muss, was die wissenschaftliche und politische Kultur zerstört. Manche Ergebnisse sind schlecht und sie dienen vordergründigen Interessen. Aber ich kann deswegen nicht gegen Auftragsforschung sein.

A.G.:

Gut, aber meinst Du nicht auch, dass die gegenwärtig dominante Form der wissenschaftlichen Beratung sowohl der Politik als auch der Wissenschaft schadet? Bezogen auf die Wissenschaft: Müssen wir da nicht von einem Reputationsverlust der Wissenschaft ausgehen? Wenn ich daran denke, welche Glaubwürdigkeit Blankertz Ende der 60er Jahre besaß, wie sehr er in der Lage war, die Administration von dem zu überzeugen, was er vorschlug, selbst wenn es den eingebrachten Überzeugungen und Erwartungen widersprach.

M.D.:

Auch hier bist du in der Gefahr, die Sache falsch zu interpretieren. Dass die Ministerialbeamten, indem sie auf den Rat Blankertz' auch die Teilzeitberufsschule in die Kollegschulplanung nahmen, lag doch auch daran, dass das dahinter stehende Interpretationsschema das möglich machte. Man hatte etwas vergessen: Wenn man Integration betreiben wollte, dann durfte man die größte Gruppe der zu Integrierenden nicht ausnehmen. Das war eine Einsicht, die in Übereinstimmung mit der damaligen Grundüberzeugung stand. Deswegen hat man umgesteuert.

A.G.:

Aber dennoch möchte ich festhalten, dass es nicht nur einen Wechsel der Grundstimmung gegeben hat, sondern auch einen Funktionswandel der wissenschaftlichen Beratung. Einer der Punkte, die ich sehe, besteht dabei in dem Reputationsverlust der Wissenschaft. Der hat zwei Seiten. Die eine besteht in der Abwertung der Expertisen, wenn sie nicht in den Kram passen, die andere besteht in der Fähigkeit, sich mit eigenen Urteilen unabhängig von der Wissenschaft zu verhalten. Wie du ja gezeigt hast, können die

Ministerialen mit dem Selbstbewusstsein von wissenschaftlich gebildeten Praktikern urteilen.

Administratoren wissen heute auch etwas um die Begrenztheit der wissenschaftlichen Aussagen. Viele Prognosen haben sich ja nicht bewahrheitet. Man weiß von der politischen Interessengebundenheit. Es liegt eine Fülle von Erfahrungen mit dem praktischen Scheitern wissenschaftlicher Empfehlungen vor. Das mindert natürlich die Bereitschaft, Wissenschaft als den Wegweiser zu suchen. Deswegen sucht der Minister heute den Wissenschaftler, den er, wenn er denn will, instrumentalisieren kann und der ihm in der gewünschten Weise nutzt.

M.D.:

Die pädagogischen Wissenschaften spielen nicht mehr die exquisite Rolle von Monopolisten für Bildungspolitik. Es gibt viele Fächer, die sich in diese Fragen einmischen, innerhalb der Disziplinen gibt es nicht eine oder zwei, sondern viele vielfältige Auffassungen. Es existiert nun ein Zugang zu den Ergebnissen mehrerer Disziplinen und über die Fachgrenzen hinweg auch von Außenstehenden. Die Juristen hüteten sich früher, in Sachen Pädagogik Urteile zu fällen, die Ökonomen hatten nichts mit dem Bildungsbereich zu tun. Das alles waren die respektierten Wissensbereiche der jeweils anderen Kollegen. Mit dem Vorschuss auf exklusives Sachverständnis ist es vorbei. Wenn man unterschiedliche Leute holt, dann kann man die alltägliche Arbeit der Wissenschaftler mit der Unbefangenheit eines Abwägenden beurteilen. Das heißt nicht, es gäbe zu viel Nähe der Wissenschaft zur Administration. Die enge Verbindung, die es dennoch gibt, erklärt nicht den neuen Umgang mit Wissenschaft.

A.G.:

Das leuchtet mir ein: Das bedeutet, dass wir unterscheiden müssen zwischen der zufälligen personalen Nähe der Wissenschaftler zu ihren Administratoren und den funktionalen Zusammenhängen, die sich entwickelt haben. Die gegenseitige Stützung durch symbiotische Beziehungen, das ist der eine Teil, der andere ist der distanzierte Gebrauch und kalkulierte Missbrauch von Wissenschaft. Dazu gehört auch der clever gewordene Umgang mit den Gutachten, dass man weiß, wann welche Form der Gutachten eingesetzt werden: um etwas Bestimmtes zu erreichen, oder um ein Fass zu öffnen, Verwirrung zu stiften, die dann genutzt wird, um ein klärendes Wort zu sprechen.

Mich führt das noch einmal zurück zu den heroischen Zeiten des Räsonnements. Der erste Minister, mit dem ich zu tun bekam, war Fritz Holthoff. Der faszinierte mich früh mit seiner Bereitschaft, sich einen klugen Rat zu holen. Er war neugierig und gebildet. Entsprechend war das Begründungsniveau seiner Entscheidungen über das Bildungswesen. Er besaß Kenntnisse über die Tradition, die Geschichte der Schule und die geschichtliche Aufgabe für ihre Weiterentwicklung. Ich erinnere mich an keine Verhandlung, die durch eine klar technokratische Perspektive verdunkelt worden wäre: Was ist das Problem, wie lösen wir das? Meine Beobachtung ist, dass man das bei Ministern heute suchen muss, und man wird nicht mehr so recht fündig. Die holthoffsche Haltung würde heute eher als Hypothek betrachtet. Man sieht nur noch die Aufgaben des Tages, das Krisenmanagement.

M.D.:

Wenn das so ist, dann gehört auch das zu den Realitäten der Politik. Für diesen Prozess gilt etwas Widersprüchliches: Wer nicht zuhört, dem rät man auch nichts mehr. Wer liest Bücher und Gutachten? Etwas anders besteht im Durchstehen dessen, was einmal ein Diskurs genannt wurde: Man muss als Politiker gelernt haben, mit Fragen umzugehen, die man nicht gleich beantworten kann. Im täglichen politischen Streit muss man sich zu Urteilen ermächtigen, wie es weitergehen soll. Das eigentlich Ärgerliche ist, dass einem, wenn man als nachdenklich eingestuft wird, kaum jemand gestattet, Fragen zu stellen. Man muss Antworten geben, auch wo man sie eigentlich nicht geben kann, weil man sich mit der Sache noch nicht ausreichend beschäftigt hat und sich auch noch etwas mehr beschäftigen möchte. Man muss sich unausgesetzt mit den Antworten profilieren. Da im Reich der Blinden der Einäugige König ist, ist man gegenüber jedem durchschnittlichen Publikum mit den weitergehenden Informationen, über die man in nahezu jedem Sachgebiet verfügt, gewaltig im Vorteil. Und damit kann man manche Veranstaltung erfolgreich durchstehen. Wer gegenüber dem Publikum ein wenig mehr weiß, der packt das schon. Daraus resultiert das Selbstbewusstsein: Ich komme mit dem, was ich selbst weiß, weiter, kann mich durchsetzen, den Eindruck von Kompetenz machen. Das korrumpiert, das hindert, sich mit der beschwerlichen Arbeit abzumühen, sich wirklich sachkundig zu machen.

Holthoff hatte habitualisiert, dass man nachfragen muss, dass man zugibt, etwas nicht zu wissen, dass die offene Beratung zum Ergebnis führt. Girgensohn hatte das auch, aber er hatte zugleich schon das Problem, dass er Bestehendes verteidigen musste, wenn es denn nicht verwässert werden sollte.

A.G.:

Hans Schwier war vor allem in den letzten Jahren so von der Unsicherheit über Ziele und Mittel getrieben, dass ich ihn als beratungsresistent empfunden habe. Frau Behler tritt auf, als benötige sie keinen Rat.

M.D.:

Klaus Klemm habe ich in der Phase der Aufbruchsstimmung kennengelernt: Was man mit Gesamtschulen machen könne, solle, müsse, wie Ungleichheit überwunden werden könnte, das waren unsere wichtigsten Themen. Klaus war daran interessiert, dass das wissenschaftlich fundiert geklärt würde, und der Minister wollte sicherstellen, dass das dann auch geschah. In Zeiten ohne Ratsuche besteht erst recht die Notwendigkeit, Rat zu geben.

Karl-Heinz Reith/Steffen Welzel

Bildungspolitik unter Zugzwang

Einst galten die Deutschen als Volk der Dichter und Denker, der Ingenieure und Erfinder. Heute ist die Bundesrepublik Deutschland in internationalen Bildungsvergleichen eher das Volk der beruflich ‚bestens' ausgebildeten Facharbeiter und Handwerker – der Bäcker, Metzger und Friseure. PISA hat zudem erschreckend deutlich gemacht, dass selbst unsere angeblich besten Schüler am Gymnasium im internationalen Leistungsvergleich nur ‚unter Mittelmaß' sind. Das Schlimme daran ist obendrein, dass Deutschland selbst von diesen mittelmäßigen Schülern nicht einmal eine ausreichende Zahl hat, um in Zukunft seinen akademisch ausgebildeten Fachkräftebedarf aus eigener Kraft zu ersetzen. Von dem Umstand, dass die Deutschen mit ihrem in Sonder-, Haupt-, Real- und Gesamtschule sowie Gymnasium zergliederten Schulsystem ‚Weltmeister' bei der sozialen Selektion sind, ganz zu schweigen.

Wer dies alles als Polemik abtut, will offensichtlich keine Änderung und nur den Status quo konservieren. Die Analysen und Statistiken sprechen aber allesamt eine klare Sprache dagegen. Drei Jahrzehnte nach der stürmischen Bildungsexpansion der 60er und 70er Jahre steckt das deutsche Bildungssystem heute nicht nur in einer derben qualitativen, sondern zugleich in einer quantitativen Krise. Dies belegen seit Jahren die Studien von Klaus Klemm, der OECD, der Bund-Länder-Kommission für Bildungsplanung, die regelmäßigen Berufsbildungsberichte der Bundesregierung und selbst ihre Forschungs- und Technologieberichte. Doch entscheidende politische Konsequenzen sind bisher nicht in Sicht.

Zwar wird heute selbst in den offiziellen Veröffentlichungen der Kultusministerkonferenz anders noch als vor Jahren die im Vergleich zu anderen Industrienationen viel zu geringe deutsche Bildungsbeteiligung nicht mehr gänzlich negiert. Der ‚Taxi fahrende Dr. Arbeitslos' – die einst von den Konservativen gern genutzte politische Schreckensvision – blieb eine Stammtischfiktion und ist heute in den öffentlichen Auseinandersetzungen Gott sei Dank weitgehend verschwunden. Und was vor Jahren noch undenkbar war: Arbeitgeber, Arbeitsämter, Hochschulen und Politik werben heute bei den Abiturienten für die Aufnahme eines Studiums. Dennoch: Die eigentliche Frage, wie viele Schüler in Deutschlands Schulen eigentlich ‚höhere' Bildung genießen dürfen, haben die Kultusminister der Union wie der SPD heute zum gemeinsamen Tabu erklärt.

Die Gymnasialquote (in Klasse acht) stagniert nach leichtem Rückgang in der zweiten Hälfte der 90er Jahre bei 29,2 Prozent eines Jahrganges (1999), wie von Klemm unlängst in seiner Studie „Perspektive: Akademikermangel" für die Gewerkschaft Erziehung und Wissenschaft anschaulich dargelegt. Ohne deutliche Erhöhung dieser Quote werden angesichts der demographischen Entwicklung in den nächsten Jahrzehnten die absoluten Abiturientenzahlen drastisch sinken. Dann werden nach interner Prognose der Kultusministerkonferenz nicht mehr wie heute gut 300.000 Studienanfänger pro Jahr zu den Hochschulen strömen, sondern unter Umständen nur noch gut 200.000. Doch weder Hochschulrektoren noch Kultusministern scheint der Sprengsatz einer solchen Entwicklung in ihren bildungs-, arbeitsmarkt- und wettbewerbspolitischen Konsequenzen bewusst zu sein. Die Beamten in den Länder-Finanzministerien dagegen schielen heute schon erwartungsvoll nach den gewaltigen Einsparpotenzialen.

Die Kultusminister der Union verweigern sich seit Jahren schlicht der überfälligen Debatte um die Bildungsbeteiligung, weil sie noch immer den überkommenen Idealen einer Elitebildung nachträumen. Entwicklungen wie in Frankreich, wo es das erklärte Regierungsziel ist, 80 Prozent eines Jahrganges an die Hochschulreife heranzuführen, sind vielen von ihnen suspekt, ja in ihrem Denken kaum nachvollziehbar.

Allen internationalen PISA-Erkenntnissen zum Trotz setzen sie nach wie vor auf möglichst frühe und harte Auslese nach der vierten Grundschulklasse. Heterogene Lerngruppen sind für sie unvorstellbar. Ja, wie soll denn das bloß gehen, wenn die schwachen mit den guten Schülern gemeinsam in einer Klasse sitzen, fragte unmittelbar nach Vorlage der PISA-Ergebnisse der bildungspolitische Sprecher der CDU/CSU-Bundestagsfraktion, Gerhard Friedrich, in einer Aktuellen Stunde im Bundestag. Dazu am liebsten noch das Abitur nach zwölf Schuljahren – ohne Ganztagsschule versteht sich. Und obendrein am besten Hochschuleingangsprüfungen und Studiengebühren. Was soll eigentlich das Gerede um mehr Bildungsbeteiligung?

Das ist zwar alles absurd und würde sich auf Dauer für eine exportabhängige Industrienation wie Deutschland im internationalen Wettbewerb verheerend auswirken. Doch die Bildungspolitiker der Union denken so. Sie sagen das auch öffentlich und sind damit berechenbar. Wer als Wähler oder betroffener Elternteil die bildungspolitischen Aussagen in der offiziellen Unions-Programmatik liest, kann sich hinterher nicht rausreden, er habe nicht gewusst, worauf er sich einlässt. Die Bildungspolitik der Union bleibt vor ihrem konservativen Hintergrund aber wenigstens ansatzweise ehrlich.

Anders dagegen die Bildungspolitik der SPD. Einst hatten sich ihre Vertreter als Schrittmacher der Bildungsexpansion verstanden, für Chancengleichheit, Teilhabe aller Bevölkerungsschichten an Bildung, Aufklärung, Emanzipation und Mündigkeit gefochten. Zwar stehen noch heute diese Ideale mehr oder weniger in jedem Wahlprogramm oder Leitantrag der

94

SPD: Deutschland braucht mehr höher qualifizierte Schulabgänger, mehr Abiturienten und mehr Studenten. Doch zwischen diesem deklarierten Willen und dem praktischen Tun klafft ein tiefer Widerspruch. Wer in den SPD-geführten Bundesländern nach konkreten Beispielen für die Umsetzung dieser schulpolitischen Postulate sucht, wird immer seltener fündig. Die SPD-Schulpolitik hat Zug um Zug vor den konservativen Attacken der vergangenen zwei Jahrzehnte kapituliert.

Mit jeder von der Union in der Kultusministerkonferenz seit Mitte der 80er Jahre erzwungenen Reform der gymnasialen Oberstufe und des Abiturs wurde der Weg zur Hochschulreife weiter erschwert – ohne dass zugleich in nennenswertem Umfang für Lernschwächere oder Kinder aus bildungsferneren Schichten zusätzliche Förderung oder etwa Ersatz über den zweiten Bildungsweg geschaffen wurde. Wer aber politisch bewusst nach der Grundschule den Zugang zum Gymnasium weitgehend dem Elternwillen überlässt, der muss zugleich für entsprechende begleitende Förderung in der Schule sorgen, wenn er nicht sinkende Qualität hinnehmen will. Das kostet zwar Geld, zahlt sich aber auf Dauer aus.

Das Wort ‚Gesamtschule' wird in allen Bildungspapieren der Bundes-SPD seit Jahren gezielt vermieden, als schäme man sich heute für das eigene Reformmodell von einst. Nicht einmal von einer inhaltlichen Weiterentwicklung ist die Rede, was allerdings gut drei Jahrzehnte nach Gründung der ersten Gesamtschulen bitter nötig wäre. Wenn die SPD-Schulpolitik nach all den leidvollen Auseinandersetzungen der vergangenen Jahre heute nicht mehr die Kraft zur Überwindung des gegliederten Schulsystems aufbringt, müsste sie – gemessen an ihren eigenen Ansprüchen – wenigstens durch innere Reformen für mehr Durchlässigkeit zwischen den einzelnen Schulformen sorgen. Durchlässigkeit nach oben findet aber faktisch nicht mehr statt, wie die Untersuchungen von Hans-Günter Rolff und anderen am Beispiel der Sekundarstufe I im bevölkerungsreichsten Bundesland Nordrhein-Westfalen anschaulich belegen.

Die sechsjährige Grundschule in Berlin und Brandenburg ist für die SPD zum Pokerobjekt jeder Koalitionsverhandlung verkommen. Nicht wenige SPD-Politiker in diesen Ländern möchten sie eingedenk des ständigen Ärgers mit konservativen Eltern und unwilligen Lehrern am liebsten ganz preisgeben, auch wenn PISA anschaulich belegt, dass in den erfolgreichsten Teilnehmerländern die Kinder mindestens acht bis neun Jahre gemeinsam eine Schulklasse besuchen – in integrierten Systemen.

Doch die bisherigen Reaktionen der SPD-Kultusminister auf PISA machen deutlich, dass auch sie keine neue Schul-Strukturdebatte führen wollen. Ja, ein bisschen Qualitätsverbesserung im Unterricht, mehr frühkindliches Lernen und eine bessere Lehrerausbildung wie Weiterbildung. Doch an der Strukturfrage bitte nicht rühren, kein Wort, wie denn die deutsche Bildungsbeteiligung unter Wahrung der notwendigen Qualitätskriterien langsam dem international heute üblichen Standard angepasst werden könnte – von dem Problem der extrem hohen sozialen Selektivität des deutschen Schulsystems ganz zu schweigen. Doris Ahnen aus Rheinland-Pfalz versucht wenigstens die Einführung von Ganztagsschulen in größerem Umfang. Doch viele ihrer Länder-Kollegen finden dafür kein Geld. Also weiter wie bisher?

Die meisten Kultusminister der SPD sind der Auseinandersetzungen der vergangen Jahre müde. Sie fürchten neuen kleinkarierten Streit im Wahlkampf, wenn nach Vorlage der Bundesländer-Ergebnisse im Herbst nicht PISA-Spitzenstaaten wie Finnland oder Korea – oder der Schnitt der G-7-Nationen – die Messlatte in einer eng national geführten Debatte um Schulqualität sind, sondern Bayern und Baden-Württemberg. An diesem Maßstab soll dann die deutsche Schule genesen? Das kann doch wohl nicht reichen?

PISA zeigt, dass eine breite Beteiligung an Bildungsgängen, die zu höheren Abschlüssen führen und die gleichzeitige Sicherung eines hohen Leistungsniveaus in den Schulen kein Widerspruch sein müssen. Dies gilt nicht nur für die Musterländer Finnland, Schweden und Island. Dabei ist die geringe deutsche Bildungsbeteiligung im internationalen Vergleich angesichts der globalen Herausforderungen längst zum Anachronismus geworden: Mit 16 Prozent Hochschulabsolventen eines Altersjahrganges liegt die deutsche Quote deutlich unter dem OECD-Mittel von 25 Prozent und weit hinter Ländern wie Finnland, den Niederlanden, Neuseeland, Norwegen, Großbritannien und den USA, die allesamt Quoten von über 33 Prozent vorzuweisen haben.

Zur argumentativen Entlastung wird in dieser Diskussion gern auf das deutsche duale System der Berufsausbildung verwiesen. Dies sei weltweit anerkannt, heißt es immer wieder. Doch kein anderer Staat der Welt hat dieses System bisher übernehmen wollen und die Deutschen müssen aufpassen, dass es ihnen bei der Berufsausbildung nicht so ergeht wie mit ihren traditionellen Universitäts-Studiengängen und Diplomen, die nun auch unter dem internationalen Wettbewerbsdruck in Bachelor- und Masterabschlüsse umgewandelt werden. Trotz der massiven Reform etlicher Ausbildungsordnungen in der beruflichen Bildung ist zu befürchten, dass allenfalls die Hälfte bis zu einem guten Drittel der jährlich rund 635.000 neuen Lehrvertragsabschlüsse auch künftigen Kriterien eines sich immer schneller verändernden Arbeitsmarktes mit immer höheren Qualifikationsanforderungen entsprechen. Und bei kritischer Bilanz muss man feststellen, dass in den neuen Bundesländern das duale System erst gar nicht in Schwung gekommen ist. Es dümpelt dort trotz – oder gerade wegen – milliardenschwerer Subventionen immer noch vor sich hin.

Ungelöst ist zugleich das gewaltige Problem der Fehlqualifizierung im dualen System. Nach wie vor gibt es zu viele junge Leute in wenig zukunftsträchtigen Berufen. Im Nahrungsmittelgewerbe bekommt nach der Lehre etwa jeder Dritte mit dem Gesellenbrief auch die Entlassung überreicht. Dagegen fehlen trotz Verbesserungen Ausbildungsplätze in zukunftsträchtigen Medien- oder technischen Berufen. Der Fahrzeughersteller Ford in Köln gilt als der größte Arbeitgeber von Bäckern und Metzgern in Deutschland – nicht in der Werkskantine, sondern bei der hochkomplizierten Fließbandarbeit in der Autoproduktion. Doch muss ein junger Mensch dafür zunächst wirklich drei Jahre in der Backstube stehen?

Die deutsche Debatte um die Bildungsbeteiligung zeigt in der Tat seit zwei Jahrzehnten kuriose Züge. 1982, nach der ‚geistig-moralischen Wende' Helmut Kohls, wollten die Konservativen das Rad der Bildungsexpansion der 70er Jahre wieder zurückdrehen. Das Streben nach mehr Bildung, nach mehr Abiturienten und Studenten wurde verantwortlich gemacht für all die ‚Verwerfungen' der 68er und 70er Jahre. In den jährlichen Berufsbildungsdebatten im Bundestag wurde die von Willy Brandt ‚verführte' Generation beschworen, statt in die überfüllten Universitäten wieder in die Lehre zu strömen. Ludwig von Friedeburg verglich die Schelte Heiner Geißlers und anderer führender Unionspolitiker gegen ‚linke Lehrer' in jener Zeit gern mit den Reden von Preußenkönig Friedrich Wilhelm IV., der nach der gescheiterten ‚Revolte' von 1848 ebenfalls die Lehrer zu den ‚Sündenböcken' für die Wünsche nach Aufklärung, Bildung, Demokratie gemacht hatte. Die Parallelen sind immer noch verblüffend.

In der konkreten Politik hatte das konservative Denken in den vergangenen 20 Jahren unmittelbare Folgen. Dem ‚BAföG-Kahlschlag' der Kohl-Regierung mit der Streichung der Schülerförderung und der Umstellung der Studentenförderung ausschließlich auf Volldarlehen sowie den Einschränkungen beim Hochschulausbau folgten zugleich Schritte in den Ländern, den Zustrom der Schüler zu den Gymnasien zu drosseln. In Rheinland-Pfalz sollten sich Grundschullehrer unter einem konservativen Kultusminister dienstlich äußern, wenn sie auffällig viele Schüler als ‚gymnasialgeeignet' einschätzten. Das Ministerium in Baden-Württemberg feierte jeden Prozentpunkt beim Wiederanstieg der Hauptschulquote mit Pressemitteilungen und ein CDU-Staatssekretär im Bundesbildungsministerium ‚empfahl' dringend den Bundesländern, doch nicht mehr als 16,5 Prozent eines Jahrganges zum Abitur zuzulassen. Im Bundesrat wetterten CDU-Politiker wie Ernst Albrecht gegen die „gigantische Fehlsteuerung" durch die Öffnung der Gymnasien und Universitäten in den SPD-geführten Bundesländern. Die Warnungen vor der vermeintlichen „Akademikerschwemme" hatten noch bis in die späten 90er Jahre – ja eigentlich noch bis zur jüngsten Greencard-Debatte – Hochkonjunktur.

Diese konservative ‚Wende'-Politik der 80er Jahre zeigt bei der deutschen Bildungsbeteiligung heute noch ihre Folgen. Mit der BAföG-Reform und der Aufstockung der Hochschulbaumittel hat die rot-grüne Bundesregierung in den letzten Jahren zwar einen ersten Schritt zur Revision getan.

Doch ohne deutliche Erhöhung der Abiturquote wird es angesichts der demographischen Entwicklung in Deutschland kaum wesentlich mehr Studenten geben. Dabei steht die quantitative Frage untrennbar in Zusammenhang mit der qualitativen Frage, was die Sache noch schwieriger – weil teurer – für die Länderhaushalte macht.

Wenn aber die Bundesländer nicht die Einsicht und/oder die Kraft für eine notwendige Generalüberholung des deutschen Schulsystems aufbringen, kann der Bund aus gesamtstaatlicher Verantwortung heraus auf Dauer nicht abseits stehen. Nach dem ‚Sputnik-Schock' und der ‚ersten' deutschen Bildungskatastrophe Ende der 60er Jahre wurde für den Ausbau der deutschen Universitäten im Zusammengang mit der Verabschiedung des Hochschulbauförderungsgesetzes das Grundgesetz geändert.

Die Fragen für die Schulpolitik der nächsten Jahre liegen damit auf dem Tisch.

Jutta Roitsch

Über die verlässliche Einmischung
Oder: Die schwierige Annäherung
zwischen Wissenschaftlern und Journalisten

1.

„Habt ihr zu Beginn der Auseinandersetzungen über die Gesamtschule und
die Rahmenrichtlinien euch eigentlich die Frage gestellt, wie der Schulkampf in der Weimarer Republik abgelaufen ist?" Erika Dingeldey, vor
über dreißig Jahren schon mitten in der Debatte darüber, was Hessens
Hauptschüler, Gymnasiasten oder Gesamtschüler eigentlich im Fach
Deutsch lesen und lernen sollten, schaut mich an diesem Wintertag ver-
blüfft an. „Nein", sagt sie, „soweit ich mich erinnere, hat der Rückblick auf
Weimar nie eine Rolle gespielt."

Auch die Frage nach den öffentlichen Einmischungen von Wissenschaftlern
über eine Grundschule für alle Kinder in der ersten deutschen Republik
bleibt an diesem Abend unbeantwortet. Doch die einfachen Fragen sind wie
Widerhaken. Es beginnt die Recherche: in den Archiven, in den Bibliothe-
ken. Die Suche nach Quellen oder Fundstellen ist mühselig und erstaunlich
unergiebig.

Wilhelm Flitner, Eduard Spranger, Theodor Litt, drei große Reformpädagogen, kritische Köpfe und einflussreiche Denker ihrer Zünfte, haben sich
nicht öffentlich in die schulpolitischen Kämpfe der Weimarer Republik
eingemischt? Kein Gustav Radbruch, der demokratisches und republikani-
sches Recht abgeklopft hätte auf die Folgen für die Bildungs- und Schulpolitik? In den ersten fünf Jahren entschied sich bereits in der Republik, wie
eng der bildungspolitische Spielraum war: Kirchen, Elternvereine und Lehrerverbände blockierten grundlegende Reformen von der Grundschule bis
zur Lehrerbildung. Die Lobby der Konfessionsschulen wie der Gymnasien
setzte ihre Interessen durch: Eine öffentliche Diskussion darüber, was kleine und junge Republikaner nach dem verlorenen Weltkrieg eigentlich lernen sollen und in welcher Schulform das am besten geht, fand nicht statt.
Die bildungspolitischen Konzepte, nach denen im Reich oder in Preußen
politisch gehandelt wurde, stammten allesamt aus dem Kaiserreich, aus den
Erfahrungen vor allem, die die Sozialdemokraten im Kulturkampf gemacht
hatten. Vorrepublikanische Konzepte demnach, deren Tauglichkeit in der

Weimarer Republik kaum überprüft worden sind. Weder in der Wissenschaft noch in der Publizistik finden sich Spuren des Zusammendenkens von demokratischer Gesellschaft und Bildungspolitik. Vergeblich habe ich in der quergeistigen „Weltbühne" (in der berühmten Raubdruck-Ausgabe) nach einem bildungspolitischen Kommentar, einem Essay zum „Reichsschulkompromiss" von 1924 gesucht. Das Erbe des preußischen Militarismus und der zunehmende Rechtsextremismus sowie die Verbindungen zwischen diesen beiden Ismen interessierte dieses Blatt, den Zusammenhang zwischen Rechtsradikalismus, Arbeitslosigkeit und bildungspolitischen Chancen sahen kritische Geister, die veröffentlichte Meinung von damals, nicht.

Ob irgendein Wissenschaftler oder Erziehungswissenschaftler in der Tages- oder Wochenpresse der Weimarer Republik den Bogen geschlagen hat zwischen Chancengleichheit, Bildungspolitik und Demokratie, lässt sich journalistisch nicht leicht aufklären. „Selbstverständlich haben wir die komplette Bibliographie von Litt, Flitner und anderen Reformpädagogen, aber wir haben doch keine Tageszeitungen ausgewertet", sagt am Telefon die zuständige Dame der Deutschen Bibliothek für bildungspolitische Forschung in Berlin. Die Stimme ist voller Verachtung gegenüber dem Ansinnen.

2.

Was hat sich vierzig Jahre später, Mitte der sechziger Jahre in der zweiten deutschen Republik (West) geändert, dass ein Theologe und ein Soziologe sich öffentlich zu Wort melden? Haben Georg Picht und Ralf Dahrendorf mit ihrer aktuellen Einmischung in Wochenzeitungen eine öffentliche Form begründet, für die es bis dahin in Deutschland keine Tradition gegeben hat? Als Georg Picht 1964 in der Wochenzeitung „Christ und Welt" seine Artikel-Serie zur ‚Bildungskatastrophe' startete und ihm wenige Jahre später Ralf Dahrendorf in der Wochenzeitung „Die Zeit" mit dem „Bürgerrecht auf Bildung" folgte, ging der heute so berühmte „Ruck" durch die Gesellschaft. Nur: In welche Richtung bewegte sie sich?

Bemerkenswert ist zunächst die Wahl der Plattform, bei der zwar persönliche Beziehungen und Freundschaften eine Rolle gespielt haben, aber nicht ausschließlich. Picht und Dahrendorf wählten sich für ihre Ruck-Beiträge die damaligen Profilblätter des deutschen, bildungsbürgerlichen Protestantismus, der in Weimar keineswegs auf Seiten der Republik zu finden war und auch im Nationalsozialismus weitgehend versagt hatte.

Hatten die beiden Orientierungsblätter ihre Lektion gelernt und übten sich in der Rolle des schnellen, wachsamen Aufklärers und demokratischen Mahners?

Meine erste Reaktion damals ging in diese Richtung: Endlich schalten einflussreiche Zeitungen auf aktive Einmischung in die demokratische Gesellschaft um und verlassen die Warte des reaktiven Beobachters und Kommentators. Endlich riskieren Wissenschaftler in der Öffentlichkeit etwas, setzen ihre Reputation ein, um gesellschaftlich etwas zu bewegen, um auf Gefährdungen der demokratischen Entwicklung aufmerksam zu machen. Rechtzeitig. Sie benutzen Wissenschaftlichkeit in journalistischen Formen. Und erreichen die Öffentlichkeit direkt. Doch welche haben sie eigentlich gemeint?

Wunsch und Wirklichkeit gingen damals in der Wahrnehmung auseinander.

Vordringlich ging es Picht und auch Dahrendorf darum, den protestantischen Blick auf die Ökonomie und die Moderne zu richten. Sie wandten sich an die protestantische Elite, vornehmlich im akademischen Bereich. Warum?

Wer heute Pichts Artikelreihe noch einmal liest, ohne den Hoffnungsaufbruch von damals, der entdeckt weniger demokratische, denn ökonomische Argumentationen. Chancengleichheit als ein Wert an sich taucht nicht auf. Wohl aber die Variante, die inzwischen bekannt ist: Die moderne Wirtschafts- und Wissensgesellschaft sei gefährdet, wenn diese Gesellschaft nicht mehr Abiturienten und Hochschulabsolventen schaffe. Dem Bildungsbürgertum gehe der Nachwuchs aus, so die Mahner, wenn es sich nicht öffne gegenüber den bisher benachteiligten Gruppen, den Mädchen, den Kindern vom Lande und aus der katholischen Provinz. Picht argumentiert also nicht aus dem Verfassungsgebot der gleichen Lebenschancen heraus, nicht aus der Würde jedes einzelnen, nicht aus der staatlichen Verantwortung für das allgemeine Schul- und Bildungswesen. Picht wie später auch Dahrendorf ging es im Kern darum, das (protestantische) Bildungsbürgertum mit den Anforderungen der Moderne zu konfrontieren und ihm klar zu machen, dass der Bürgerbegriff weiter zu fassen sei als bisher. Doch in den späten sechziger Jahren überlagerten die Auseinandersetzungen über die Notstandsgesetze, die Studentenbewegung, dann die bewaffnete Gewalt der Roten-Armee-Fraktion jede Diskussion über die inneren Liberalitäten einer „Zivilgesellschaft". Die Debatte, wir wissen es heute, geht über drei Jahrzehnte später mit der „zivilen Bürgergesellschaft" des Bundeskanzlers und SPD-Parteivorsitzenden Gerhard Schröder in eine neue Runde. Entfallen ist in der aktuellen Diskussion die Koppelung mit Protestantismus und Bildung.

3.

Dennoch blieb der Ruck, den der Theologe und Soziologe auslösten, nicht ohne Folgen. Er leitete einen anderen Umgang zwischen Politik, Publizistik und Wissenschaft ein. Nicht zuletzt, weil einzelne handelnde Personen zu

Grenzgängern und Grenzüberschreitern wurden. Der Soziologe Ludwig von Friedeburg ist der profilierteste unter ihnen. Wissenschaftlicher Beobachter der Studenten im Nachkriegsdeutschland und der beginnenden Studentenbewegung in Berlin und Frankfurt a.M. tritt er zu einem Zeitpunkt als hessischer Kultusminister an, da es auf der Straße nach Demonstrationen gegen das autoritäre Regime des Schahs von Persien die ersten politischen Toten und Attentate gegen Linke gegeben hat. Er „erbt" von seinem Amtsvorgänger wissenschaftliche Kommissionen, die sich über neue Unterrichtsinhalte zerstreiten. Er wird dann in seiner kurzen Amtszeit diesen Streit aus den wissenschaftlichen Kommissionen herausholen und zu seiner Sache machen. Er gerät damit in den härtesten Schulkampf, den die Bundesrepublik je erlebt hat. Die Art, wie Friedeburg diesen Schulkampf geführt hat, ist beispiellos. Er schlug in seiner Person den Bogen von der Wissenschaft zur Politik, von der Weimarer Republik zur Bonner Republik. Die Wucht der Auseinandersetzung erwischte ihn kalt, zeichneten sich doch in den internen Anhörungen mit den Lehrerverbänden, den Elternvertretern und den einzelnen Wissenschaftsdisziplinen zunächst durchaus handhabbare Konflikte ab. Unvorbereitet trafen den Kultusminister und die regierenden Sozialdemokraten der ideologische Glaubenskrieg vor allem der Historiker und der Germanisten, der in aller Öffentlichkeit und mit allen verfügbaren Mitteln der medialen und der (partei-)politischen Einflussnahme ausgetragen wurde.

Die neue Dimension in diesem Konflikt war, dass ein Kultusminister, der aus der Wissenschaft kam, diesen Kulturkampf nicht nur annahm, sondern ihn in der Zuspitzung selbst beförderte. Er organisierte in überfüllten Hallen wie dem Frankfurter Zoo-Gesellschaftshaus den öffentlichen Streit über die Entwürfe der Rahmenrichtlinien Deutsch und Gesellschaftslehre, nutzte mit nachhaltigem Druck seine Kontakte als Wissenschaftler und zog alle Fäden in seinen ‚Netzwerken'. Er erzwang die öffentliche Einmischung der Wissenschaftler, derer sich dann auch die Publizistik bemächtigte.

Doch die deutschen Professoren taten sich schwer. Mit dem Gang an die Öffentlichkeit hatten sie im grellen Scheinwerferlicht der Fernsehkameras Mühe: In der Notwendigkeit, kurz und knapp zum Kern der Auseinandersetzung zu kommen, Position zu beziehen, Urteile abzugeben, die ein wütendes Echo auslösen könnten, waren deutsche Hochschullehrer nicht geübt. In Zeitungsspalten zu schreiben – ohne Fußnoten und Quellenabsicherung – schien ihnen gar der Ausbund an Unwissenschaftlichkeit. Dennoch erreichte die Polarisierung ein, zwei Jahre lang ein Niveau der Auseinandersetzung, das einmalig ist.

Bisher nicht untersucht worden ist die Rolle, die der Deutsche Bildungsrat und sein damaliger Vorsitzender Hellmut Becker gespielt haben. Institution und Vorsitzender begleiteten die bildungspolitische Aufbruchsdebatte aktiv. Es ist in der bundesdeutschen Nachkriegsgeschichte der erste Versuch einer unabhängigen, wissenschaftlichen Politikberatung von Bund und Ländern, in dem die gesamte Breite des Bildungswesens vom Kindergarten bis zur beruflichen Bildung überprüft worden ist. Ohne die Empfehlungen des Bildungsrats, die begleitenden, erst internen, dann öffentlich ausgetragenen Auseinandersetzungen in der wissenschaftlichen und in der politischen Kommission, wäre die Phase der Verbindung von aktiv handelnder Politik, einmischender Wissenschaft und engagierter, wenn auch sehr polarisierter Publizistik früher beendet gewesen. Sie war es spätestens, als der sozialdemokratische Ministerpräsident Albert Oswald von Friedeburg fallen ließ, um die Koalition mit der FDP zu erhalten, und – Mitte der siebziger Jahre – die CDU/CSU-regierten Länder mit ihrer damaligen Mehrheit im Bundesrat die Auflösung des Bildungsrats erzwangen. Die ersatzlose Abschaffung dieses unabhängigen Gremiums der Politikberatung wird sich als ein schwerwiegender Fehler erweisen und zu einem Stillstand der fundierten Auseinandersetzung führen. Spätestens ab den achtziger Jahren fühlt sich kein Elternverein, keine politische Partei, keine Gewerkschaft oder der Deutsche Industrie- und Handelstag mehr verpflichtet (oder unter öffentlichem Druck genötigt), wissenschaftlich abgesicherte Positionen zur Bildungspolitik zu entwickeln, bezogene Positionen zu überprüfen.

4.

Die Probleme aber blieben wie die Anstöße: Die ersten Einbrüche auf dem Arbeitsmarkt zu Beginn der siebziger Jahre, der dramatische Rückzug der Großunternehmen aus der Berufsausbildung, die Schwierigkeiten der jungen Frauen, überhaupt eine Lehrstelle zu bekommen („Mädchen in Männerberufen"), die politische Debatte über einen verschärften Numerus clausus oder die Öffnung der Hochschulen und schließlich Ende der siebziger Jahre die ersten Anzeichen dafür, dass diese Gesellschaft sich weigert, Einwanderungsland zu sein, und es nicht schafft, die Kinder der ausländischen Arbeitnehmer der ersten Generation in der Schule wie im Beruf zu integrieren.

Mit dem Wegfall einer bildungspolitischen Instanz wie dem deutschen Bildungsrat und einer politisch kämpferischen Figur wie Ludwig von Friedeburg stellte sich für mich als Journalistin die Frage neu, wie Aufklärung über bildungspolitische Entwicklungen, ökonomische Beeinflussungen und demographische wie ethnisch-kulturelle Herausforderungen eigentlich zu leisten ist. An der Wertigkeit und Wichtigkeit gab es für mich überhaupt keinen Zweifel. Die Lektion der siebziger Jahre lautete daher für mich: Ich musste die Verbindung zwischen Wissenschaft und Publizistik selbst herstellen. Das hieß nichts anderes, als die ‚Grenzüberschreitungen' selbst zu organisieren, selbst den Mut zu haben, sich an die Auswertungen und journalistische Übersetzung von wissenschaftlichen Ergebnissen zu wagen.

Dies hieß aber auch: wissenschaftliche Mitstreiter und Mitstreiterinnen zu gewinnen, die sich ihrerseits an die Grenzüberschreitungen wagen.

Es begann ein schwieriger Lernprozess, der bis heute nicht abgeschlossen ist: auf beiden Seiten. Die unmittelbare journalistische Verwertung von Forschungsergebnissen stellte und stellt deutsche Wissenschaftler selten zufrieden. Die Länge oder vielmehr Kürze missfiel und missfällt, die Schlagzeile wie die Überschrift. Deuten Journalisten schließlich Befragungen anders als die Forscher, paaren sich professorale Eitelkeit und intellektuelle Arroganz.

Was das Verhältnis stets belastet hat, ist der fehlende Respekt vor der journalistischen Professionalität.

Es gibt im deutschsprachigen Raum nicht jene Selbstverständlichkeit, mit der sich in Frankreich, Italien oder USA Forscher, Professoren und Wissenschaftlerinnen öffentlich einmischen, kurze Kolumnen schreiben, Essays in journalistisch vorgegebener Länge. Niemand sieht seine Reputation in der Zunft gefährdet, wenn er in der Tagespresse schreibt, niemand fürchtet um seine ‚Zitierfähigkeit' in der wissenschaftlichen Zunft, wenn er ohne Literaturangaben einen profilierten Kommentar schreibt. In Deutschland musste diese Annäherung in den letzten Jahrzehnten mühsam gelernt werden. Gelungen ist sie bis heute nicht. Aber es gibt Bedingungen für ein mögliches Gelingen.

5.

Freundschaften gehören dazu: Schulfreundschaften, gemeinsame Studienzeiten. Mann kennt sich. Ohne die Freundschaft zwischen Giselher Wirsing, dem Chefredakteur von „Christ und Welt", und Georg Picht wäre aus dem Projekt ‚Bildungskatastrophe' vermutlich nie etwas geworden. Welche Zeitung stellt einem Wissenschaftler schon Woche für Woche so viel Platz zur Verfügung. Doch (Männer-)Freundschaften, die richtigen Beziehungen sind das eine.

Die größere Schwierigkeit liegt im deutschen Journalismus selbst. Hier ist erst mit der Akademisierung des Berufs ein deutlicher Wandel eingetreten. Als ich 1966 in den Tagesjournalismus einstieg, herrschte eine antiakademische Grundstimmung, mit der ich überhaupt nicht gerechnet hatte. „Eine studierte Frau kommt mir nicht in die politische Redaktion", verkündete der Chef der Nachrichtenredaktion in der damaligen „Hannoverschen Presse", die zum noch existierenden SPD-Medienkonzern gehörte, und verweigerte mir ein mehr als zweiwöchiges Pflichtvolontariat in seiner Redaktion. Um einen möglichen ‚akademischen Dünkel' der frisch diplomierten Politologin zu dämpfen, schickte er mich Tag für Tag in die Kantine zum Bierholen für die Kollegen. Später habe ich das Bild über den bierholenden Lehrling in der Literatur wieder gefunden. Und hätte es für eine Karikatur gehalten, wenn nicht...

Wissenschaft in die Tageszeitung zu holen, Gastkommentare gar zur aufflammenden Studentenrevolte, das war völlig undenkbar. Der einzige Gastkolumnist, den die „Hannoversche Presse" damals pflegte, war der des sozialdemokratischen Bundestagsabgeordneten Joachim Raffert, der im Herausgeberkreis des Blattes saß.

Akademiker mit Diplom oder Staatsexamen waren in den Aufbruchszeiten nach 1968 auch in den politischen Redaktionen der „Frankfurter Rundschau" eine Rarität. Wieder begann ich hier als einzige Frau mit Universitätsdiplom, neben mir noch ein Jurist mit erstem Staatsexamen (Roderich Reifenrath). In den ersten Berufsjahren war es schwer für mich, die Vorbehalte auseinander zu halten: War es die Frau in der Politik oder die Akademikerin in einer Berufsdomäne der Abbrecher, Umsteiger, An- und Ungelernten, Hereingerutschten? Soviel habe ich schnell begriffen: Die Aversionen gegen Wissenschaft und alles Akademische hatten viel mit eigenen Erfahrungen, mangelndem Selbstbewusstsein, erlebtem Scheitern in der Institution Universität zu tun. Umgekehrt bedeutete dies eine relative Aufgeschlossenheit der Kollegen (gepaart mit gewisser Schadenfreude) gegenüber dem Aufstand gegen „den Muff unter den Talaren".

Doch der Schritt von der Aufgeschlossenheit zur Öffnung war noch weit. Eine Voraussetzung war die zunehmende Akademisierung des Journalistenberufs bis in die Provinzblätter.

Das baute zumindest die ungeheuer hohen Hürden der gegenseitigen Missachtung ab. Behob sie jedoch keineswegs.

Zum gleichberechtigten Austausch, zum direkten Diskurs zwischen Wissenschaftlern, Journalisten und Lesern kann es nur kommen, wenn der Journalist, die Journalistin sich durch die Kompetenz des Wissenschaftlers (der Wissenschaftlerin) nicht in der eigenen Kompetenz bedroht fühlt, sondern gestärkt, vielleicht auch bestärkt. Das setzt eigenes Wissen und Urteilsvermögen in der Sache, Zuhören Können und professionelles Selbstbewusstsein voraus. Gelassenes Selbstbewusstsein ist aber eine höchst seltene Eigenschaft im Journalismus. Kann man/frau es lernen?

Spätestens hier wird die Person einzuführen sein, die dieses Nachdenken über das schwierige Verhältnis zwischen Politik, Wissenschaft und Publizistik ausgelöst hat: Klaus Klemm, Erziehungswissenschaftler, wachsamer Quergeist, renommiert in der Zunft, ein begehrter Ratgeber, Gutachter, Politikberater. Warum ist mit ihm die Zusammenarbeit so leicht und unkompliziert? Direkt und unverschnörkelt?

Auch er riskierte über Jahre hinweg die Annäherung und die Grenzüberschreitungen, suchte den Kontakt, ließ sich auf Gespräche ein, Abwägungen über günstige Zeitpunkte der öffentlichen Einmischung. Er kannte in vergleichsweise kurzer Zeit die Regeln und die Arbeitsbedingungen der Zeitungsmacher(in) und – eine Rarität – konnte mit Längen, Redaktionszeiten umgehen. Er war verlässlich und in uneitler Form absprachefähig. Unter der Voraussetzung, dass auch ‚die andere Seite' die Regeln des Wissenschaftlers akzeptiert. Mit Gelassenheit steckte er die Eifersüchteleien der Kollegen weg, denen die leichte Hand im Umgang mit den Medien fehlte.

Und doch setzt ein Wissenschaftler wie Klemm nicht einfach die kurze deutsche Tradition eines Picht oder Dahrendorf fort. Zwischen den dreien liegen Welten. Klemm fehlt das intellektuell Spielerische eines Dahrendorf, die Lust an der provokanten Koketterie. Im Kern trennen die drei Intellektuellen die Adressaten der Einmischung. Eine Einflussnahme auf die politische Willensbildung von Gewerkschaften und den großen politischen Parteien lag Picht wie Dahrendorf fern. Sie blieben in ihrem intellektuellen Milieu. Klemm überschreitet es bewusst, ohne zum instrumentalisierten Vorzeigeprofessor zu werden, der jederzeit für Aufrufe, Gutachten oder Unterschriftenaktionen jedweder Art benutzbar ist. Diese Gratwanderung und Balance zwischen sozialem Engagement, direkter politischer Einmischung und wissenschaftlicher Professionalität hat Klaus Klemm in seiner Person ausgehalten, nicht nur in bildungspolitischen Hochzeiten, sondern und gerade in den Zeiten der Niederlagen und des politischen Stillstandes.

6.

Ist es von Picht bis Klemm dennoch gelungen, in der deutschen Politik und in der Publizistik verlässliche Einmischung der Wissenschaftler so zu verankern, dass es Bestand hat? In den meisten Zeitungen sind die Berührungsängste geringer geworden. Die Rundfunk- und Fernsehanstalten schmücken sich mit Professoren und bedienen sich ihrer an Wahlabenden, in Talkshows, Christiansen-Runden oder bei unübersichtlichen Konflikten von Kosovo bis Nahost. Ein schwieriges Kapitel ist die Politik, deren Beratungsresistenz in diesen Zeiten groß ist. Sie benutzt nur die wissenschaftlichen Ergebnisse, die sie in ihre Konzepte einbauen kann. Sie instrumentalisiert Wissenschaftler und bindet sie in einer Flut von Kommissionen ein, die möglichst über ein striktes Reglement der Vertraulichkeit verfügen. Im Gegenzug gewährt die Politik ‚Kanzlernähe'. Der zunehmende Hang zu Präsidialsystemen und ‚Kanzleramts-Kommissionen', in denen die führenden Köpfe der Zunft von rechts bis links, von Befürwortern und Gegnern eingebunden sind, gefährdet die öffentliche Einmischung. Und entzieht den Medien die Mitstreiter und Mitstreiterinnen von Gewicht. Es zwingt die Journalisten auf solche Wissenschaftlerinnen und Wissenschaftler zuzugehen, die nicht zum engeren Kern der ‚Berufenen' gehören. Was es der Politik wiederum leicht macht, sich zu distanzieren. Oder aber die Journalisten versuchen, die eigene Kompetenz mindestens auf das Niveau der Kommissionen zu bringen. Das kostet Zeit, die die zunehmende Technisierung des Berufs kaum gewährt. Eine neue schwierige Gratwanderung. Und ein neues Kapitel im immer noch komplizierten Verhältnis zwischen Politik, Publizistik und Wissenschaft. Ein weites Feld für Forscher, politische Beobachter und wachsame Einmischer wie Klaus Klemm.

Heidrun Breyer/Christoph Ehmann

Demographie und Schulentwicklung

1. Die Geschichte der Irrtümer

Im Nachkriegsdeutschland – Ost wie West – war die Bevölkerungswissenschaft, wie der Bochumer Soziologe Hermann Korte Ende der 70er Jahre feststellte, „befangen und gehemmt". Wenn sich jemand mit Bevölkerungsfragen beschäftigte, so erschöpfte sich dies zumeist in einfachen Formen der Fortschreibung von Zahlen.

Neben der Erfahrung mit der NS-Bevölkerungspolitik hatte zu dieser Distanz ohne Zweifel die Prüderie der Adenauer- und Ulbricht-Ära beigetragen. Unter deren ‚Ägide' war staatliche Förderung oder zumindest doch eine positive Beachtung jenes sexuellen Vorgangs nicht angesagt, der naturnotwendig eine Voraussetzung für Bevölkerungsentwicklung ist. So reagierte Adenauer auf den Hinweis des Renten-Experten Wilfried Schreiber, der gemeinsam mit einigen anderen 1957 für die BRD ein neues Rentenmodell erarbeitet hatte und für das Funktionieren dieses Modells auf die Notwendigkeit einer Geburtenförderung aufmerksam machte, mit dem berühmten Spruch: „Kinder bekommen die Leute von alleine."

Was die beiden älteren Herren nicht ahnten war, dass ‚die Leute' das Kinderkriegen auch sehr wirkungsvoll vermeiden konnten. Folgerichtig standen die Bevölkerungsprognostiker wie die Politik fassungslos vor den Folgen der ‚Pille'. Noch 1966 hatten die westdeutschen Bevölkerungsprognostiker eine Zunahme der Einwohnerzahl in der alten BRD bis zum Jahre 2000 um 14 Millionen Menschen errechnet. Sechs Jahre später, 1972, hielten sie angesichts der Geburtenentwicklung einen Bevölkerungsrückgang von 5 Millionen für den Prognosezeitraum für eher wahrscheinlich. Man hatte sich um immerhin 19 Millionen Menschen oder ein Viertel der Gesamtbevölkerung der BRD verschätzt.

1.1 Wellenbewegungen in der Bevölkerungsentwicklung

Für den Bildungsbereich wurde – in Westdeutschland – die Befangenheit gegenüber der Bevölkerungswissenschaft schon vor dem ‚Pillenknick' durch eine weitere Einflussgröße zu dem, was Georg Picht 1965 die „Bildungskatastrophe" nannte. Dass die Geburtenzahlen seit 1950 wieder anstiegen und dass dadurch auch wieder mehr Kinder eingeschult wurden, für die Klassenräume, Lehrbücher und Lehrkräfte bereitzuhalten waren, hatte man in den Schulverwaltungen noch mitbekommen. Was die Kultusbürokratie überraschte, war das Verhalten der Eltern und Kinder in Bezug auf die Wahl weiterführender Schulen.

Dabei muss zwischen der Entwicklung in der BRD und der DDR unterschieden werden. Während unter Ulbricht das Streben nach hohen Schulabschlüssen eher forciert wurde und in der DDR tatsächlich 1965 ein weit höherer Prozentsatz der jungen Menschen die Hochschulreife erwarb als in der BRD, stoppte Erich Honecker 1971 die ‚Vermassung' des Abiturs und beschränkte die Übergangsquote zur Erweiterten Oberschule (EOS) auf unter 15 Prozent. Mit solchen Mitteln wurde der Bildungsbereich in der DDR zumindest quantitativ planbar.

Auch wenn im Westen manche in Hochschulen und Parlamenten davon träumten, es Honecker nachmachen zu können, in der BRD standen solche massiven Eingriffsmöglichkeiten erstens nicht zur Verfügung und wurden zweitens auch mehrheitlich nicht gewollt. Im Westen hatte man sich nach einer anfänglich insbesondere durch die britische Besatzungsmacht initiierten Debatte über die Öffnung des Zugangs für breitere Schichten zum Gymnasium und zum Abitur schließlich darauf eingestellt, dass der Anteil der Abiturienten am Altersjahrgang wohl ‚begabungsbedingt' irgendwo zwischen 5 und 7 Prozent liegen würde. Diese noch Anfang der 60er Jahre vorherrschende Auffassung hatte jedoch ein Faktum übersehen, das hinsichtlich der Stärke der jeweiligen Altersjahrgänge von ähnlich großer Bedeutung war wie der Pillenknick Mitte der 60er und der Geburtenrückgang in Ostdeutschland Anfang der 90er Jahre: Zwischen 1943 und 1947 wurden in Folge des Kriegsverlaufs, der Kriegsgefangenschaft und der Flucht etwa halb so viel Kinder geboren bzw. überlebten die ersten Jahre wie vor 1943. Deshalb machte sich, als in der BRD zwischen 1953 und 1958 die Übergangsquoten zu den Gymnasien von ca. 9 auf ca. 12 Prozent des Altersjahrgangs, also um ein Drittel anstiegen, dies in absoluten Zahlen nicht nur nicht als Anstieg bemerkbar. Vielmehr waren die Gymnasiastenzahlen sogar rückläufig. Es erschien so, als bliebe das Abitur weiterhin einer kleinen Zahl von Menschen vorbehalten.

Als man Anfang der 60er Jahre auf Grund des nunmehr rasanten Anstiegs der Schülerzahlen zumindest in den Schulen und Schulverwaltungen wenn auch erstaunt den Drang zu weiterführenden Bildungsgängen wahrzunehmen begann, waren die Hochschulen und Hochschulverwaltungen noch weit davon entfernt, hier ein sie möglicherweise in Kürze bedrängendes Thema zu erkennen. Der Wissenschaftsrat, 1957 gegründet, veröffentlichte zwar mehrere Pläne zum Ausbau der Hochschulen. Als es jedoch um die Konkretisierung durch Studierendenzahlen ging, schrieb auch er nur längst überholte Entwicklungen fort, während der Bildungsökonom Friedrich Edding bereits darauf aufmerksam machte, wie rasch diese Planungen durch eine steigende Bildungsaspiration zu Makulatur werden könnten.

Anfang der 70er Jahre war es dann schließlich unausweichlich, auf das Unerwartete und Ungewollte zu reagieren. Erich Honecker entschied, den Drang zur Hochschulreife bereits im Schulbereich zu stoppen und den Zugang zur EOS zu beschränken. In Westdeutschland wurde das Problem zur Lösung den Hochschulen überlassen. Diese machten den Numerus clausus zum beherrschenden Bildungsthema. Blieb zunächst noch unklar, ob politisch eher eine Lenkung der Abiturientenströme in die Hochschulen – zur Entlastung des Lehrstellenmarktes – oder ein Verdrängungswettbewerb auf dem Lehrstellenmarkt anzustreben sei, so war dies nach der Wende 1982 zur Kohl/Genscher-Regierung entschieden: ‚Survival of the fittest' und Elitenförderung. Während die einen große Schwierigkeiten hatten, auch nur irgendeinen Ausbildungsplatz zu finden, sollten Abiturienten zwei Ausbildungen finanziert bekommen können: Nach der im Dualen System auch noch ein Hochschulstudium! Der Anteil der Studienanfänger, die zuvor eine betriebliche Ausbildung absolviert haben, liegt seit der zweiten Hälfte der 80er Jahre bei nahezu konstanten 30 Prozent. Dabei waren die Folgen des ‚Pillenknicks' zahlenmäßig so stark, dass rein rechnerisch alle Lehrstellensuchenden ohne Abitur in den 80er Jahren einen betrieblichen Ausbildungsplatz hätten erhalten können. Dazu hätte man allerdings den Hochschulzugangsberechtigten eine attraktive Ausbildungsförderung bieten müssen. Stattdessen stellte man diese – für einige Jahre – voll auf eine Darlehensfinanzierung um.

1.2 Nicht-lernende Organisationen

Nun dürfte man erwarten, dass nach den Fehleinschätzungen der 60er, 70er und 80er Jahre die Bildungspolitik endlich gelernt hätte, mit dem schwierigen Beziehungsgeflecht von Bevölkerungsentwicklung, Bildungsverhalten und Wirtschaftskonjunkturen umzugehen. Doch dies ist nicht so. Noch in den 80er Jahren prognostizierte die Kultusministerkonferenz einen Rückgang der Studienanfängerzahlen infolge der rückläufigen Geburtenzahlen seit 1967, ließ aber unbeachtet, dass bis 1985 der Drang zur Hochschulreife stieg und dass die Wahl eines Ausbildungsplatzes im Dualen System für viele eben doch nur eine Schleife war, die durchlaufen wurde, aber dann in einem Hochschulstudium die logische Fortsetzung fand.

Nun stehen wir vor einem neuen Prognosezeitraum. 2010, 2015, auch 2020 sind für den Bildungsbereich Jahresdaten, mit denen sich zu befassen lohnt, weil viele der späteren Nutzerinnen und Nutzer von Bildungseinrichtungen schon geboren sind. Fast schon aktuell ist der Hinweis auf den drohenden Einbruch bei der Nachfrage nach Ausbildungsplätzen im Dualen System ab dem Jahre 2005/2008. Das wiederum wird die Berufschullehrer betreffen. Zwar fehlen dort zurzeit Lehrkräfte, aber spätestens ab 2008 werden die heute fehlenden Lehrkräfte – angeblich – schon nicht mehr gebraucht. Also werden nur noch ‚Quereinsteiger' und solche Personen eingestellt, die auf keinen Fall mehr Beamte werden können.

Für den Hochschulbereich werden die Szenarien noch dramatischer ausgemalt. Nach den vor allem für Ostdeutschland geltenden Prognosen wird der Gipfel der Studienplatznachfrage zwischen 2010 und 2013 erreicht. Dann sind die 1990 Geborenen im Studienanfängeralter. 1990 aber beginnt der Geburtenrückgang-Ost und führt in Verbindung mit dem dann wenig später in Westdeutschland in der zweiten Generation wirksam werdenden Pillenknick zu einem dramatischen Rückgang an Studierenden – was Finanzministerinnen und Finanzminister heute daran zweifeln lässt, ob es sich wirklich lohnt, noch Hochschulen auszubauen, wenn diese, die Planungszeiten der staatlichen Hochschulbauämter berücksichtigend, ohnehin erst um 2010 fertig gestellt sind.

Die Berechnungen über die Studienplatznachfrage gehen alle von heutigen, zuweilen leicht erhöhten Übergangs-Quoten aus. Das heißt, sie nehmen an, dass 30, maximal 40 Prozent eines Altersjahrgangs studieren wollen. Was aber geschieht an den Hochschulen, wenn die Quote der Hochschulzugangsberechtigten in Deutschland endlich das Niveau von Frankreich, Großbritannien, den USA oder Japan erreicht, wenn bis zu 80 Prozent eines Altersjahrgangs zumindest die formalen Voraussetzungen für ein Studium besitzen, wenn Studiengänge wie Bachelor angeboten und von der Arbeitgeberseite akzeptiert werden, die in einer überschaubaren Zeit zum Abschluss führen, wenn also 50 bis 60 Prozent eines Altersjahrgangs zur Hochschule gehen und wissenschaftliche Weiterbildung zu einer Selbstverständlichkeit wird wie das lebenslange Lernen allgemein? Und wenn sich die Einsicht durchsetzt, dass allein eine solche Entwicklung den Lebensstandard – und das Steueraufkommen – in Deutschland zu sichern in der Lage ist?

1.3 Verzicht auf strukturelle Konsequenzen

Der Bildungsforscher Ingo Richter hat, nachdem auch die Einigung Deutschlands 1990 zu keinen wesentlichen Veränderungen in der Schulstruktur führte, resignierend festgestellt, dass das Schulsystem, sähe man mal von der verhältnismäßig geringen Zahl von Gesamtschulen ab, alle Revolutionen und Konterrevolutionen des 20. Jahrhunderts nahezu unverändert überstanden hätte. Damit leben wir, schulpolitisch, nach wie vor in Preußen des Drei-Klassen-Wahlrechts. Die Dreigliedrigkeit des Schulsystems und der Bildungsabschlüsse, 1787 eingeführt, spiegelte die Einteilung der Bevölkerung in drei Klassen wieder. Zwar wird seit 1920 immer mal wieder versucht, auf die feudalstaatliche Drei-Klassen-Begründung zu verzichten und die verschiedenen Schulformen aus drei Begabungsrichtungen abzuleiten. Doch ist dies bislang nicht überzeugend gelungen.

Die feudalistische Dreigliedrigkeit schloss eine klare quantitative Verteilung ein: Wenige oben, ein paar mehr in der zweiten Klasse und die Masse in der dritten Klasse. So war auch das Schulsystem konzipiert: Wenige im Gymnasium, ein paar mehr in der Realschule – oder wie die Bezeichnung im Laufe der Jahre auch immer lautete – und die Masse in der Volksschule. In beiden deutschen Staaten hatte sich dies aber in Bezug auf ‚oben' schon in den 50er, vor allem aber in den 60er Jahren deutlich verändert. In einigen Bundesländern sind die Hauptschüler seit weit über einem Jahrzehnt die Minorität, die ‚Restschüler'.

Diese nahezu Umkehrung der quantitativen Verhältnisse hat jedoch nicht zu schulstrukturellen Veränderungen geführt. Zwar gilt insbesondere in den Stadtstaaten der Hauptschule eine besondere Aufmerksamkeit, was sich z.B. darin zeigt, dass hier die Aufwendungen pro Schüler und Schülerin deutlich über denen für die anderen Schulformen liegen. Auch die Lehrerinnen und Lehrer sind sich ihrer besonderen Aufgabe in dieser Schulform mehr und mehr bewusst. Doch ändert dies nichts daran, dass im Bewusstsein nach wie vor eher die bayrische Auffassung dominant ist, wonach die Hauptschule als die Schule für die Mehrheit der Bevölkerung da sein müsse und die Hochschulreife der ‚Elite' vorbehalten bleiben solle, auch wenn diese nicht mehr nur von 5, sondern je nach Bundesland von 20 oder gar über 40 Prozent des Altersjahrgangs erworben wird.

Hatte schon die politische Revolution von 1918 nicht vermocht, das ständestaatliche Schulwesen zu überwinden, so hatte auch die Veränderung der quantitativen Anteile der verschiedenen Schulformen nicht zum Nachdenken über eine andere Schulstruktur geführt. Im Gegenteil: Die deutsche Einigung brachte noch einmal die Anhänger der Dreigliedrigkeit in die Vorhand, wie im folgenden Kapitel am Beispiel Mecklenburg-Vorpommerns zu zeigen sein wird.

Nun wäre es aber sehr verkürzt, im Festhalten an der Dreigliedrigkeit nur das Walten ideologischer Restauratoren zu sehen. Keine Ideologie kann sich so lange halten, wenn ihr nicht materielle Interessen als Stütze dienen. Im Westen hatten die quantitativen Verschiebungen vor allem für die Bildungsarbeiter enorme Vorteile. Zunächst wurden in Volksschulen die Klassen kleiner. Waren 1950 Klassen mit mehr als 50 Schülerinnen und Schülern nicht die Ausnahme, so unterschritten Hauptschulklassen in den 70er Jahren in der Regel die Schüleranzahl von 30 deutlich. Die Arbeitsbedingungen für Lehrkräfte verbesserten sich also spürbar. Eine verbesserte Ausbildung für diesen Personenkreis führte zudem zu einer besseren Bezahlung.

Die Vorteile des veränderten Bildungsverhaltens kamen aber vor allem den Gymnasiallehrern zugute. Die wachsende Zahl der Lernenden führte zu größeren Schulen und zu einer Ausdifferenzierung der Lehrerbesoldung. Gab es bis in die frühen 60er Jahre an den Gymnasien einen Direktor, der nach A 16 bezahlt wurde und noch einen, maximal zwei Oberstudienräte nach A 14, so konnte als Ergebnis der Bildungsexpansion ab den 70er Jahren nahezu jeder Studienrat und jede Studienrätin damit rechnen, als Studiendirektorin mit A 15 pensioniert zu werden.

Und dieser Geldsegen verbreitete sich über eine wachsende Zahl von Hochschulabsolventen. Die Ausweitung der Studierendenzahlen in Westdeutschland war im Wesentlichen eine Ausweitung der Zahl der Lehramtstudentinnen und -studenten. 1975 waren über 60 Prozent aller Universitätsexamina Lehramtsprüfungen. Und jeder erfolgreich Geprüfte hatte die Sicherheit, eingestellt zu werden. Aufstieg, weil andere sich bilden wollten. Warum sollte dieses System verändert werden?

2. Demographie und Schulentwicklung in Mecklenburg-Vorpommern nach 1990

Der Geburtenrückgang, zumal in den Dimensionen, die in den ostdeutschen Ländern schon jetzt zu verzeichnen sind, lässt ein Nicht-Handeln und Verdrängen nicht mehr zu. Denn Schule ist nicht nur eine Veranstaltung, die innerschulisch zu betrachten ist. Das Schulsystem ist deshalb auch nicht etwas, was nur in pädagogischen oder schulpolitischen Kategorien zu betrachten ist. Schule ist ein Teil des menschlichen Zusammenlebens, der kommunalen Kultur und des regionalen Wirtschaftslebens. Und Schule ist ein Teil des Lebens junger Menschen, aber eben nur ein Teil. Schule ist nicht das Einzige, was junge Menschen beschäftigt und beschäftigen sollte. Wenn Schule so organisiert wird, dass außerschulische Aktivitäten nicht stattfinden können, weil sich die Kinder mehrere Stunden täglich in Schulbussen auf den Fahrten von und zu dreigegliederten Schulstandorten aufhalten müssen, so ist dies keine verantwortliche Jugendpolitik, sondern eine Verhinderung und Zerstörung von Sozialbeziehungen.

Es lässt sich in Deutschland kein besseres Beispiel als Mecklenburg-Vorpommern finden, an dem exemplarisch demonstriert werden könnte, wie politische Entscheidungsträger sich geweigert haben, die Auswirkungen der Bevölkerungsentwicklung auf das Schulwesen im Besonderen und die Lebenssituation junger Menschen im Allgemeinen zur Kenntnis zu nehmen und dadurch ganz im Sinne von Barbara Tuchmans „Die Torheit der Regierenden" das Unheil selbst herbeigeführt haben.

Denn dieses Land hatte nicht nur vor 1990 in den Bezirken Schwerin, Rostock und Neubrandenburg die höchsten Geburtenzahlen in der ganzen DDR aufgewiesen. Es hatte auch nach 1990 den stärksten Geburtenrückgang in kurzer Zeit zu verzeichnen.

Die schulpolitische „Torheit" der in Mecklenburg-Vorpommern Regierenden bestand darin, für dieses extrem dünn besiedelte Land das dreigliedrige

Schulsystem als Kopie des Westmodells zu übernehmen. Während die anderen ostdeutschen Bundesländer es bei einer Zweigliedrigkeit – Gymnasium und als zweite Schulform eine kombinierte Haupt- und Realschule – beließen, sollten in Mecklenburg-Vorpommern alle drei Formen institutionell getrennt angeboten werden. Wo also bis 1989 ein durchschnittlich 28.000 Menschen umfassender Altersjahrgang auf 500 Grundschulen und anschließend auf ebenso viele POS zu verteilen war, musste nun der bis 1994 auf 9.000 Geburten geschrumpfte Geburtsjahrgang nach der Grundschule auf drei Schularten verteilt werden. Rein rechnerisch bedeutete dies, dass wo 1989 eine POS rund 60 Kinder aufnahm, nach 1994 nur noch 20 Kinder vorhanden waren und diese auch noch auf Haupt- und Realschulen sowie Gymnasien aufgeteilt werden mussten. Wo früher die Zweizügigkeit kein Problem darstellte, war nun nicht einmal mehr eine Einzügigkeit zu garantieren.

2.1 Die Anfangsjahre 1990 bis 1994

Mecklenburg-Vorpommern war stets ein Land mit geringer Bevölkerungsdichte. Angesichts der Entfernungen waren insbesondere für die berufsbildenden Schulen und die Oberstufen der EOS Internate nicht ungewöhnlich. In der DDR hatte zudem der in der BRD zeitweise modische Trend zu Groß-Schulen mit mehr als 1.000 Schülerinnen und Schülern nie Platz gegriffen. Schulen umfassten daher kaum mehr als 400, in der EOS eher 250 Schüler und Schülerinnen.

Dieses System sollte nun nach der Klasse 4 gedrittelt werden. Darüber kam es bereits unmittelbar nach der Wende zu erheblichen Meinungsdifferenzen. Während die Schulplaner in Schwerin sich der in Ostdeutschland vorherrschenden Tendenz zur Zweigliedrigkeit – Gymnasium und „Mittelschule", „Regelschule" o.ä. – anschlossen, verfügte der verantwortliche Kultusminister Wutzke (CDU) nach einem Besuch bei seinem bayrischen Kollegen im Oktober 1990, die Dreigliedrigkeit nach dem bayrischen Vorbild zu übernehmen. Wutzke, ein protestantischer Pfarrer, war auch als Politiker dem Hirtengedanken verpflichtet und sah in allen Schülerinnen und Schülern seine Schäflein, wohl richtiger seine Schafe, die über das Hauptschulniveau kaum hinausgelangen dürften. Es war die erklärte Meinung dieses Ministers und seiner näheren Umgebung, dass zuviel Bildung seinen Landeskindern angesichts der Arbeitsplätze im Lande eher schade und dass nur wenige berufen seien, den gymnasialen Bildungsgang zu durchlaufen.

Eine auf solchen Gedankengängen basierende Schulkonzeption konnte nur durchgehalten werden, wenn man, wie in Bayern, die Hauptschule zur dominanten Bildungseinrichtung machte, also mindestens 50, besser 70 Prozent aller Kinder diese Schulform besuchten. Dem stand zum einen der Elternwille entgegen. Eltern, denen man in der DDR den Zugang zum Abitur verwehrt hatte, wollten dies nun auf jeden Fall für ihre Kinder sicherstellen.

Zum anderen wünschten sich alle Landkreise – zunächst hatte es davon in MV 34 gegeben – mindestens ein dreizügiges Gymnasium. Das wurde ihnen mit Blick auf die Wahlen seitens der CDU-Kultsministerin Schnoor, die Wutzke 1992 nachgefolgt war und ursprünglich aus Berlin kam, vor allem in den wenig bevölkerten, CDU-wählenden Regionen Vorpommerns auch zugesagt. Angesichts der Geburtenentwicklung gerade in diesen Regionen und der massiven Abwanderung von 20- bis 30-Jährigen war aber klar, dass diese Gymnasien in zehn Jahren nur noch einzügig geführt werden könnten, und auch das nur, wenn die Hälfte aller Kinder nicht zur Hauptschule, sondern zum Gymnasium übergehen würde.

Damit würden diese Schulen aber nicht mehr den allgemeinen Schulstandards in der BRD entsprechen. Als die Landräte dies merkten, setzten sie alle Hebel in Bewegung, um zu verhindern, dass Kinder aus ,ihrem' Landkreis ein Gymnasium in einem anderen Landkreis oder gar in einer der vier kreisfreien Städte besuchten. Zumal damit verbunden war, dass man an den anderen Landkreis eine Ausgleichszahlung hätte leisten müssen.

Als im Herbst 1994 in den Koalitionsverhandlungen zwischen CDU und SPD diese Entwicklung thematisiert wurde, zeigte sich, dass die CDU-Kultusministerin diese Dimension ihrer Schulpolitik nicht nur nicht realisiert hatte, sondern sich regelrecht weigerte, die vorliegenden Zahlen überhaupt zur Kenntnis nehmen nach dem Motto: ,Faktenwissen verstellt den Blick für die freie Diskussion.' Sie erklärte vielmehr den Geburtenrückgang für eine ,vorübergehende Erscheinung'. Konsequenterweise bestand für sie und ihren an den Koalitionsverhandlungen beteiligten Staatssekretär, Thomas de Maizière, Neffe des letzten DDR-Ministerpräsidenten Lothar de Maizière, keine Veranlassung, über eine Reform der Schulstruktur, die diese Entwicklung berücksichtigte, überhaupt nur nachzudenken.

Der Vorteil einer solchen Vermeidungsstrategie lag aber nicht nur darin, sich das Nachdenken über eine Veränderung der Schulstruktur ersparen zu können: Wenn man einen Schülerrückgang leugnet, kann auch kein Lehrerüberhang entstehen. Es bedurfte also keiner Überlegungen, wie denn mit den Grundschullehrern umzugehen sei, von denen innerhalb von sechs Jahren nur noch rund ein Drittel benötigt würde, und wie mit den Sekundarstufenlehrern, die von der Bevölkerungsentwicklung spätestens ab dem Schuljahr 2001 betroffen sein würden. Wenige Wochen vor den Wahlen zum Landtag im Herbst 1994 versprach CDU-Kultusministerin Schnoor sogar den Lehrern, dass unter einer CDU-Regierung sofort nach den Wahlen rund 14.000 Lehrer verbeamtet und damit unkündbar würden. Nach den Berechungen der Schulabteilung ihres Kultusministeriums aber würde der Bedarf an Lehrkräften in Kürze bei maximal 9.000 liegen.

Bei so viel Verdrängung war es nicht verwunderlich, dass auch im Hochschulbereich ohne Bezug zur Realität geplant, versprochen und Fakten geschaffen wurden. Die beiden Universitäten Greifswald und Rostock behielten nicht nur ihre Fächervielfalt, es wurden auch noch die an der einen oder der anderen Universität ‚fehlenden' Fachgebiete hinzugefügt, so dass es bald zwei Wirtschaftswissenschaften, zwei rechtswissenschaftliche Fachbereiche, zwei volle medizinische Fakultäten, zwei zahnmedizinische Fakultäten etc. gab. An beiden Universitäten gab es zudem große philosophische Fakultäten, deren wesentliche Aufgabe seit zweihundert Jahren darin besteht, Lehrer auszubilden. Um die so geschaffenen Kapazitäten annähernd auszulasten, wäre es nötig, 60 bis 80 Prozent eines Altersjahrgangs in Mecklenburg-Vorpommern zur Hochschulreife zu führen.

2.2 Die ersten Korrekturen: 1995 bis 1998

Zwar trat 1994 mit der Übernahme des Kultusministeriums durch eine sozialdemokratische Ministerin, Regine Marquardt, ein Meinungswandel ein. Doch das in den folgenden Jahren breit diskutierte und 1996 verabschiedete neue Schulgesetz musste im Rahmen der Großen Koalition von SPD und CDU erarbeitet werden. Angesichts dieser Konstellation war es ausgeschlossen, dass schulstrukturelle Entscheidungen fallen konnten, die der von der Vorgängerregierung eingeschlagenen Linie diametral entgegengestanden hätten.

Tatsächlich gelang es lediglich, zwei geringfügige Korrekturen anzubringen. Zum einen betraf dies die Einführung der „Verbundenen Haupt- und Realschule" als einer einzigen Schule. Faktisch handelte es sich dabei jedoch um den Nachvollzug einer vor Ort bereits vielfach vorgenommenen Organisationsreform. Denn bis auf drei Ausnahmen wurden in Mecklenburg-Vorpommern trotz des erheblichen ideologischen Aufwands keine eigenständigen Hauptschulen gebildet. Entweder nutzten Grund- und Hauptschulen oder aber Haupt- und Realschulen die gleichen Gebäude. Entsprechend eng war auch der Kontakt der Lehrenden untereinander. Im Allgemeinen standen sie auch unter einer einheitlichen Leitung.

Die zweite Änderung war gravierender, verlief aber politisch sehr viel reibungsloser. Weil durch den Geburtenrückgang die Altersjahrgänge nur noch ein Drittel ihrer früheren Stärke betrugen, musste sich logischerweise die Größe der Einzugsbereiche für die einzelnen ohnehin schon kleinen Schulen verdreifachen. Die Folge waren überlange Schulwege. Kinder der ersten Klassen verbrachten nicht selten mehr Zeit im Schulbus als in der Schule. So entschloss man sich, den Eltern und Schulträgern die Möglichkeit einzuräumen, sich für jahrgangsübergreifenden Unterricht einzusetzen, also ‚Zwergschulen' zu bilden, in denen die Jahrgangsstufen 1 und 2 sowie 3 und 4, in Einzelfällen auch 1 bis 4 gemeinsam unterrichtet wurden. Durchsetzbar wurde dieser schulpolitische ‚Rückschritt' nicht zuletzt deshalb, weil er die Erhaltung von Schulstandorten ermöglichte, zahlreiche Gemeinden also als Partner gewonnen werden konnten.

Doch selbst diese überschaubaren Veränderungen waren pädagogisch nur unter Schwierigkeiten umzusetzen. Seit den 60er Jahren gilt in Deutschland Ost wie West die „Differenzierung" als oberstes Ziel aller schulischen Gestaltungsmaßnahmen. Schüler und Schülerinnen werden in verschiedenen Fächern nach Leistungsgruppen sortiert, um sie besser fördern und fordern zu können mit dem Ergebnis, dass die Lehrenden sich daran gewöhnt haben, mit relativ homogenen Leistungsgruppen zu arbeiten.

Sowohl die „Verbundene Haupt- und Realschule" als auch der jahrgangsübergreifende Unterricht in der einklassigen Grundschule aber verlangen von den Lehrkräften, sich mit Schülerinnen und Schülern auf sehr unterschiedlichem Kenntnis- und Leistungsniveau gleichzeitig zu beschäftigen. Dafür gab es weder an den Universitäten noch in der Lehrerfortbildung Konzepte. Der ‚Dorfschulmeister' ist seit den späten 50er Jahren nur noch eine literarische Erscheinung. Und die Unterrichtung von Jungen und Mädchen mit sehr unterschiedlichem Leistungsniveau ist zwar bei einigen wenigen Erziehungswissenschaftlern, die an die Reformpädagogen der 20er Jahre des letzten Jahrhunderts erinnern, noch im Bewusstsein, aber eher als Gegenstand historischer Forschung, nicht als Gegenstand methodisch-didaktischer Praxis.

2.3 Folgen für die Lehrerschaft

Die Folgen für die Lehrerinnen und Lehrer konzentrierten sich auf die Frage der Differenzierung der Gehälter sowie auf die Beschäftigungssicherung durch das Lehrerpersonalkonzept.

Differenzierung der Gehälter

Welche Folgen die Dreigliedrigkeit für die Lehrkräfte hatte, war, so lange es keine Besoldungsverordnung gab, in der die Einstufung der angestellten Lehrerinnen und Lehrer geregelt wurde, etwas im Dunkeln geblieben. Zudem nährte die CDU immer wieder die Hoffnung auf Verbeamtung. Doch damit war in Mecklenburg-Vorpommern nicht zu rechnen. Der Abbau von immer noch rund 11.000 Lehrkräften (von 20.000 auf 9.000 zwischen 1995 und 2003) war nur unter Vermeidung von beamtenrechtlichen Arbeitsverhältnissen zu erreichen. Nur so konnten deutliche Arbeitszeitreduzierungen notfalls auch einseitig durchgesetzt werden. Und nicht zuletzt bedurfte es der Sozialversicherungspflichtigkeit der Lehrkräfte, um Vorruhestandsregelungen unter finanzieller Beteiligung der Bundesanstalt für Arbeit realisieren zu können.

Als nun die Besoldungsverordnung endlich vorlag, wurde allen Lehrenden auf Mark und Pfennig deutlich, dass das dreigliedrige Schulsystem zu erheblichen Einkommensunterschieden zwischen den einst einheitlich besoldeten Lehrkräften führen werde. Bei diesen Gehaltsunterschieden spielte, und das wurde der eigentliche Grund des Unmuts, die Leistung der Einzelnen keine Rolle.

Eher war das Gegenteil richtig: Nach der Durchsetzung der Dreigliedrigkeit hatten beide CDU-Kultusminister für die Tätigkeit an der Hauptschule geworben, weil dort die fähigsten und pädagogisch qualifiziertesten Personen benötigt würden. In dem Glauben, dies würde sich auch in der Bezahlung niederschlagen, waren zahlreiche Lehrkräfte dem christdemokratischen Werben gefolgt. Zumindest die zweite Ministerin, Steffi Schnoor, mit Berliner Verwaltungserfahrung, wusste aber genau, dass gerade diese Lehrkräfte mit der geringsten Bezahlung würden rechnen müssen.

Nun fanden sich diese Pädagogen tatsächlich am unteren Ende der Gehaltsskala wieder – faktisch ohne Aufstiegschancen, mit den Abzügen für Angestellte und bei 84 Prozent Ost-Gehalt, mit der sicheren Aussicht, selbst diese Stelle nur behalten zu können, wenn sie in absehbarer Zeit, wenn der Geburtenrückgang die Sekundarstufe I erreicht, eine Arbeitszeit- und Gehaltsreduzierung auf 50 Prozent akzeptierten.

Beschäftigungssicherung durch das Lehrerpersonalkonzept (LPK)

Die Bereitschaft der Lehrkräfte, zeitweilig die Arbeitszeit – und die Bezahlung – auf 50 Prozent der Normalarbeitszeit zu reduzieren, war die Voraussetzung, um eine Vereinbarung, genannt „Lehrerpersonalkonzept", zwischen der Landesregierung und den Lehrerverbänden schließen zu können, die die bisherigen Massenentlassungen stoppte. Angesichts der demographischen Entwicklung hat sich der GEW-Landesverband Mecklenburg-Vorpommern beharrlich für ein solches Programm eingesetzt, um damit zwar vorrangig Entlassungen zu verhindern, zugleich aber auch qualitative Verbesserungen der Bildungsbedingungen im Lande sowie den Erhalt möglichst vieler Schulstandorte zu erreichen.

Damit war trotz der Koalitionsregierung aus SPD und CDU eine vollständige Abkehr von der christlich-liberalen Lehrerpolitik erreicht worden. Ohne Rücksicht auf die jeweiligen sozialen Folgen in den Familien zu nehmen, hatte die CDU/FDP-Landesregierung zwischen 1990 und 1994 jede Gelegenheit genutzt, Lehrkräfte loszuwerden: Mal waren es fachliche Gründe – Russisch-Lehrer wurden nur noch in geringer Zahl gebraucht – mal politische – die bisherigen Sozialkunde- und Geschichtslehrer wurden als nur in Ausnahmefällen tragbar angesehen –, die zu ‚betriebsbedingten Kündigungen' führten. Darüber hinaus wurden faktisch alle Lehrkräfte, die irgendwann einmal mit der Stasi Kontakt gehabt hatten, entlassen, ohne dass ihre individuelle Schuld geprüft wurde. Diese ‚wilde' Entlassungswelle galt es zu stoppen, wenn es mit der Schulreform wirklich vorangehen sollte. Tatsächlich konnte am 08.12.1995 das Lehrerpersonalkonzept durch die Landesregierung, vertreten durch den Ministerpräsidenten, die Finanzministerin und die Kultusministerin sowie die Vertreterinnen und Vertreter der Lehrerverbände und -gewerkschaften unterzeichnet werden.

Das Lehrerpersonalkonzept sieht folgende Maßnahmen vor:

- die übliche Abfindungsregelung,

- eine Vorruhestandsregelung, die vom 56. Lebensjahr an in Anspruch genommen werden konnte und den Neu-Rentnern durch eine Kombination von Leistungen der Arbeitsverwaltung und Zuzahlungen des Landes 80 Prozent ihres letzten Gehalts bis zum offiziellen Renteneintritt garantierte,

- die Teilzeit-Regelung „50 + x", wonach bei rückläufiger Schülerzahl die Arbeitszeit und die Bezahlung der Lehrkräfte zeitweise ohne besondere arbeitsrechtliche Maßnahmen auf 50 Prozent der Normalarbeitszeit und des Normallohns reduziert werden können; bei Lehrkräften, die nach BAT IV oder gar darunter bezahlt wurden, erfolgte die Reduzierung nur auf zwei Drittel der Arbeitszeit,

- die Versetzung von Lehrern allgemein bildender Schulen an berufliche Schulen,

- das Angebot eines Sabbaticals (seit 18.05.2000) sowie

- das Angebot von Altersteilzeitregelungen (seit 19.06.2001).

Für die Dauer der Teilnahme am LPK sind betriebsbedingte Kündigungen ausgeschlossen.

Das mecklenburgisch-vorpommersche Lehrerpersonalkonzept war das erste seiner Art in den ostdeutschen Bundesländern. Insbesondere die Vorruhestandsregelung trug anfangs in erheblichem Umfang dazu bei, dass Arbeitszeit- und Gehaltsreduzierungen kaum in Anspruch genommen werden mussten.

Das LPK enthielt aber außer den Angeboten an die beschäftigten Lehrkräfte auch eine Klausel, wonach pro Jahr 170 Vollzeitstellen für neue Lehrkräfte bereitgehalten werden sollten. Auf 2/3-Stellen umgerechnet bedeutete dies, dass für rund 250 Hochschulabsolventinnen und -absolventen Perspektiven im Land geschaffen werden konnten. Da junge Leute im Bundesangestellten-Tarif niedrig eingruppiert werden, sollten diese Stellen mit mindestens zwei Drittel der Arbeitszeit ausgestattet werden.

Die Zustimmung der beschäftigten Lehrkräfte zu diesem Punkt war ein deutlicher Beweis für die Bereitschaft zu solidarischem Handeln. Sie war nur zu erreichen, weil auch die Landesregierung erkennen ließ, dass sie nicht nur an Einsparungen durch Stellenabbau, sondern ebenso an einem funktionierenden und sich weiter entwickelnden Schulsystem interessiert war. Davon zeugte, dass zu den Vereinbarungen des LPK auch gehörte, für kleine Grundschulen auf dem Lande einen Stellenzuschlag vorzusehen sowie ab dem Schuljahr 200/2001 auf den errechneten Lehrkräftebedarf 10 Prozent draufzulegen und diesen Zuschlag für besondere pädagogische Maßnahmen verwenden zu können, sozusagen eine ‚Reformreserve'.

Im Zusammenhang mit dem Lehrerpersonalkonzept kommt der Vor- und Mitarbeit von Klaus Klemm eine hervorragende Bedeutung zu. Mit den in seinen Studien und Gutachten zur Schülerentwicklung und zum Lehrerbedarf in Mecklenburg-Vorpommern ausgebreiteten Argumentationen und Belegen gelang es, bei den GEW-Mitgliedern die erforderliche Solidarität zu erreichen und die Landesregierung von der Notwendigkeit der Finanzierung der o.g. Maßnahmen zu überzeugen.

2.4 Auf dem Weg zur Regionalen Schule: Strukturentscheidungen nach 1998

Es musste einiges zusammen kommen, um auch die strukturellen Konsequenzen aus den Erfahrungen der Schulentwicklung seit 1990 ziehen zu können. Das wohl wichtigste Faktum war die Ablösung jener Regierungspartei, die sich in einer kaum mehr nachvollziehbaren Konsequenz der bayrischen Schulpolitik verpflichtet fühlte: Die CDU wurde 1998 von der PDS als Regierungspartner der SPD abgelöst.

Das zweite Faktum war, dass zwar in der vorangehenden Legislaturperiode die Konsequenzen des Geburtenrückgangs für die Schulstandorte und die Lehrerbeschäftigung immer wieder vorgerechnet und erläutert worden waren. Aber erst als die Grundschulen – wegen des Geburtentiefstands 1994 – ab 2000 tatsächlich deutlich weniger erste Klassen zustande brachten und die Anmeldezahlen zu den weiterführenden Schulen sanken, schreckten Schulen und vor allem Schulträger wie Eltern in den ‚bedrohten' Regionen auf. Nun sollte und musste ganz rasch eine neue Lösung her: die Regionale Schule.

Mit ihr holt Mecklenburg-Vorpommern die Bildung von „Mittelschulen" etc. nach, die in den meisten anderen ostdeutschen Ländern unmittelbar nach der Einigung realisiert werden konnte. Auf Grund der besonderen Situation im Land aber musste dieser Schultyp weiterentwickelt werden. Die Regionale Schule ist in der Regel eine einzügige Schule. In jeder einzelnen Klasse ist deshalb das Leistungsspektrum eher breiter als in vergleichbaren Schulen anderer Länder. Das stellt erhöhte Anforderungen an die Lehrkräfte. Auch wenn die Regionale Schule nicht zuletzt entwickelt wurde, um für die Kinder vertretbare Schulwege und in möglichst vielen Orten Schulstandorte zu sichern, so sollen in diesen Schulen doch auch verstärkt außerschulische und Vereins-Aktivitäten ihre Heimat finden und offener Jugendarbeit z.B. in Schüler-Clubs Raum bieten.

Tendenziell wird sich deshalb die Regionale Schule über die übliche Halbtagsschule hinaus entwickeln und damit auch Zeit für eine differenzierte Förderung leistungsschwacher wie leistungsstarker Schülerinnen und Schüler bereitstellen können.

Das alles bringt neue Aufgaben und Chancen für die Lehrkräfte, einschließlich ihrer Aus- und Fortbildung. Die Regionale Schule soll sich öffnen zu ihrem Umfeld, zur Kommune, zu Betrieben, zu Vereinen usw. Das ermöglicht auch eine sinnvolle Berufsorientierung und schafft eine gute Verbindung zum Arbeitsmarkt. Letztlich bedeutet es nicht mehr, aber auch nicht weniger als Lebenspraxis in die Schule zu holen. Mit dieser Schulreform wird Mecklenburg-Vorpommern endlich Anschluss an die nationale und internationale Schulentwicklung finden.

3. Ausblick

Das 20. Jahrhundert war insbesondere in der zweiten Hälfte von Fehleinschätzungen im Bildungsbereich geprägt. Diese Irrtümer waren im Westen Deutschlands größer als im Osten. Zum einen klafften in der alten BRD der Bildungs- und Aufstiegswille vieler Eltern einerseits und die herrschenden Begabungsideologien andererseits stärker auseinander als im Osten. Zum anderen standen den westdeutschen Landesregierungen, soweit sie restriktiven Vorstellungen anhingen, weniger staatliche Instrumente zur Lenkung und Behinderung des Bildungswillens Einzelner zur Verfügung.

Die Arbeiten von Klaus Klemm, die er u.a. auf Bitten der mecklenburgischvorpommerschen GEW fertigte, haben gezeigt, dass selbst in einem von vielen Einflussgrößen bestimmten Feld wie dem der Schulpolitik, Grundlagen erstellt werden können, auf denen eine perspektivische Schulentwicklungsplanung aufbauen kann.

Was für die Schulen möglich ist, ist auch für den Hochschulbereich machbar. Angesichts der im internationalen Vergleich geringen Studierquote in Deutschland wird in den beiden kommenden Jahrzehnten die Expansion des Hochschulbereichs und dessen finanzielle Folgen der entscheidende Faktor in einer vorausschauenden Bildungspolitik sein müssen. Es wäre gut, wenn die Wissenschaftspolitik und die Wissenschaftsverwaltungen aus den Fehlern der Schulpolitik – und aus den eigenen Fehlern der 60er und 70er Jahre in der BRD – die richtigen Schlüsse zögen und zeigten, dass es selbst im Bildungsbereich ,lernende Organisationen' gibt.

Hermann Budde/Imma Hillerich

Schulentwicklung im Land Brandenburg – eine Zwischenbilanz am Beispiel einiger Projekte der Schulpolitik

Der Osten Deutschlands steht auf der Kippe – diese Botschaft übernahmen die Medien im Dezember 2000 aus den fünf Thesen, die Wolfgang Thierse als politische und persönliche Bilanz von zehn Jahren deutscher Einheit zog. Die Entwicklung von Wirtschaft und Arbeitsmarkt in der zweiten Hälfte der neunziger Jahre bewertete er als besorgniserregend. Dies gelte für das Wirtschaftswachstum und die damit zusammenhängenden verringerten Steuereinnahmen, die Beschäftigungssituation, die Jugendarbeitslosigkeit und die erneut einsetzenden Abwanderungstendenzen der Bevölkerung. Ihre eigentliche Brisanz gewinnt die knappe ökonomische Analyse in ihrer Verknüpfung zur Stimmungslage der Menschen in Ostdeutschland.

„Das Problem wird deutlich, wenn man die gegenwärtige Lage im Spiegel der Wahrnehmung der Menschen im Osten betrachtet: Angesichts des erfolgreichen Westens erscheint der Osten als abgehängt. Ostdeutschland ist aus dieser Sicht kein Land des Übergangs mehr, sondern auf Dauer zweitrangig gestellt. [...] Zwei gegensätzliche Identitätskonstruktionen gehen quer durch die ostdeutsche Übergangsgesellschaft. Im ersten Extrem grenzt man sich ostdeutsch von einer gesamtdeutschen Identifikation ab und im anderen dient die Identifikation als Deutsche, um die Überwindung der ostdeutschen Herkunft zu demonstrieren" (Thierse 2000).

Für die Schulentwicklung im Osten soll das Bild der ‚Kippe' nicht so übernommen werden, wie es Thierses Thesen zur ökonomischen Entwicklung suggerieren. Allerdings zeigen sich auch hier Problemkonstellationen von äußerer und innerer Schulentwicklung, wie sie der Westen Deutschlands bisher nicht kannte. Und die beiden Identitätskonstruktionen, einerseits einer ostdeutsche Abgrenzung, andererseits einer gesamtdeutschen Zugehörigkeit scheinen uns auch nicht ohne Einfluss auf das Handeln der Schulpolitik einerseits und das Selbstverständnis der unmittelbaren schulischen Akteure andererseits.

1. Demographische und finanzpolitische Restriktionen der äußeren Entwicklung von Schule

Sieht man sich einige der genannten sozioökonomischen Indikatoren etwas genauer an, dann scheint es sinnvoll, den Fokus nicht nur auf das Land Brandenburg, sondern auf die Region Berlin/Brandenburg zu richten. Als Wohnstandort ist der berlinnahe Teil des Landes Brandenburg offensichtlich für Berliner von hoher Attraktivität und die Arbeitsmarktverflechtungen weisen bereits heute ein hohes Niveau auf. Im Jahr 1999 pendeln etwa 123.000 Brandenburger zur Arbeit nach Berlin und etwa 53.000 Berliner in das benachbarte Brandenburg; alle Erfahrungen mit vergleichbaren Stadtregionen lassen erwarten, dass mit zunehmender Integration des Wirtschaftsraumes dies noch erheblich an Intensität gewinnen wird (vgl. Seitz 2001).

Die Bevölkerungszahl der Region Berlin/Brandenburg stagniert seit Anfang der neunziger Jahre bei knapp 6 Mio. Einwohnern. Berlin hat beim Zehnjahresvergleich 1991 bis 2000 etwa 64.000 Einwohner verloren, Brandenburg etwa 59.000 Einwohner gewonnen.

Bei der Betrachtung der Wanderungsbilanzen wird insbesondere in der zweiten Hälfte der neunziger Jahre ein Unterschied deutlich: Nach einem positiven jährlichen Wanderungssaldo in den Jahren 1991 bis 1995 weist Berlin in den Jahren 1996 bis 2000 einen negativen Wanderungssaldo aus. Im Gegensatz dazu ist der Vergleichswert für Brandenburg mit Ausnahme des Jahres 1991 in allen Jahren positiv.

Auch die Zahl der Lebendgeborenen hat in der Gesamtregion 1999 mit etwa 47.800 wieder den Wert des Jahres 1991 erreicht und liegt im Jahr 2000 mit etwa 48.100 sogar leicht darüber. Während unterschiedliche Entwicklungen im West- und Ostteil der Stadt Berlin sich per Saldo kompensieren und insgesamt zu einer relativen Stabilität der Zahl der Geburten auf dem Niveau von knapp 30.000 führten, findet sich im Land Brandenburg die für alle ostdeutschen Länder typische Entwicklungsfigur des drastischen Rückgangs bis 1993/94 und des danach folgenden langsamen Wiederanstiegs.

Die Dramatik der ökonomischen Situation wird beim üblicherweise gewählten zentralen Indikator für die Wirtschaftsentwicklung – der Entwicklung des Bruttoinlandsproduktes – deutlich: Der absolute Wert des preisbereinigten Bruttoinlandsproduktes stagniert von 1995 bis 1999 in der Gesamtregion. Berlin konnte am Wirtschaftsaufschwung nach der deutschen Einheit nur unterproportional partizipieren und weist zwischen 1996 und 1999 sogar negative Wachstumsraten auf. Im Gegensatz dazu konnte die Wirtschaftstätigkeit im Land Brandenburg – allerdings von einem niedrigen Ausgangsniveau – in den ersten Jahren nach der Wende relativ stark wachsen; aber auch hier hat sich das jährliche Wirtschaftswachstum seit 1997 auf Werte von 2 Prozent und sogar weniger eingependelt.

Als Spiegelbild dieser negativ verlaufenen Wirtschaftsentwicklung sank die Zahl der Erwerbstätigen in der Region um knapp 270.000 von 2.85 Mio. Erwerbstätigen im Jahr 1991 auf 2.58 Mio. Erwerbstätige im Jahr 2000. Im Gegenzug stieg die Zahl der Arbeitslosen von etwa 320.000 im Durchschnitt des Jahres 1991 auf 491.000 im Durchschnitt des Jahres 2000.

Was hat dies nun mit der Entwicklung von Schulsystemen und Schulen zu tun? Hier gibt es direkte und indirekte Zusammenhänge. Ein direkter Zusammenhang ergibt sich bei Veränderungen der Bevölkerung – sei es durch die natürliche Demographie oder durch massive Wanderungsbewegungen, da Schule als Infrastruktureinrichtung immer in der Nähe der SchülerInnen sein muss. Starke Wanderungsgewinne im engeren Verflechtungsraum Berlin/Brandenburg kompensieren in diesem Teil Brandenburgs teilweise vollständig den Geburteneinbruch und verlangen sogar die Neugründung von Grundschulen und die Ausweitung der Kapazitäten weiterführender Schulen. Zeitgleich wurden im äußeren ländlichen Raum Brandenburgs in großer Zahl Grundschulen geschlossen.

Ein eher indirekter Zusammenhang besteht zur Wirtschaftsentwicklung, da sie ganz maßgeblich das Steueraufkommen und damit die Einnahmeseite der öffentlichen Haushalte bestimmt. Als im Jahr 1996 der Schuldenstand der öffentlichen Haushalte die magische Grenze von zwei Billionen DM überschritt und gleichzeitig die Wachstumsrate des Bruttoinlandsproduktes unter ein Prozent fiel, wurde die Situation für die öffentlichen Haushalte aller Ebenen – besonders aber des Bundes und der Länder – auch in der breiten Öffentlichkeit als dramatisch wahrgenommen. Haushaltskonsolidierung wurde überall das Gebot der Stunde und bestimmt seitdem ganz wesentlich den Spielraum der verschiedenen Politikbereiche.

Wenn man sich nun vergegenwärtigt, dass im Jahr 1996 im Land Brandenburg – wie auch in den anderen ostdeutschen Bundesländern – die Zahl der SchülerInnen über alle Schulstufen hinweg mit etwa 476.000 ihren höchsten Stand erreichte und die Prognosen für die folgenden fünfzehn Jahre einen kontinuierlichen Schülerzahlrückgang auf nahezu 250.000 SchülerInnen voraussagten, dann wird sofort deutlich, dass das Schulsystem einen wesentlichen Beitrag zur Reduzierung der öffentlichen Ausgaben erbringen musste. So wurde ganz schnell aus einem eher indirekten Zusammenhang zwischen Wirtschaftsentwicklung und öffentlichen Haushalten einerseits und dem Schulsystem andererseits ein ganz direkter.

1.1 Die neue äußere Schulstruktur zu Beginn der neunziger Jahre

Versucht man einen ersten Schnitt zu legen, so lässt sich sagen, dass zum Beginn des Schuljahres 1993/94 die wesentlichen Schritte zur Neustrukturierung des brandenburgischen Schulsystems getan waren und die neuen Strukturen eine erste Festigung erfahren hatten. Das alte ‚DDR-

Schulsystem' auf dem Gebiet des Landes Brandenburg bestand bis zum Sommer 1991 aus

- 831 allgemein bildenden polytechnischen Oberschulen,

- 80 allgemein bildenden polytechnischen Teiloberschulen,

- 44 erweiterten Oberschulen,

- 4 Kinder- und Jugendsportschulen und

- 6 Spezialschulen.

Hieraus entstand am Ende des Neustrukturierungsprozesses ein regionales System von insgesamt 670 Grundschulstandorten, davon 568 selbstständige Grundschulen und 102 mit Gesamtschulen verbundenen Grundschulteilen. Die äußere Struktur der Sekundarstufe I umfasste 96 Gymnasien, 141 Gesamtschulen und 79 Realschulen. Von den Gymnasien verfügten zum damaligen Zeitpunkt 88 und von den Gesamtschulen 43 über eine gymnasiale Oberstufe. Die auf den ersten Blick etwas verwunderliche Dreigliedrigkeit in der Sekundarstufe I war das Ergebnis eines politischen Kompromisses, der seine Wurzeln in der Ampelkoalition hatte, die die erste Landesregierung Brandenburgs stellte.

Wie drastisch diese neue Struktur mit dem bestehenden System brach, verdeutlichten exemplarisch einige Auszüge aus dem Beschluss der Stadtverordnetenversammlung der Stadt Brandenburg. Hier heißt es:

„Das Erste Schulreformgesetz für das Land Brandenburg wurde am 25. April 1991 vom Landtag beschlossen. Die Errichtung, Unterhaltung, Verwaltung und Auflösung von Schulen sind Pflichtaufgaben des Schulträgers. Die Stadt Brandenburg ist Schulträger. [...] Der Aufbau und Erhalt eines leistungsfähigen Schulsystems ist eine wesentliche Voraussetzung für eine zukunftsorientierte Entwicklung des Landes Brandenburg. Deshalb geht es nicht um die Errichtung einzelner Schulen, sondern die Umstellung des gesamten Schulsystems. Zum 31.7.1991 werden sämtliche ‚Polytechnischen Oberschulen' und die ‚Erweiterte Oberschule' der Stadt Brandenburg geschlossen. Zum 1.8.1991 werden in der Stadt Brandenburg neu eingerichtet:

- 17 Grundschulen [Es folgen die Aufzählung der Schulen und als Anlage die Beschreibung der Standorte und der zugeordneten Schulbezirke.],

- 3 Gymnasien [Es folgen die Aufzählung der Schulen und die Beschreibung der Standorte.]

- 6 Gesamtschulen [Es folgen die Aufzählung der Schulen und die Beschreibung der Standorte.]

- 2 Realschulen [Es folgen die Aufzählung der Schulen und die Beschreibung der Standorte.]"

Nach einer Vielzahl schul- und kommunalpolitischer Diskussions- und Entscheidungsprozesse konnte damit die Arbeit an der inneren Schulentwicklung, getragen von einem breiten Reformeifer, beginnen.

Die Rahmenbedingungen für die Arbeit der Lehrkräfte in diesem neuen Schulsystem wurden im März 1991 mit dem Beschluss der Landesregierung zum so genannten 80-Prozent-Modell gelegt. Da die neuen Bundesländer ihre Personalausstattung im Schulbereich der in den alten Bundesländern anpassen mussten, wurde ein Stellenabbau von 34.500 auf 28.000 Lehrerstellen notwendig. Um diesen Stellenabbau ohne bedarfsbedingte Kündigungen erreichen zu können, wurde allen Lehrkräften Brandenburgs ein um 20 Prozent reduzierter Beschäftigungsumfang angeboten oder anders gesagt ein Arbeitsvertrag mit 80 Prozent der vollen Pflichtstundenzahl, aber auch nur mit 80 Prozent der Bezüge. Dabei sollte man sich daran erinnern, dass die Höhe der Bezüge bei 60 Prozent der vergleichbaren Westgehälter lag und damit das Einkommen der Lehrkräfte bei knapp 50 Prozent des vergleichbaren Westniveaus.

1.2 Schulentwicklungsplanung für die Grundschulen unter den Bedingungen des Schülerzahlenrückgangs – eine Erfolgsgeschichte

Die äußere Struktur dieses neuen Systems wurde, kaum dass sie etabliert war, durch die demographische Entwicklung bereits wieder in Frage gestellt. Denn in den Jahren 1993 und 1994 erreichte die Zahl der Geburten mit 12.238 bzw. 12.443 Kindern den niedrigsten Stand im Gebiet des heutigen Landes Brandenburg. Im Jahr 1985 lag die vergleichbare Zahl der Geburten bei rund 38.800 und im Jahr 1990 bei rund 29.200. Diese wesentlich höheren Zahlen bildeten den Hintergrund der schulentwicklungsplanerischen Überlegungen für die neuen regionalen Schulstrukturen. Der schulpolitische Umgang mit dieser für das Schulsystem nicht beeinflussbaren Entwicklung soll im Folgenden für den Bereich der Grundschulen als ein positives Beispiel politisch-planerischen Handelns etwas ausführlicher dargestellt werden. Rückblickend kann man den Prozess in mehreren einander überlappenden Schritten beschreiben.

Der erste Schritt war, in der Öffentlichkeit zunächst einmal ein Bewusstsein für die Folgen des dramatischen Geburteneinbruchs für das Schulsystem zu schaffen. Dies geschah erstmalig in einer Pressekonferenz des damaligen Ministers für Bildung, Jugend und Sport Roland Resch im September 1993 (vgl. MBJS 1993, S. 175 ff.). Hier wurden Modellrechnungen zur Schülerzahlenentwicklung vorgestellt, die zu dem Ergebnis kamen, dass unabhängig von unterschiedlichen Annahmen zum Verlauf der maßgeblichen demographischen Entwicklungstendenzen zumindest in den Jahren 1997 bis 2001 mit Einschulungszahlen von unter 15.000 SchülerInnen pro Jahr gerechnet werden müsse. Dagegen lagen die Einschulungszahlen Ende der achtziger/Anfang der neunziger Jahre stets bei etwa 37.000 bis 38.000 SchülerInnen. Für die gesamte Primarstufe wurde die Zahl der SchülerInnen in den Jahren zwischen 2000 und 2005 mit nur noch knapp 100.000 errechnet, gegenüber einem Ist-Wert von rund 222.500 im damals laufenden Schuljahr 1993/94. Eine grobe schulentwicklungsplanerische Prüfung aus der ‚Vogelperspektive des Landes' führte zu dem Ergebnis, dass etwa 200 der 670 Grundschulstandorte durch diese Schülerzahlenentwicklung in ihrer Existenz gefährdet seien.

Diese Analyse wurde politisch verbunden mit der Leitidee für eine vorausschauende Schulentwicklungsplanung, die als gemeinschaftliche Aufgabe von kommunalen Schulträgern und Land beschrieben wurde. Aufgabe der Schulträger sollte es dabei sein, die Grundschulen festzulegen, deren Fortbestand auch bei geringen Schülerzahlen für eine angemessene regionale Versorgung unverzichtbar ist. Hierzu gehört aber auch, durch Zusammenlegung benachbarter Schulen bedarfsgerecht und wirtschaftlich vertretbare Lösungen zu finden. Aufgabe des Landes sollte es dagegen sein, Rahmenvorgaben in Form neuer pädagogischer Konzepte für kleine Grundschulen zu erarbeiten. Das Entstehen kleiner Grundschulen sollte als Chance begriffen werden, gute Schule unter veränderten Bedingungen zu verwirklichen.

Eine umfassendere Darstellung ihrer schulpolitischen Überlegungen legte die Landesregierung in ihrer Antwort auf die Große Anfrage zum Thema „Situation und Entwicklung der Kleinen Grundschulen im Land Brandenburg" dem Landtag im September 1995 vor (vgl. MBJS 1996).

Politikberatung durch die Wissenschaft und die Diskussion der Erfahrungen anderer westeuropäischer Länder im Rahmen einer Fachtagung im Jahr 1994, darin bestand konsequenterweise der nächste Schritt. Dabei kristallisierte sich relativ schnell die Idee heraus, das vermutete Hauptproblem kleiner Grundschulen – die Qualitätssicherung des Unterrichts – im Rahmen eines Schulversuchs systematisch zu untersuchen und Lösungsmöglichkeiten zu erproben. Die Projektgruppe Innovationen der BLK[1] konnte für dieses Vorhaben gewonnen werden, und im September 1995 begann an acht Grundschulen des Landes ein dreijähriger Modellversuch zur „Entwicklung und Erprobung der Qualitätssicherung Kleiner Grundschulen in Brandenburg".

---

1 BLK = Bund-Länder-Kommission für Bildungsplanung und Forschungsförderung, zuständig u.a. für die Förderung von Modellversuchen, denen eine bundesweite Relevanz zuerkannt wird.

Das Aufgabenspektrum für die Arbeit im Modellversuch lässt sich unter sechs Punkte subsumieren:

- Konzeptentwicklung altersgemischten Lernens in einer sechsjährigen Grundschule,

- Qualitätssicherung bei der Entwicklung von Lernkultur und Schulorganisation der Kleinen Grundschule,

- Unterstützung von Schulkollegien einschließlich der Schulleitung bei der eigenverantwortlichen Schulprogrammentwicklung,

- Initiierung des Erfahrungsaustausches zu den praxiserprobten pädagogischen Ansätzen und deren Verbreitung,

- Anbahnung eines Verbundsystems zur Unterstützung Kleiner Grundschulen durch Fortbildung und Beratung und

- Erhöhung und Sicherung der Akzeptanz für die Kleine Grundschule in der Öffentlichkeit.

Im pädagogischen Zentrum der Arbeit standen damit die Entwicklung und Erprobung offener Lernformen mit veränderten Organisationsstrukturen der Tages- und Wochengestaltung für jahrgangsübergreifende Lerngruppen. Da aber von vornherein mit dem Modellversuch die Erwartung verknüpft war, ein praxistaugliches Regelmodell für die Arbeit kleiner Grundschulen zu entwickeln, hatten auch die auf Erfahrungstransfer und Akzeptanzsicherung gerichteten Aufgaben einen hohen Stellenwert.

Die Ergebnisse des Modellversuchs und seiner wissenschaftlichen Begleitung sind außerordentlich vielfältig, so dass sich eine zusammenfassende Wertung eigentlich verbietet. Dennoch soll ein kurzer Auszug aus dem Abschlussbericht (vgl. Pädagogisches Landesinstitut Brandenburg 1998, Band 1, S. 10) an dieser Stelle zitiert werden:

„Kleine Grundschulen sind eine pädagogisch sinnvolle Antwort zum Erhalt von Schulstandorten. Unter Beachtung von Rahmenbedingungen sind sie qualitative und innovative Lösungen, die zugleich reformpädagogische Veränderungen an Schulen überhaupt unterstützen. Die Qualität von Unterricht und Schulkultur an den Kleinen Grundschulen äußert sich in Qualitätsmerkmalen. Diese umfassen eine didaktisch-methodisch differenzierte Lernorganisation, die Leistung der Schüler vor dem Hintergrund eines erweiterten Lern- und Leistungsbegriffs, einen lerngerechten und schülerorientierten Zeitrhythmus. Die schulräumliche Gestaltung im Sinne einer anregenden Lernumgebung, die Öffnung der Schule nach außen, die aktive Einbeziehung der Eltern, ein offenes Rollenverständnis und Teamarbeit der Lehrerinnen, das soziale Klima sowie die Kompetenzverteilung und Stärkung der Selbstverantwortung des Kollegiums. Die verwirklichten Qualitätsmerkmale können in die Diskussion und Beratung hinsichtlich der Schule heute eingehen. Kleine Grundschulen sind somit ein ‚Pädagogikum' geworden."

Bereits die ersten Erfahrungen aus der Arbeit im Modellversuch erschienen derart Erfolg versprechend, dass mit der Verabschiedung des Brandenburgischen Schulgesetzes im April 1996 – dieses Gesetz trat an die Stelle des Ersten Schulreformgesetzes für das Land Brandenburg – die grundsätzliche Option der Fortführung von Grundschulen als Kleine Grundschulen mit jahrgangsübergreifendem Unterricht eingeräumt wurde. Drei wesentliche Bedingungen sollten allerdings erfüllt werden: Der zuständige kommunale Schulträger muss dies beantragen, eine andere Schule darf nicht zumutbar erreichbar sein und eine Kleine Grundschule muss eine pädagogische Konzeption im Sinne einer verbindlichen Verabredung pädagogischer Ziele erarbeiten.

Es gab eine zweite Folgerung aus den Modellversuchsergebnissen: Die dreijährige Laufzeit des Modellversuchs hatte eine Konzentration der Arbeit auf die Jahrgangsstufen 1 bis 4 sinnvoll erscheinen lassen. Da Brandenburg wie Berlin eine sechsjährige Grundschule hat, war die Ausweitung der Entwicklungsarbeit auf die Jahrgangsstufen 5 und 6 zwingend erforderlich. Daneben verlangte die grundsätzliche Entwicklungsoption für Kleine Grundschulen durch das neue Schulgesetz nach einer Strategie systematischen Erfahrungstransfers. Dies und der Aufbau und die Gestaltung regionaler Netzwerke sowie die Integration der ersten Modellversuchsschulen als „Leuchtturmschulen" in die landesweiten Fortbildungsmaßnahmen standen im Mittelpunkt der Fortsetzung des BLK-Modellversuchs als Landesmodellversuch in den Jahren 1998 bis 2001 (vgl. Pädagogisches Landesinstitut Brandenburg 2001).

Im Rahmen einer landesweiten empirischen Qualitätsuntersuchung zum Unterricht in Mathematik, die den Stand der Aneignung von mathematischen Kenntnissen am Ende der Jahrgangsstufen 5 und 9 in einer repräsentativen Stichprobe bilanzierte, wurden 1999 auch die Leistungen der SchülerInnen von sieben Schulen aus dem Modellversuch Kleine Grundschule separat ausgewertet. Die Gutachter (vgl. Lehmann u.a. 2000, S. 48 f.) fassen ihren Befund wie folgt zusammen:

> „Obwohl sich solche Schulen [gemeint sind die sieben Modellversuchsschulen] sowohl am oberen als auch am unteren Rand der Rangreihe befinden, die sich aus den Testergebnissen Mathematik ergibt, überwiegt das positive Moment: Insgesamt wurden hier tendenziell überdurchschnittliche Mathematikleistungen festgestellt, was sich weniger im Oberflächenbefund zeigt als vielmehr bei Berücksichtigung der in diesem Falle eher ungünstigen außerschulischen Lernvoraussetzungen. Besonders bemerkenswert ist es, dass der an diesen Schulen erteilte Mathematikunterricht von den Schülerinnen und Schülern in ungewöhnlichem Maße als zielgerichtet, transparent und strukturiert wahrgenommen

wird und dass hier auch ein überdurchschnittliches Maß an Schulzufriedenheit geäußert wird. Alles deutet darauf hin, dass dieser Reformansatz in seinem Modellversuchsstadium erfolgreich verläuft."

Zum Abschluss dieses Teils versuchen wir ein knappes Zwischenresümee: Tatsächlich ist die Zahl der SchülerInnen in den 1. Klassen der Grundschulen in öffentlicher Trägerschaft im Land Brandenburg von rund 35.400 im Schuljahr 1993/94 auf rund 14.400 im Schuljahr 2000/01 zurückgegangen. Und auch die Zahl der SchülerInnen in den Klassen 1 bis 6 wird von rund 214.000 im Schuljahr 1993/94 in den Jahren von 2002 bis 2006 unter den Wert von 100.000 sinken. Dennoch ist in der breiten öffentlichen Wahrnehmung das kahlschlagartige Schulsterben im Grundschulbereich ausgeblieben. Im Schuljahr 2001/02 bestehen von den 670 Grundschulstandorten des Schuljahres 1993/94 noch 534. Etwa 50 weitere Schulschließungen sind mit der einmaligen oder wiederholten Nicht-Einrichtung von 1. Klassen eingeleitet. Verantwortungsvoller systematischer Schulentwicklungsplanung, aber auch den noch nicht als so gravierend wahrgenommen haushaltspolitischen Restriktionen ist es geschuldet, dass am Ende ,nur' etwa 190 der Grundschulstandorte des Schuljahres 1993/94 geschlossen sein werden. Von den verbleibenden rund 480 Grundschulen wird etwa jede zweite einzügig sein und etwa 50 Schulen werden nach dem Modell der Kleinen Grundschule mit jahrgangsübergreifendem Unterricht arbeiten.

1.3 Schulentwicklungsplanung für die Sekundarstufe I – der zweite stecken gebliebene Versuch

Weniger erfolgreich war – zumindest aus einer bewertenden Sicht am Ende des Jahres 2001 – der Versuch, in einem ähnlichen politisch-planerischen Vorgehen Lösungen für die Konsequenzen aus dem Rückgang der Schülerzahlen für die Schulen der Sekundarstufe I umzusetzen. Dabei war der Start gar nicht einmal so schlecht. Im Juni 1998 – also fünf Jahre bevor der erste dünne Altersjahrgang zum Schuljahr 2003/04 die 6. Klasse der Grundschule verlassen und in die Schulen der Sekundarstufe I eintreten wird – beauftragte der Landtag die Landesregierung damit, aufzuzeigen, wie im ländlichen Raum angesichts der Schülerzahlenentwicklung in der Sekundarstufe I eine ausgewogene Standortentwicklung gesichert werden kann, ohne die Chancengleichheit der Kinder und Jugendlichen in diesen Regionen zu gefährden. Etwa ein halbes Jahr später lag ein Bericht vor, der eine ausführliche Analyse der Entwicklungstendenzen beinhaltete und die wesentlichen notwendigen politischen Entscheidungsfelder beschrieb. Er wurde im Januar 1999 vom Kabinett beschlossen und noch im gleichen Monat vom Landtag zur Kenntnis genommen. Zum weiteren Vorgehen war damit auch die Festlegung getroffen, für die weitergehenden Überlegungen eine Kommission einzusetzen. Hierzu heißt es:

„Die [im Bericht der Landesregierung] aufgezeigten strukturellen, schulpolitischen und pädagogischen Probleme, die sich aus dem Rückgang der Schülerzahlen ab dem Jahr 2003/04 ergeben, haben unmittelbar Konsequenzen für die Landesplanung und die künftige Gestaltung des Schulsystems in der Sekundarstufe I. Sie müssen gründlich erörtert werden, um sachgerechte, insbesondere die Flächenstruktur des Landes berücksichtigende Lösungen zu erreichen. Die Landesregierung wird deshalb eine Kommission einrichten, die unterschiedliche Varianten prüft und Vorschläge zur Umsetzung vorlegt."

Nur weitere drei Monate später nahm die Kommission mit einer konstituierenden Sitzung am 30.4.1999 ihre Arbeit auf. Das Besondere bei diesem Vorgehen war nicht die Einrichtung einer Kommission, sondern deren Zusammensetzung. Die Landesregierung hat bewusst auf die Berufung eines reinen Expertengremiums verzichtet. Vielmehr sollte durch die Beteiligung der Landtagsfraktionen, der kommunalen Spitzenverbände und betroffener gesellschaftlicher Gruppen sowie mit Unterstützung aus dem Bereich der Wissenschaft ein großes Erfahrungsspektrum eingebunden und ein möglichst breiter Konsens bei der Erarbeitung von Lösungsvorschlägen hergestellt werden. Damit sich alle Beteiligten rechtzeitig auf die veränderten Bedingungen einstellen und vor Beginn des Einbruchs der Schülerzahlen die erforderlichen Maßnahmen treffen konnten, wurde der zeitliche Rahmen der Kommissionsarbeit auf etwa ein Jahr abgesteckt. Dieser Zeitrahmen wurde eingehalten und die mit dem Bericht im April 2000 vorgelegten Vorschläge bewiesen politisches Augenmaß (vgl. Regierungskommission 2000). Etwas holzschnittartig lassen sich drei wesentliche Empfehlungen benennen:

- Zur Sicherung der Qualität des Unterrichts, insbesondere hinsichtlich der Absicherung des Unterrichts durch fachlich und pädagogisch ausgebildete Lehrkräfte wird die Zweizügigkeit als Mindestgröße der weiterführenden Schulen empfohlen.

- In Übereinstimmung mit landes- und regionalplanerischen Festlegungen vertritt die Kommission die Position, dass Gemeinden, die als Grundzentren besondere Aufgaben für die Infrastrukturversorgung des ländlichen Raumes übernehmen, auch künftig in der Regel über eine Schule der Sekundarstufe I verfügen sollen, auch wenn diese Schule nicht mehr die Jahrgangsbreite von zwei Parallelklassen mit je 20 SchülerInnen erreicht. Aus schulorganisatorischen und finanziellen Gründen soll allerdings die Grenze von 15 SchülerInnen je Klasse nicht unterschritten werden.

- Die Kommission diskutierte, ob in begrenzten Ausnahmefällen eine zusätzliche Schulform den Erhalt von Schulen in den Regionen ermöglichen kann, in denen räumlich benachbart eine Gesamtschule und eine Realschule jeweils in ihrem Bestand gefährdet sind. Man einigte sich darauf, dass diese Schulform, die die Bildungsgänge zum Erwerb der erweiterten Berufsbildungsreife und zum Erwerb der Fachoberschulreife organisatorisch wie räumlich unter einem Dach anbieten sollte, eine konfliktärmere Möglichkeit zum Erhalt von Schulstandorten im ländlichen Raum eröffnet. Darüber hinaus reichende Empfehlungen, die auf eine grundlegende Umgestaltung der Schulstruktur zielen, überschritten nach Einschätzung der Kommission ihren Auftrag.

Die Novellierung des Brandenburgischen Schulgesetzes im Juni 2001 wäre der geeignete Moment gewesen, den Zusammenhang von Schulentwicklungsplanung und Landesplanung in Verbindung mit der Festlegung von Mindestgrößen weiterführender Schulen einerseits und die Frage einer Zwei- oder Dreigliedrigkeit des Schulsystems in der Sekundarstufe I andererseits, ggf. auch nur mit Lösungen für den bevölkerungsarmen ländlichen Raum zu klären. Über die etwas kostenträchtigere Lösung der Standortsicherung durch kleinere Klassenfrequenzen für Schulen in Grundzentren war – nicht zuletzt auch aus haushaltspolitischen Gründen – keine positive Grundsatzentscheidung zu erreichen. Und auch für die Option eines zweigliedrigen Schulsystem in der Sekundarstufe I – wie es die äußere Schulstruktur der meisten ostdeutschen Bundesländer kennzeichnet – ließ sich in der seit 1999 amtierenden SPD-/CDU-Regierung kein politischer Konsens erzielen.

Die dünnen Altersjahrgänge rücken immer näher an die Sekundarstufe I heran und von den 414 weiterführenden Schulen im Schuljahr 2001/02 sind knapp 200 in ihrer Existenz bedroht. Eine politische Lösungsstrategie im Sinne einer vorausschauenden Schulentwicklungsplanung ist gegenwärtig nicht erkennbar.

2. Innere Schulentwicklung – was geschah mit dem Unterricht und seinen Inhalten?

Darüber, wie sich der Übergang von der DDR-Gesellschaft zur Gesellschaft der Bundesrepublik im Unterricht und in seinen Inhalten vollzog, ist bisher wenig berichtet worden. An zwei Beispielen soll aus der Perspektive einer engagierten Bildungsverwaltung die Entwicklung der letzten zehn Jahre bilanziert werden. Die Bezüge zwischen ostdeutscher Prägung und Herkunft einerseits und gesamtdeutschen Problemlagen und Auseinandersetzungen andererseits bewirken hier offenbar eine ganz spezifische Dynamik. Nötig bleibt in jedem Fall ein langer Atem.

2.1 Von Lehrplänen über Rahmenpläne zu Rahmenlehrplänen – ein Transformationsbeispiel

Diese Zwischenüberschrift klingt wie Wortklauberei, es handelt sich aber um tatsächliche Bezeichnungen unterschiedlicher Stationen der Curriculumentwicklung für den Unterricht in der allgemein bildenden Schule. Und es steckt ein bisschen ,Hegelscher Dreischritt' in den Etappen, die zwischen diesen Stationen liegen.

In der DDR wurde der Unterricht auf der Grundlage von „Lehrplänen" für jedes Fach erteilt, genauer auf der Grundlage eines verbindlichen „Lehrplanwerks" für die zehnklassige Polytechnische Oberschule und die anschließende Erweiterte Oberschule. Diese Lehrpläne gewährleisteten durch ihre kleinschrittigen Stoff- und Zeitvorgaben, dass „von Wismar bis Weimar in jeder Schule zur gleichen Zeit das Gleiche gelernt wird" – dies soll jedenfalls ein nicht nur scherzhaft gemeinter Anspruch gewesen sein (vgl. MBJS 1992, S. 47). Dem verbindlichen Lehrplanwerk lag in der DDR die Vorstellung zugrunde, dass „die einzelnen Teilerkenntnisse, die in den Unterrichtsfächern vermittelt werden, ,zu einem geschlossenen wissenschaftlichen Weltbild zusammengefügt werden' und daraus ,eine ganzheitliche ideologische Position' sowie ,stabile sozialistische Verhaltensweisen' entstehen sollen" (Neuner 1971 nach Anweiler 1989, S. 720).

In deutlicher Abgrenzung hierzu verstanden sich die 1991 entwickelten „Rahmenpläne" für den Unterricht an den allgemein bildenden Schulen Brandenburgs. Die ersten 19 Rahmenpläne für die Grundschulen und die Schulen der Sekundarstufe I traten bereits im Sommer 1991 in Kraft. Vorrang bei der Erarbeitung der neuen vorläufigen Rahmenpläne hatten die Fächer, die ideologisch besonders geprägt waren; darüber hinaus galt das besondere Augenmerk den Fächern, die neu in den Fächerkanon aufgenommen wurden (vgl. MBJS 1992, S. 42 ff.). Im Sommer 1992 folgten weitere neun Rahmenpläne für die Grundschule und die Sekundarstufe I und 24 neue Rahmenpläne für die gymnasiale Oberstufe (vgl. MBJS 1992, S. 141 ff.). „Rahmenplan" statt „Lehrplan", damit wurde proklamiert: „Exemplarisches Lernen kontra Stoffpädagogik" und „Schülerorientierung kontra vorgeschriebenes Lernsoll", wozu detaillierter ausgeführt wurde: „Es geht also nicht mehr um das Abhaken einer Fülle von Faktenwissen, das in die Schülerinnen und Schüler wie in Mastgänse hineingestopft wird." In ähnlicher Weise ging es weiter: „Problemorientierung kontra Problemverschleierung und -verdrängung" und „Pluralismus kontra einseitige weltanschauliche Ordnung"; die Lehrkräfte sollten sich vom „landesweiten Gleichschritt-Lernen" verabschieden, der „Zwang, einen Stoffkanon abzuarbeiten, nur um am Ende des Schuljahres die Erfüllung des Lehrplans ,abrechnen' zu können", sollte von ihnen genommen werden, die vormals üblichen Zeitrichtwerte von festgelegten Stundenzahlen für ein Unterrichtsthema in einer bestimmten Klassenstufe wurden gestrichen. Die neuen Rahmenpläne wurden demgegenüber dargestellt als „ein Themenangebot, aus denen die Lehrerinnen und Lehrer im Hinblick auf die Interessen der Schülerinnen und Schüler oder unter Beachtung aktueller Ereignisse auswählen können." Der „großen Freiheit" für die Lehrerinnen und Lehrer entsprach die den Schülerinnen und Schülern zugedachte „Möglichkeit, ihre eigenen Erfahrungen, Probleme und Bedürfnisse und damit ihre Lebenswirklichkeit in die Schule einzubringen. Sie sollen es lernen, bei der Auswahl und Gestaltung der Unterrichtsthemen mitzubestimmen."

Nicht unerwähnt bleiben darf, dass die damalige Bildungsministerin Marianne Birthler die Projektgruppen und die darin mitarbeitenden Lehrerinnen und Lehrer dafür lobte, dass sie „in drei Monaten das geschafft haben, wofür andere Lehrplankommissionen mehrere Jahre brauchen" (MBJS 1992, S. 48). Damit einher ging aber auch der vorläufige Charakter der neuen Rahmenpläne, auf den die Ministerin ausdrücklich hinwies, nicht als „Hinweis auf mangelnde Qualität", sondern verstanden als „ersten Schritt der Reform" für den Unterricht, dem der „zweite, noch wesentlichere Reformschritt folgen [sollte]: die Verbesserung, Verfeinerung und Ausgestaltung der Rahmenpläne durch die breite Mitarbeit der Lehrerinnen und Lehrer."[2]

Liest man diese offiziellen politischen Äußerungen rund zehn Jahre nach ihrem Erscheinen, stellt sich ein nachsichtiges, bei dem Einen oder der Anderen vielleicht auch ein etwas sehnsüchtiges Lächeln ein ob der markigen Abgrenzungs- und euphorischen Reformrhetorik. Dabei wird man der damaligen Ministerin zugute halten müssen, dass ihr diese Rhetorik durchaus ernst war. In beidem, in der Abgrenzung, auch in dem, wovon Abgrenzung proklamiert wurde, wie in der beschworenen Reform lagen Illusionen

- im Hinblick auf die Indoktrinationswirkung des Lehrplanwerks der DDR,

- im Hinblick auf die Steuerungswirkung von programmatischen Sätzen in Vorwortkapiteln oder solchen zu didaktischen Prinzipien in den vorläufigen Rahmenplänen,

- und schließlich im Hinblick auf die Veränderbarkeit von Unterricht.

Dies soll kurz erläutert werden. Dass es mit der Indoktrinationswirkung des Lehrplanwerks und des darauf basierenden Unterrichts in Richtung der von G. Neuner erhofften „ganzheitlichen ideologischen Position" oder gar „stabiler sozialistischer Verhaltensweisen" nicht weit her war, hat die nach dem Zusammenbruch der DDR aufblühende Transformationsforschung und

---

2 Alle Zitate aus der Pressemitteilung des Ministeriums für Bildung, Jugend und Sport vom 19.08.1991: „Kernstück der inneren Schulreform schafft den Neuanfang für demokratische Unterrichtsformen und Lerninhalte: 19 neue Rahmenpläne treten im Schuljahr 1991/92 in Kraft", MBJS 1992, S. 42 ff.

-literatur eindrücklich beschrieben. Zwei Hinweise mögen hier genügen: Dorothee Wierling stellte bereits für die Zeit Ende der 60er Jahre in der DDR fest, dass „die gesamte Jugend für das sozialistische Projekt verloren" war (Wierling 1994, S. 420). Die vom brandenburgischen Bildungsministerium unterstützten Forschungsprojekte über Geschichte, Struktur und Funktionsweise der DDR-Volksbildung erbrachten gerade für das am stärksten auf Indoktrination ausgelegte Unterrichtsfach Staatsbürgerkunde das Ergebnis, dass in der Praxis dieses Faches die „Katechetik" als „parolenhaftes Unterrichtsmuster vorherrschte, in dem die Schüler auf den Status von Lückentextfüllern und Kreuzworträtsellösern (Ratemuster) reduziert werden", und darin „ein strukturelles Problem des ‚unmöglichen Faches' deutlich" wurde: der Didaktik der humanistisch-bildungstheoretischen Tradition, die auf geistige Selbsttätigkeit des Schülers und auf das Offenlegen von Begründungen orientierte, widerspricht eben eine manipulativ angelegte Methodik (vgl. Grammes u.a. 1996, S. 102 f.).

Unterricht als komplexes Gefüge von Alltagstheorien über Lernprozesse, Planung, eingelebter Gestaltungspraxis und notwendiger Routine beruht bei den meisten Lehrkräften auf kaum bewussten Unterrichtsskripts, die wie ein unbewusstes Drehbuch funktionieren. Dieses Gefüge ist gegenüber programmatischen Änderungsforderungen ziemlich resistent. Jeder Veränderung muss deshalb eine gründliche Analyse und Kritik der bisherigen Unterrichtspraxis vorausgehen und sie muss mithilfe von mitunter recht kleinschrittigen Erprobungen anderer und neuer Formen der Unterrichtskommunikation, des Aufbaus von Lernsequenzen, der Rückmeldung von Lernfortschritten regelrecht erarbeitet werden, am besten als wechselseitig kontrollierter kollegialer Lernprozess. Hierauf sind Lehrkräfte, Fortbildungseinrichtungen und Bildungsverwaltung in breiterem Maßstab erst durch die Ergebnisse und insbesondere die Auseinandersetzung mit den Unterrichtsvideos der TIMS-Studie aufmerksam gemacht geworden, durch die Ende der 90er Jahre das deutsche Bildungssystem mit seiner allenfalls mittelmäßigen Qualität konfrontiert wurde. Es handelt sich hierbei also nicht um eine spezifisch ostdeutsche, sondern um eine gesamtdeutsche Erkenntnis.

Insofern dürfte die „große Freiheit", die das Themenangebot in den Rahmenplänen der frühen neunziger Jahre eröffnete, von vielen Lehrkräften tatsächlich als erhebliche Überforderung und Belastung erlebt worden sein, denn begründete didaktische Auswahlprozesse gehörten eher nicht zu ihrer erworbenen Unterrichtskompetenz. So dürften sich insbesondere in den Fächern, die auch in der vorherigen DDR-Schule unterrichtet worden waren, recht bald die gewohnten und in der jeweils eigenen Praxiserfahrung bewährten Vermittlungsverfahren wieder durchgesetzt haben. Eine tatsächliche Steuerungsleistung konnte den vorläufigen Rahmenplänen daher wohl nur recht begrenzt zukommen.

Mit dem Vorhaben der Evaluation und Revision der (immer noch) vorläufigen Rahmenpläne wurde 1998 unter dem Vorzeichen der bundesweit geführten Diskussionen über Schulentwicklung und Qualitätssicherung und -entwicklung des Unterrichts begonnen. Die Evaluation zielte darauf, Probleme, Erfahrungen und Vorschläge im Umgang mit den bis dato geltenden Rahmenplänen zu sammeln, den aktuellen Bedingungsrahmen für die Revision der Pläne zu erkunden und Vorschläge für Veränderungen aufzunehmen, die in die Erarbeitung der nächsten Generation von Rahmenplänen einfließen sollten. Parallel zur Evaluation wurde die Überarbeitung konzipiert, die insbesondere den Anforderungen des 1996 in Kraft getretenen Brandenburgischen Schulgesetzes nachkommen sollte, Aussagen über die Verbindlichkeit von Unterrichtsinhalten zu treffen und die Erfordernisse unterschiedlicher Bildungsgänge bzw. unterschiedlicher Abschlüsse und Berechtigungen des Schulbesuchs in der Sekundarstufe I zu berücksichtigen.[3]

Die neue Generation von „Rahmenlehrplänen" soll mit der geänderten Bezeichnung einerseits signalisieren, dass die Relation „Verbindlichkeit – Offenheit" zugunsten einer stärkeren Verbindlichkeit von Lernzielen und Lerninhalten verändert wird. Andererseits wurde der Begriff des „Rahmens" beibehalten und anspruchsvoller gefüllt durch die Orientierung an einem erweiterten Lernbegriff und an einem ganzheitlichen Kompetenzmodell, das in Sach- und Methodenkompetenz sowie Sozial- und Personale Kompetenz ausdifferenziert wird. Diese beiden Orientierungen werden in den Fachrahmenlehrplänen fachlich konkretisiert. Des Weiteren sollen zumindest für das Ende der zehnten Klasse Leistungsstandards oder inhaltliche und methodische Qualifikationserwartungen formuliert und Differenzierungen im Hinblick auf die unterschiedlichen Bildungsgänge und Abschlüsse beschrieben werden. Für die Ebene der einzelnen Schule werden ausführliche Anregungen für die Entwicklung schuleigener Pläne gegeben bis hin zu Vorgaben über die fachübergreifende Zusammenarbeit. Seit Oktober 2000 kann der Erarbeitungsstand des gesamten Vorhabens im Internet verfolgt werden.[4] Die Rahmenlehrpläne für den Unterricht in der Sekundarstufe I werden zum Schuljahr 2002/2003 in Kraft treten. Weitaus wichtiger als dieses Datum dürfte allerdings ihre gründliche Implementation in den Schulen und Fachkonferenzen und ihre mittel- und längerfristige Ausstrahlung in die Fortbildung und Ausbildung der Lehrkräfte einerseits, in die

---

3 Die brandenburgischen Rahmenpläne sind schulform- bzw. bildungsgangübergreifend angelegt.

4 Die Adressen hierfür sind: www.plib.brandenburg.de → Arbeitsschwerpunkte → Curriculum oder www.bildung-brandenburg.de → Entwicklung → Rahmenlehrplanentwicklung (Stand der Internetrecherche: März 2002).

Entwicklung von Lehrbüchern und weiteren Unterrichtsmedien andererseits sein.

2.2 Erfolgsmodell LER – eine kontroverse Innovation

‚Geboren' wurde LER – heute heißt dies „Lebensgestaltung-Ethik-Religionskunde" – in der Zeit, die im Rückblick als Vorbereitung auf das Ende der DDR charakterisiert werden kann. LER hat zahlreiche Mütter und Väter in den Gruppen, die sich Ende der 80er Jahre für die Schulreform in der DDR engagierten, darunter auch Marianne Birthler, die damals als Katechetin und Bürgerrechtlerin aus der Initiative für Frieden und Menschenrechte an solchen Konzepten der Schulreform mitwirkte. In der Wendezeit verhalf sie am Runden Tisch ‚Bildung' den Ideen für ein mit diesen Begriffen umrissenes Fach zu weiteren Chancen, und als erste Bildungsministerin des Landes Brandenburg ermöglichte sie ihm die erste Etappe der Realisierung in einem breit angelegten Modellversuch unter dem Namen „Lernbereich Lebensgestaltung-Ethik-Religion".

Seit dieser Zeit haftet LER das Merkmal der Umstrittenheit an und in einem Rückblick nach 10 Jahren kann die Frage gestellt werden, inwieweit diese Umstrittenheit LER auch genutzt hat und als eher geheime, erwartungswidrige Bedingung seines Erfolgs wirken konnte. Denn Innovationen, besonders solche für die Schule, benötigen mächtige, manchmal auch untergründig wirkende Unterstützungskräfte, um tatsächlich realisiert und wirksam werden zu können.

Im Bund der Evangelischen Kirchen der DDR wurde zum Thema Religion und Schule im Frühjahr 1990, also wenige Monate vor der Auflösung der DDR, die Auffassung vertreten, „dass der Religionsunterricht in der Bundesrepublik von einem volkskirchlichen Hintergrund ausgeht. Durch die über vierzigjährige DDR-Geschichte ist es bei uns zu einer mehrheitlich säkularen gesellschaftlichen Situation gekommen. Damit ist keine Vergleichbarkeit zur schulischen Situation in der Bundesrepublik gegeben, in die der Religionsunterricht eingebunden ist." Deshalb wurde zwar ein Fach Ethik als Pflichtfach für alle Schülerinnen und Schüler gewünscht, zum Religionsunterricht aber festgestellt: „Unter den derzeitigen Voraussetzungen sehen wir für die Einführung des Religionsunterrichts keinen Handlungsbedarf." (MBJS 1997, S. 8)

Als Marianne Birthler im Frühjahr 1991 mit den Kirchen darüber sprechen wollte, wie die Zusammenarbeit mit ihnen, insbesondere im Hinblick auf die dort bestehende religionskundliche Kompetenz, im bis dahin grob skizzierten Modellversuch für den neuen Lernbereich „Lebensgestaltung-Ethik-Religion" ausgestaltet werden könnte, erfuhr sie zunächst eine harsche Zurückweisung. Evangelische und katholische Kirche sahen im integrativen Ansatz von LER einen Verstoß gegen Art. 7, Absatz 3 des Grundgesetzes und forderten nachdrücklich die Einführung von evangelischem und katholischem konfessionellem Religionsunterricht, der allenfalls durch ein Fach „Ethik/Lebenskunde" ergänzt werden könne.

Der offensichtliche Auffassungswandel der evangelischen Kirche im Hinblick auf den Religionsunterricht wird wohl kaum darauf zurückzuführen sein, dass man im neu oder wieder erstandenen Land Brandenburg nun plötzlich angesichts einer Mitgliedschaft von knapp 25% der Bevölkerung (in beiden Großkirchen) eine volkskirchliche Situation gegeben sah. Vielleicht liefert der kürzlich von Jürgen Habermas verwendete Begriff der „postsäkularen" Gesellschaft einen Verständnisschlüssel für diesen Auffassungswandel und für die damit begonnene tiefe Kontroverse über Religionsunterricht und LER im Land Brandenburg.

Das Grundmuster dieser Kontroverse wird durch folgende Positionen markiert: Für das Land Brandenburg als staatliche Gewährleistungsebene für den schulischen Bildungsauftrag ist LER das staatlich verantwortete Pflichtfach, welches priorität den Bildungsauftrag der Schule im Hinblick auf Sinn- und existentielle Lebensfragen, Werteklärung und religionskundliche Bildung in einem gemeinsamen Unterricht für alle SchülerInnen erfüllt; bekenntnisgebundenen Religionsunterricht gibt es an den Schulen als zusätzliches Angebot nicht in staatlicher, sondern in kirchlicher Verantwortung, allerdings organisatorisch und finanziell von staatlicher Seite unterstützt[5]. Demgegenüber beharren die Kirchen auf der Einrichtung von (konfessionellem) Religionsunterricht als ordentlichem Lehrfach, flankiert von einem ordentlichen Lehrfach Ethik im Sinne einer Wahlpflichtkonstellation.[6]

Verlaufsformen dieser Kontroverse begleiteten die unterschiedlichen Entwicklungsetappen von LER. Sie fanden ihre Zuspitzung anlässlich der Verabschiedung des Brandenburgischen Schulgesetzes, in dem die beschriebenen Positionen zu LER und Religionsunterricht ihre gesetzliche Verankerung erhielten. Wenige Wochen vor der Verabschiedung des Schulgesetzes durch den brandenburgischen Landtag im Frühjahr 1996 beschäftigte sich erstmals der Deutsche Bundestag mit der Frage, ob der Religionsunterricht nicht auch in dem ostdeutschen Bundesland Brandenburg ordentliches Lehrfach zu sein habe. Im Ergebnis dieser Bundestagsdebatte wurde dem Land Brandenburg ein Normenkontrollantrag beim Bundesverfassungsgericht angedroht, sollte es seine diesbezüglichen Positionen nicht ändern. Da eine solche Änderung nicht erfolgte, das Brandenburgische Schulgesetz al-

5 Nach Auffassung des Landes Brandenburg bietet das Grundgesetz durchaus Spielraum für eine solche landesspezifische Ausgestaltung des Religionsunterrichts.

6 Eine Variation hiervon ist das Modell einer Fächergruppe aus Religionsunterricht verschiedener Bekenntnisse und Ethik mit verabredeten Phasen der Zusammenarbeit.

so mit den genannten Positionen mit Mehrheit verabschiedet wurde, wurden bald darauf der Normenkontrollantrag durch die damalige CDU/CSU-Bundestagsfraktion und Verfassungsbeschwerden seitens der beiden Groß-kirchen sowie evangelischer und katholischer Eltern- und Schülergruppen beim Bundesverfassungsgericht eingereicht.

Die strategischen Aspekte der Innovation, die LER bedeutete und immer noch bedeutet, sollen kurz anhand der wichtigen Entwicklungsetappen von LER skizziert werden:

Der Modellversuch fand von 1992 bis 1995 an insgesamt 44 Schulen der Sekundarstufe I mit rund 100 Lehrkräften und – im letzten Versuchsschul-jahr – über 7.000 Schülerinnen und Schülern der Jahrgangsstufen 7 bis 10 statt. Nur erheblich innovations- und risikobereite Lehrkräfte[7] konnten sich, ausgestattet mit einem befürwortenden Votum ihrer Schulkonferenz, die Mitarbeit an diesem Projekt zutrauen. Denn sie mussten sich angesichts der programmatischen Begriffe „Lebensgestaltung", „Ethik" und „Religion" auf für sie wirklich neue Inhalte und Unterrichtsformen einlassen, auf einen schülerorientierten Unterricht ohne Noten, auf eine zeitintensive begleiten-de Qualifizierung in kleinen dezentralen Gruppen und in großen zentralen Veranstaltungen, auf Kooperation mit kirchlichen Lehrpersonen, und nicht zuletzt auf wissenschaftliche Begleitung und Evaluation.[8]

Den durchgeführten Evaluationen zu Folge konnten die Erprobung im Mo-dellversuch und die darin geleisteten Entwicklungsarbeiten insofern als er-folgreich beurteilt werden, als die Einführung und weitere Implementation des Faches empfohlen wurde. Natürlich wurden auch spezifische Desidera-te und Entwicklungsbedarfe in der fachlichen Konsolidierung festgestellt (vgl. MBJS 1997, S. 42 ff.).

Die nächste wichtige Entwicklungsetappe begann mit der schrittweisen Ein-führung nach dem Inkrafttreten des Brandenburgischen Schulgesetzes zum Schuljahr 1996/97: Für die berufsbegleitende Qualifizierung von Lehrkräf-ten für den LER-Unterricht in größerem Maßstab konnte die dezentrale Inf-rastruktur eines Sonderprogramms für die Qualifizierung brandenburgischer Lehrkräfte in diversen Mangelfächern genutzt werden, in dessen Rahmen auch ein interdisziplinärer Studiengang LER angeboten wurde. So konnte Schuljahr für Schuljahr an einer zunehmenden Zahl von Schulen LER-Unterricht beginnend mit der Jahrgangsstufe 7 eingeführt und bis zur Jahr-gangsstufe 10 fortgeführt werden. Mit derzeit rund 700 für das neue Fach qualifizierten Lehrkräften wird landesweit in gut 50% aller Klassen der Se-kundarstufe I LER-Unterricht erteilt. Zusätzliche Lehrerstunden für die Tei-lung von größeren Klassen in den Jahrgangsstufen 7 und 8 werden aller-

---

7 Ehemalige Staatsbürgerkundelehrer/innen waren übrigens ausgeschlossen.

8 Ausführlich beschrieben in MBJS 1997 und in Leschinsky 1996.

dings seit den landespolitischen Vorgaben zur Haushaltskonsolidierung restriktiver als zu den Zeiten des Modellversuchs vergeben. Ebenfalls 1996 wurde ein wissenschaftlicher Beirat berufen, der über vier Jahre die schrittweise Einführung des Faches intentional wohlwollend und mit analytisch-kritischem Blick begleitete und Mittel für eine ausschnitthafte Evaluation des LER-Unterrichts in einer empirischen Studie mobilisieren und einsetzen konnte. Dieser Beirat schloss seine Arbeit zum Ende des Jahres 2000 ab, indem er ein komplexes Gutachten mit konstruktiven konzeptionellen Vorschlägen zur Weiterentwicklung des Faches LER vorlegte.

Zeitgleich mit der Vorbereitung der Publikation des Beiratsgutachtens (Edelstein u.a. 2001) traf im Frühjahr 2001 die Ankündigung der mündlichen Verhandlung über die Verfassungsbeschwerden und den Normenkontrollantrag vor dem Bundesverfassungsgericht ein. Bis dahin waren umfängliche Schriftsätze von den beteiligten Streitparteien zur Begründung ihrer jeweiligen Positionen dem zuständigen Senat des Bundesverfassungsgerichts unterbreitet und insbesondere seitens der Kirchen endlich eine Befassung und Entscheidung durch das höchste Gericht angemahnt worden. Der mündlichen Verhandlung am 26. Juni 2001 folgte drei Wochen später die überraschende Anfrage des Gerichts, ob sich die Beteiligten vorstellen könnten, zu einer einvernehmlichen Verständigung zu kommen, bei deren Zustandekommen das Gericht durch Unterbreitung eines konkreten Vorschlags behilflich sein könne. Nachdem alle Beteiligten ihre Bereitschaft zu einer durch das Bundesverfassungsgericht moderierten einvernehmlichen Verständigung signalisiert hatten, präsentierte das Bundesverfassungsgericht im Dezember 2001 den Beteiligten und der Öffentlichkeit seinen Vergleichsvorschlag[9] mit der Fristsetzung an die Beteiligten, bis Ende Januar 2002 zu erklären, ob ihnen eine einvernehmliche Verständigung auf der Grundlage dieses Vorschlags möglich erscheine. Die wichtigsten Sätze im Vergleichsvorschlag lauten:

> „Die Regelungen über das Fach Lebensgestaltung-Ethik-Religionskunde in § 11 Abs. 2 bis 4 des Brandenburgischen Schulgesetzes bleiben unberührt. Außer dem Unterricht in diesem Fach kann Religionsunterricht gemäß § 9 Abs. 2 dieses Gesetzes in allen Schulformen und Schulstufen erteilt werden."

Damit bliebe es bei dem bisherigen Status einerseits von LER als Pflichtfach und andererseits des Religionsunterrichts als von den Kirchen verantwortetes Unterrichtsangebot (und nicht als ordentliches Lehrfach). Des Weiteren werden Regelungen für die schulorganisatorische Einbindung und Durchführung und für die staatliche Bezuschussung des Religionsunter-

---

9 Der Vorschlag ist als Beschluss des Bundesverfassungsgerichts vom 11.12.2001 unter dessen Internetadresse abrufbar: www.bverfg.de/ (Stand der Internetrecherche: März 2002)

richts vorgeschlagen, die in einem Änderungsgesetz zum Brandenburgischen Schulgesetz, das zum Beginn des Schuljahres 2002/2003 in Kraft treten soll, beschlossen werden sollen. Diese Regelungen für den Religionsunterricht entsprechen weitgehend den bisher untergesetzlichen Regelungen zum evangelischen Religionsunterricht. Der Vorschlag des Gerichts endet mit der verfahrensbeendenden Übereinkunft, dass binnen eines Monats nach Inkrafttreten des Änderungsgesetzes der Normenkontrollantrag und die Verfassungsbeschwerden zurückgenommen werden. Damit wäre also im September 2002 zu rechnen.

Dem sozialdemokratischen Part in der Landesregierung wird die Zustimmung zu diesem Vergleichsvorschlag am leichtesten gefallen sein, zumal kaum eine elegantere Lösung dieser langwierigen Kontroverse, die auch die beiden Koalitionspartner in der Landesregierung nicht unberührt ließ, vorstellbar ist.

So könnte dann ab September 2002 die dritte Entwicklungsetappe der Konsolidierung des Faches beginnen, z.B. mit der Einrichtung einer grundständigen Lehrerausbildung für LER an der Universität Potsdam. Ein weiteres Konsolidierungsthema wäre die Konkretisierung der vom wissenschaftlichen Beirat entwickelten Basisstrukturen für Lebensgestaltung, Ethik und Religionskunde in einem Rahmenlehrplan und in beispielhaften thematischen Unterrichtshandreichungen, damit das anspruchsvolle Programm von LER ein solides fachliches Fundament erhält, auf dem die Integration und der Eigensinn dieser Domänen im Unterricht altersgemäß erarbeitet werden können. Der wissenschaftliche Beirat hat auch noch Vorschläge für die Gestalt eines entsprechenden Unterrichts in der Primarstufe und in der gymnasialen Oberstufe gemacht. Das wäre dann Stoff für die vierte Etappe dieser Innovation.

Literatur

Anweiler, Oskar: Vergleich von Bildung und Erziehung in der Bundesrepublik Deutschland und in der Deutschen Demokratischen Republik. Bochum 1989, S. 720

Edelstein, Wolfgang u.a.: Lebensgestaltung-Ethik-Religionskunde. Zur Grundlegung eines neuen Schulfaches. Weinheim und Basel 2001

Grammes, Tilmann u.a.: Alltags- und Sozialgeschichte des Staatsbürgerkundeunterrichts in der DDR. In: Geschichte, Struktur und Funktionsweise der DDR-Volksbildung. Band 3 (Freundschaft!). Publikation des MBJS (Ministerium für Bildung, Jugend und Sport). Berlin 1996

Lehmann, Rainer H. u.a.: Qualitätsuntersuchungen an Schulen zum Unterricht in Mathematik. Heft 1 der Reihe Schulforschung in Brandenburg. Potsdam 2000

Leschinsky, Achim: Vorleben oder Nachdenken? Bericht der wissenschaftlichen Begleitung über den Modellversuch zum Lernbereich „Lebensgestaltung-Ethik-Religion". Frankfurt/Main 1996

MBJS: Bildung, Jugend und Sport im Land Brandenburg. Zwei Jahre Reform-politik im Spiegel der Pressedokumentationen des Ministeriums. Potsdam 1992

MBJS: Bildung, Jugend und Sport im Land Brandenburg. Das 3. Jahr Reform-politik im Spiegel der Pressedokumentationen des Ministeriums. Potsdam 1993

MBJS: Antwort der Landesregierung Brandenburg auf die Große Anfrage Nr. 5 zu Situation und Entwicklung der Kleinen Grundschulen im Land Branden-burg. Potsdam 1996

MBJS: Abschlussbericht zum Modellversuch „Lebensgestaltung-Ethik-Religion". Potsdam (2) 1997

Neuner, G.: Zu theoretischen Problemen der Realisierung des neuen Lehrplan-werks. In: Jahrbuch der Pädagogischen Wissenschaften der DDR 1971, S. 160-176

Pädagogisches Landesinstitut Brandenburg: Entwicklung und Erprobung der Qualitätssicherung Kleiner Grundschulen in Brandenburg. Abschlussbericht des BLK-Modellversuchs. Ludwigsfelde 1998

Pädagogisches Landesinstitut Brandenburg: Entwicklung und Erprobung der Qualitätssicherung Kleiner Grundschulen in Brandenburg. Abschlussbericht des Landesmodellversuchs. Ludwigsfelde 2001

Regierungskommission zur Entwicklung der Schulen der Sekundarstufe I im ländlichen Raum des Landes Brandenburg: Bericht an die Landesregierung Brandenburg. Potsdam 2000

Seitz, Helmut: Demographischer Wandel und Infrastrukturaufbau in Berlin-Brandenburg bis 2010/2015. Gutachten im Auftrag der Vereinigung der Un-ternehmensverbände in Berlin und Brandenburg e.V. Frankfurt 2001

Thierse, Wolfgang: Fünf Thesen zur Vorbereitung eines Aktionsprogramms für Ostdeutschland. Berlin 2000

Wierling, Dorothee: Die Jugend als innerer Feind. Konflikte in der Erziehungs-diktatur der sechziger Jahre. In: Kaelble, Hartmut/Kocka, Jürgen/Zwahr, Hartmut (Hrsg.): Sozialgeschichte der DDR. Stuttgart 1994

Isabell van Ackeren/Hans-Günter Rolff

Die Bedeutung großflächiger Leistungsuntersuchungen für die Schulentwicklung

1. Zum Hintergrund

Schulische Leistungsvergleichs-Untersuchungen mit ‚large scale'-Charakter sind mittlerweile ein Thema der deutschen Qualitätsdebatte (vgl. die Übersicht über Schulleistungstests in Deutschland bzw. mit deutscher Beteiligung bei van Ackeren/Klemm 2000a). Die mit dieser Entwicklung verknüpfte, im Laufe der neunziger Jahre sich durchsetzende Veränderung der bis dahin prägenden Denkmuster ist durch den Wandel von einer Kontext- zu einer verstärkten und systematisierten Prozess- und Wirkungsorientierung auf einer empirischen Basis gekennzeichnet. Weil der Druck der Generierung, Auswertung und Offenlegung ‚objektiver' Daten im Kontext aktueller Globalisierungs- und Autonomisierungs-Tendenzen (vgl. Klemm 2000) in allen Bereichen des Bildungssystems auf Bundesebene und – zeitlich nachfolgend – in den Bundesländern aus Gründen der Standortbestimmung, Rechenschaftslegung und Identifizierung von Handlungsbedarf zugenommen hat, geht dieser „Paradigmenwechsel" (vgl. Helmke 2000a) einher mit einer Ausweitung externer Evaluations-Verfahren.

Vergleichsuntersuchungen in den deutschen Bundesländern ergänzen inzwischen die international angelegten Large-Scale-Assessments, die – bedingt durch ihren Stichproben-Charakter und das grundlegende Ziel der Bereitstellung verallgemeinerbaren Wissens über Erziehungs- und Bildungsprozesse auf der Systemebene (vgl. u.a. Klieme/Baumert/Schwippert 2000, S. 393 ff. und Klieme/Köller/Stanat 2001, S. 18 ff.) – bisher keine Aussagen über einzelne Schulen, sondern über Schulsysteme in Form eines System-Monitorings machten. Gegenüber einer unmittelbar schulbezogenen Verwendungsmöglichkeit solcher Studien wie TIMSS, PISA oder PIRLS zeigen sich viele Akteure auf der Schul-, Verwaltung- und Forschungsebene eher skeptisch (vgl. u.a. Tillmann 2001, S. 11), obgleich das Bewusstsein für mögliche Chancen, die eine Nutzbarmachung der Ergebnisse von Vergleichstests für die Schulentwicklung in sich bergen kann, durchaus wächst:

„Nur wenn ein Brückenschlag zwischen den large scale assessments und der teilautonomen Schulentwicklung, zwischen landesweit gültigen Zielvorgaben für schulische Arbeit sowie der Überprüfung des Erreichens

dieser Vorgaben durch Leistungsvergleiche einerseits und Schulpro-
grammarbeit andererseits, zwischen interner und externer Evaluation gelingt, nur dann nutzen die Studien den Schulen und ihrer qualitativen
Entwicklung." (Klemm/Schratz 2001, S. 7)

Auch ein entsprechender Expertenbericht des Forum Bildung hebt die Bedeutung der „Einbindung von Evaluationsergebnissen in Entwicklungsprozesse" hervor, betont aber zugleich, dass über solche Rückkoppelungs-
prozesse bisher wenig bekannt ist (Forum Bildung 2001, S. 51). Dementsprechend hat man sich in Deutschland auf die Suche nach Konzepten für
eine sinnvolle Koppelung schulübergreifender Leistungsvergleiche mit einzelschulischer Evaluation und Entwicklung gemacht. „Wie diese Verknüpfung aussehen kann, ist nach wie vor ein ungelöstes Problem" (Klie-
me/Baumert/Schwippert 2000, S. 391 ff.).

Derartige Suchbewegungen beziehen sich aber nicht bloß auf den Umgang
mit bereits vorliegenden Testergebnissen, sondern haben mittlerweile auch
Einfluss auf die Anlage entsprechender Studien; hierbei ist zumeist eine
Rückmeldephase an die beteiligten Schulen eingeplant und es wird somit
über verbesserte Verknüpfungsmöglichkeiten nachgedacht, was eine chro-
nologische Betrachtung des Untersuchungsdesigns abgeschlossener und
laufender Studien belegt. Es geht nicht mehr nur um die „Erhebung großer
Mengen von Daten und einen anschließenden allgemein gehaltenen Ergebnisbericht" (Helmke u.a. 2000b, S. 16), sondern es sollen Daten vor Ort für
eine zielorientierte Schul- und Unterrichtsentwicklung nutzbar sein. Ein
solches Streben nach Strategien der Qualitätssicherung und -verbesserung
über die vergleichende Ergebniskontrolle hinaus hat eine Entwicklung in
Gang gesetzt, die wiederum Voraussetzung für einzelschulbezogene Handlungskonsequenzen ist: Um den bei Studien wie TIMSS vielfach kritisierten
‚Blackbox‘-Charakter zu überwinden, wird bei den Erhebungen immer
mehr versucht, Leistung im komplexen Zusammenwirken verschiedener
Bedingungsfaktoren zu betrachten, d.h. nicht nur durch den Vergleich Unterschiede zu finden, sondern durch den Einbezug von Kontext- und Pro-
zessvariablen als Interpretationsrahmen diese Differenzen auf der Basis
möglichst solider Informationen auch zu erklären. In der angestrebten Verknüpfung von Schulleistungs- und Schulentwicklungsforschung lassen sich
folgende Trends erkennen:

- Das Interesse der Leistungsstudien weitet sich auf erklärende schulische
  und außerschulische Variablen der Leistungserbringung aus, die mit
  Hintergrundfragebögen, welche die Leistungstests ergänzen, erhoben
  und mit anerkannten statistischen Methoden (vgl. z.B. Helmke 2001, S.
  157-158) ausgewertet werden, um Daten aussagekräftiger zu machen.

- Hinzu kommt ein zweiter wichtiger Aspekt, der u.a. von Tillmann in
  Bezug auf die flächendeckende Anlage bundesländerinterner Erhebungen wie LAU und MARKUS formuliert wird: „Im Unterschied zu den

146

Stichproben-Erhebungen haben wir es hier mit Studien zu tun, die auf ein unmittelbares Feedback in die Schulen angelegt sind" (Tillmann 2001, S. 12). In der Gruppe der Stichproben-Erhebungen sind jedoch solche Studien zu differenzieren, bei denen zwar nicht alle Schulen eines Landes bzw. einer Region, aber von den ausgewählten Institutionen komplette Jahrgänge und Klassen berücksichtigt werden, wie es bei QuaSUM der Fall ist. Somit können und – wie im Fall von QuaSUM – sollen diese Evaluationsstudien schul- und klassenbezogene Rückmeldungen über Leistungswerte und ihre Kontextbedingungen ermöglichen sowie – in einem nachfolgenden Schritt – Ansatzpunkte für die Planung einer Ergebnisnutzung durch die Einzelschulen liefern.

- Helmke ergänzt eine weitere, der evaluativen Rückmelde- und Nutzungsphase dienliche Untersuchungsstrategie. Er unterstreicht die Analyse von Ursache-Wirkungs-Zusammenhängen durch die bereits genannte Einbeziehung kontextueller Bedingungsvariablen, allerdings im Rahmen korrelierbarer „Längsschnitt- oder (quasi-)experimenteller Studien" (vgl. Helmke 2000a, S. 142 und S. 148), die also – wie wir es beispielsweise von LAU oder BIJU[1] kennen – über Ein-Punkt-Messungen hinausgehen und auf diese Weise differenziertere Erklärungen für die Varianz von Schülerleistungen liefern können.

Die Ansprüche sind ehrgeizig; dementsprechend erweist sich die Schulleistungsforschung in ihrer sich abzeichnenden Verknüpfung mit der Schulentwicklungsforschung als immer voraussetzungsvoller. Die veränderte Orientierung bei der Zielklärung von Leistungsstudien hat Konsequenzen für die Verlaufsstruktur externer Evaluationsformen, d.h. für die Auswahl und Entwicklung entsprechender Evaluationsinstrumente, für die Erhebung und Auswertung der Daten sowie für die Rückmeldung und Nutzung der Ergebnisse wissenschaftlicher Analysen. Die letzten beiden Evaluationsphasen erfahren eine zunehmend stärkere Aufmerksamkeit und dementsprechend mehr Systematisierung: Denn aufgrund des gesteckten Ziels hoher schulischer Praxisrelevanz müssen die Ergebnisse der Zielgruppe ,Schule' zunächst umfassend verständlich gemacht werden. An dieser Stelle setzt ein verstärktes Nachdenken über Rückmeldestrategien ein, um einen Informationsverlust zwischen den ,Sendern' und den ,Empfängern' zu vermeiden und um in der Folge eine der Schulentwicklung dienliche Ergebnisnutzung in einem offenen, dialogischen Klima zu fördern. Der nachfolgende Überblick soll kurz darüber informieren, inwieweit man in Deutschland über eine Zusammenführung des Messens und Entwickelns von Leistung nachdenkt, ob es Ansätze in der Praxis gibt und welche Felder des Lernbedarfs ausgemacht werden können.

---

1 ,BIJU' steht für ,Bildungsverläufe und psychosoziale Entwicklung im Jugendalter'.

2. Eine Bestandsaufnahme: LAU, QuaSUM und MARKUS als Beispiele eines veränderten Bewusstseins im Umgang mit Schulleistungs-Untersuchungen

Die deutsche Praxis des Daten-Feedbacks wie auch der Ergebnisnutzung für unmittelbare Steuerungsaktivitäten am Schulstandort ist – dies fällt insbesondere im internationalen Vergleich ins Auge – eher unterentwickelt. Dennoch gibt es Beispiele aktueller Evaluationsstudien, die aufgrund ihrer u.a. anderem schul- und unterrichtsorientierten Anlage Informierungsstrategien entwickelt haben, die nicht nur dem Gefühl einer „ethische[n] Verpflichtung" oder dem „Ziel der Akzeptanzsicherung" unterliegen (vgl. Klieme/Baumert/Schwippert 2000, S. 398). Drei dieser Studien sind in diesem Zusammenhang besonders hervorzuheben (vgl. auch Helmke 2000a und Peek 2001), nämlich

- die in Hamburg für die 5., 7., 9. und 11. Klassen als flächendeckende Längsschnitt-Untersuchung angelegte Studie ‚**Aspekte der Lernausgangslage (und der Lernentwicklung)**' (**LAU**) mit (bisherigen) Erhebungen in den Jahren 1996, 1998 und 2000 zu Fachleistungen in Mathematik, Deutsch und erster Fremdsprache sowie zu schul- und unterrichtsbezogenen Einstellungen und zum familiären Hintergrund, erhoben mit Hilfe von SchülerInnen- und Elternfragebögen,

- die ‚**Qualitätsuntersuchung an Schulen zum Unterricht in Mathematik**' (**QuaSUM**), bei der 1999 mit Hilfe einer repräsentativen Zufallsstichprobe die Lernstände der Klassenstufen 5 und 9 im Fach Mathematik in Verbindung mit durch Schüler- und Elternfragebögen erhobenen schul- und unterrichtsbezogenen Einstellungen im Kontext der außerschulischen Lebens- und Lernwelten der SchülerInnen in Brandenburg ermittelt wurden, sowie

- die jüngste dieser drei Studien, die ‚**Mathematik-Gesamterhebung Rheinland-Pfalz: Kompetenzen, Unterrichtsmerkmale, Schulkontext**' (**MARKUS**), die auf der ersten Totalerhebung eines kompletten Jahrgangs (8. Klassenstufe) in einem Flächenstaat basiert, bei der im Mai 2000 die Leistungen von SchülerInnen im Fach Mathematik und unterrichts- und lernbezogene Merkmale sowie schulische- und außerschulische Kontextbedingungen mittels SchülerInnen-, LehrerInnen- und Schulleitungs-Fragebögen erfasst wurden.

Ein Überblick über die Anlage und die Ergebnisse dieser drei Studien lässt sich relativ einfach und schnell verschaffen. Hier geben die Ergebnisberichte, die alle auch im Internet einzusehen sind, auf vielen Seiten Auskunft. Die jeweils im Rückmeldeprozess als erstes erstellten Gesamtberichte sind zum einen ein Teil der Daten-Rückkoppelung auf Landesebene. Sie machen generelle Aussagen über die im Land erreichten Fachleistungen, über die Rahmenbedingungen der Leistungserbringung und über Zusammenhänge zwischen schulischen und außerschulischen Bedingungsfaktoren und den gemessenen Lernständen; Bewertungen werden weitgehend vermieden. Sie liefern Orientierungswissen für die Schulpolitik und die Schulverwaltung (vgl. zu Inhalten und zur Funktion der Gesamtberichte Rolff 2001, S. 344 ff.). Zum anderen ist die Beschreibung von Verfahren der Rückmeldungen an die beteiligten Schulen, die im direkten Vergleich der drei Studien mehr oder weniger umfangreich ausfällt, zugleich Teil der Endberichte. In der chronologischen Betrachtung der drei Evaluationsstudien finden sich beginnend mit der LAU-Untersuchung verstärkt Aussagen zum Daten-Feedback, so dass sich – in der Zusammenschau mit dem Untersuchungsdesign – Entwicklungstendenzen im Umgang mit Informationen und ihren Empfängern erkennen lassen.

2.1 Rückmeldestrategien:
Feedback auf administrativer und schulischer Ebene

Im Gesamtbericht der **LAU-Studie** für die 5. Klassen wird in einem kurzen Abschnitt über die Beauftragung eines spezialisierten Unternehmens mit der klassenbezogenen Rückmeldung an die weiterführenden Schulen und – wo es durch Rekombinierungen möglich war – an die abgebenden Grundschulen berichtet. Die im Internet abrufbare Pressemitteilung der Behörde für Schule, Jugend und Berufsbildung vom August 1997 (http://lbs.hh.schule.de/lau/Presse5.htm) berichtet zudem über die Darstellung der schul- und klassenbezogenen Ergebnisse in Form von Rohwerten mit und ohne sozialer Bezugsnorm, d.h. die Ergebnisse der Einzelklasse wurden nicht nur als ‚Rohwerte', sondern auch im Vergleich zum Gesamtergebnis aller Klassen derselben Schulform als Bezugsgröße berichtet. Dass die erreichten Ergebnisse im Rahmen des einzelschulisch mitgeteilten Leistungsprofils zusätzlich noch in Beziehung zum statistisch erwarteten Wert, berechnet auf der Grundlage der erhobenen Kontext- und Eingangsvoraussetzungen, analysiert und dargestellt wurden, um faire Leistungsvergleiche zu ermöglichen, ist dem öffentlich leicht zugänglichen Gesamtbericht nicht zu entnehmen, sondern wird in Sekundärveröffentlichungen (vgl. z.B. Peek 2001, S. 57 ff.) berichtet. Der Endbericht für die Erhebung in den 7. Klassen geht indes nicht auf einzelschulische Rückmeldungen ein, vielleicht auch deshalb, weil der Report bereits selbst Teil einer systemischen Rückmeldestrategie ist und die klassenbezogenen Berichte davon getrennt zu sehen sind. Exemplarische und anonymisierte Muster-Rückmeldungen sind beim Hamburger Amt für Schule erfragbar.

Die Anlage der Rückmeldestrategien bei **QuaSUM** ist der Planung bei LAU vergleichbar (vgl. Peek 2001); die wissenschaftliche Leitung liegt in beiden Fällen bei einer Forschungsgruppe von Rainer Lehmann an der

Humboldt-Universität zu Berlin. Auch bei QuaSUM erhielten die Schulen sowohl Kontext- als auch Leistungsprofile der beteiligten Klassen, die nicht bloß die erreichten ‚Rohwerte', sondern auch eine soziale Kontextuierung dieser Daten mitteilten. Auf die Widerspiegelung einzelschulischer Daten und ihrer Bedeutung wird im QuaSUM-Gesamtbericht im Vergleich zu LAU ausführlicher eingegangen. Details sind aber auch hier den Rückmeldeunterlagen zu entnehmen. Die Projektleitung verweist im Gesamtbericht zudem auf die Auseinandersetzungen zwischen Schulbehörde und Lehrerschaft bei LAU 5, angesichts derer man sich bemüht habe, kritische Hinweise bei der Konzeption und Durchführung der QuaSUM-Studie aufzugreifen. Dementsprechend wurde die Einsichtsmöglichkeit der Schulaufsicht in die Ergebnisse eingeschränkt: Wurden bei LAU der Schulaufsicht die klassenbezogenen Ergebnisse noch mit dem Ziel der Stärkung ihrer Beratungsfunktion zur Verfügung gestellt, so war dies bei QuaSUM mit der Begründung der schwierig herzustellenden Balance zwischen Kontrolle und Beratung bei der Förderung innerschulischer Auswertungsprozesse – es sei denn auf ausdrücklichen Wunsch der Schule – nicht mehr möglich; ausgenommen waren zusätzlich in die Untersuchung aufgenommene Modell- und Versuchsschulen.

Die wissenschaftliche Begleitung der **MARKUS-Studie** obliegt einer Forschungsgruppe der Universität Landau unter der Ko-Leitung von Andreas Helmke, der eine derzeit noch „fehlende oder unzureichende Rückmeldung der Ergebnisse" externer Evaluation beschreibt (Helmke 2000a, S. 139). Zu ergänzen ist der Verweis auf eine zu verstärkende Transparenz der Berichterstattung über konkrete Rückmeldestrategien, um eine größere Öffentlichkeit in die Diskussion eines Ertrag bringenden Umgangs mit den Ergebnissen durch geeignete Rückmeldeformen einzubeziehen. Der Endbericht zur MARKUS-Untersuchung informiert sehr deutlich über Strategien der Rückmeldung bereits vor ihrer Realisierung, indem das Feedback-Verfahren als eigener Punkt – auch schon mit Beispielen für die geplante graphische Darstellung – formuliert wird. Wie auch bei den anderen beiden Studien können nur „ausgewählte Ergebnisse" (vgl. Helmke 2000b, S. 16) den einzelnen Lehrkräften differenziert rückgemeldet werden. Dazu gehört ebenfalls die Mitteilung eines Kontext- und Leistungsprofils der Klassen, wobei die Informationen vergleichsweise differenzierter sind. So werden beispielsweise der familiäre Hintergrund (Bildungsnähe der Eltern, kommunikationstechnischer Besitz...) und die Klassenzusammensetzung (sprachliche und Altershomogenität, Prozentanteil der Jungen, Klassengröße...) nicht nur erhoben und auf Landesebene berichtet, sondern diese Daten werden auch klassen- und kursspezifisch als Kontextprofil rückgemeldet. Sie werden ergänzt um ein Unterrichts- und Motivationsprofil, das Informationen über Merkmale wie ‚Lernfreude', ‚Leistungszuversicht' und ‚Lernkompetenz', aber auch über den Unterricht und seine Qualität aus der Sicht der Lehrkräfte selbst und auf der Grundlage subjektiver Einschätzun-

gen der SchülerInnen enthält, deren Aussagen nicht individuell nachvollziehbar sind, da jeweils Klassenmittelwerte gebildet wurden (die eingesetzten Fragebögen sind – ebenso wie die Testhefte – im Internet abrufbar unter: www.rhrk.uni-kl.de/~zentrum/markus/markus.html, was insgesamt für
verstärkte Tendenzen der Transparentmachung von Verfahren spricht). Die
Rückmeldung des Leistungsstandes stützt sich wie bei LAU und QuaSUM
nicht allein auf eine kriteriale, sondern auch auf eine soziale Norm einschließlich der Berechnung von Erwartungswerten. Allerdings werden die
Leistungsergebnisse bei MARKUS nicht nur für das Fach Mathematik insgesamt, sondern auch für die einzelnen Subdisziplinen (beschreibende Statistik, Gleichungen, Sachrechnen...) klassenbezogen bekannt gegeben; eine
Rückmeldeform, die einige sich auch in Hamburg anstelle einer „abstrakte[n] Gesamtpunktzahl" gewünscht hätten (vgl. Klug/Reh 2000, S. 20).
Doch ist man sich auch dessen bewusst, dass dies nicht der Anlage und den
Zielen der LAU-Untersuchung entspricht, die zudem nicht nur Lernstände
im Fach Mathematik erhoben hat bzw. erhebt. Die klassenbezogenen Profi-
le zu den Fachleistungen sowie zum familiären Hintergrund und zur Klassenzusammensetzung sind bei MARKUS für die Schulaufsicht und die
Schulleitungen einsehbar. Lediglich die besonders sensiblen Daten der Un-
terrichts- und Motivationsprofile können ausschließlich von den betroffenen Lehrkräften erfragt und für die individuelle Reflexion genutzt werden.

Ein kurzes Fazit zu den Rückmeldestrategien bei deutschen, landesweit und
auf vollständige Klassen angelegten Leistungsvergleichs-Studien lässt sich
bezogen auf die benannten Untersuchungen und die entsprechende Sekun-
därliteratur mit den Begriffen verstärkter ,Themen-Zentrierung' und ,In-
halts-Differenzierung' benennen. Die Transparenz schul- und klassenbezo-
gener Daten findet bisher ihre Grenzen sowohl auf der Ebene der einzelnen
SchülerInnenleistung als auch im Hinblick auf die Zugänglichkeit von Ergebnissen für die gesamte, interessierte Öffentlichkeit:

- Die Kontext- und Leistungsprofile werden in den großflächigen Leistungsstudien nicht für einzelne SchülerInnen durch die Forschergruppen
  bekannt gegeben und werden somit auch nicht in die schulische Leistungsbewertung und -zensierung einbezogen. Eine Ausnahme bilden der
  seit 1998 in Bayern regelmäßig durchgeführte Mathematiktest und der
  hinzugekommene Jahrgangsstufentest Deutsch in verschiedenen Jahrgangsstufen und Schulformen. Hier werden die Schullaufbahn begleitenden Tests bewertet und gehen als mündliche Note in die Jahresfort-
  gangsnote ein. Vorbehalte gegenüber einer solchen Praxis sind u.a. bei
  Tillmann formuliert (vgl. Tillmann 2001, S. 15).

- Die Ergebnisse der Erhebungen zum schulischen und außerschulischen
  Kontext sowie zu den erreichten Lernständen werden der Öffentlichkeit
  nicht in differenzierter Form zugänglich gemacht. Zudem wird die Veröffentlichung schulbezogener Daten als Teil einer Rückmeldestrategie

in Deutschland bisher kaum in der Öffentlichkeit diskutiert (vgl. Tillmann 2001, S. 15).

Erste Rückmeldeerfahrungen – so zeigt der Überblick über deutsche Leistungsstudien – sind mittlerweile gemacht und in Ansätzen dokumentiert. Die bisherigen Rückmeldestrategien gestalten sich durchaus nicht einheitlich, lassen viele Fragen offen und bedürfen noch einer aufwendigen Forschung: „Eine systematische Evaluation der Rückmeldestrategien [...] steh[t] bislang sowohl für LAU als auch für QuaSUM aus" (Peek 2001, S. 62).

2.2 Nutzungsstrategien:
Intentionen und die Frage ihrer Realisierung

Für die Projekte QuaSUM und MARKUS sind mittlerweile Vorhaben angelaufen, die sich mit einer weiteren Phase beschäftigen, die bisher weniger beachtet und so gut wie gar nicht untersucht wurde, nämlich mit der Datennutzung, die vom Daten-Feedback deutlich zu unterscheiden ist. Dabei handelt es sich zum einen um das Projekt ‚**Schulmonitoring und Schulentwicklung – Eine Untersuchung zum Beitrag externer Evaluation für die Entwicklung von Schulen**‘ als Anschlussstudie an QuaSUM, bei dem im Sommer 2000 Schulleitungen, Klassen- und Mathematiklehrkräfte sowie Vorsitzende der Fachkonferenz Mathematik zu Voraussetzungen, Prozessen und Ergebnissen der schulinternen Auseinandersetzung mit QuaSUM-Daten befragt wurden. Zum anderen ist im Kontext von MARKUS das **WALZER-Projekt** zu nennen, eine ‚**Wirkungsanalyse der Leistungsevaluation: Zielerreichung, Ertrag für die Bildungsqualität der Schule und die Rückmeldung von Evaluationsergebnissen**‘, bei dem Surveystudien mit Lehrkräften und Schulleitungen sowie Tiefeninterviews und Schulportraits kombiniert werden. Bei beiden Analysen nimmt man nicht nur die Daten rezipierenden Schulen ins Blickfeld, sondern schaut auch nach Nutzungsstrategien auf der administrativen Ebene. Erkenntnisse aus beiden Studien bleiben derzeit noch abzuwarten.

Bezogen auf den Zusammenhang zwischen externen Interventionen und internem Planungs- und Entscheidungshandeln warnen Klieme, Köller und Stanat vor der Erwartung, Schulrückmeldung könne unmittelbar Prozesse der Schulentwicklung in Gang setzen (Klieme/Köller/Stanat 2001, S. 21-22); mögliche Ursachen erwartbarer Rezeptionsprobleme in den Schulen werden in der „Sozialpsychologie von LehrerInnenkollegien" gesehen (vgl. Rolff 2001, S. 339 ff.). Die von administrativer Seite eingeleiteten Studien beinhalten zunächst einmal auch eine administrative Sichtweise auf den Begriff der ‚Nutzungsstrategien‘, die mit Blick auf ihre Realisierung auf einer anderen, einzelschulischen Ebene vor allem der Intention als Ausdruck einer Absicht bzw. eines Bestrebens unterliegt. Die Aufbereitung der Daten, ihre Kommentierung, der Adressatenbezug und die Hilfestellungen zur Dateninterpretation und -nutzung lassen erkennen, welche Wirkungen man sich von den Rückmeldungen für schulische Veränderungsprozesse vor Ort erhofft. Dazu gehört die datengestützte intensive Diskussion in den Schulen im Hinblick auf Konsequenzen für die pädagogische Arbeit, etwa bezogen auf Strategien der Klassenzusammensetzung, Kriterien der Notengebung, die Entwicklung von Förderkonzepten oder die Schulprogrammentwicklung. Es gibt Hilfestellungen zur Dateninterpretation und -auswertung, die im Wesentlichen aus Broschüren mit Hinweisen für das Verständnis der Rückmeldung und der Benennung möglicher Auswertungsschwerpunkte sowie aus der Weiterentwicklung eines breiten Beratungs- und Fortbildungsangebotes bestehen. Dabei entscheiden die Schulen selbst über Beteiligte sowie Form und Umfang der Auseinandersetzung mit den Daten. Es bleibt zu fragen, ob die formulierten Absichten linear von den schulischen Akteuren aufgenommen und umgesetzt werden oder ob sie einer Steuerungsillusion unterliegen (vgl. Abbildung 1). Lediglich Klug und Reh veröffentlichten bisher Ergebnisse ihrer mit den Schulleitungen von acht Hamburger Gymnasien zu LAU 7 geführten Interviews. Danach gab es erhebliche Probleme bei der Bewertung der Daten und der Ableitung von Handlungskonsequenzen. Das Interesse an einer intensiven Auseinadersetzung mit den Ergebnissen war zudem sehr unterschiedlich und vor allem dann verstärkt, wenn auffällige Abweichungen von den Erwartungswerten in den Resultaten erkennbar waren. Insgesamt wird eine Belebung schulischer Diskussionen über Unterrichtqualität generell aber auch über Laufbahnentscheidungen, Differenzierungsformen und Unterrichtszeit im Speziellen berichtet. Forschungsergebnisse systematischer Evaluation der innerschulischen Nutzung sind allerdings in Deutschland zum jetzigen Zeitpunkt nicht veröffentlicht.

3. Ein internationaler Blick: Erfahrungen im Umgang mit Ergebnissen von Leistungsstudien am Beispiel Englands

Andere Länder verfügen über einen Erfahrungsvorsprung im Umgang mit großflächig angelegten Leistungsuntersuchungen im eigenen Land. So kennt man in der Mehrheit der EU-Mitgliedstaaten nicht nur zentrale Abschlussprüfungen am Ende der Sekundarstufen I und II, sondern ebenso regelmäßig zentral gestellte, für alle SchülerInnen des Landes verpflichtende Tests während der Schullaufbahn (vgl. Klemm 1998) über die Beteiligung an internationalen Assessments hinaus. Organisation, Anlage und Umfang dieser schulkarrierebegleitenden Tests und die damit verbundenen Intentionen sind durchaus sehr unterschiedlich, wobei die Beispiele Englands, Frankreichs und der Niederlande in jüngster Zeit in Deutschland herausgestellt wurden (vgl. z.B. van Ackeren/Klemm 2000b, van Bruggen 2000, Tillmann 2001). England hat in diesem Vergleich eine besondere

Stellung: „International comparisons tend to show that England is the country with the most testing for the most purposes, certainly among developed Western nations" (Whetton/Twist/Sainsbury 2000). Die Formulierung „most testing" bezieht sich nicht nur auf die Vielzahl, sondern auch auf die Vielfältigkeit der großflächig angelegten Tests, die mit unterschiedlichsten Absichten verknüpft sind und mit denen man seit vielen Jahren Erfahrungen gesammelt hat. England hat interessanterweise bei TIMSS nicht besser abgeschnitten als Deutschland. Bei der PISA-Studie hingegen erreichte das Vereinigte Königreich sowohl im Bereich der Lesekompetenz als auch in der mathematischen und der naturwissenschaftlichen Grundbildung die Mittelwerte der internationalen Spitzengruppe. Möglicherweise haben sich bei diesem internationalen Leistungsvergleich erste Effekte der 1988 eingeführten Schullaufbahn begleitenden Tests auf nationaler Ebene bemerkbar gemacht. Mit diesen regelmäßigen externen Kontrollen sollen bereits im Verlauf der Schulkarriere Mindeststandards national einheitlich festgelegt und überprüft werden, um Qualität sowie Vergleichbarkeit zu erreichen und zu sichern. Auch aus dieser Perspektive lohnt ein Blick nach England. Eine Literaturrecherche zeigt zudem, dass es im europäischen Vergleich im ‚testerfahrenen' England die meisten Projekte im weiteren Kontext der Erforschung von Daten-Feedback und Steuerungsaktivitäten gibt, so dass eine Darstellung der englischen Kenntnisse am ergiebigsten erscheint.

3.1 Entwicklungstrends im englischen Test- und Prüfungswesen

Mit dem Bildungsreformgesetz von 1988 wurde unter der Regierung Thatcher ein in dieser Dichte europaweit einmaliges Netz national verbindlicher Assessments eingeführt, das die regelmäßige Beurteilung durch die Lehrkräfte bis zu sechs Mal während der Schullaufbahn ergänzt und neben die seit über 100 Jahren bekannte Form qualifizierender, nationaler Examinations, der GCSE- und GCE A-Level-Prüfungen (‚General Certificate of Secondary Education' und ‚General Certificate of Education') am Ende der Sekundarstufen I und II tritt. Das so entstandene und ausgeweitete Test- und Prüfungswesen ist eingebunden in ein von marktwirtschaftlichem Denken geprägtes Konzept: Die Standardisierung von Leistungsüberprüfungen, deren Inhalte in einem ebenso standardisierten nationalem Curriculum festgehalten sind, soll Vergleichbarkeit sichern und durch die Veröffentlichung einzelschulischer Ergebnisse in offiziellen ‚performance tables' gute und schlechte Schulen identifizieren helfen. Der Aspekt der Transparentmachung von Daten ist besonders wichtig, da er deutlich macht, dass es nicht bloß um eine Standortbestimmung aus Sicht der Schule und der Bildungsverwaltung geht. Nimmt man die ebenfalls 1988 eingeführte freie Schulwahl (‚open enrolment') und die Per-Capita-Finanzierung (‚pupil-led formula funding') der Schulen hinzu, so wird die Stellung der Assessments als ein Element des ‚market economy'-Ethos' besonders deutlich: Beliebte, da als gut gekennzeichnete Schulen, ziehen – so das Bestreben – mehr

SchülerInnen an und erhalten entsprechend mehr Geld. Vor diesem Hintergrund, der u.a. bei Broadfoot 1999 näher beschrieben ist, sind diese so genannten ‚curriculum assessments' vor allem mit Blick auf ihre großflächige Anlage mit den deutschen Leistungsstudien vergleichbar; die auf Nutzungsmöglichkeiten bezogenen Intentionen hingegen sind sehr verschieden. Studien wie LAU, QuaSUM oder MARKUS sind mehr oder weniger von dem Gedanken getragen, durch differenzierte Erhebungen und Rückmeldungen an die Schulen direkt und unmittelbar Planungs- und Entscheidungshandeln zu initiieren. Das englische Vorgehen unterliegt indirekteren Optimierungsstrategien, indem der Umgang mit Daten nicht allein in die Hand der Schulen und der Bildungsadministration, sondern auch in die Hand der vor einer Schulwahlentscheidung stehenden Eltern gelegt wird, deren Handeln wiederum die Entwicklung mehrerer Schulen einer Region beeinflussen kann. Durch die Einbindung dieser Form von Large-Scale-Assessments in ein marktwirtschaftlich orientiertes Gesamtkonzept lastet ein enormer ‚accountability'-Druck vor allem auf durch Schülermangel gefährdeten Schulen. Diese sind gezwungen, die Attraktivität ihrer Schule für mehr SchülerInnen zu erhöhen, ohne dabei Hinweise auf mögliche Zusammenhänge und entsprechende Ansatzpunkte durch die Rückmeldungen zu erhalten, die nämlich bis vor kurzem keine Kontextmerkmale einbezogen, obwohl ein fairer Vergleich durch die alleinige Mitteilung von Rohdaten schon lange in Frage gestellt wurde. Undifferenzierte Daten machen differenzierte Optimierungsmaßnahmen unmöglich, auch wenn letztere für einige Schulen überlebenswichtig sind, ohne aber direkt aus den Testdaten resultieren zu können. In der Literatur finden sich Beschreibungen schulischen Handelns in der Folge einer unzureichenden ‚data-driven strategy'. Dazu gehören beispielsweise

• ein verstärkter Marketing-Aufwand, etwa durch die Gestaltung besonders aufwendiger Schulbroschüren,

• der permanente Unterrichtsausschluss von SchülerInnen (‚exclusion'), die den Lernprozess einer Klasse stören,

• gezielte Fördermaßnahmen für SchülerInnen, die zwischen zwei Leistungsniveaus stehen (so genannte ‚borderliner'), um die Rankingergebnisse nach oben zu verbessern,

• Zulassungsbeschränkungen bei den Prüfungen für SchülerInnen, die mit großer Wahrscheinlichkeit nur sehr schlechte Testergebnisse erzielen würden oder

• der Wechsel der ‚Awarding Body' in einzelnen Fächern, die das Testmaterial nach national einheitlichen Vorgaben entwickelt und aus Sicht der Schule möglicher Weise einfachere Aufgaben stellt (vgl. Foxman 1997).

Seit ihrer Einführung wurden die englischen Assessments aus verschiedenen Gründen stark kritisiert und zunächst von einem nationalen Boykott durch die Lehrkräfte begleitet. Was von der Forschungsseite immer wieder angemahnt wurde, ist mittlerweile auch Bestandteil des administrativen Bewusstseins: die Versorgung der Schulen mit detaillierteren Informationen für mehr Fairness bei Leistungsvergleichen und die Einbeziehung von Kontextmerkmalen, was in England, aber auch international unter dem Begriff ‚value added' bekannt ist:

> „[...] most of the assessment information which is available on a national scale is too crude and indigestible to inform us, without a great deal of analysis, interpretation, and crucially cross-referencing with other types of information. [...] This conclusion was rather belatedly reached by the DfEE in 1995 when they finally came to see the need for ‚value-added' analyses [...] which compare the achieved assessment results of any group of pupils either with their previous achievements or with other factors [...].“[2] (Murphy 1996, S. 2)

In diesem Sinne nähern sich die oben benannten deutschen Evaluationsstudien sowie die englischen Curriculum Assessments und Examinations in ihrer Anlage und Vergleichsmöglichkeit einander an. Letztere vereinen in sich die Elemente der Regelmäßigkeit und individuellen Zensierung, wie wir sie aus den zentral prüfenden Bundesländern u.a. unter dem Stichwort ‚Zentralabitur' kennen, mit der Veröffentlichung von Daten, wie erstmals in Sachsen geschehen, und mit der Erfassung und Bereitstellung von ‚value-added'-Informationen. Darüber hinaus kennt man in England lokal begrenzte, aber dennoch großflächig angelegte Testprogramme, die ebenfalls kontextuierte Leistungsdaten – zumeist aber in differenzierterer Form als es bei den National Curriculum Tests möglich ist – erheben und an die Schulen rückmelden. Weitere Leistungsstudien, die eher der Erforschung von Ursache-Wirkungs-Zusammenhängen schulischer Leistungsergebnisse dienen, sind häufig stichprobenartig angelegt; „[...] they are also unsuitable for use as a means of comparing institutions" (Goldstein 2001, S. 1). In dieser Hinsicht werden englische Schulen immer mehr ‚data-driven'; sie erhalten auf der einen Seite Daten in Form von Tabellen und Berichten: ‚performance tables', das ‚Autumn Package' mit ‚summary results', ‚national value added information' und ‚national benchmark information', den ‚inspection report' nach Inspektionen der Schulaufsicht, den ‚pre-inspection context and school indicator report' (PICSI), den ‚performance and assessment report' (PANDA), Ergebnisse lokaler Studien und viele weitere Daten. Auf der anderen Seite sind sie vor dem beschriebenen Hintergrund marktähnlicher

---

2 Die Bezeichnung ‚DfEE' steht für das Erziehungs- und Bildungsministerium, das ‚Department for Education and Employment', das seit den letzten Wahlen ‚Department for Education and Skills' (DfES) heißt.

Strukturen, aber auch im Kontext regelmäßiger ‚whole school'-Inspektionen durch die Schulaufsicht, welche u.a. die erzielten Testergebnisse selbst sowie den Umgang mit den Daten bewertet und veröffentlicht, zum Umgang mit diesen vielfältigen Informationen gezwungen. Wie aber sieht dieser Umgang aus? Welches Interesse hat man in England an der Beantwortung dieser Frage und gibt es Projekte, die ihr nachgehen?

3.2 Englische Forschung zum Zusammenhang von Datennutzung und Schulentwicklung

Value-Added-Konzepte haben – nicht nur in England – im Laufe der neunziger Jahre immer mehr Bedeutung erlangt, was mit einer entsprechenden methodischen Entwicklung im Kontext verschiedener Erprobungsstudien einhergeht. Zu den bekanntesten Untersuchungen gehören (vgl. Schagen 1998, S. 4-5):

- **Examination Results in Context (ERIC)**

  Im Rahmen dieser Studie wurden unter der Leitung des London University Institute of Education GCSE-Ergebnisse der Jahre 1990, 1991 und 1992 in Londoner Schulen detailliert analysiert. „The project was originally set up because the Association of Metropolitan Authorities (AMA) was concerned that raw examination results alone were not a good guide to the effectiveness of a school" (Kendall/Ainsworth 1997a, S. 2). Das Projekt, das auf freiwilliger Beteiligung der Schulen beruht, wurde durch die National Foundation for Educational Research (NFER) im Jahr 1994 weitergeführt, wobei nun mehr Wert auf die Rückmeldung von adjustierten Ergebnissen auf der Basis früherer Leistungen und verschiedener Hintergrundmerkmale (‚prior attainment' und ‚background characteristics') in vertraulichen Reports an die regionalen Bildungsbehörden (Local Education Authorities, LEAs) und an die Schulen gelegt wurde. Darüber hinaus werden Ergebnisberichte erstellt, die im Internet abrufbar sind. Der vierte Gesamtbericht (Kendall/Ainsworth 1997b) richtet sich zum einen als Interpretationsrahmen an die LEAs, wenn sie die einzelschulisch rückgemeldeten Daten mit den Schulen in ihrem Bezirk – 1996 waren 17.000 Schüler aus 118 Schulen beteiligt – besprechen. Zum anderen ist er ein wissenschaftlicher Beitrag zum Wissen über die verschiedenen Möglichkeiten, den Beitrag der Schulen zum Lernzuwachs der SchülerInnen (‚value added') zu erfassen.

- **Quantitative Analysis for Self Evaluation (QUASE)**

  Hierbei handelt es sich um einen landesweiten Abonnement-Service, der mit einer Pilotstudie der GCSE-Kohorten von 1992 und 1993 begann. Er ermöglicht Sekundarschulen ein detailliertes Feedback „of overall performance indicators, controlling for a range of factors including prior attainment" (Schagen 1998, S. 5). Ergebnisse von SchülerInnen- und Elternfragebögen finden sich ebenfalls in den ‚confidential reports' an die Schulen. Die regelmäßig erscheinenden ‚overview reports' können bei NFER bestellt werden.

- **National Literacy und Numeracy Projekte**

  Die Leitung der Mitte der neunziger Jahre durchgeführten Projekte zur Lese- und Schreib- sowie zur Rechenfähigkeit unterliegt der National Foundation of Educational Research (NFER). Allein beim Literacy Project wurden 21.000 Kinder aus ca. 250 Schulen mit eigens entwickelten Tests geprüft und die adjustierten Testergebnisse wurden den Schulen detailliert rückgemeldet. Am Numeracy Project waren sogar 87.000 Schüler aus 768 Schulen beteiligt.

Darüber hinaus sind Studien wie das ‚**Hampshire LEA value added project**', das 1996 begann und die Leistungen an mehreren hundert Schulen untersuchte (vgl. z.B. Goldstein 1999) und jährlich fortgesetzt werden soll, oder das ‚**Essex Primary School Improvement Programme (EPSI)**' (vgl. Sebba/Loose 1997) zu erwähnen. Goldstein verweist auch auf vergleichbare Projekte in Lancashire und Surrey sowie auf das ‚**A Level Information System plus Advanced GNVQ (ALIS)**', das vom ‚Curriculum, Evaluation and Management Centre' (CEM Centre) für interessierte Schulen angeboten wird (Goldstein 2001, S. 12). Das CEM Centre stellt sich dem Besucher seiner Homepage wie folgt vor: „Since the ALIS project started in 1983, we appear to have become the largest provider of performance indicators to schools and colleges in the world" (http://cem.dur.ac.uk). CEM bietet zusätzlich Projekte wie **YELLIS (Year Eleven Information System)** und **MidYIS (Middle Years Information System)** an.

Obwohl statistische Daten mittlerweile mit relativ gut entwickelten Methoden von Regierungseinrichtungen, LEAs und den Schulen selbst – im Kontext eines sich spezialisierenden Softwaremarktes – erhoben werden, wird immer wieder darauf hingewiesen, dass es weiterhin eine Herausforderung darstellt, Schulen beim Management und Gebrauch der zahlreichen Daten unterschiedlicher Herkunft stärker zu unterstützen und dies wissenschaftlich zu untersuchen und zu begleiten:

> „In fact, the evidence on the ways in which schools use value added data is so far quite modest, partly of course because it is only very recently that the majority of schools had access to anything that could remotely be called value added. [...] A prerequisite for further development is therefore a description of how schools [...] are already using value added data, for what purposes, and with what outcomes, both intended and unintended, for management, staff and pupils" (Saunders 1999, S. 64 und S. 67).

Auch wenn sich beispielsweise die oben genannte ERIC-Studie als praxisorientiertes Service-System für LEAs und Schulen versteht, die für die Arbeit der NFER bezahlen, konnte keine Literatur gefunden werden, die speziell über die schulische Nutzung der Ergebnisse berichtet. Aussagen hierzu sind lediglich allgemein gehalten: „On the whole, senior managers in schools are becoming more familiar with making use of relatively complex information, and the results we are providing to schools seem be proving useful. At least, LEAs are continuing to pay for them!" (Kendall/Ainsworth 1997a, S. 6). Untersuchungen zu schulischen Nutzungsstrategien im Kontext der Literacy und Numeracy Projects sowie der Initiativen der LEAs und des CEM-Centre konnten ebenfalls nicht recherchiert werden – bis auf eine Studie im Rahmen des ALIS-Projektes, die ein sehr oberflächliches Bewusstsein für die widergespiegelten Daten offenbart: Reports wurden kaum gelesen und selten als Ausgangspunkt für Steuerungsaktivitäten genutzt (vgl. Williamson/Fitz-Gibbon 1990).

Obgleich Forschungsdefizite vielfach formuliert werden, gibt es dennoch erste Hinweise auf schulische Nutzungsstrategien, z.B. im Rahmen der QUASE-Studie. Das Forschungsprojekt ‚**Schools' use of value added data**' von Saunders und Rudd bezieht sich direkt auf QUASE mit dem Ziel herauszufinden, unter welchen Umständen Value-added-Analysen eine Bedeutung für Schulentwicklungsprozesse und die Anhebung von Leistungen in verschiedenen institutionellen Zusammenhängen haben. „What head teachers and staff did with the analyses when they arrived in schools was something we mostly either took for granted or did not think about" (Saunders/Rudd 1999, S. 4). Ergebnisse einer Studie aus den frühen neunziger Jahren (Harris u.a. 1997, Wikeley 1998) sowie die Resultate einer Fallstudie zur Datennutzung an einer Schule (West/Moore 1998) wurden ebenfalls in das Projekt einbezogen, um den Stand der bisherigen Forschung zu identifizieren. Die Erkenntnisse beziehen sich zum einen auf charakteristische organisatorische und/oder pädagogische Merkmale, die förderlich für den Umgang mit Daten sind. Dazu gehören u.a. eine systematische Prüfung der Test- und Prüfungsergebnisse, die Akzeptanz von Wandel und Innovation, eine effektive interne Kommunikation, die Weiterleitung von Aufgaben an KollegInnen sowie die aktive Einbeziehung der SchülerInnen in die Reflexion ihrer Ergebnisse. Zum anderen wurden Probleme auf der mikropolitischen und schulklimatischen Ebene schulischer Organisationen deutlich, die sich als Misstrauen gegenüber externen, quantitativen Daten sowie als Wahrnehmungsunterschiede der Ergebnisse aus Sicht der Schulleitung und der Lehrkräfte beschreiben lassen. Diese Effekte werden aber immer mehr abgelöst durch einen vertrauteren Umgang mit Daten, mehr Diskussionen über Fragen, die die Daten aufwerfen, den verstärkten Gebrauch der Ergebnisse für die curriculare Planung auf schulischer und Klassenebene sowie durch den Nutzen für die SchülerInnen bezüglich der Wahrnehmung und Kenntnis ihres Leistungsstands. Die von Saunders und Rudd in diesem Kontext selbst durchgeführte Untersuchung ist eine kleine qualitative Fallstudie an neun QUASE-Schulen. Untersucht wurde, wie Value-added-

Informationen als Ausgangspunkt für Innovationen und Veränderungen sowie als Managementinstrument genutzt werden. Die AutorInnen halten folgende Ergebnisse fest:

- Daten sprechen nicht für sich selbst, d.h. die Interaktion zwischen Messinhalten und -techniken sowie dem Erfahrungshintergrund, dem Wissen und den Fähigkeiten, Werten und Einstellungen der Informationsempfänger im Kontext der komplexen und inhomogenen Organisation Schule ist zu berücksichtigen. Daten wurden in diesem Sinne häufig dann gebraucht, wenn es in der Schule eine Person gab, die an den Daten interessiert war und sich für ihre Weiterleitung verantwortlich fühlte und die in der Lage war, die technischen Aspekte den KollegInnen zu vermitteln. Schulen waren auch dann produktiv im Umgang mit Daten, wenn sie bereits mehrere Jahre an dem QUASE-Projekt teilgenommen und wenn sie schon einmal Interpretationshilfen und Fortbildungen erhalten hatten.

- Es scheint nicht so zu sein, dass die Datenrückmeldung eine schulische Kultur systematischen Datengebrauchs initiiert: „[...] it seemed rather the other way round, that the culture determined what use was made of the data" (Saunders/Rudd 1999, S. 28).

- Einige Schulleitungen schienen vertraut mit einem strategischen Gebrauch der Daten. Ausgewählte Informationen wurden so zusammengestellt, dass sie für die KollegInnen als ‚manageable' erschienen. Dieser Aspekt wird im vorliegenden Bericht allerdings nicht weiter ausgeführt.

- Die Studie macht deutlich, wie schnell sich der bildungspolitische Kontext in England verändert. Als die Studie im Sommer 1998 durchgeführt wurde, mussten Schulen auf die neuen Leistungsberichte ‚Autumn Package' und ‚PANDA' reagieren sowie Instrumente für die von der Schulinspektion geforderte und überprüfte schulinterne Evaluation entwickeln. „At the same time, school staff felt there was a huge amount to keep up with, and felt impelled to make choices about what to prioritise" (Saunders/Rudd 1999, S. 29). Hinzu kommt, dass der Gebrauch der Begrifflichkeiten, wie etwa ‚value added', unsicher ist und einzelne Studien und Datensätze verwechselt wurden. Viele Schulen scheinen mit der Entwicklung einer eigenen Testkultur überfordert zu sein.

Saunders und Rudd unterstreichen den ‚snapshot'-Charakter ihrer Studie; das Bild könne sich im Laufe der Zeit wandeln und bedürfe weiterer Forschung. Zudem sind den uns vorliegenden Materialien lediglich Schlussfolgerungen zu entnehmen, die eher an der ‚Oberfläche' der Frage nach der Ergebnisnutzung bleiben. Wie die neun Schulen im Einzelnen mit den Daten umgegangen sind, wird so gut wie nicht beschrieben.

Nicht nur aus Forschersicht wendet man sich der Diskussion um die Berechnung von Leistungszuwachs-(‚value-added')-Werten zu. Auch die Bildungspolitik beschäftigt sich in England seit Beginn der neunziger Jahre mit diesem Thema (vgl. Saunders 1999, S. 52 ff.). 1995 wurde das ‚Value-Added National Project' mit dem Ziel der Beratung des Ministers bezüglich der Entwicklung eines nationalen ‚value-added'-Report-Systems an Schulen auf der Basis früher erreichter Leistungen begonnen. Dieses System sollte statistisch valide, für Informationsempfänger unmissverständlich und nicht zu belastend und aus Sicht der Steuerzahlenden kosteneffektiv sein. Zu den Methoden dieser Felderprobung gehörten u.a. die Durchführung großflächig angelegter statistischer Tests in Verbindung mit Value-added-Rückmeldungen, Umfragen und Fragebogenuntersuchungen, Treffen mit VertreterInnen von LehrerInnen-Vereinigungen und mit teilnehmenden Schulen. Zwei wesentliche Anwendungen wurden ‚vorgedacht': Der Gebrauch der Daten für das schulinterne Management sowie für die öffentliche Rechenschaftslegung. Letzteres stellt eine Perspektive dar, die man in Deutschland nicht kennt. Ein Kapitel des Final Reports (Fitz-Gibbon 1997) beschäftigt sich mit dem möglichen Gebrauch der Daten. Problematisch erscheint dabei die Tatsache, dass für die Berechnung der Leistungszuwächse ausschließlich frühere Leistungsergebnisse einbezogen werden; weitere Kontextmerkmale finden keine Berücksichtigung. „The discussion with teachers will include a search for the possible reasons for the relative lack of progress of some pupils" (Fitz-Gibbon 1997, S. 57). Ansatzpunkte für mögliche Ursachen und Erklärungen können die Rückmeldungen allerdings kaum liefern. Saunders und Rudd verweisen in diesem Kontext auf eine Studie, die im Auftrag der ‚Qualifications and Curriculum Authority' (QCA) in der Folge des Reports von Fitz-Gibbon durchgeführt wurde, bei der speziell schulische Nutzungsstrategien untersucht werden sollten. Der Untersuchungsbericht ist allerdings bisher – so zeigte eine Anfrage bei QCA – nicht veröffentlicht worden. Festzuhalten bleibt, dass in Folge des Value-added National Projects mittlerweile Value-added-Informationen im Zuge der regelmäßigen Assessments an die Schulen rückgemeldet und auch veröffentlicht werden. Eine nationale Datenbank wird unter der Leitung der National Data Collection Agency aufgebaut, um individuelle SchülerInnen-Daten zu sammeln und Value-added-Werte zu berechnen und für die verschiedensten Einrichtungen des Bildungssystems verfügbar zu machen.

Auf der Homepage der NFER findet sich eine Studie unter dem Titel **„How Do Schools Use National Curriculum Test Results?"**. Diese Untersuchung bezieht sich auf die regelmäßig an alle Schulen rückgemeldeten Testergebnisse, in diesem Fall speziell auf die Key Stages 1 und 2 (7 und 11 Jahre) im Rahmen der Primarstufe, für die allerdings derzeit noch keine offiziellen Value-added-Informationen mitgeteilt werden; deshalb bezieht sich die Studie mehr oder weniger auf den Umgang mit Rohdaten. Sie basiert auf einer Fragebogen-Untersuchung im Mai 1998 und September 2000 an 415 Schulen, um Entwicklungen im Umgang mit Daten deutlich zu machen. Die Ergebnisse zeigen – so die AutorInnen – die herausragende momentane Bedeutung der National Curriculum-Resultate: „There is a clear evidence that such results are widely used, and that this use has become significantly greater over the last two years" (Ashby/Sainsbury 2001, S. 23). Die Ergebnisse werden im Wesentlichen dazu verwandt, Stärken und Schwächen zu identifizieren, diese in Ziele auf Schul-, Klassen-, Gruppen- und individueller Ebene umzuwandeln und die Information in die curriculare Planung und die Personalentwicklung einzubauen. Zudem werden die Resultate an den meisten (90% der befragten) Schulen in die Schulentwicklungsprogramme implementiert. Im Bereich des ‚curriculum management and planning' wurde bei den beteiligten Schulen differenzierter nachgefragt, mit folgendem Ergebnis: In den meisten Schulen wurden die erreichten Leistungen überprüft und Vergleiche zu den Ergebnissen der Vorjahre gezogen (‚year-on-year comparisons'). Knapp die Hälfte der Schulen verglich ihre Ergebnisse mit anderen Schulen. Etwa 40% der Schulen evaluierten, ob sie die Inhalte des nationalen Curriculums angemessen im Unterricht behandelt hatten. Am seltensten wurde die Nutzung für die Leistungsdifferenzierung benannt.

Diese erste Übersicht über die Literatur und die Ergebnisse zur Forschung über Nutzungsstrategien im englischen Bildungssystem zeigt ein noch recht unsystematisches Bild. Es wird jedoch deutlich, dass man sich in England der Bedeutsamkeit dieses Themas bewusst ist, es aber schwierig ist, die vielen Initiativen im Bereich der Leistungsmessung, -rückmeldung und -nutzung zu erfassen und zu evaluieren, zumal man sich in England über die weiteren Entwicklungen in diesem Kontext selbst nicht ganz im Klaren ist: „It is not easy to see what the national picture will be in a few years time [...]" (Schagen 1998, S. 5). Dennoch scheint es sich zu lohnen, die Fortschritte auf diesem Gebiet – nicht nur mit Blick auf die englische Situation – eingehender zu betrachten und zu verfolgen.

4. Ausblick

Als Fazit ergibt sich, dass großflächige Leistungsmessungen bisher vor allem zur Systemsteuerung (‚system monitoring') eingesetzt wurden, wofür sie ursprünglich auch konzipiert wurden. Auf der Systemebene bestehen in der Tat auch etliche Möglichkeiten, das durch solche Untersuchungen erzeugte Wissen zu nutzen, z.B. zur

- Lehrplanrevision,

- zu landesweiten Entwicklungsprojekten, wie in Deutschland vor allem das BLK-Projekt ‚Sinus' zur Erneuerung des Mathematikunterrichts,

- zu fach- und allgemeindidaktischen Beratungs- und Unterstützungsangeboten der Landesinstitute,

- zur LehrerInnenfortbildung oder

- zur Entwicklung innovativer Curriculummaterialien.

Das Bewusstsein, dass großflächige Leistungsmessungen auch für einzelschulische Entwicklungsaktivitäten nützlich sein könnten, wächst vor allem auf Seiten der Schulen. Auch hier liegen einige Handlungsmöglichkeiten nahe, die Datenrückmeldungen als Steuerungswissen bzw. Anlässe für Unterrichtsentwicklung zu nutzen, z.b. durch

- die Schulleitung,

- Fachkonferenzen,

- Klassenteams,

- innerschulische Steuergruppen,

- die Schulaufsicht oder auch durch

- die Schulkonferenz.

Die Verbindung zwischen den beiden ‚Welten' der Politik und Administration (‚Systemsteuerung') einerseits und der Einzelschulen (‚Schulentwicklung') andererseits ist bisher höchst unklar. Wir wissen bisher wenig über das Verhältnis von außerschulischen Rückmeldungen und innerschulischer Nutzung. Deshalb besteht ein zunächst immenser Experimentier- und Forschungsbedarf. Alles, was bisher bekannt ist, besteht aus Erfahrungswissen und theoretischer Spekulation. Deren Triftigkeit müsste empirisch überprüft werden, z.B.

- Welche Rückmeldeformate kommen wie an?

- Welche Rückmeldestrategien führen zu produktiver innerschulischer Verarbeitung?

- Welche Form der Unterrichtsentwicklung führt zur Verbesserung von SchülerInnenleistungen?

- Was bewirkt die Einbeziehung von SchülerInnen in die Dateninterpretation?

- Welche Strategie der Unterrichtsentwicklung ist Erfolg versprechend, eine fachbezogene oder eine auf die Lehrkräfte einer Klasse bezogene Kombination?

- Was bedeutet es, wenn die Schulaufsicht die Schul- bzw. die Klassenergebnisse erhält bzw. was macht den Unterschied, wenn sie diese nicht erhält?

Domäne der Large-Scale-ForscherInnen ist plausiblerweise die Gestaltung (und durchaus auch Erforschung) der Rückmeldungen von Schulergebnissen. Domäne der Schulentwicklungsforschung ist die Erforschung der innerschulischen Verarbeitung der Ergebnisrückmeldungen. Interessanter noch ist die Erforschung des Verhältnisses dieser beiden Seiten zueinander. Fraglos bedarf die Klärung der Frage, welche konkrete Bedeutung großflächige Leistungsuntersuchungen für die Schulentwicklung haben, einer verstärkten Zusammenarbeit der empirischen Schulleistungsforschung und der Schulentwicklungsforschung:

„If practitioners can see and make links between school effectiveness and school improvement, surely it is time for researchers studying the two areas to do the same and to work with schools to develop a deeper and more meaningful understanding of the research and its implications for practice." (Stoll 1996, S. 51-52)

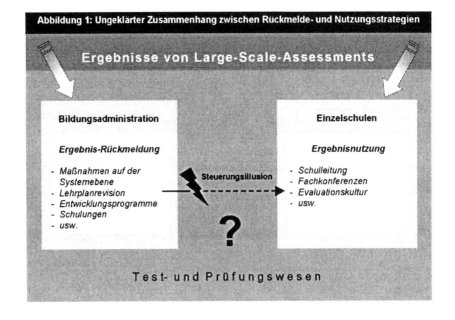

Abbildung 1: Ungeklärter Zusammenhang zwischen Rückmelde- und Nutzungsstrategien

Literatur[3]

Ackeren, Isabell van/Klemm, Klaus: TIMSS, PISA, LAU, MARKUS und so weiter. Ein aktueller Überblick über Typen und Varianten von Schulleistungsstudien. In: Pädagogik 12/2000a, S. 10-15

Ackeren, Isabell van/Klemm, Klaus: Liberté oder Egalité. Zwischen Wettbewerb und Gleichheit: Wie andere europäische Länder mit den Ergebnissen von Leistungsstudien in der Schule umgehen. In: Süddeutsche Zeitung, 28.11.2000b, S. V2/12

Ashby, John/Sainsbury, Marian: How Do Schools Use National Curriculum Test Results? A survey of the use of National Curriculum test results in the management and planning of the curriculum at key stages 1 und 2. Online unter: www.nfer.ac.uk/summary/aic.htm

Broadfoot, Patricia: Empowerment or Performativity? English Assessment Policy in the late twentieth Century. Brighton 1999. Online unter: www.leeds.ac.uk/educol/documents/00001216.htm

Bruggen, Johan C. van: Qualitätsentwicklung durch zentrale Tests? Das Beispiel Niederlande. In: Pädagogik 12/2000, S. 28-31

dpa – Dienst für Kulturpolitik: Rößler: Schul-Rankings werden bundesweit Schule machen. In: dpa 3/2001, S. 22-23

Fitz-Gibbon, Carol Taylor: The Value Added National Project Final Report. Feasibility studies for a national system of value-added indicators. Durham 1997. Online unter: www.qca.org.uk/ca/5-14/durham_report.pdf

Forum Bildung: Qualitätsentwicklung und Qualitätssicherung im internationalen Wettbewerb. Vorläufige Empfehlungen und Expertenbericht. Bonn 2001

Foxman, Derek: Educational league tables: For promotion or relegation? A review of the issues. London 1997

Goldstein, Harvey u.a.: Using pupil performance data for judging schools and teachers: scope and limitations. London 1999. Online unter: www.ioe.ac.uk/hgpersonal/Using-value-added-information.pdf

Helmke, Andreas: Von der externen Leistungsevaluation zur Verbesserung des Lehrens und Lernens. In: Trier, Uri Peter: Bildungswirksamkeit zwischen Forschung und Politik. Chur und Zürich 2000a, S. 135-164

Helmke, Andreas u.a.: Erster Ergebnisbericht MARKUS. Mathematik-Gesamterhebung Rheinland-Pfalz: Kompetenzen, Unterrichtsmerkmale, Schulkontext (herausgeben von der Universität Landau und dem Zentrum für empirische pädagogische Forschung). Landau 2000b. Online unter: www.rhrk.uni-kl.de/~zentrum/markus/markus.html
oder www.bildung.rp.schule.de/LMZ/qualitaetsmanagement/index.html

Helmke, Andraes: Internationale Schulleistungsvergleichsforschung. Schlüsselprobleme und Perspektiven. In: Zeitschrift für Pädagogik 2/2001, S. 155-160

---

3 Stand der Internetrecherche: März 2002.

Kendall, Lesley/Ainsworth, Lara: Examination Results in Context. York 1997a. Online unter: www.leeds.ac.uk/educol/documents/000000503.htm

Kendall, Lesley/Ainsworth, Lara: Examination results in context. Report on the analysis of 1996 examination results. London 1997b

Klemm, Klaus: Large scale assessments in einem modernisierten Bildungssystem. In: Die Deutsche Schule 3/2000, S. 329-328

Klemm, Klaus/Schratz, Michael: Leistungstests und Schulentwicklung. In: Journal für Schulentwicklung 2/2001, S. 4-8

Klieme, Eckhard/Baumert, Jürgen/Schwippert, Knut: Schulbezogene Evaluation und Schulleistungsvergleiche – Eine Studie im Anschluss an TIMSS. In: Rolff, Hans-Günter u.a.: Jahrbuch der Schulentwicklung. Band 11. Weinheim und München 2000, S. 387-419

Klieme, Eckhard/Köller, Olaf/Stanat, Petra: TIMSS und PISA: Von der Untersuchung fachlichen Lernens zur Analyse allgemeiner Kompetenzentwicklung. In: Journal für Schulentwicklung 2/2001, S. 18-32

Klug, Christian/Reh, Sabine: Was fangen die Schulen mit den Ergebnissen an? Die Hamburger Leistungsvergleichsstudie aus der Sicht ‚beforschter‘ Schulen. In: Pädagogik 12/2000, S. 16-21

Murphy, Roger: Drawing outrageous conclusions from national assessment results: Where will it all end? Lancaster 1996. Online unter: www.leeds.ac.uk/educol/documents/000000053.htm

Peek, Rainer: Rückmeldestrategien als Element der Qualitätsentwicklung durch großflächige Tests. In: Journal für Schulentwicklung 2/2001, S. 55-64

Rolff, Hans-Günter: Was bringt die vergleichende Leistungsmessung für die pädagogische Arbeit in Schulen? In: Weinert, Franz E. (Hg.): Leistungsmessungen in Schulen. Weinheim und Basel 2001, S. 337-352

Saunders, Lesley: 'Value added‘ measurement of school effectiveness: a critical review. NFER, 1999

Saunders, Lesley/Rudd, Peter: Schools‘ use of ‚value added‘ data: a science in the service of an art? Brighton 1999. Online unter: www.nfer.ac.uk/conferences/valueadd.htm

Schagen, Ian: Adding Value with Value-Added. London 1998. Online unter: www.nfer.ac.uk/conferences/value.htm

Sebba, Judy/Loose, Tina: Examples of schools' approaches to collecting data. York 1997. Online unter: www.leeds.ac.uk/educol/documents/ 000000353.htm

Stoll, Louise: Linking School Effectiveness and School Improvement: Issues and Possibilities. In: Gray, John u.a.: Merging Traditions. The future of research on School Effectiveness and School Improvement. London 1996, S. 51-73

Tillmann, Klaus-Jürgen: Leistungsvergleichsstudien und Qualitätsentwicklung – oder: Auf dem Weg zu holländischen Verhältnissen?. In: Journal für Schulentwicklung 2/2001, S. 9-17

Williamson, Jack/Fitz-Gibbon, Carol Taylor: On the lack of impact of information. In: Educational Management and Administration 1990/1, S. 37-45

Whetton, Chris/Twist, Elizabeth/Sainsbury, Marian: National Tests and Target Setting: Maintaining Consistent Standards. New Orleans 2000. Online unter: www.leeds.ac.uk/educol/documents/00001422.htm

Wolfgang Böttcher/Wolfgang Klemm

Kann man Schule verändern?
Eine Skizze gegen den Voluntarismus
in der Schulreform

Dieser Beitrag nimmt die Unzufriedenheit mit der Schule zum Anlass, nach Möglichkeiten einer Schulreform zu fragen, die mehr ist als Stückwerk. Anknüpfend an – allgemeine – Antworten auf die Frage, wie ‚Schule' als ein System von Organisationen (Einzelschulen) gesteuert wird, schließen wir auf wenigstens drei Maßnahmen, die einschneidende Effekte generieren würden. Zum einen müssten Kernziele schulischer Aktivitäten konkret und überprüfbar beschrieben werden: Die Standardisierung der Organisationsziele. Zum zweiten müssten die ‚Professionals' der Organisation nicht nur in die Lage versetzt werden, diese Ziele zu erreichen, sie müssten auch auf sie verpflichtet werden: Die Verbindlichkeit des Arbeitsauftrags. Im Ergebnis müssten drittens die Standardisierung der Organisationsziele sowie die Verbindlichkeit des Arbeitsauftrags auch nachgehalten werden, und zwar in einer für Externe offenen und nachvollziehbaren Weise: Die Möglichkeit zum ‚Scheitern'. Diese Imperative würden die Situation im Unterricht deutlich verändern; initiiert werden kann diese Veränderung allerdings nur auf der obersten Ebene der Steuerungshierarchie – wahrscheinlich nicht zum Schaden der Lehrerschaft.

1. Die Unzufriedenheit mit der Schule

Ihre Analyse, die der Frage nachgeht, ob sich Schule lohnt, ob, mit anderen Worten, Aufwand und Nutzen der schulischen Bildung stimmen, beginnen Block und Klemm mit einem knappen Kapitel, das sie wie folgt überschreiben: „Gefühle: Alle sind unzufrieden" (1997, S. 7).

Die Unzufriedenheit mit der Schule hat Tradition. Forderungen nach Reformen begleiten den Prozess ihrer Institutionalisierung. Klagen darüber, dass Schulabsolventen nicht das gelernt hätten, was sie hätten lernen sollen, dass das Niveau der Leistungen der Schüler gesunken oder Verhaltensziele nicht erreicht seien, wurden „zu allen Zeiten" vorgebracht (Block/Klemm 1997, S. 74; vgl. Keller 1989, S. 94). Eine solche Gefühlslage ist also keinesfalls originell und lässt sich bis „Sumer, Babylon, Ägypten, Griechenland, Rom und dem europäischen Mittelalter" zurückverfolgen (ebd.).

Nichts Neues also, wenn aktuell das Thema einer notwendigen Schulreform auf der Agenda steht?

Harte empirische Befunde rechtfertigen die schlechte Stimmung. So berichten Lehmann u.a. (1995) über eine international vergleichende Untersuchung zum Leseverständnis und zu Lesegewohnheiten: „Innerhalb der O-ECD-Gruppe [...] nimmt Ostdeutschland unter den 19 berücksichtigten Systemen nur den achten und Westdeutschland sogar nur den zwölften Rang ein" (Lehmann u.a. 1995, S. 218). Dabei ergibt sich ein zusätzliches Problem, wenn man die unverhältnismäßig hohe Leistungsstreuung betrachtet.

Die Ergebnisse der TIMS-Studie (Third International Mathematics and Science Study der International Association for the Evaluation of Educational Achievement (IEA)) demonstrieren ein Leistungsniveau von Schülern in Mathematik und naturwissenschaftlichen Schulfächern, das sie – cum grano salis – ins Mittelfeld, teilweise ins untere Mittelfeld platzierte (vgl. Baumert/Bos/Lehmann 2000a, 2000b). Setze man den zeitlichen Aufwand für Unterricht und das Nichtwissen bei Schülern in Relation, so ergäbe sich „fürwahr ein Skandal", wie Heinrich meint (1998, S. 49).

Auch die Ergebnisse der IEA-Studie zur Politischen Bildung (Torney-Purta u.a. 2001) geben „genügend Anlass für Erregung und bildungspolitische Maßnahmen" (Oswald 2001, S. 333). Denn auch in dieser Studie, die sowohl Wissen als auch Partizipationsbereitschaft von 14-Jährigen in 28 Ländern untersucht, kommen die deutschen Schüler nicht über einen Platz im Mittelfeld hinaus. Und nun erschrecken die PISA-Ergebnisse (Programme for International Student Assessment) Öffentlichkeit und Politik: Deutsche Schüler landen auch im Hinblick auf ihre Lesekompetenz im unteren Mittelfeld und sind kaum fähig, fachliche Konzepte zu verstehen und anwendungsorientiert umzusetzen. Dass auch die leistungsstärksten deutschen Schüler nur Mittelmaß sind und dass das deutsche Schulsystem versagt, wenn es um eine Entkoppelung von sozialer Herkunft und Schulerfolg geht, sind weitere alarmierende Befunde. Last but not least: Dass das Schulwesen nicht nur eine beträchtliche Zahl von Schülern ohne Abschluss entlässt, sondern dass auch viele der Schüler, die einen Abschluss erhalten, minimale Kompetenzniveaus nicht oder gerade eben erreichen, kann als Skandal gewertet werden: Dass die deutsche Schule etwa 25% der Schüler von Lebenschancen abschneidet, ist mehr als nur ein eklatantes Defizit eines öffentlich hoch subventionierten Systems (vgl. OECD 2001).

Wenn Bundespräsidenten bildungspolitische Aufbrüche fordern, wenn Tageszeitungen oder Nachrichtenmagazine Schulen in der Krise sehen, wenn Arbeitgeber kaum ein gutes Haar an Absolventen lassen, wenn Professoren vom Können der Abiturienten enttäuscht sind und wenn schließlich die Bevölkerung am Nutzen der öffentlichen Bildungsinvestitionen zweifelt, dann können auch Eltern nicht zufrieden sein: Ein Fazit einer repräsentativen Befragung: „So wenige Eltern wie noch nie geben [...] an, dass ihr Kind gern zur Schule gehe" (IFS 2000, S. 23).

Befunde und Stimmungen müssen beunruhigen. Schließlich deuten sich auch Alternativen zur Dominanz der staatlichen Schule an: durch die Erschließung neuer Lernorte, interaktive und multimediale Lernprogramme, zunehmende Überlegungen zugunsten einer Privatisierung bestimmter pädagogischer Dienstleistungen und realer Erfolge privater Bildungsanbieter, die es zum Beispiel mit relativ geringem Aufwand schaffen, potenzielle ‚Sitzenbleiber' in gute Schüler zu verwandeln. Wem am öffentlichen und staatlichen Schulsystem gelegen ist, wird umfassende Reformen anstreben müssen. Auch Verteidiger der real existierenden Schule konzedieren erheblichen Reformbedarf. Brügelmann – für Deutschland – stellt fest, dass eine Relativierung der Schulkritik keinesfalls bedeute, „man brauche nichts zu tun" (1999, S. 158). Und die wohl prominentesten Verteidiger der US-amerikanischen Schule, der es nicht viel anders als der deutschen geht, schreiben über die Schulen: „Indeed, they face serious problems, and their programs and achievements vary enormously" (Berliner/Biddle 1995, S. 344). Und weiter: „The task of improving our schools remains a serious and ongoing challenge for Americans" (ebd.).

Man wird zusammenfassend feststellen können, dass sich eine ganz beträchtliche Unzufriedenheit der ‚Kunden' und ‚Auftraggeber' der Schule feststellen lässt, die ein Wirtschaftsunternehmen, das Konkurrenten ausgesetzt ist, in Panik versetzen würde – wenn es womöglich nicht schon zu spät wäre.

Programmatiken voller Reformeifer finden sich reichlich. Aber sie beschränken sich häufig auf ‚Makulatur-Reformen' – Schulzeitdauer, Abschlüsse, PC-Ausstattung, Klassengrößen u.ä. – oder sie strotzen vor Allgemeinplätzen und jonglieren meist unkritisch mit Versatzstücken des pädagogischen Mainstream – Schlüsselqualifikationen, Bildung, Zukunftssicherung, Schülerorientierung u.ä. (vgl. Ballauf 2001). Es fehlen Ansätze, die bestimmte Axiome des Schulsystems hinterfragen und es fehlen Vorstellungen darüber, wer denn nun die Akteure einer Schulreform sind und was sie genau tun sollen. Wenn Politik sich auf das Umsetzen, das Machen beziehen und sich nicht nur in Verlautbarungen erschöpfen soll, wird eine profunde Analyse der Schule als Organisation und Institution nötig. Auch wenn die Pädagogik in der pädagogischen Interaktion den praktischen und analytischen Fokus einer Schulreform sieht, so muss klar bleiben, dass das Handeln der Akteure den Imperativen eines Systems und seiner ‚Gesetze' untergeordnet ist. Wirksame Reformen, so könnte man mit Zech folgern, „liegen daher auf der Strukturebene und nicht auf der Interaktionsebene" (1999, S. 180). Bevor sich in der Praxis – auch und gerade in der pädagogischen Praxis – Einschneidendes verändern kann, muss man wissen, wie die Organisation funktioniert und worauf genau Veränderungen abzielen sollen.

Bislang jedenfalls wird man die Frage, die Carle kürzlich aufwarf: „Was bewegt die Schule?" (2001), nur mit einem Schulterzucken beantworten können und der Feststellung: Schule bewegt sich nicht oder doch fast nicht. Die „Veränderungsresistenz der Schule" (Zech 1999) lässt sich kaum schöner beschreiben als mit dem Bonmot, dass sich sogar die Kirche schneller wandle als die Schule.

Kann man Schule wirklich nicht verändern? Die vorliegende Skizze ist tentativ und – natürlich – selektiv. Aber sie befasst sich insofern entschieden mit dem Thema, als hier erstens die Annahme unterstellt wird, eine durchgreifende Reform sei nötig. Die zweite Annahme ist, dass sie möglich ist, wenn man von grundlegenden Selbstverständlichkeiten der bisherigen Steuerung bzw. Führung des Systems Abschied nimmt. Damit ist freilich eine anspruchsvolle Bedingung formuliert, wie wir sehen werden.

2. Ein Modell schulischer Steuerung

In der Managementlehre ist es üblich, Phänomene um die Steuerung bzw. Führung von Systemen unter Bezugnahme auf kybernetische Kategorien zu untersuchen. Kirsch (1991) vertritt sogar die These, dass jegliche in der Literatur zu findende Aussage zum Thema Führung einen mit kybernetischen Kategorien beschreibbaren Kern erkennen lässt. Diesen Ansatz wollen wir im Folgenden aufgreifen.

Ausgangspunkt ist, Organisationen als soziale Systeme zu betrachten, in denen einzelne Systemelemente in vielfältigen und wechselseitigen Beziehungen stehen. Rückt nun das Thema Steuerung in das Zentrum der Betrachtung, so wird in dieser Sichtweise der Regelkreis als Beschreibungsschablone herangezogen. In seiner einfachsten Form besteht ein Regelkreis aus einem Regler und einer Regelstrecke, wobei der Regler die Regelstrecke steuert. Dazu gibt der Regler der Regelstrecke Führungsgrößen (Soll-Größen) als Vorgaben. Die Regelstrecke gibt ihrerseits Stellgrößen (Output-Größen) als Rückmeldung.

Natürlich lässt sich dieses einfache Bild auf vielfältige Weise verfeinern (vgl. abermals Kirsch 1991). Für unsere weiteren Überlegungen wollen wir uns auf die Betrachtung eines zweistufigen Regelkreises beschränken. In einem solchen zweistufigen Regelkreis gibt es einen Regler auf höherer Ebene, der eine (höhere) Regelstrecke in der beschriebenen Weise steuert. Diese höhere Regelstrecke ist nun ihrerseits ein Regler auf niedrigerer Ebene und steuert als solcher eine Regelstrecke auf niedrigerer Ebene.

Wir wollen das Bild des zweistufigen Regelkreises heranziehen, um Steuerungsproblematiken im Schulbereich zu systematisieren. Wir wollen dabei das Schulsystem als Regelkreis niedrigerer Ordnung auffassen und dadurch die Steuerungsproblematik *im* Schulsystem adressieren. Ein Teil der beschriebenen Defizite geht jedoch über die Steuerung *im* Schulsystem hinaus. Den Regelkreis höherer Ordnung werden wir heranziehen, um die Steuerung *des* Schulsystems als Ganzes zu behandeln.

Hierzu haben wir zwei der Grundbausteine des Regelkreises für unsere Zwecke definiert: Regler und Regelstrecke. Schulen konstituieren die Regelstrecke auf niedriger Ebene. Sie werden durch eine Steuerungshierarchie von Verwaltungen (vgl. Bellenberg/Böttcher/Klemm 2001) geführt – dem Regler auf niedriger Ebene. Diese Steuerungshierarchie unterer Behörden ist ihrerseits aber auch Regelstrecke auf höherer Ebene und wird als solche durch einen korrespondierenden Regler geführt – durch den Staat. Offen bleibt vorerst, was denn Führungs- und Stellgrößen in diesen Regelkreisen sind.

3. Die Standardisierung der Kernaufgaben: Der Blick auf Ergebnisse

Das Ausmaß der Erreichung von Lernzielen wird bei Abschluss eines Bildungsgangs in den einzelnen Bundesländern und nach Schultypen auf unterschiedliche Weise festgestellt; z.T. durch die Vergabe eines Abschlusszeugnisses ohne vorangehende Abschlussprüfung, z.T. durch von der Schulaufsicht – was die Aufgabenstellung angeht – kontrollierte Abschlussprüfungen seitens der einzelnen Schulen, z.T. durch Zentralprüfungen (vgl. Klemm 1998). Diese unterschiedlichen Verfahren lassen einen breiten Korridor bei der Erreichung von Standards zu. In der neueren Schulforschung und Schulpolitik wird besonders angemahnt, dass eine stärkere „Produktkontrolle" nötig sei. Es wird bereits vom Paradigmenwechsel von der Inputorientierung (, die sich auf die Sicherung von Ressourcen wie Personal, Geld, Zeit verließ) zur Outputorientierung (, die wissen will, was Schüler tatsächlich gelernt haben) gesprochen (vgl. Helmke 2001). In kybernetischen Kategorien wandeln sich damit die Führungs- und Stellgrößen von zugeteilten Inputs und einer entsprechenden (kameralistischen) Budgetkontrolle zu outputorientierten Vorgaben.

Wenn aber die Vorstellung davon fehlt, wie das Ergebnis auszusehen hat und welche Kriterien es erfüllen muss, gerät die Steuerung durch einen erwünschten Output schon innerhalb des Systems Schule vage und relativ beliebig. Schließlich entziehen sich dabei die Stellgrößen einer klaren Messung. Sie sind ungeeignet, entsprechende – korrigierende oder verstärkende – Maßnahmen zu begründen. Dies gilt umso mehr, als derartige Maßnahmen im Regelfall kontrovers sein dürften. Schlimmer noch wiegen diese Defizite bei der Steuerung des Schulsystems als Gesamtheit. Hier ergibt sich unter anderem die Eigenart, dass das Schulsystem die ‚zurückgemeldeten' Stellgrößen selbst definiert und natürlich auch selbst ausfüllt. Sie entziehen sich (heute) einer unabhängigen Überprüfung. Letztlich ist es somit das Schulsystem selbst, welches ex post entscheidet, ob es seine Ziele erreicht hat. Dem Externen verbleibt, ein Unbehagen zu spüren. Möglichkeit zu einer harten Kontrolle, wie sie Lehrer ihren Schülern zumuten, hat er nicht.

Interessanterweise kennt die deutsche Diskussion erst seit kurzem überhaupt eine relativ fundierte Antwort auf die Frage, was Schüler wissen und können. Was Schüler tatsächlich lernen, ist in Deutschland weder wissenschaftlich hinreichend erforscht, noch politisch ein Thema für seriöse Nachfrage gewesen. Nur internationale Vergleichsstudien, an denen Deutschland bis in die jüngste Vergangenheit eher unengagiert teilnahm, liefern einige Fakten. Mit Blick auf den nationalen Kontext ist festzustellen, dass offenbar nur wenig Wissen über Schule und ihre Wirkungen generiert wurde. So stellen Block und Klemm in ihrer oben zitierten Studie fest: „Bei der Durchsicht der deutschen Forschungsliteratur hat uns überrascht, wie spärlich die Befunde zu den Effekten institutionalisierter Bildung ausfallen" (Block/Klemm 1997, S. 11). Wir sehen dies als Bestätigung der These, dass outputorientierte Stellgrößen nur unzureichend existieren.

Eine (relativ) genaue Vorstellung vom ‚Produkt' muss durch eine Standardisierung der Produktkriterien – als Arbeitsvorgabe und insofern als Führungsgröße – generiert werden, und zwar für das Schulsystem so wie auch innerhalb des Schulsystems. Auf die Arbeitsvollzüge muss deutlich weniger steuernd eingegriffen werden, wenn eine Organisation (die Organisationseinheit oder eine Institution) die Aufgabe hat, (sinnvolle und ggf. abgestimmte) Vorgaben zu erfüllen; dann können die Operationen (Prozessebene) von den Akteuren verantwortet werden – je mehr, desto höher ihre Professionalität und je komplexer der Produktionsprozess.

Das grundsätzliche Manko für eine Steuerung der Schule und des Schulsystems lässt sich auch als Defizit der Pädagogik beschreiben: Was Schüler genau lernen *sollen,* was mittels Erziehungs-, Bildungs- oder Qualifizierungsprozesse, was also mittels absichtsvoller, methodisch angelegter, organisierter und professionell ausgeführter *pädagogischer* Intervention erreicht werden *soll*, bleibt im Vagen. Also fehlen – wieder organisationstheoretisch gesprochen – auch Führungsgrößen. Eine zentrale normative Frage einer Theorie der Schule ist nicht beantwortet: Wozu ist die Schule da?

Bei Fend – unbestritten einer der führenden Köpfe der deutschen Schultheorie – fällt diese Frage unter die Überschrift: „Die normativen Dimensionen einer Theorie der Schule". So nämlich nennt er seine knapp 15-seitigen Schlussbemerkungen in seinem ‚Klassiker' Theorie der Schule (1980), einem der Leittexte der modernen Erziehungswissenschaft: „Den Zielpunkt einer Theorie der Schule bildet [...] die Antwort auf die Frage, wie schulische Wirklichkeit gestaltet sein soll und *zu welchen innerschulischen und außerschulischen Zielen sie führen soll* (kursiv W.B./W.K.)" (S. 377). Fend differenziert in drei Teilfragen. Die dritte lautet: „Welche fachlichen und erzieherischen Wirkungen sollte die Schule anstreben und wie kann deren Verwirklichung gesichert werden?" (S. 378). Er fasst zusammen: „Damit sind die zentralen normativen Probleme im Rahmen einer Theorie der Schule angesprochen, deren Entfaltung wir hier nicht mehr zu leisten beanspruchen wollen" (ebd.). In der Folgezeit setzte die Schultheorie kaum zu größeren Höhenflügen an. Und wo der Versuch dennoch unternommen wurde, das Normative zu definieren, erlebte man grimmige Kritik (vgl. z.B. Giesecke 1996, vgl. Fauser 1996). Besonders arg traf es den US-amerikanischen Literaturwissenschaftler Eric Donald Hirsch, der gleich dem rechtsreaktionären politischen Lager zugeschlagen wurde, weil er wohl definiertes fachliches Wissen als Leitziel der Unterrichtung einforderte und einen Wissenskanon erstellte. Dabei geht es nicht darum, gegen eine gewisse Leitfunktion der ‚großen Begriffe' Mündigkeit, Selbstverantwortung oder Aufklärung zu sprechen, sondern deutlich zu machen, dass sie nicht *Ziel*begriffe sein können, sondern Visionen, Utopien, Orientierungsrahmen, nicht jedoch Ziele, die eine Organisation erfüllen kann und auf die sie gar verpflichtet ist. Ziele als, wenn nicht unbedingt im naturwissenschaftlichen Sinn ‚messbare', so doch belegbare Ergebnisse einer Transformation von Inputs durch Prozesse in Outputs, sind entscheidendes Desiderat für eine erfolgreiche Schulreform, allgemeiner: für Qualitätssicherung oder -steigerung eines Systems.

Diese Diskussion kommt erst langsam in Gang. Zwar spricht auch die Bildungskommission NW in diesem Zusammenhang von „zentralen curricularen Vorgaben" (vgl. 1995, S. 144 ff.) als steuerndes Element. Es „sollen die zentralen curricularen Kerne von Fächern und Lernbereichen ausformuliert und in einem ‚Kerncurriculum', bestehend aus Basislehrplänen einzelner Fächer und Lernbereiche, kombiniert werden" (ebd.). Dieses Kerncurriculum könne auf Grundlage geltender Richtlinien und Lehrpläne entwickelt werden (ebd.). Die staatlichen Vorgaben des Kerncurriculums sollen aber, so die Kommission, auf Detailregelungen verzichten. Die Experten der Kommission favorisieren, was man eine weiche Standardisierung nennen könnte.

Gegen solchen Voluntarismus der Auslegung vager – eben nicht detaillierter und inhaltlich gefüllter Vorgaben – argumentieren z.B. Böttcher/Hirsch (1999): Ein Kerncurriculum müsse detailliert und konkret sein. Und weil die Vermittlung dieses Kern-Wissens die Hauptaufgabe der Schule sei, müssen sich Lehrer, Eltern, Wissenschaftlerinnen und Politiker – die Öffentlichkeit – ausführlich mit der Frage befassen, was Kinder in der Schule zu lernen haben. In solchen Debatten hätten – ein wenig polemisch formuliert – die Phrasen aus den deutschen Schulgesetzen, die Toleranz, Mündigkeit, Solidarität, Kritikfähigkeit oder andere „Idealismen" als Ziele der Schule beschreiben, zunächst nichts zu suchen.

Wenn ein Lehrplan beispielsweise fordere, Schüler sollten im Geschichts-unterricht lernen, wie im demokratischen Diskurs große soziale Veränderungen bewirkt werden können, sei das ein typisches Beispiel für einen weichen Standard. Es könne aus dieser Sicht nicht angehen, dass ein solches, an sich ja nachvollziehbares Anliegen, am x-beliebigen Beispiel und in x-beliebiger Tiefe erarbeitet werden darf, wenn nicht sichergestellt sei, dass der Schüler weiß, was die „konzertierte Aktion" war. Also müsse statt des offenen und unklaren Lernziels ein harter Standard formuliert werden, der sichert, dass ein bestimmtes relevantes Beispiel für die im weichen Standard gedachten Lernziele tatsächlich und unbedingt im Unterricht behandelt wird. Ein zweites Beispiel stammt aus den Naturwissenschaften. Ein ‚weicher' Standard formuliert: „Schüler sollen in der Lage sein, grundlegende Konzepte der Naturwissenschaften anzuwenden, die ihnen das Verstehen wissenschaftlicher Informationen erleichtern". Die harte Version heißt: „Schüler sollen in der Lage sein, die grundlegenden Prozesse der Photosynthese und der Atmung insbesondere im Hinblick auf ihre Bedeutung für das Leben beschreiben zu können". Dieses verdeutlicht: Weiche Standards mögen zwar noch als vage und unverbindliche Vorgabe, als Führungsgrößen, verwendet werden, als nachvollziehbare Stellgrößen taugen sie nicht. Weiche Standards sind für eine Steuerung ungeeignet.

Harte Standards, die eine Steuerung erlauben, haben wir in Deutschland nicht, auch nicht in den christdemokratisch geprägten Ländern, die eine Strenge ihrer Unterrichtsvorgaben behaupten. Ein Beispiel muss hier genügen. Der sächsische Lehrplan Grundschule (Sächsisches Staatsministerium 1992) formuliert ein Lernziel wie folgt und ohne weitere Kommentierung: Erkennen von „Klangfarben von Instrumenten und Instrumentengruppen". Zum Thema „Informationen zum Wirken bedeutender Komponisten" bietet man eine dicke Beispielliste an. Man kann nicht die geringste Vorstellung davon entwickeln, an welche Informationen genauer gedacht ist, was verpflichtend ist und in welcher Tiefe ein Thema erarbeitet werden soll.

Die Idee eines verbindlichen und für alle Schüler gleichen Curriculums widerspricht einer Anzahl gängiger schulpolitischer und pädagogischer Vorstellungen. Größere Debatten, auf die wir hier nur verweisen können (vgl. z.B. Grundschule aktuell 2001), sind bereits im Gange.

Weil Schule eine öffentliche Einrichtung ist, muss sie bereit sein, nicht nur Erträge offen zu legen, also Rechenschaft über solche Arbeitsleitungen abzuliefern, welche die Öffentlichkeit interessieren, sie muss sich auch gefallen lassen, dass ihre Aufgaben definiert sind. Eine Steuerungsdiskussion darf sich also nicht auf die Steuerung innerhalb des Schulsystems beschränken, sie muss auch für die Steuerung des Schulsystems geeignet sein. Nur so lassen sich Schulen ‚managen', und nur so lässt sich das Schulsystem ‚managen'. Wie geht das ohne eine Vorstellung von Zielen?

Den Begriff ‚Bildung' will der Bildungsökonom Ortner (1991) von seinen vielfältigen deutschen Traditionen befreit sehen. Für ihn hat Bildung die Bedeutung des amerikanischen ‚education'. Bildung wäre somit der Begriff für „alle zielgerichteten Maßnahmen, Instrumente und Verfahren, die zur Verhaltensänderung des Menschen, sei es durch Vermehrung von Wissen, sei es durch Veränderung von Einstellungen, führen" (Ortner 1991, S. 303). Könnte die Forderung des Ökonomen dem Pädagogen gleichgültig sein, so mag er die Analyse des bedeutenden Fachkollegen reflektieren: Die Überlastung durch Tradition spricht auch Dieter Lenzen mit seiner Bemerkung an, Bildung sei ein „deutsches Container-Wort" (1999, S. 141). Warum kann es nicht pädagogisch akzeptabel sein, wenn „große Konzepte" relativiert werden durch Imperative, welche die praktische Arbeit an Schulen zielgerichtet steuern, ohne in die pädagogischen Prozesse eingreifen zu müssen?

Eine durchschneidende Reform wird die Schule nicht von gesellschaftlicher Kontrolle befreien. Im Gegenteil wird sie, gewissermaßen als Preis für höhere Gestaltungsfreiheit im Inneren, auf der anderen Seite durch neue, staatliche Vorgaben (harte Standards) und – wahrscheinlich – rigorosere Systeme der Rechenschaftslegung (externe wie interne Evaluierung) kontrolliert werden müssen (vgl. Böttcher 2002). Diese Mechanismen helfen der Schule insofern, als sie Klarheit darüber verschaffen, was sie leisten soll und kann. Sie wird in diesen Prozessen sehr wahrscheinlich fokussierte und reduzierte und in diesem Sinne professionellere Aufgabenbeschreibungen entwickeln (vgl. Giesecke 1996). Die Wissensvermittlung sollte dabei im Mittelpunkt stehen. Ein Kerncurriculum definiert präzise, was Kinder lernen sollen. Und es wird die Arbeit und die Ergebnisse der Schule wahrscheinlich deutlich verändern.

Wenn von der Standardisierung der ‚Produktvorgabe', Fragen nach Führungsgrößen, Organisationszielen und Stellgrößen die Rede war, dann kommt auch die nicht weniger entscheidende Frage in den Blick, wie in einer Organisation, die im Wesentlichen durch die Aktivitäten seines Personals bestimmt ist, dieses und die Organisationsziele zur Deckung gebracht werden können.

4. Die Verbindlichkeit der Kernaufgaben

Die gültigen Lehrpläne erfüllen die Kriterien harter Standards nicht. Sie eignen sich daher nur bedingt als Führungsgröße. Viel wichtiger aber ist dieser Befund: Sie sind praktisch unverbindlich und damit ohnehin nicht geeignet, sinnvolle Stellgrößen abzugeben. Das jedenfalls muss man schließen, wenn man eine der wenigen Studien liest, die sich mit der Implementierung von Curricula befasst (Vollstädt u.a. 1999). Ein Ergebnis kann knapp so zusammengefasst werden, dass Lehrerinnen und Lehrer sich „voluntaristisch" zu Lehrplänen – mal nutzen sie sie, mal nicht, manche Lehrer kennen sie, manche kennen sie nicht, manche orientieren sich an ihnen wenigstens manchmal, manche verlachen sie gar – verhalten.

Es ist diese Unverbindlichkeit, manifestiert durch unzureichende bzw. vage gehaltene Führungsgrößen und eine fast vollständige Abwesenheit von (zielgerichteten) Stellgrößen, welche die Diskussion von Führungskonzepten für das Schulsystem erheblich erschwert. Dies soll unter Rückgriff auf die Anreiz-Beitrags-Theorie (Simon et al. 1950) knapp erläutert werden:

Die Anreiz-Beitrags-Theorie geht in ihrem Kern davon aus, dass Organisationen soziale Systeme sind, in denen einzelne Teilnehmer oder Gruppen von Teilnehmern Beiträge an die Organisation leisten und im Gegenzug dafür Anreize erhalten. Dabei hat jeder Teilnehmer eine Vorstellung davon, wie viel Anreize er von der Organisation für seine Beiträge zu erwarten hat. Sind die Anreize zu gering, wird das Beitragsniveau heruntergefahren bzw. es wird gekündigt. Am Rande sei darauf hingewiesen, dass Anreize keineswegs monetär sein müssen. Umfangreiche motivationstheoretische Forschungsfelder behandeln diese Frage ausgiebig (vgl. stellvertretend für viele den Überblick bei Rosenstiel 1980).

Aus der Perspektive der Anreiz-Beitrags-Theorie wird jegliches Führungsverhalten immer die Verteilung der (wie auch immer gearteten) Anreize auf der Basis geleisteter Beiträge thematisieren. Dabei können positiv zu bewertende Beiträge verstärkt werden, wohingegen Beiträge, welche die Erwartungen nicht erfüllen, mit Anreiz-Entzug bzw. negativen Anreizen bedacht werden.

An dieser Stelle könnte sich eine ausgiebige Darstellung von einschlägigen Konzepten der Management-Lehre und möglichen positiven Effekten für Schule anschließen. Es könnte z.B. diskutiert werden, ob Lehrer, Gruppen von Lehrern oder schulische Organisationen (Schulen, Regierungsbezirke, etc.) für herausragende Leistungen Incentives erhalten sollen. Wir könnten fragen, ob schulische Organisationen mehr Freiheitsgrade in ihren Entscheidungen erhalten sollten, zum Beispiel über eine flexiblere Budgetierung. Wir könnten erörtern, ob Schulen ‚nicht-lernende Organisationen' sind oder sein sollten und ob man sie nicht entsprechend behandeln sollte. Diese und andere organisationssoziologisch sinnvollen und pädagogisch wahrscheinlich folgenreichen Diskussionen wollen wir an dieser Stelle nicht führen. Stattdessen wollen wir eine noch wenig vertretene These unterstützen, wonach die Verbindlichkeit der Kernaufgaben Grundvoraussetzung für die Einführung von Konzepten der Management-Lehre, gleich welcher Provenienz, ist.

Organisationssoziologen und Organisationsentwicklern, die sich im vergangenen Jahrzehnt in der Folge einer gewissen Hausse von Konzepten einer inneren Schulreform häufiger als ehedem in den Schulen umsahen, stie-

176

ßen auf einige Besonderheiten des Systems, die sie zum Staunen veranlassten. Zech fällt insbesondere eine „systematische Uneindeutigkeit" sowohl des Umgangs unter Kollegen, ihrem Verhalten gegenüber Schülern und im Hinblick auf organisatorische Abläufe auf (vgl. Zech 1999, S.181 ff.). Aufgrund überhöhter Ansprüche auf Eigenständigkeit definiere und diffamiere die Lehrerschaft jedwede Forderung von anderen als Einmischung, Reglementierung, Herrschaft und Einschränkung. „Lehrerinnen und Lehrer verweigern sich einer professionellen Steuerung ihres Systems, was häufig mit einer ideosynkratischen Hierarchiekritik verbrämt wird" (Zech 1999, S. 181). Solche Legitimation der Verweigerung von Verbindlichkeit mag ein „progressives Image" haben und subjektiv funktional sein (oder jedenfalls den Einzelnen in Ermangelung einer realen Erfahrung mit der Alternative einer partizipatorischen und formalisierten Organisation auch nur so erscheinen), als Gesamtsystem ist Schule damit desintegriert und nicht steuerbar (vgl. Zech 1999, S. 182). Systemtheoretisch formuliert: „Als Gesamtsystem ist Schule also nicht kollektiv handlungsfähig, eben weil abstrakte Autonomieansprüche nicht über kontrollierte Verbindlichkeit wechselseitig anschlussfähig gemacht werden" (ebd.). Lehrer sind „Könige der Unverbindlichkeit". Dramatisch scheint diese Abwehr von Imperativen einer rationalen Steuerung insbesondere mit Blick auf die Arbeitsaufträge.

5. Die Möglichkeit zum Scheitern

Die skizzierte „Monarchie der Unverbindlichkeit" lässt sich nur durch bestärkendes bzw. korrigierendes Eingreifen stürzen. Wir hatten ausgeführt, dass harte Standards Grundvoraussetzung für den Aufbau funktionierender Regelkreise mit unmissverständlichen Führungsgrößen und messbaren Stellgrößen sind. Sind solche Regelkreise etabliert, greift das auf eingeforderten Beiträgen und im Gegenzug geleisteten Anreizen basierte Instrumentarium der Managementlehre. Nur so lassen sich Kernaufgaben auch verbindlich implementieren. Es widerspricht dabei nicht dem pädagogisch gut begründbaren Gedanken, dass die einzelne Organisation das wohldefinierte Ziel, Schülerleistungen zu heben, auf ihre je spezifische Art und Weise verfolgen kann – aber Verbindlichkeit ist die Bedingung hierfür. Das Ignorieren staatlicher Vorgaben – erst recht, wären sie in Form harter Standards formuliert – ist schon eine beträchtliche Anmaßung. Keine Organisation kann es sich jedoch bieten lassen, wenn das Personal – egal, wie die Entscheidungen zustande kamen – sogar lautstark und ohne Skrupel die Aufgaben des ‚Leistungsheftes' einfach nicht zur Kenntnis nehmen oder verspotten würde; und das mit dem Hinweis auf die eigene Professionalität, über die niemand mitzureden, geschweige denn zu kritisieren habe. Hier liegt eine Vorstellung der eigenen Arbeit zu Grunde, die nicht an relativ objektiven Kriterien negativ bewertet werden kann. Das Scheitern ist im Steuerungsmodell nicht vorgesehen.

Diese Thematik verlässt die Ebene der Steuerung innerhalb des Schulsystems und adressiert die Steuerung des Schulsystems durch den Staat. Neben klaren Führungsgrößen in Form eines harten Curriculums ist auch eine uninterpretierbare Rückmeldung in Form von Stellgrößen notwendig. Diese Stellgrößen als Maß der Zielerreichung bzw. Verfehlung dürfen nicht ausschließlich vom Schulsystem im engeren Sinn erhoben werden. Sie müssen auch einer externen Überprüfung standhalten. Schließlich kann es nicht sein, dass die Schule sozusagen selbst ‚entscheidet', ob sie ihre Ziele erreicht hat oder nicht. Damit ist nicht gesagt, dass Selbstevaluation keine Bedeutung hat; aber auch sie muss sich an externen Kriterien orientieren.

Wesentlicher Eckpunkt dieser Argumentation ist die Möglichkeit zum Scheitern: Heute können einzelne Schüler in der Schule ‚scheitern'. Lehrern fällt es schon wesentlich schwerer zu scheitern. Schulen oder gar noch größere Organisationseinheiten des Schulsystems scheitern in Deutschland nicht. Allenfalls werden einzelne Schulen geschlossen, wobei dies nie auf Zielverfehlung zurückzuführen ist, sondern z.B. auf demographische Veränderungen oder schulstrukturelle Verschiebungen. Der kritisierte Sachverhalt trifft auch auf der Ebene des Schulsystems als Gesamtheit zu: Das Schulsystem kann in der gegenwärtigen Konstellation definitiv nicht scheitern. Dem Staat und der Gesellschaft bleibt, ein unklares und diffuses Unbehagen zu verspüren.

Und hier schließt sich der (Regel)kreis: Wer aber nicht scheitern kann, hat auch keine echten Ziele, impliziert doch das Wort Ziel, dass man Ziele auch verfehlen kann und somit scheitert. Wer nicht scheitern kann und keine Ziele hat, kann auch keinen Erfolg haben. Welcher Erfolg sollte das denn auch sein? Das Schulsystem ist unbestritten wichtig; zu wichtig, als dass man es ziellos und ohne Aussicht auf Erfolg selbstreferenzieller Steuerung überlassen kann.

Vertragen sich solche technisch anmutenden Forderungen mit den neuen Konzepten autonomer Systemsteuerung? Diese Frage muss mit ja beantwortet werden, denn die ‚Operationen' insbesondere auf Ebene der einzelnen Schule können im Prinzip von externer Einmischung ‚befreit' werden, wenn Verlässlichkeit der Zielerreichung akzeptierter Kern des Steuerungsprogramms ist. Wenn aber ‚Autonomie' der Operationen nicht ausdrücklich auf die Erreichung definierter Ziele (insbesondere die Lernergebnisse der Schüler) orientiert wäre, welche Effekte können dann realistischer Weise von dieser Steuerung erwartet werden? ‚Autonomie' ohne Standardisierung, Verbindlichkeit und die Möglichkeit des Scheiterns, so zeigen erste Analysen, führt zu wenig Veränderung (vgl. Weiß 1998).

Wir kommen zu einer letzten Frage: Wer ist wofür im Schulsystem verantwortlich? Wer sind die Akteure einer durchgreifenden Reform? Zwei Aspekte erscheinen uns besonders wichtig zu sein. Es lässt sich erstens ein extensives Spektrum genuin organisatorischer, administrativer und pädagogischer Kompetenzbereiche auf Ebene der Schule und Schulklasse denken. Auch wenn die Akteure der Schule für solche Aufgaben externe Unterstützung benötigen, so wird man von ‚Professionals' erwarten dürfen, dass sie für die Qualität der pädagogischen Interaktionen gerade stehen. Dem Staat aber obliegt es, und das ist der zweite Aspekt unserer Antwort, die Verantwortung für die Formulierung wesentlicher schulischer Lernziele zu übernehmen. ‚Die Zentrale' könnte Methoden und Verfahren generieren, die Transparenz, Partizipation und Realismus dieser Ziele sichern. Dazu gehören externe Evaluierungen.

Cum grano salis: Es liegt in der Verantwortung der Konzernspitze eines großen Unternehmens, Menschen ernst zu nehmen und dafür zu sorgen, dass sie bessere Arbeit leisten können – auch durch Aufgabenbeschreibung und realistische Erwartungen, Respektierung ihrer Kompetenzen, die Schaffung förderlicher Rahmenbedingungen und Anreize für Erfolge. Reform ist damit zuerst eine Angelegenheit, die auf Ebene der Institution angestoßen werden muss. Weshalb es auch Sinn macht, im Rahmen innerstaatlicher (im Falle eines ausgeprägten Bildungsföderalismus') oder internationaler Vergleiche eine Konkurrenz zwischen Steuerungsmodellen oder Managementkompetenzen zu initiieren. Dass letztlich die Akteure ‚vor Ort' durch ihr Handeln faktisch entscheiden, ob Reform sich realisiert, ist richtig, aber in diesem Zusammenhang nachrangig. Ein Konzern kann unter den in diesem Text skizzierten Bedingungen nachhalten, ob seine Führungsstrategien angemessen sind. Rückmeldungen über Stellgrößen verraten nicht nur ein potenzielles Scheitern der Akteure, sondern auch der Führung. Scheitern muss aber auch aus anderem Grund nicht zwangsläufig das Versagen der operativen Ebene belegen. Ein Rückmeldesystem kann z.B. auch die Existenz besonders schwieriger Rahmenbedingungen identifizieren und damit einer verantwortungsvollen Führung die Notwendigkeit kompensatorischer Maßnahmen anzeigen.

Wir reden im Kern über Fragen der Steuerung eines Systems. Diese sind zu unterscheiden von inhaltlichen, in diesem Falle pädagogischen. Diese Unterscheidung zwischen dem ‚pädagogischen Interaktionssystem Schule' und dem ‚Organisationssystem Schule' ist extrem wichtig. Steuerungsmodelle unterliegen einem Generalverdacht vieler Pädagogen, den Besonderheiten der Schule als pädagogischer Veranstaltung nicht gerecht zu werden. Kluge Managementansätze wissen sehr wohl, dass die ‚Technisierbarkeit' von Lern- und Lehrprozessen beschränkt ist. Aber Schule konstituiert sich nicht nur durch das begrenzt technisierbare Subsystem Interaktion, sondern auch durch ein durchaus – wenn auch nicht grenzenlos – technisierbares Subsystem der Steuerung. So viel ist klar: Steuerungsmodelle, welche den (sozialen, kulturellen, ökonomischen) Besonderheiten der jeweiligen Institutionen, Organisationen und Individuen nicht Rechnung tragen, sind schlechte Modelle. Der generellen Tendenz, sich vom ökonomischen Sprachgebrauch und Denkansatz abschrecken zu lassen, müssten Pädagogen allerdings zu widerstehen lernen, wenn sie dieser ökonomischen Erkenntnis vertrauen und zur Kenntnis nehmen, dass Schule *auch* ein Wirtschaftsunternehmen ist, sie *auch* ein Betrieb ist, sie *auch* gemanagt werden muss, sie *auch* auf Ressourcen achten muss, sie *auch* Rechenschaft ablegen muss. Damit greift ein ökonomischer Ansatz tatsächlich hinein in die pädagogische Dimension. Aber sind Forderungen nach Standards und Rechenschaftslegung tatsächlich eine Zumutung oder gar pädagogisch nicht tolerabel? Möglicherweise kann eine neue Steuerung auch einen konstruktiven Beitrag gegen den unhaltbaren Zustand leisten, dass Schule ja offensichtlich ein so problematischer Ort ist, dass kaum ein Lehrer bis zur normalen Pensionsgrenze unterrichten kann. Und es scheint, dass von Krankheit und Burnout gerade diejenigen besonders betroffen sind, die sich im Spannungsfeld von Idealen und realen Realisierungschancen pädagogischer Ansprüche aufreiben.

Die skizzierten Steuerungsideen gelten im Übrigen unabhängig von einer wohl in Zukunft notwendig werdenden pädagogischen und schulpolitischen Grundsatzentscheidung: Soll Schule sich auf ihr ‚Kerngeschäft Unterricht' fokussieren, sich also auf ‚Essentials' ausrichten, oder soll sie für Kinder und Jugendliche all die Lücken schließen, die andere gesellschaftliche Subsysteme lassen?

6. Fazit

Unsere Ausgangsthese besagt, dass die öffentliche Schule vor einem radikal veränderten sozialen und ökonomischen Hintergrund es sich nur bei Strafe ‚schmerzhafter Eingriffe' leisten kann, auf eine grundsätzlich neue Kritik nicht entsprechend, also mit radikalem Wandel, zu reagieren. Dieser Beitrag schlug vor, eine Schulreform mittels eines konkreten Instrumentes einzuleiten. Mit relativ geringen Mitteln könnte eine transparente und konkrete Standardisierung, ein Kerncurriculum für Arbeit an Schulen entwickelt werden. In einer experimentellen Studie könnte es auf seine Effekte hin analysiert werden. Heute sind die Aufträge an die Schule in Begriffen formuliert, die eine Auftragserfüllung nicht ermöglichen. Oelkers erläutert, dass „Bildung" als Ideal begriffen werden müsse und demnach nicht als Ziel fungieren kann (1997). Neu zu diskutieren wird sein, was Schüler fachlich und fächerübergreifend wissen und können müssen. Aus paradigmaimmanenten Gründen werden Lernziele realistisch beschrieben werden müssen. Ob hier pädagogisch-idealistische Aspirationen helfen, wie sie zum Beispiel im Bildungsbegriff versammelt sind, kann bezweifelt werden.

Dafür, wie das Curriculum verbindlich werden kann, gibt es sicher konkurrierende Modelle. Dass es verbindlich sein muss, steht aus unserer Sicht außer Zweifel. Lehrer sind Staatsdiener, sie werden alimentiert. Gerade in staatlichen Betrieben – mit Beamten gar – müsste Verbindlichkeit Programm sein. Ein Angestellter eines x-beliebigen Betriebes muss die Organisationsziele ‚nur' innerhalb seiner Arbeitszeit ‚teilen' (Der Opel-Angestellte kann durchaus mit einem VW zur Arbeit fahren). Bestimmte Distanz zum Arbeitgeber ist allenfalls in Tendenzbetrieben problematisch – und natürlich beim Staat: Das Beamtenrecht verlangt bestimmtes Verhalten auch außerhalb der Schule. Aber so oder so: Ich muss meinen Job machen, den mein Arbeitgeber von mir erwartet. Dies ist der zweite Imperativ einer durchgreifenden Schulreform: Verbindlichkeit gegenüber vorgeschriebenen und wohldefinierten Standards.

Ein offensichtliches, definiertes Scheitern des Schulsystems ist ebenfalls nicht möglich. Schulen kennen den Druck des Marktes nicht. Dieser bestimmt nicht nur das Überleben der Organisation, sondern vielfach entscheidet er auch über das Leben der Organisationsmitglieder, denn die Pleite eines Unternehmens führt die meisten Mitarbeiter in aller Regel in die Arbeitslosigkeit. Der Markt bedroht die Existenz des Kollektivs wie der Einzelnen. Ein funktionales Äquivalent in der Schule gibt es nicht. Deshalb wird es so wichtig, dieses zu generieren: Scheitern muss eine reale Möglichkeit werden.

Solche Überlegungen zu einem neuen ‚Organisationsmodell' würden/werden im pädagogischen Milieu vielfach als „antipädagogisch" in dem Sinne diffamiert, dass die relative „Freiheit der Lehre" beschnitten wird. Aber wer soll in einer demokratischen Gesellschaft das Steuer der Curricula und der Rechenschaftslegung halten, wenn nicht der Staat? Der einzelne Lehrer? Die Ansprüche des Staates sind immerhin im Prinzip demokratisch legitimiert, und wer ein staatliches Schulwesen verteidigen will, in dessen Raum sich eine Profession wenigstens leidlich gut einrichten konnte, kann doch unmöglich genau den Kern der Auftragserfüllung (Standards und Verbindlichkeit) ablehnen. Wer sich den formulierten Ansprüchen kategorisch widersetzt, riskiert nach unserer Ansicht genau das, wofür er einzutreten glaubt: die Existenz des staatlichen Bildungssystems. Die Alternative: Statt Staatlichkeit krude und undurchschaubare Mechanismen eines Bildungsmarktes, auf dem Schulen in freie Konkurrenz treten.

Man weiß aus den Organisationswissenschaften und aus anwendungsorientiertem Managementwissen, wie schwierig es ist, Organisationen zu ändern; das gilt selbst für Organisationen, die sich weniger paradox und komplex beschreiben lassen als die Schule und die dem massiven Druck des Marktes ausgesetzt sind. Manche Organisationswissenschaftler behaupten, dass Wandel überhaupt nur in radikaler Form sich vollziehen kann, keine ‚Renovierung': Alles niederreißen und von Grund auf neu bauen, „from the scratches", wie es heißt. Insofern sind unsere Vorschläge wirklich harmlos.

7. Literatur

Ballauf, Helga: Bildungspolitische Positionen von Parteien und Verbänden in der Bundesrepublik zum Start ins 21. Jahrhundert. (Hrsg.: GEW-Hauptvorstand). Frankfurt 2001

Baumert, Jürgen/Bos, Wilfried/Lehmann, Rainer (Hrsg.): Mathematische und naturwissenschaftliche Grundbildung am Ende der Pflichtschulzeit. Opladen 2000 a

Baumert, Jürgen/Bos, Wilfried/Lehmann, Rainer (Hrsg.): Mathematische und physikalische Kompetenzen am Ende der gymnasialen Oberstufe. Opladen 2000 b

Bellenberg, Gabriele/Böttcher, Wolfgang/Klemm, Klaus: Stärkung der Einzelschule. Neue Ansätze des Managements der Ressourcen Geld, Zeit und Personal. Neuwied 2001

Berliner, David C./Biddle, Bruce J.: The Manufactured Crisis. Myths, Fraud, and the Attack on America's Public Schools. Reading MA 1995

Bildungskommission NRW: Zukunft der Bildung – Schule der Zukunft. Neuwied, Kriftel, Berlin 1995

Block, Rainer/Klemm, Klaus: Lohnt sich Schule? Reinbek bei Hamburg 1997

Böttcher, Wolfgang: Für eine Allianz der Qualität. Bildungspolitische Perspektiven einer mächtigen Leerformel. In: Die Deutsche Schule 1/1999, S. 20-37

Böttcher, Wolfgang: Kann eine ökonomische Schule auch eine pädagogische sein? Weinheim und München 2002

Böttcher, Wolfgang/Hirsch, E. Donald jr.: Zur Notwendigkeit eines verbindlichen Kerncurriculums. In: Die Deutsche Schule 3/1999, S. 299-310

Böttcher, Wolfgang/Kalb, Peter E. (Hrsg.): Kerncurriculum Grundschule: Was Kinder lernen sollen. Weinheim und Basel 2002

Brügelmann, Hans (Hrsg.): Was leisten unsere Schulen? Zur Qualität und Evaluation von Unterricht. Seelze-Velber 1999

Carle, Ursula: Was bewegt die Schule? Hohengehren 2000

Dietrich, Theo: Zeit- und Grundfragen der Pädagogik. Bad Heilbrunn 1998

Ditton, Hartmut: Qualitätskontrolle und Qualitätssicherung in Schule und Unterricht. Ein Überblick zum Stand der empirischen Forschung. In: Zeitschrift für Pädagogik. 41. Beiheft 2000, S. 73-92

Fauser, Peter (Hrsg.): Wozu die Schule da ist. Eine Streitschrift. Seelze 1996

Fend, Helmut: Theorie der Schule. München u.a. 1980

Fend, Helmut: Qualität im Bildungswesen. Weinheim und München 1998

Giesecke, Hermann: Wozu ist die Schule da? Stuttgart 1996

Grundschulverband aktuell: Themenheft Kerncurriculum 74/2001

Heinrich, Martin: Vom Überlebenskampf des Homo Faber. Zum technokratischen Mythos der „zukunftssichernden Bildung" in der öffentlichen Diskussion um TIMSS. In: Pädagogische Korrespondenz 23/1998, S. 37-52

Helmke, Andreas: Von der externen Leistungsevaluation zur Verbesserung des Lehrens und Lernens. In: Trier, Uri Peter: Bildungswirksamkeit zwischen Forschung und Politik. Chur und Zürich 2000, S. 135-16

Hess, G. Alfred jr.: Decentralization and Community Control. In: Jacobson/Berne (Hrsg.): Reforming Education. Thousand Oakes 1993, S. 66-86

Hirsch, E. Donald jr.: Cultural Literacy: What Every American Needs to Know. Boston 1987

Hopmann, Stefan/Riquarts, Kurt u.a. (Hrsg.): Didaktik und/oder Curriculum. Grundprobleme einer international vergleichenden Didaktik. Weinheim und Basel (33. Beiheft der Zeitschrift für Pädagogik) 1995

Institut für Schulentwicklungsforschung (IFS): IFS-Umfrage. Die Schule im Spiegel der öffentlichen Meinung. In: Rolff, Hans-Günter u.a. (Hrsg.): Jahrbuch der Schulentwicklung. Band 11. Weinheim und München 2000, S. 13-50

Kirsch, Werner: Unternehmenspolitik und strategische Unternehmensführung. München 1991

Klemm, Klaus: Steuerung der Schulentwicklung durch zentrale Prüfungen. In: Rolff, Hans-Günter u.a. (Hrsg.): Jahrbuch der Schulentwicklung. Band 10. Weinheim und München 1998, S. 271-294

Lehmann, Rainer H./Peek, Rainer/Pieper, Iris/Stritzky, Regine von: Leseverständnis und Lesegewohnheiten deutscher Schüler und Schülerinnen. Weinheim und Basel 1995

Lenzen, Dieter: Lösen die Begriffe Selbstorganisation, Autopoiesis und Emergenz den Bildungsbegriff ab? In: Hoffmann, Dietrich (Hrsg.): Rekonstruktion und Revision des Bildungsbegriffs. Weinheim 1999, S. 141-160

Lüders, Manfred: Dispositionsspielräume im Bereich der Schülerbeurteilung. In: Zeitschrift für Pädagogik 2/2001, S. 217-234

Oelkers, Jürgen: Die Aufgaben der Schule und der effektive Einsatz ihrer Ressourcen. In: Böttcher, Wolfgang/Weishaupt, Horst/Weiß, Manfred (Hrsg.): Wege zu einer neuen Bildungsökonomie. Weinheim und München 1997, S. 142-160

Organization for Economic Co-operation and Development (OECD): Schools and Quality. Paris 1989

Organization for Economic Co-operation and Development (OECD): PISA. Zusammenfassung zentraler Befunde. Paris. 2001

Oswald, Hans: Politische Bildung in der Krise? Oder: Politische Sozialisation in Deutschland im internationalen Vergleich der IEA-Evaluationsstudie. In: Zeitschrift für Soziologie der Erziehung und Sozialisation 3/2001, S. 328-333

Postman, Neil: Keine Götter mehr. Das Ende der Erziehung. Berlin 1995 (Frankfurt und Wien 1996)

Rosenstiel, Lutz von: Grundlagen der Organisationspsychologie. Stuttgart 1980

Simon, Herbert. A./Smithburg, Donald. W./Thompson, Victor. A.: Public Administration. New York 1950

Torney-Purta, Judith/Lehmann, Rainer/Oswald, Hans/Schulz, Wolfram: Citizenship and Education in twenty-eight Countries. Civic Knowledge and Engagement at Age fourteen. Amsterdam 2001

Vollstädt, Witlof/Tillmann, Klaus-Jürgen/Rauin, Udo/Höhmann, Katrin/Tebrügge, Andrea: Lehrpläne im Schulalltag. Eine empirische Studie zur Akzeptanz und Wirkung von Lehrplänen in der Sekundarstufe I. Opladen 1999

Tenorth, Heinz-Elmar: Kerncurricula für die Oberstufe. In: Ders. (Hrsg.): Kerncurriculum Oberstufe: Mathematik – Deutsch – Englisch. Weinheim und Basel 2001

Weinert, Franz E.: Lernen...gegen die Abwertung des Wissens. In: Brinkmann, U. u.a. (Hrsg.): Lernen: Ereignis und Routine. Friedrich Jahresheft 4/1986, S. 102-104

Weiß, Manfred: Schulautonomie im Licht mikroökonomischer Bildungsforschung. In: Weizsäcker, Robert K. von (Hrsg.): Deregulierung und Finanzierung des Bildungswesens. Berlin 1998

Zech, Rainer: Paradoxien von Schulentwicklung oder die Crux der Veränderungsresistenz der Schule. In: Zech, Rainer/Ehses, Christiane (Hrsg.): Organisation – Lernen. Hannover 1999

Beatrix Lumer/Elke Nyssen

Homogenität – Heterogenität – Soziale Selektion. Konsequenzen aus der PISA-Studie für Haupt- und Sonderschulen

Die PISA-Studie (Deutsches PISA-Konsortium 2001), die seit ihrem Erscheinen im Dezember 2001 die schulpolitische und schulpädagogische Diskussion erheblich beeinflusst, bescheinigt deutschen Schülerinnen und Schülern im internationalen Vergleich schlechtere Leistungen in den Basiskompetenzen in Mathematik, Naturwissenschaften und Leseverständnis. Weitere Ergebnisse der PISA-Studie sind jedoch ebenso alarmierend wie die vergleichsweise schlechten Leistungen der 15-jährigen deutschen Schülerinnen und Schüler.

• Das hochselektive Schulsystem der BRD scheint weniger in der Lage, die Leistungspotenziale der SchülerInnen zu realisieren, als nicht oder kaum selektive Schulsysteme. Dies trifft sowohl für die leistungsstarken als auch für die leistungsschwachen Schüler zu (vgl. Artelt u.a. 2001, S. 106 ff.).

• Die Leistungen zwischen SchülerInnen aus sozial ‚starken' und sozial ‚schwachen' Familien – oder in der Terminologie von Bourdieu von Kindern mit viel bzw. wenig bis keinem kulturellen und sozialen Kapital – variieren erheblich, die Leistungsdifferenzen sind in kaum einem anderen Land so groß wie in Deutschland. D. h. nach wie vor beeinflusst die soziale Herkunft in Deutschland in erheblichem Maße die schulische Lernbiographie, den Schulerfolg und den späteren Berufsweg. Hinzu kommt, dass Migrantenkinder in Deutschland wenig gefördert werden – und wieder offenbar weniger als in anderen Ländern (vgl. Baumert/Schümer 2001, S. 340 ff.).

• Ein weiterer Befund darf ebenfalls nicht übersehen werden: In Deutschland besteht hinsichtlich der in PISA getesteten Kompetenzen – im Unterschied zu vergleichbaren internationalen Schulsystemen – eine hohe Homogenität, und zwar nicht nur zwischen den SchülerInnen innerhalb von Einzelschulen (vgl. Schümer u.a. 2001, S. 454), sondern auch zwischen den Schulen derselben Schulform. Die Hauptschule erweist sich hier allerdings als Ausnahme, das Leistungspotenzial ihrer SchülerInnen variiert zwischen den einzelnen Hauptschulen gravierend (s. u.).

185

- Insgesamt werden deutschen SchülerInnen Lernchancen vorenthalten – welche Ursachen auch immer dafür verantwortlich gemacht werden (können). Ihnen ist es nicht in dem Maße möglich, ihre Leistungspotenziale realisieren zu können wie den SchülerInnen vergleichbarer Länder. Den SchülerInnen allerdings, die sich in den PISA-Tests als sehr leistungsschwach erweisen und die zumeist aus sozialschwachen Herkunftsmilieus stammen, werden nicht nur Lernchancen, sondern damit in hohem Ausmaß auch Lebenschancen vorenthalten. Sie sind die HauptverliererInnen des deutschen Schulsystems, deren Zukunftschancen durch ihre schulische Lernbiographie wie in kaum einem der in PISA untersuchten anderen Länder eingeschränkt werden.

- Im Folgenden wenden wir uns den zwei Schulformen zu, die vor allem von diesen Kindern und Jugendlichen besucht werden: der Hauptschule und der Schule für Lernbehinderte (SfL).

- Es sind zwei empirische Befunde, die die Situation in Sonder- und einigen Hauptschulen als besonders alarmierend erscheinen lassen:

- Die Ergebnisse der PISA-Studie bescheinigen SonderschülerInnen erhebliche Defizite in der Lesekompetenz (nur diese wurde in den Sonderschulen erhoben) und SchülerInnen von vielen Hauptschulen ebenfalls umfängliche Defizite im Leseverständnis, in Mathematik und in den Naturwissenschaften.

- Die statistischen Daten zur Ausbildungssituation vieler AbgängerInnen von Haupt- und Sonderschulen zeichnen ein negatives Bild hinsichtlich der beruflichen Zukunftsperspektiven.

- Zwei Einschränkungen müssen gemacht werden: Wir beziehen uns in unserer Analyse ausschließlich auf die Sonderschule für Lernbehinderte und wir beziehen uns nur auf einen Teil der Hauptschulen.

- *Die* Hauptschule gibt es nicht, sondern Hauptschulen sind zu unterscheiden u.a. nach dem Einzugsgebiet – ländliche Hauptschule oder Hauptschule in sozialen Brennpunkten – nach Verbleib der SchülerInnen – 10% aller SchülerInnen in den Schulen der Sekundarstufe I oder 40% – nach Ausstattung usw. Hauptschulen unterscheiden sich darüber hinaus ganz wesentlich danach, welchen Abschluss ihre Schüler jeweils erhalten, d.h. wie hoch der Prozentsatz der Schülerinnen und Schüler ist, die den Hauptschul-, Realschul- oder keinen Schulabschluss erreichen. In der PISA-Studie wird ein weiteres Kriterium zur Differenzierung der Hauptschulen herausgearbeitet und empirisch belegt: der Anteil der SchülerInnen mit Migrationshintergrund. Danach lassen sich drei Gruppen von Hauptschulen unterscheiden:

- Diejenigen Schulen, deren AusländerInnenanteil bei ca. 20% liegt und in deren Herkunftsfamilien in der weitaus größten Mehrheit Deutsch gesprochen wird,

- Hauptschulen mit einem 50%igen Anteil jugendlicher MigrantInnen, in deren Familien zu 16% Deutsch nicht Umgangssprache ist, und schließlich

- die Hauptschulen, vor allem in städtischen Ballungsgebieten, die zu 70% von MigrantInnenkindern besucht werden, von denen nur die Hälfte zu Hause Deutsch spricht. Etwa 15% der in PISA untersuchten HauptschülerInnen besuchen diesen ‚Typ' (vgl. Baumert/Schümer 2001, S. 463).

Selbst wenn es *die* Hauptschule ebenso wenig gibt wie *die* Schule für Lernbehinderte, sind die Probleme beider Schulformen dennoch (auch) struktureller Art und nicht (nur) Probleme der Einzelschule. Denn trotz aller Unterschiedlichkeit der Hauptschulen ist ihnen eines gemeinsam – ihre Entlastungsfunktion, die sie ebenso wie die Sonderschule für die höherwertigen Schulformen übernehmen.

1. Zur Leistungsfähigkeit von Haupt- und SonderschülerInnen – die Ergebnisse der PISA-Studie

Wenngleich in PISA neben der Lesekompetenz auch die mathematischen und naturwissenschaftlichen Kompetenzen der SchülerInnen untersucht worden sind, beschränken wir uns hauptsächlich auf die Ergebnisse zur Lesekompetenz. Dafür sind folgende Gründe ausschlaggebend: SonderschülerInnen waren nur hinsichtlich ihrer Lesekompetenz in die Untersuchung miteinbezogen bzw. nur hinsichtlich ihrer Lesekompetenz sind die Ergebnisse von SonderschülerInnen dokumentiert worden. Leseverständnis, so die WissenschaftlerInnen der PISA-Studie, geht hinsichtlich der Zukunftsperspektiven, der Bedeutung für Berufseinstieg und -verlauf und für gesellschaftliche Teilnahme weit über die Bedeutung von mathematischen und naturwissenschaftlichen Kompetenzen hinaus und ist zugleich Grundlage für die Entwicklung mathematischer und naturwissenschaftlicher Qualifikationen. Lesekompetenz wird begriffen als „fächerübergreifende Kompetenz" der „Verarbeitung, Strukturierung und Reflexion von Informationen, [...] die auch fachbezogene, zum Beispiel mathematische Kompetenzen beeinflusst" (Klieme/Neubrand/Lüdtke 2001, S. 183). Lesen ist also eine „kulturelle Schlüsselqualifikation", die „die Teilnahme am gesellschaftlichen Leben [...] eröffnet" und „[...] die Möglichkeit der zielorientierten und flexiblen Wissensaneignung [bietet]. Umgekehrt bedeutet eine geringe Lesefähigkeit bis hin zum modernen Analphabetismus einen enormen Chancennachteil" (Artelt u.a., S. 70).

In Deutschland erreichen insgesamt ca. 10% aller getesteten SchülerInnen nicht die unterste Kompetenzstufe der Lesefähigkeit (vgl. ebd. S.117 ff.), d.h. sie können den Hauptgedanken eines Textes nicht erkennen und sie sind unfähig, einfache Verbindungen zwischen den Informationen, die ein Text gibt, und weit verbreitetem Alltagswissen herzustellen (vgl. ebd., S. 89). Kompetenzen, die, so die AutorInnen der PISA-Studie, „zumindest in Bezug auf Gebrauchs- und Sachtexte [...] Bestandteile der Ausübung fast jeden Berufs sein" dürften (vgl. ebd. S. 117). Folgerichtig werden diese Schülerinnen und Schüler als Risikogruppe eingestuft, „die erhebliche Schwierigkeiten beim Übergang in das Berufsleben haben werden" (ebd.). Diese Jugendlichen besuchen zu 34% die Sonderschule und zu 50% die Hauptschule (integrierte Gesamtschule 7%, Berufsschule 5%, Realschule 4%) (ebd.). Für viele Hauptschulen spitzt sich die Situation zu:

> „25 Prozent der Hauptschülerinnen und Hauptschüler sind nicht in der Lage, Aufgaben der niedrigsten Kompetenzstufe zu lösen, und nur knapp 43 Prozent erreichen das als Mindeststandard definierte Leistungsniveau" (ebd. S. 127).

Der geringen Lesekompetenz entsprechen die unzureichenden mathematischen Kompetenzen der HauptschülerInnen. Etwa die Hälfte der getesteten HauptschülerInnen kommt „über das mathematische Bildungsniveau der Grundschule nicht hinaus" (Klieme 2001, S. 181 f.). Zwischen Gymnasiasten und Hauptschülern bestehen auch in den Naturwissenschaften erhebliche Differenzen. „Nur jeder hundertste Hauptschüler reicht mit seinen Leistungen an den Mittelwert der Gymnasiasten heran" (Prenzel u.a. 2001, S. 241).

Zu Recht fragen die AutorInnen der PISA-Studie: „Angesichts dieser Ergebnisse stellt sich die Frage, ob eine derart starke Leistungsdifferenzierung in unserem Schulsystem gewünscht ist" (ebd. S. 241).

Knapp die Hälfte der leseschwachen Schüler (bei den schwachen Lesern handelt es sich zu zwei Drittel um Jungen) und deren Eltern sind in Deutschland geboren, ihre Umgangssprache ist Deutsch – ausgeprägte Defizite im Leseverständnis sind also kein ausschließliches Problem von MigrantInnenkindern.

Die oben genannten drei Hauptschul'typen' unterscheiden sich hinsichtlich der Leistungsfähigkeit ihrer SchülerInnen erheblich. So können z.T. nahezu alle SchülerInnen einzelner Hauptschulen zu den Gruppen gerechnet werden, deren geringe Kompetenzen im Leseverständnis, Mathematik und Naturwissenschaften einen deutlichen Risikofaktor für den beruflichen Einstieg und hinsichtlich der Zukunftsperspektiven darstellen. Bei diesen Hauptschulen handelt es sich also um solche, deren SchülerInnen in ihrer Leistungsfähigkeit als sehr homogen – und d.h. homogen schwach – einzustufen sind. Die PISA-Studie gibt zwar keine Auskunft darüber, ob diese SchülerInnen mehrheitlich dem dritten ‚Typ' der Hauptschulen angehören. Die Vermutung ist jedoch nicht von der Hand zu weisen. Sie betrifft allerdings nicht nur die problematischen Hauptschulen in städtischen Ballungsgebieten mit hohem Ausländeranteil, sondern, wie die Prozentzahlen zu den HauptschülerInnen insgesamt aussagen, erheblich mehr Hauptschulen.

Auch die Grenzen zwischen Haupt- und Sonderschule verschwimmen. Die Lesekompetenz ist zwar in der Sonderschule weitaus weniger ausgeprägt bzw. erheblich defizitärer als in den übrigen Schulformen, dennoch ist

„unter den von PISA erfassten Hauptschulen [...] eine Schule, deren Schülerschaft nur das mittlere sprachliche Leistungsniveau einer Sonderschule erreicht. Im mathematischen Bereich rücken die beiden Schulen näher zusammen, da zwei Sonderschulen mittlere Leistungsergebnisse aufzuweisen haben, die klar im Hauptschulbereich liegen" (Baumert/Schümer 2001, S. 456).

Leseschwache SonderschülerInnen und schwache HauptschülerInnen, so lässt sich zusammenfassen, werden in leistungsmäßig homogenen Klassen unterrichtet, in denen (nahezu) alle Schüler auf schwachem Niveau sind und sich nicht gegenseitig anregen können.

Die Selektivität unseres Schulsystems führt unweigerlich zu der Frage, welche Auswirkungen es hat, wenn man weniger leistungsstarke Schüler und Schülerinnen aus der pädagogischen und sozialen Gemeinschaft aller Gleichaltrigen herausnimmt. Die PISA-Studie belegt eindrucksvoll, welch hohen Preis wir als Folge der strukturellen Leistungsdifferenzierung zahlen, nämlich soziale Segregation ohne entsprechende Qualitätssicherung im Leistungsbereich (vgl. Baumert/Schümer 2001, S. 458 ff.).

In einer ersten Stellungnahme zu den Ergebnissen der PISA-Studie kommentiert Klaus Klemm in der Frankfurter Rundschau vom 6.12. 2001 diesen Befund wie folgt:

„Wenn aber soziale und leistungsmäßige Homogenisierung die Schwächeren nicht befördert und Heterogenisierung die Stärkeren nicht schwächt, dann wird die bei uns praktizierte Separierung zumeist schon nach Klasse 4 zur Bremse für Qualitätssteigerungen, dann erweist sich ein früh separierendes Schulsystem als einengendes Korsett für breite Leistungsentwicklung, dann sitzt Deutschland mit seiner strukturellen Verfasstheit des Schulsystems in einer Qualitätsfalle" (Klemm 2001, S. 6).

Das Sonderschulwesen ist wohl der weitestreichende Versuch, Erziehung und Lernerfolge durch Homogenisierung – ausgehend von den primären Schädigungen wie Blindheit oder Körperbehinderung bis hin zu Schulversagen und Verhaltensauffälligkeiten – in Form von zehn Sonderschultypen zu realisieren.

Wenn aber – wie PISA nun zeigt – die seit mehr als einem Jahrhundert beschworene Entlastungsfunktion der Haupt- und Sonderschule für die höherwertigen Schulformen gar nicht die gewünschten Effekte nach sich zieht, dann liegt die Frage auf der Hand, worin dann noch die Legitimation für ein hochselektives Schulsystem besteht.

Für keine Schulform sind die Fragen nach Legitimation und Effizienz so häufig diskutiert worden wie für die Schule für Lernbehinderte und für keine Schulform liegen seit den letzten zehn Jahren so umfassende empirische Untersuchungen zur Wirksamkeit getrennter Beschulung vor. Dabei lassen sich hinsichtlich der vorliegenden empirischen Studien im Wesentlichen zwei Themenschwerpunkte ausmachen. Diese betreffen zum einen Quasilängsschnittstudien zur Wirksamkeit der Schule für Lernbehinderte (SfL) bezüglich der Leistungsentwicklung, des Selbstkonzeptes und der psychischen Entwicklung und zum anderen seit Mitte der 80er Jahre Effizienzvergleiche zwischen der Beschulung Lernbehinderter an Sonderschulen und in integrativen allgemeinen Schulen.

Die von Hildeschmidt und Sander (1996) und von Bless (1999) vorgenommenen Analysen empirischer Forschungsbefunde im In- und Ausland bestätigen die bereits 1991 von Tent u.a. in ihrer sorgfältigen und anspruchsvollen Studie gewonnenen Erkenntnisse:

„Nach Lage der Dinge werden leistungsschwache Schüler (sog. Lernbehinderte) trotz der objektiv günstigeren Lernbedingungen [z.B. Klassenstärke B.L./E.N.] an der SfL nicht wirksamer gefördert, als dies an den Grund- und Hauptschulen der Fall wäre, wenn man sie dort beließe. Dies gilt jedenfalls eindeutig für die Schulleistungen in den Hauptfächern, wo sich wie in den USA (Kavale 1990) und analog in Israel (Dar/Resh 1986) Vorteile zugunsten der Regelschule abzeichnen" (Tent u.a. 1991, S. 316).

Die negativen Forschungsergebnisse bezüglich der Schulleistungsentwicklung finden ihre Entsprechung in Studien zur sozialen Integration und zur psychischen Entwicklung lernbehinderter Schüler in Sonderschulen. Bietet der Schonraum Sonderschule zunächst die Möglichkeit, ein positives Selbstkonzept bezüglich der eigenen Fähigkeiten zu entwickeln, das durchaus motivierend wirken kann für schulische Lernprozesse, so verkehrt sich gegen Ende der Schulzeit die realitätsinadäquate Selbsteinschätzung im Sinne der Überschätzung der eigenen Fähigkeiten in das Gegenteil.

„Mit Blick auf den niedrigen Schulabschluss und die ungünstigen Berufs- und Lebensperspektiven sinken sowohl das Selbstkonzept als auch die soziale Integriertheit zunächst allmählich und mit dem Schullaufbahnende abrupt wieder deutlich ab" (Hildeschmidt/Sander 1996, S. 131; vgl. hierzu auch Bless 1999, S. 448).

Der getrennte Unterricht leistungsschwacher SchülerInnen in einer getrennten Schulform, so das Fazit der empirischen Untersuchungen, erweist sich also – selbst bei besserer materieller Ausstattung und eigens hierfür qualifizierter LehrerInnen – hinsichtlich der Leistungsentwicklung als wenig erfolgreich und bezüglich des Selbstkonzeptes als wenig stabil.

2. Zur Qualifikationsfunktion von Haupt- und Sonderschulen – Statistische Daten zur Ausbildungssituation der Schülerinnen und Schüler

Im Folgenden soll ein Aspekt ausführlicher analysiert werden, der die Qualifizierungs- und Legitimierungsfunktion von Haupt- und Sonderschule zentral betrifft, und zwar die beruflichen Zukunftsperspektiven der Jugendlichen, sofern sie sich aus Statistiken ablesen lassen.

In diesem Feld besteht ein erhebliches Forschungsdefizit. Wir wissen kaum etwas bzw. gar nichts über die weiteren Biographien der Gruppe von Sonder- und HauptschülerInnen, die in den vorherigen Ausführungen im Mittelpunkt standen, wie sie z.b. ihr Leben – trotz ihrer schlechten Startpositionen – meistern, welche möglichen Unterschiede es in der Lebens- und Zukunftsgestaltung zwischen jungen Frauen und Männern gibt und/oder zwischen denjenigen, die zur ethnischen Mehrheit bzw. Minderheit gehören. Bereits 1995 hat Gottfried Gerhard Hiller eindrücklich die Notwenigkeit von qualitativer und biographischer Forschung über „die weiteren Karriereverläufe von Jugendlichen insbesondere in den unteren Bildungs- und Ausbildungsgängen" (Hiller 1995, S. 50) begründet. Nur so könne erforscht werden, „welchen Herausforderungen [...] [diese Jugendlichen B. L./E. N.] standhalten müssen und welche Art von Bildung, Unterstützung und Förderung sie demzufolge wirklich brauchen" (ebd., S. 60).

Die Entwicklung der Hauptschule zur Restschule hat für ihre SchülerInnen fatale Folgen. 1999 war der Volksschul- bzw. Hauptschulabschluss für knapp 75% der 60- bis unter 65-Jährigen noch der höchste Schulabschluss, bei den 20- bis unter 25-Jährigen waren es nur noch gut 25%, die keinen höherwertigen als den Hauptschulabschluss erreichten (Statistische Veröffentlichungen 2001, S. 50).

„Verringerte Selektivität einerseits, anhaltende Benachteiligung der Arbeiterkinder, vor allem der ausländischen, andererseits bedeutet, daß die gesellschaftlichen Chancen der unteren Schichten sich seit der Bildungsreform verschlechtert haben: denn ein niederer Schulabschluß ist heute noch weniger wert als vor 30 Jahren..." (Preuss-Lausitz 1994, S. 127).

Die Situation derjenigen, die einen niedrigen Schulabschluss erhalten, hat sich nicht nur gegenüber früher aufgrund der quantitativen Ausweitung der höheren Schulabschlüsse, sondern auch aufgrund der gestiegenen Qualifikationsanforderungen verschlechtert.

„Das verlangte Vorbildungsniveau hat sich für nahezu alle Berufe nach oben verschoben. Das bedeutet nicht unbedingt, dass für den Arbeitsprozess selbst eine qualitativ bessere Vorbildung notwendig ist. Es handelt sich zunächst um nichts anderes als eine adäquate Reaktion der Arbeitgeber auf die Strukturveränderungen im Bildungsbereich. Doch die Jugendlichen ohne Ausbildungsabschluss haben damit zweifellos zumindest ein *relatives* Skill-Defizit gegenüber ihren ausgebildeten Altersgenossen" (Solga 2001, S. 42).

Dies betrifft nahezu alle AbgängerInnen der Haupt- und Sonderschule, die nicht mindestens einen der Realschule vergleichbaren Abschluss haben. Besonders problematisch stellen sich die Zukunftsperspektiven der Schülerinnen und Schüler dar, die die Schule ohne Hauptschulabschluss verlassen (müssen). Die Quote derer ohne Hauptschulabschluss ist dabei in den neunziger Jahren gestiegen (vgl. Klemm 2000, S. 7). Waren es, um die neuesten Daten anzuführen, 1997 noch knapp 80.500 oder 8,7% der Gleichaltrigen eines Jahrgangs, die die Schule ohne Hauptschulabschluss verließen (vgl. Klemm 2000, S. 7), so stieg diese Zahl und Quote 1999 auf knapp 83.200 oder 9,2% eines Alterjahrgangs (vgl. Statistische Veröffentlichungen 2001, S. 127). Von den SchülerInnen ohne Hauptschulabschluss sind etwa zwei Fünftel SonderschülerInnen (vgl. ebd.). Unter der Geschlechterperspektive ist erwähnenswert, dass auch die Hauptschülerinnen wie die Schülerinnen in allen anderen Schulformen sich hinsichtlich der formalen Schulabschlüsse als die besseren SchülerInnen erweisen: ihre Chancen, den Hauptschulabschluss zu erreichen, stehen besser als die ihrer männlichen Mitschüler. Während die Wahrscheinlichkeit, keinen Schulabschluss zu erreichen, bei den Mädchen bei 6,2% liegt, sind Jungen mit 11% deutlich höher vorbelastet (vgl. Klemm 2000, S. 7). Und auf der Schule für Lernbehinderte sind Mädchen traditionell unterrepräsentiert.

Besonders betroffen sind ausländische Jugendliche. Während 7,7% der deutschen Jugendlichen eines Altersjahrgangs die Schule ohne Abschluss verlassen (müssen), sind es bei den ausländischen SchülerInnen 16,3% (vgl. Klemm 2000, S. 7).

Schulversager, Schulversagerin zu sein, beeinträchtigt nicht nur die gegenwärtige Situation der Jugendlichen, sondern hat Auswirkungen auf die Lebensperspektiven, die gravierend und äußerst problematisch sind. Nur 16,8% oder 13.500 der Jugendlichen ohne Schulabschluss konnten 1997 einen Ausbildungsvertrag abschließen, 67.000 Jugendliche blieben ohne Abschluss. Auch in diesem Punkt war die Entwicklung in den neunziger Jahren negativ. Die Quote derjenigen zwischen 20 und 25 Jahren, die keinen Ausbildungsvertrag hatten, stieg zwischen 1991 und 1998 von 11,2% auf 15,4% (vgl. ebd., S. 5). Das bedeutet, dass ca. jeder sechste Jugendliche eines Altersjahrgangs ohne Ausbildung bleibt. Während sich die Situation für deutsche männliche Jugendliche dramatisch verschlechtert hat – so stieg die Quote derjenigen ohne Ausbildung zwischen 1991 und 1998 von 7,1% auf 14,7% – hat sich die Situation für ausländische Jugendliche und für Mädchen leicht entspannt. So sind 1998 ‚nur' noch 20% der ausländischen Jugendlichen zwischen 20 und 25 Jahren ohne Ausbildung gegenüber 39,8% 1991 (vgl. ebd.).

„Diese partiellen Verbesserungen können aber nicht darüber hinweg täuschen, dass Ende der neunziger Jahre im früheren Bundesgebiet mehr als 15% und im Gebiet der früheren DDR 10% aller 20- bis unter 25jährigen – voraussichtlich dauerhaft – ohne Ausbildung sind und verbleiben. Dies sind innerhalb dieser fünf Altersjahrgänge 627.000 junge Menschen" (ebd., S. 13).

Der quantitative und prozentuale Anstieg der SchulabgängerInnen ohne Schulabschluss zwischen 1997 und 1999 lässt die Hoffnung auf eine Umkehr des Trends kaum aufkommen. Schülerinnen und Schülern droht bereits zu einem Zeitpunkt der Ausschluss aus dem gesellschaftlichen Leben, bevor sie den Eintritt überhaupt erreicht haben; denn die formalen Schulabschlüsse sind „die Schlüssel zu den Vorzimmern [...] (des) Systems", in denen „die Schlüssel zu den Türen des Beschäftigungssystems verteilt werden" (Beck 1986, S. 245).

Ohne Schulabschluss, ohne Ausbildungsabschluss zu sein, hat Auswirkungen auf das gesamte Erwerbsleben. Die Arbeitslosenquote derjenigen ohne Ausbildung liegt bei den Männern bei 29,2% und bei den Frauen bei 24,6% (Hierbei handelt es sich um alle Arbeitslosen, nicht nur um die 20- bis unter 25-Jährigen).

Nur nebenbei sei bemerkt, dass die Quote der arbeitslosen Frauen nur bei den schlecht qualifizierten unter der der Männer liegt: Sowohl bei den arbeitslosen Absolventinnen einer Lehre bzw. Berufsfachschule und Fachschule bis zu den Abgängerinnen von Fachhochschulen und Universitäten liegt die Erwerbslosenquote der Frauen über der von Männern (vgl. Klemm 2000, S. 19).

Die Situation stellt sich jedoch nicht nur für diejenigen Schüler negativ dar, die keinen Hauptschulabschluss haben, sondern auch für HauptschülerInnen mit Hauptschulabschluss. Hierbei handelt es sich 1999 immerhin um knapp 239.500 SchülerInnen oder 29,9% eines Jahrgangs, davon kamen 9.016 von der Sonderschule (Statistische Veröffentlichungen 2001, S. 50). Haupt-bzw. SonderschülerInnen mit einem ‚einfachen' Hauptschulabschluss haben in der Regel kaum eine andere Möglichkeit, als eine Lehre anzufangen, wobei das Spektrum der Ausbildungsgänge durch die Erhöhung der Qualifikationsanforderungen und der Schulabschlüsse ebenso begrenzt ist wie durch die nach wie vor angespannte Lage auf dem Ausbildungsmarkt.

Selbst wenn es Sonder- und HauptschülerInnen gelingt, einen Ausbildungs-vertrag abzuschließen, ist damit noch keineswegs garantiert, dass sie zum erfolgreichen Abschluss der Ausbildung kommen. Die folgenden Zahlen aus den 90er Jahren des vorigen Jahrhunderts stammen aus Baden-Württemberg. Insgesamt lag hier die Quote der vorzeitig aufgelösten Aus-bildungsverträge im Handwerk 1995 bei 29%.

„Aufschlußreicher sind jedoch die Abbrecherquoten typischer Sonder-und Hauptschülerberufe in Industrie und Handwerk: bei den Hauswirt-schaftstechnischen Helferinnen 55 Prozent, bei den Fachgehilfinnen im Gastgewerbe 50 Prozent, Friseurinnen 41 Prozent, Floristinnen 37 Pro-zent, beim Koch 49 Prozent, beim Bäcker 41 Prozent, beim Maurer 38 Prozent, beim Maler 36 Prozent und bei den Teilezurichtern (Metall) 33 Prozent usw." (Storz 1997, S. 398 f.).

Wenn sich Mitte des Jahres 2000 generell auch eine sehr leichte Entspan-nung auf dem Erwerbsarbeitsmarkt ankündigt, die sich Ende 2001 wieder verflüchtigt hat, spitzt sich die Situation von Haupt- und Sonderschü-lerInnen eher weiter zu. Während für Fachschul- ebenso wie für Fachhoch-schul- und UniversitätsabsolventInnen eine erhöhte Nachfrage des Er-werbsarbeitsmarktes prognostiziert wird, sinkt die Nachfrage nach gering Qualifizierten (vgl. Klemm 2000, S. 15).

„Die in den letzten Jahren neu geschaffenen Ausbildungsgänge, etwa in der Medienindustrie oder im kaufmännischen Bereich, bringen den Hauptschulabsolventen überhaupt nichts. Sie haben kaum eine Chance, in zukunftsträchtige Ausbildungsgänge in der Großindustrie aufgenom-men zu werden. In den neuen Berufen kommen vor allem Abiturienten unter" (Heinemann 1998, S. 53).

Die Prognosen über den Arbeitskräftebedarf und die Entwicklungen der ‚neuen' Berufe, wie z. B. der IT-Berufe, bedeuten, dass die Gefahr erwerbs-los zu werden für Haupt- und SonderschülerInnen ohne oder mit einfachem Hauptschulabschluss eher noch steigt als abnimmt. Die referierten Daten zum zukünftigen Arbeitskräftebedarf und zum engen Zusammenhang zwi-schen Schulabschluss und Erwerbstätigkeit verdeutlichen dabei, dass die Probleme, die Haupt- und SonderschülerInnen auf dem Erwerbsarbeits-markt haben, nicht allein ihnen individuell anzulasten sind, sondern einmal auf die Entwicklung hin zu höheren Qualifikationen auf dem Erwerbsar-beitsmarkt, andererseits auf die mangelnde Qualifizierung in Sonderschulen und einigen Hauptschulen zurückzuführen sind.

Damit sehen sich diese Hauptschulen und die Schulen für Lernbehinderte mit einem kaum zu lösenden Problem konfrontiert: Sie können ihre Leis-tungsanforderungen gegenüber einem Teil ihrer Schülerschaft nicht mehr legitimieren. Der Zusammenhang zwischen Ausbildungs- und Beschäfti-gungssystem (der für Mädchen, historisch gesehen, nie so eng war wie für

Jungen) ist heute – angesichts von jahrelang stabiler Massenarbeitslosigkeit – brüchig geworden. Trotz der Perspektivlosigkeit der Jugendlichen ohne Hauptschul- bzw. mit einfachem Hauptschulabschluss gehen das Schul- und Bildungssystem – d. h. auch Sonder- und Hauptschule – aber weiterhin davon aus, „daß alle Heranwachsenden in das Beschäftigungssystem zu integrieren" seien (Tillmann 1997, S. 8).

„Die Einsicht, dass die ‚Modernisierung' anscheinend zwangsläufig einen nicht unerheblichen Prozentsatz von Verlierern zur Folge hat, dass also unter ihren Schülern nicht wenige sein werden, die nur geringe Chancen haben, selbst wenn es gelingt, sie zu großen Anstrengungen zu ermutigen, ist für Hauptschullehrer und Sonderschullehrer neu" (Hainmüller 2001, S. 303).

Allgemeine Bildungsvoraussetzungen, Noten und Schulabschlüsse gewinnen in modernen Gesellschaften als Voraussetzung für einen ‚richtigen' Einstieg in das Berufsleben immer mehr an Bedeutung (vgl. Lemmermöhle/Nyssen 1998, S. 154 f.), sie verlieren zugleich aber an Wert; denn formal höhere Abschlüsse, gute Noten und Leistungsbereitschaft garantieren angesichts der nach wie vor desolaten Lage auf dem Erwerbsarbeitsmarkt längst nicht mehr den gewünschten Ausbildungs- und Erwerbsarbeitsplatz. Der Widerspruch zwischen gestiegener Notwendigkeit bei gleichzeitigem Wertverlust von schulischen Abschlüssen ist für diejenigen Sonder- und HauptschülerInnen, die die Schule ohne bzw. mit einem niedrigen Abschluss verlassen, allerdings irrelevant.

Sonder- und Hauptschulen können für einen Teil ihrer Schülerschaft ihre Qualifikationsfunktion nicht mehr legitimieren. Die Qualifikationen, die sie vermitteln, sind auf dem Erwerbsarbeitsmarkt nicht hinreichend, weil sich die Qualifikationsanforderungen erhöht haben. Die Vermittlung erhöhter und erweiterter Qualifikationen könnte aber, solange sich an der Situation der problematischen Hauptschulen und der Schulen für Lernbehinderte strukturell und didaktisch nichts ändert, die Schülerinnen und Schüler überfordern und zu (noch mehr) Schulverdrossenheit führen.

3. Integrationspädagogik – ein Weg aus der Krise?

Ein Weg aus der strukturellen und didaktischen Krise des Schulsystems, die insbesondere die leistungsschwachen SchülerInnen betrifft, ist die Integrationspädagogik. Es ist das Ziel der Integrationspädagogik, die schulische und gesellschaftliche Aussonderung von Menschen mit Behinderungen zu überwinden. In diesem Zusammenhang steht der Begriff der Integration für die gemeinsame Erziehung und Bildung nichtbehinderter und behinderter SchülerInnen unabhängig von der Art und der Schwere der Behinderungen. Sie ist gleichzeitig auch ein Synonym für die Forderung nach einer umfassenden und grundlegenden Neugestaltung unseres Schul- und Bildungswesens im Sinne der Überwindung eines selektiven Schulsystems mit seinen negativen Folgen (vgl. Lumer 1998, 2. Aufl. S. 155).

Das gemeinsame von- und miteinander Lernen leistungsstarker und leistungsschwacher SchülerInnen in heterogenen Lerngruppen steht seit rund dreißig Jahren im Mittelpunkt von Theorie, Praxis und Forschung des Gemeinsamen Unterrichts behinderter und nichtbehinderter Kinder und Jugendlicher vornehmlich in Grund-, Haupt- und Gesamtschulen. Die empirische Integrationsforschung hat nachgewiesen, dass in heterogenen Lerngruppen leistungsschwache wie leistungsstarke SchülerInnen in gleichem Maße positiv voneinander profitieren, d.h. leistungsstarke SchülerInnen werden in ihrer Lernentwicklung keinesfalls beeinträchtigt, leistungsschwache SchülerInnen profitieren von den ‚guten Modellen' im Sinne eines pädagogischen Mitzieheffektes. Diese positiven Effekte für alle SchülerInnen müssen jedoch erheblich gesteigert und nachhaltiger gesichert werden durch eine Reihe von Qualitätsmerkmalen, die sich in der Praxis des Gemeinsamen Unterrichts bewährt haben und durch die Integrationsforschung bestätigt worden sind. Hierzu zählen insbesondere:

• die Anwendung qualitativer und quantitativer Verfahren zur Feststellung und Analyse der individuellen Lernausgangslage von SchülerInnen (dies schließt eine Analyse des sozialen Umfeldes und der Lebenssituation ebenso ein wie die differenzierte Wahrnehmung der Fähigkeiten und Fertigkeiten des einzelnen Schülers sowie dessen Schwierigkeiten im Lern- und Leistungsverhalten),

• die innere Differenzierung und Individualisierung des Unterrichts durch offene Lernformen, selbsttätiges und kooperatives Lernen, gezielte Fördermaßnahmen einschließlich deren kontinuierlicher Evaluation sowie deren sächlicher und räumlicher Bedingungen

• die Vermittlung bzw. Unterstützung geeigneter Strategien im Sinne des ‚Lernen lernens',

• die Kooperation beteiligter Lehrkräfte innerhalb und außerhalb des Unterrichts z.B. durch Team-teaching,

• der regelmäßige Austausch über und die gemeinsame Planung SchülerInnen unterstützender Maßnahmen,

• die bewusste Verankerung des Lernens in heterogenen Lerngruppen im Schulprogramm,

• die Vernetzung der Schule mit dem regionalen Umfeld und den dort ansässigen Diensten zur Unterstützung der Schule unter Einbeziehung des sozialen Umfeldes der SchülerInnen und deren Integration in das gesellschaftliche und kulturelle Leben sowie

- die Entwicklung einer Aus-, Fort- und Weiterbildung von LehrerInnen aller Schulformen, die die Bereiche Diagnostik, Beratung, Kooperation, Differenzierung und Individualisierung sowie Schulentwicklung ausdrücklich einschließt (vgl. Lumer 1998, 2001; Preuss-Lausitz 2001).

Die hier nur skizzierten und keineswegs vollständigen Qualitätsmerkmale Gemeinsamen Unterrichts in heterogenen Lerngruppen können aus unserer Sicht richtungweisend für ein Schulsystem sein, das so verändert werden muss, dass es nicht nur den Anschluss an die Leistungen der erfolgreichen Länder im Sinne der PISA-Studie, sondern endlich auch in struktureller und didaktischer Hinsicht den Durchbruch zu einem zukunftsfähigen, d.h. nicht segregierenden Schulwesen erreicht.

Literatur

Artelt, Cordula u.a.: Lesekompetenz: Textkonzeption und Ergebnisse. In: Deutsches PISA-Konsortium (Hrsg.): PISA 2000. Opladen 2001, S. 67-137

Baumert, Jürgen/Schümer, Gundel: Familiäre Lebensverhältnisse, Bildungsbeteiligung und Kompetenzerwerb. In: Deutsches PISA-Konsortium (Hrsg.): PISA 2000. Opladen 2001, S. 323-407

Baumert, Jürgen/Schümer, Gundel: Schulformen als selektionsbedingte Lernmilieus. In: Deutsches PISA-Konsortium (Hrsg.): PISA 2000. Opladen 2001, S. 454-467

Beck, Ulrich: Risikogesellschaft. Auf dem Weg in eine andere Moderne. Frankfurt/M. 1986

Bless, Gerard: Lernbehinderungen. In: Borchert, Johann (Hrsg.): Handbuch der Sonderpädagogischen Psychologie. Göttingen 1999, S. 440-453

Deutsches PISA-Konsortium (Hrsg.): PISA 2000. Basiskompetenzen von Schülerinnen und Schülern im internationalen Vergleich. Opladen 2001

Hainmüller, Bernd: Was tun mit Schülern, die im Regelschulsystem scheitern? Zum Umgang mit den möglichen Verlierern der Modernisierung am Beispiel der Kooperationsklassen Hauptschule/Berufsschule in Baden-Württemberg. In: Neue Sammlung 2/2001, S. 299-324

Heinemann, Karl-Heinz: Jetzt fängt der Ernst des Lebens an. Was wird aus den Hauptschulabsolventen? In: Pädagogik 3/1998, S. 50-53

Hildeschmidt, Anne/Sander, Alfred: Zur Effizienz der Beschulung sogenannter Lernbehinderter in Sonderschulen. In: Eberwein, Hans (Hrsg.): Handbuch Lernen und Lern-Behinderungen. Weinheim/Basel 1996, S. 115-134

Hiller, G. G.: Lebenslagen und Zukunftsperspektiven von Jugendlichen der unteren Bildungsgänge im veränderten Deutschland – Herausforderungen für Schule, Sozial- und Berufspädagogik. In: Mack, W. (Hrsg.): Hauptschule als Jugendschule. Beiträge zur pädagogischen Reform der Hauptschulen in sozialen Brennpunkten. Ludwigsburg 1995, S. 48-64

Klemm, Klaus: Junge Erwachsene ohne abgeschlossene Berufsausbildung – Zustandsbeschreibung und Perspektiven. Hrsg. von der Hans-Böckler-Stiftung. Düsseldorf 2000

Klemm, Klaus: Unfähig, die Schwächen der Schüler zu erkennen. In: Frankfurter Rundschau vom 6.12.2001

Klieme, Eckhard/Neubrand, Michael/Lüdtke, Oliver: Mathematische Grundbildung: Textkonzeption und Ergebnisse. In: Deutsches PISA-Konsortium (Hrsg.): PISA 2000. Opladen 2001, S. 141-190

Lemmermöhle, Doris/Nyssen, Elke: Schule und Gesellschaft in der Moderne – über (un)eingelöste Versprechen und vergessene Zusammenhänge. In: Jahrbuch für Pädagogik 1998. Frankfurt/M. u.a. 1998, S. 149-168

Lumer, Beatrix: Integrationspädagogik. In: Nyssen, Elke/Schön, Bärbel (Hrsg.): Perspektiven für pädagogisches Handeln. Weinheim und München 1998 (2. Aufl.), S. 154-197

Lumer, Beatrix (Hrsg.): Integration behinderter Kinder. Berlin 2001

Nyssen, Elke: Hauptschule – Der schulische Einstieg in die gesellschaftliche Perspektivlosigkeit. In: Bier-Fleiter, Claudia (Hrsg.): Familie und öffentliche Erziehung. Opladen 2001, S. 321-334

Prenzel, Manfred u.a.: Naturwissenschaftliche Grundbildung, Textkonzeption und Ergebnisse. In: Deutsches PISA-Konsortium (Hrsg.): PISA 2000. Opladen 2001, S. 192-248

Preuss-Lausitz, Ulf Schule und Kindheit zwischen Wandel und Umbruch in Deutschland. In: Geulen, Dieter (Hrsg.): Kindheit. Neue Realitäten und Aspekte. Weinheim 2. Auflage 1994, S. 120-140

Preuss-Lausitz, Ulf: Qualitätsmerkmale, Leistungsmessung und Evaluation der pädagogischen Arbeit im gemeinsamen Unterricht und in der Sonderschule. Online unter: http://home.t-online.de/home/05808697-0001/preuss.htm. Stand: 08.01.2002

Schümer, Gundel u.a.: Lebens- und Lernbedingungen von Jugendlichen. In: Deutsches PISA-Konsortium (Hrsg.): PISA 2000. Opladen 2001, S. 411-509

Solga, Heike: Jugendliche ohne Berufsausbildung. Die neue Qualität eines alten Problems. In: Gewerkschaftliche Monatshefte 1/2001, S. 41-48

Statistische Veröffentlichungen der Kultusministerkonferenz: Schule in Deutschland. Zahlen, Fakten, Analysen. Bonn 2001

Statistische Veröffentlichungen der Kultusministerkonferenz: Sonderpädagogische Förderung in Schulen 1990-1999. Bonn 2001

Storz, Michael: Schöne neue Arbeitswelt. Anmerkungen zur beruflichen (Teil-) Integration von marktbenachteiligten Jugendlichen und jungen Erwachsenen in postindustrieller Zeit. In: Zeitschrift für Heilpädagogik 10/1997, S. 398-405

Tent, Lothar/Witt, Matthias/Zschoche-Lieberum, Christiane/Bürger, Wolfgang: Über die pädagogische Wirksamkeit der Schule für Lernbehinderte. In: Zeitschrift für Heilpädagogik 42/1991, S. 289-320

Tillmann, Klaus-Jürgen: Ist die Schule ewig? Ein schultheoretisches Essay. In: Pädagogik 6/1997, S. 6-11

Yasemin Karakaşoğlu/Wolfgang Nieke

Benachteiligung durch kulturelle Zugehörigkeit?

1. Gewollte und ungewollte Ungleichheit durch Selektionseffekte des Bildungssystems – die Frage nach der Gerechtigkeit

Gesellschaftliche Ungleichheit ist der historische und kulturelle Normalfall. In jeder äußerlich unstrukturierten überschaubaren Ansammlung von Menschen, die sich zu einer Gruppe entwickelt, entstehen unwillkürlich Beziehungen der Über- und Unterordnung, und erst, wenn das eingetreten ist, scheinen sich die meisten Menschen in einer solchen Gruppe wohl zu fühlen, weil sie ihren Ort gefunden, erkämpft oder zugewiesen bekommen haben. So jedenfalls lehren es die Befunde experimenteller sozialpsychologischer Untersuchungen von Gruppendynamik. Die geschichtlich entstandenen Formationen von Gesellschaft basieren so gut wie ausnahmslos auf einer Ungleichheit der durch Anerkennung bestimmten und durch Macht gesicherten Positionen in einer Hierarchie. Das gilt auch für die gegenwärtigen und sich modern verstehenden Gesellschaften.

Dieser Ubiquität von gesellschaftlicher Ungleichheit stellte die Moderne das kontrafaktische Projekt einer grundsätzlichen Gleichheit aller Menschen entgegen. Überzeugt von dieser Idealvorstellung, entstanden gesellschaftliche Bewegungen von teilweise gewaltförmig umstürzendem Revolutions-Charakter, mit denen bestehende Verhältnisse gesellschaftlicher Ungleichheit im Zugang zu Lebensmitteln, verstanden als Ressourcen der Lebensgestaltung, und willkürlich einsetzbarer Macht tief greifend verändert wurden. Diese Bewegung richtete sich historisch gegen eine als willkürlich, d.h. nicht (mehr) sinnvolle und legitimierte Herrschaft des Feudaladels einerseits und gegen eine gedankliche, d.h. kulturelle Vereinnahmung durch eine Machtkirche (Klerus) andererseits und wurde zunächst durch die Besitzbürger getragen, die ihren gesellschaftlichen Platz entsprechend ihrer gewachsenen ökonomischen Bedeutung auch politisch sichern und erweitern wollten. Sie orientierten sich dabei – ob nun wissentlich oder nicht – an dem antiken Vorbild der attischen Polis, deren Demokratie ja ebenfalls von den besitzenden Bürgern getragen wurde, und nur von diesen. Hierin wirkte die Renaissance, die Wiederentdeckung einer vergangenen, aber noch gedanklich kraftvollen Welt der Antike, am Ausgang des Mittelalters fort. Trotz der antiklerikalen Stoßrichtung dieser Revolutionierung bestehender gesellschaftlicher Ungleichheiten hat der Grundgedanke von der Gleichheit aller Menschen in ihrem Wert (nicht ihrer konkreten Ausprägung als Einzelne) auch christliche Wurzeln, nämlich in dem seinerzeit lebendigen Gedanken der Gotteskindschaft: Wenn alle Menschen Kinder Gottes sind, dann sind sie eben darin gleich wertvoll, und ein jeder ist damit unendlich wertvoll.

Dieses Projekt hat seine historische Konkretion im siebzehnten und achtzehnten Jahrhundert in den Revolutionen in England, Frankreich und in der Gründung der Vereinigten Staaten von Amerika gefunden.[1] Es wirkt in seinen Grundannahmen bis heute fort und stellt die Basis für die Selbstverständlichkeit der Annahme dar, dass alle Menschen als gleich wertvoll zu behandeln seien. Gesellschaftlich ist das in den kodifizierten Menschenrechten und den durch einfache Beschlüsse nicht änderbaren Grundrechten in den Verfassungen der europäisch-abendländischen Staaten institutionalisiert worden.

Diese grundsätzlich gedachte Gleichheit aller Menschen als gleich wertvoll war jedoch stets auch mit einer funktional verstandenen Ungleichheit verbunden, und das wurde nicht als Widerspruch empfunden. Trotz aller grundsätzlicher Gleichheit darf und soll es weiterhin Ungleichheiten in den Privilegien geben, etwa im Einkommen als Voraussetzung zum Erwerb der Mittel zur individuellen Lebensgestaltung. Diese Privilegien werden nun jedoch nicht mehr willkürlich erkämpft, erobert und dann gegen die Unterdrückten gewaltsam verteidigt wie zuvor, sondern sie müssen sich einer Legitimationsprüfung stellen, und das Kriterium der Legitimation ist ihre gesellschaftliche Funktionalität. Sie stellen so etwas wie eine Form der Anerkennung und des Leistungsanreizes für gesellschaftlich besonders wichtige Leistungen auf herausgehobenen Positionen dar. Kommunitäre Projekte völliger Ressourcengleichheit – von den Experimenten im Gefolge der Französischen Revolution bis zu den gegenwärtigen Kibbuzim in Israel – haben stets und ausnahmslos über kurz oder lang zu solchen Formen von Funktionsdifferenzierung mit der Wiedereinrichtung von Ungleichheit in Form funktionaler Privilegien geführt.[2]

---

1 Auch die sozialistisch-kommunistischen Revolutionen haben dieser Grundannahme nichts grundsätzlich Neues hinzugefügt, sondern die Basis der revolutionären Bewegung lediglich vom Besitzbürgertum auf die Arbeiterklasse verschoben oder erweitert.

2 Eine Konkretion findet sich in der Debatte unter Mitgliedern der Partei Die Grünen (noch vor dem Zusammenschluss mit Bündnis 90) darüber, ob deren Minister Fahrrad und Öffentliche Verkehrsmittel benutzen sollten oder ob Dienstwagen mit Chauffeur als funktionale Privilegien akzeptabel seien.

Leistung basiert fast ausnahmslos auf durch Bildung aufbaubarer Kompetenz, seitdem das aristokratische Konzept angeborener und vererbungsfähiger Führungsfähigkeiten als unzutreffend abgelehnt wurde. Dies wiederum fordert vom Bildungssystem eine anerkannte Feststellung von Leistung. Das führt zu einer – funktional gedachten – Selektionswirkung des Bildungssystems, wenn die dort festgestellte Leistung zum Maßstab für die Zuweisung zu gesellschaftlich geschichteten Positionssystemen, etwa im Beruf, mit entsprechend ungleichen Einkommensverteilungen wird. Selektion ist danach also nicht als solche problematisch, sondern nur dann, wenn sie nicht den allgemein geforderten und anerkannten Kriterien dafür gerecht wird: nämlich der Leistung und nur dieser.

Im Diskurs über diese Kriterien widerstreiten seit langem – so schon von Rousseau formuliert – zwei Begriffe von Gerechtigkeit: *Allen das Gleiche* oder *Jedem das Seine?* (vgl. dazu Nieke 1993). Für die Analyse der Selektionswirkung des Bildungssystems werden die normativen Begriffe von *Chancengleichheit* und *Chancengerechtigkeit* verwendet. Zwar geht der Begriffsgebrauch stark durcheinander, aber immerhin lässt sich die Tendenz feststellen, dass mit erreichter Chancengleichheit meist und eher gemeint ist, dass Angehörige einer definierten Sozialschicht im Verhältnis ihres Bevölkerungsanteils auch in weiterführenden Bildungsgängen und höheren Berufen vertreten sind. Das zeige die Neutralität des Bildungssystems gegenüber afunktionalen Selektionsverfahren, da es nur um die erbrachte Leistung gehen dürfe. Diese Annahme unterstellt eine grundsätzlich gegebene und in allen Bevölkerungsschichten gleich vorkommende und verteilte Fähigkeit zu Bildung als Aufbau von beliebigen Kompetenzen. Ungleiche Verteilungen werden im Umkehrschluss als Beweis dafür genommen, dass diese Neutralität im Bildungssystem insgesamt oder in Teilen desselben nicht gegeben sei. *Chancengerechtigkeit* meint demgegenüber so etwas wie eine Fairness gegenüber ungleichen und unterschiedlichen Startbedingungen beim Aufbau von Kompetenz durch Bildung, und dies unabhängig von den sozialen Orten, aus denen die Lernenden in das Bildungssystem eintreten. Bei festgestellter Ungleichheit der Startbedingungen müsse das Bildungssystem unterschiedlich fördern, um Chancengerechtigkeit zu gewährleisten.

Um zu ermitteln, ob und inwieweit ein gegebenes Bildungssystem diese beiden Normen von Gerechtigkeit erfüllt, bedarf es empirischer Analysen von Zusammenhängen zwischen Ausgangsbedingungen und erreichten Leistungsständen. In Deutschland hat sich darum das Dortmunder Institut für Schulentwicklungsforschung verdient gemacht, und hier war es insbesondere Klaus Klemm, der in seinen langjährigen Auswertungen des Mikrozensus' – der einzigen Datenbasis, die diese Fragestellung zu verfolgen erlaubt, wenn nicht eigene direkte Erhebungen gemacht werden können, was im Feld von Schule besonders schwierig ist – immer wieder auf verborgene Ungleichheiten aufmerksam gemacht hat, die diesen Postulaten von Chancengleichheit und Chancengerechtigkeit nicht entsprechen.

Für die besondere Situation von SchülerInnen mit Wanderungsgeschichte stand dabei frühzeitig die Frage im Vordergrund, ob ihnen Gerechtigkeit widerfahre, wenn man ihre Lage allein mit soziologischen Kategorien der Schichtzugehörigkeit definiere. Viele Migrantenfamilien hatten keineswegs den Milieuhintergrund von Arbeitern, auch wenn die Erwachsenen als solche in Deutschland tätig wurden. Die Bildungsaspirationen für ihre Kinder waren nicht denen deutscher Arbeiter vergleichbar, da mit der Arbeitsmigration nach Deutschland auch ein kollektiv-familiäres Projekt sozialen Aufstiegs über die höchstmögliche Bildung der Kinder verbunden wurde. Deshalb wurden kulturtheoretische Analysen der Lebenslage von Migranten und ihren Kindern hinzugezogen, um zu genaueren Ergebnissen zu gelangen (vgl. etwa Boos-Nünning/Nieke 1982).

2. Neue Formen von Ungerechtigkeit: Benachteiligung und Bevorzugung durch Differenzen im kulturellen Kapital

Im Blick auf die Arbeitsmigranten wurden neue Formen von Ungerechtigkeit entdeckt: Es gibt offenbar Benachteiligungen und Bevorzugungen durch Differenzen im kulturellen Kapital, und das kann nicht rückstandsfrei auf eine untere Position in einem dreiteiligen sozialen Schichtgefüge reduziert werden. Inzwischen sind solche Analysen auf andere kulturelle Minoritäten ausgedehnt worden, etwa auf die so genannten Aussiedler, also Zuwanderer mit differentem kulturellen Hintergrund, aber gleichgestellter Rechtsposition als deutsche Staatsangehörige. Zum Verständnis ihrer Lebenslage reichen offenbar ebenfalls die Kriterien der Soziallage im Schichtgefüge nicht aus.

Das führt zu der Frage, ob solche faktischen – d.h. von den handelnden Personen oft nicht bemerkten oder beabsichtigen – Ungleichbehandlungen durch Differenzen im kulturellen Kapital funktional im Sinne der normativen Vorstellungen von Chancengleichheit und Chancengerechtigkeit sind.

Diese Frage ist nicht neu, und sie wurde nicht erst im Zusammenhang der Untersuchungen der Lebenslage von Migranten und kulturellen Minderheiten aufgeworfen. Bereits in der älteren Soziologie sozialer Schichten mit ihrer Dreiteilung der Gesellschaft in eine quantitativ dominierende Unterschicht aus Arbeitern, eine starke Mittelschicht aus Angestellten und eine sehr kleine Oberschicht aus wohlhabenden Führungspersonen konnten strukturelle Benachteiligungen von Unterschichtangehörigen in den Bildungssystemen festgestellt werden, die nicht primär oder gar nicht auf der differenten Leistung der Betroffenen basierten, sondern auf ihrer differenten Varietät der Verkehrssprache. So identifizierte der englische Bildungs-soziologe Basil Bernstein (1972, 1973) einen von ihm so genannten restringierten Code, einer gegenüber der vom Bildungssystem erwarteten und verwendeten normierten Standardsprache vereinfachten Varietät des Englischen, als das Diskriminierungskriterium. Vergleichbares fand der deutsche Soziologe Ulrich Oevermann (1974 und öfter) auch für das deutsche Schulsystem, hier vor allem dialektal geprägte abweichende Varietäten gegenüber der durch die Regelungen des Duden normierten Standardvarietät des Hochdeutschen. In der Analyse solcher Untersuchungen wurde die Schule als „Mittelschichtsinstitution" bezeichnet, welche die Angehörigen der Unterschicht strukturell benachteilige. Nur am Rande wurde thematisiert, ob die durch eine solche Normsetzung entstehenden Defizite leistungsrelevant seien oder nicht. Meist wurde davon ausgegangen, dass alle Varietäten einer Hochsprache grundsätzlich gleichwertig seien. Die konsequenteste Umsetzung dieser Überlegung wurde in den so genannten Hessischen Rahmenrichtlinien für den Deutschunterricht in den siebziger Jahren niedergelegt, wobei die Befolgung der Normen des Standardhochdeutschen nicht länger als wesentliches Leistungskriterium gewertet werden durfte.

Eine Erweiterung dieses Ansatzes stellen die Analysen des französischen Soziologen Pierre Bourdieu (1982) dar, der aufzeigte, dass in der französischen Gesellschaft trotz aller formalen Gleichheit eine feinsinnig aufrecht erhaltene Ungleichheit zwischen Teilgruppierungen besteht, was nur unzulänglich mit den bislang verwendeten Kriterien einer Schichtzugehörigkeit nach Einkommen und Position im Beruf erklärt werden kann. Bourdieu führte die breit rezipierte Differenzierung des individuellen Kapitals in ökonomisches, soziales und kulturelles ein und konnte damit die Milieugrenzen und die darauf aufbauende gesellschaftliche Ungleichheit genauer erklären. Das hier besonders interessierende kulturelle Kapital besteht nicht nur aus dem Verfügen über Sprachvarietäten, sondern aus dem Insgesamt eines Wissens und Verfügenkönnens über milieuspezifische Orientierungen und Habitualisierungen, an denen sich die Angehörigen der verschiedenen Milieus als zugehörig oder fremd erkennen und entsprechend zugehörig fühlen oder ausgrenzen können.

Für Deutschland haben Marianne Krüger-Potratz (1994 und öfter) und Georg Hansen (1994 und öfter) in verschiedenen historischen Studien deutlich gemacht, dass die Schule des verspäteten Nationalstaates kulturelle Minderheiten vor allem über die Ignoranz und Unterdrückung ihrer Minderheitssprachen in die spät konstituierte Nation eingliedern sollten und wollten. Dies – so die These dieser Autoren – wirke bis heute im deutschen Bildungssystem institutionell fort und diskriminiere damit die Zuwandererminoritäten durch die Ignoranz ihrer spezifischen Kompetenz in mindestens zwei lebensweltlich eingebundenen Sprachen, worin sie den einsprachig aufwachsenden Deutschen in dieser Leistungsdimension ja eigentlich als überlegen betrachtet werden könnten.

Besonders deutlich wird die Benachteiligung durch Differenzen im kulturellen Kapital am Beispiel der größten Migrantengruppe in Deutschland, den Arbeitseinwanderern und politischen Flüchtlingen aus der Türkei. Die Differenz zwischen dem Türkischen als einer nicht indoeuropäischen Sprache und dem Islam als einer nicht-abendländischen Religion gegenüber den Standards der deutschen Milieus wird als besonders hoch definiert. Das wird – sachlich falsch, aber im Stile von Nationalstereotypen üblich und nahe liegend – als ,türkische Kultur' zusammengefasst. Wegen der Differenz, die nicht nur Andersartigkeit markiert, sondern auch als Rückständigkeit auf einer unilinear gedachten Fortschrittslinie (vgl. dazu Nieke 2000) interpretiert wird, kommt es dann dazu, dass die Zugehörigkeit zu einer so von außen definierten ,Kultur' als Diskriminierungsmerkmal verwendet werden kann. Darin drückt sich ein unreflektierter Ethnozentrismus der so Denkenden und Handelnden aus, d.h. ein unreflektierter Eurozentrismus. Weil Kultur in diesem Zusammenhang nicht zur Erklärung von vorhandenen Differenzen zwischen Milieus und Lebenslagen verwendet, sondern zur Diskriminierung eingesetzt wird, werden Einwände gegen die Verwendung der Kategorie Kultur in der wissenschaftlichen Erfassung der Lebenssituation von auf diese Weise diskriminierten und diskriminierbaren Minderheiten erhoben, etwa von Frank-Olaf Radtke (1995).[3]

Dieser Durchgang führt zu der Konsequenz, dass es neue Formen von Ungerechtigkeit durch eine Benachteiligung und Bevorzugung durch Differenzen im kulturellen Kapital gibt und dass diese Ungerechtigkeiten nicht mit unterschiedlichen Leistungen der Betroffenen begründet werden – und auch gar nicht begründet werden könnten. Diese Diskriminierungen zeigen sich jedoch nur selten direkt; deshalb sind sie unter anderem durch statistische Re-Analysen von Erfolg und Misserfolg im Bildungssystem indirekt aufzuspüren, was im Folgenden versucht wird.

3. Die Situation von zugewanderten Minderheiten im deutschen Schulsystem

Bereits 1987, erneut 1994 stellte Klaus Klemm die Frage, „[...] ob das deutsche Schulsystem im Verlauf seiner Arbeit mit ausländischen Kindern und Jugendlichen sich insgesamt so verändert hat, dass es fähiger geworden wäre, ausländische Schüler und Schülerinnen aufzunehmen" (Klemm 1994, S. 182). Als Antwort auf diese Frage schlug er eine Umformulierung der alle schulischen Benachteiligungen zusammenfassenden Kunstfigur des

---

3 An dieser Stelle muss unerörtert bleiben, ob man eine analytische Kategorie der Wissenschaft, die hier ihren unbezweifelten Nutzen und ihre spezifische Leistungsfähigkeit hat, wegen ihres Missbrauchs in Lebenswelt und Politik aufgeben oder substituieren kann.

‚katholischen Arbeitermädchens vom Lande' in das ‚muselmanische Tür-
kenmädchen in der Großstadt' (Klemm 1987) vor. Damit verdeutlichte er
die desolate Situation bestimmter Gruppen von Migrantenkindern im deutschen Bildungssystem. Seine Anregung aufgreifend präzisierten Hunger
und Thränhardt (2001) jüngst dies im Konstrukt des ‚italienischen Gastarbeiterjungen aus dem Bayerischen Wald'. Beide Neuformulierungen verweisen auf die Spezifika der Situation zugewanderter Minderheiten im
deutschen Bildungssystem. Sie sind je nach Bundesland, Region, Nationalität bzw. Ethnie und Geschlecht des Schülers/der Schülerin unterschiedlich.

Zunächst ein Blick auf die allgemeine Lage: Kinder ausländischer Herkunft
machen zwar insgesamt 9,5% der Schülerpopulation aus, sind jedoch an
Gymnasien (3,9%) und Realschulen (6,3%) unterproportional, an Haupt-
(14,6%) und Sonderschulen (15,6%) überproportional vertreten. Von annähernd gleichen Bildungschancen kann, das zeigen diese Daten, nicht die
Rede sein (vgl. Klemm 1987, Klemm 1994, Alba/Handl/Müller 1994, Han-
sen/Hornberg 1995, Karakasoglu-Aydin 2001). Dies wurde nun durch die
Ergebnisse der PISA-Studie Ende 2001 hinsichtlich spezifischer Gruppen
von Migrantenkindern bestätigt (Deutsches PISA-Konsortium 2001).

Die bundeslandspezifische Bildungssituation von Kindern aus Migranten-
familien äußert sich zum einen in einer unterschiedlichen Verteilung von
Schülern nicht-deutscher Herkunft auf die Bundesländer. So beträgt der An-
teil nicht-deutscher Kinder an den Grundschulen Hamburgs, Berlins oder
Nordrhein-Westfalens 22,3%, 19,5% und 15,2% während er in Rheinland-
Pfalz bei 9,2% liegt, in den Neuen Bundesländern jedoch zwischen 1,3%
(Mecklenburg-Vorpommern) und 1,7% (Sachsen-Anhalt) schwankt (KMK-
Daten für 1999). Sie äußert sich darüber hinaus auch in den unterschiedlichen Bildungschancen von Schülern nicht-deutscher Herkunft in den verschiedenen Bundesländern (vgl. Karakasoglu-Aydin 2001, S. 286-289,
Hunger/Thränhardt 2001, S. 52). Bundesweit erreicht ein Fünftel der ausländischen Schüler im Gegensatz zu nur 8% der deutschen keinen Hauptschulabschluss. Während jedoch in Bayern rund ein Viertel der ausländischen Schüler ohne Hauptschulabschluss die Schule verlässt, gilt dies in
NRW für lediglich 12,3% dieser Schülerpopulation. Bei deutschen Schülern
ist dieser Unterschied zwischen beiden Bundesländern zwar auch deutlich,
jedoch nicht so gravierend wie bei ausländischen Schülern. Während in
NRW rund 5% ohne Hauptschulabschluss die Schule verlässt, sind es in
Bayern 8% der deutschen Schülerpopulation.

Die nationalitätenspezifische Verteilung von Schulerfolg, die man auch als
ethnische Schichtung bezeichnen könnte, ergibt sich durch die Tatsache,
dass Schüler unterschiedlicher Herkunft sehr unterschiedliche Bildungs-
erfolge aufweisen. Während die Türken und Italiener schlechter als der
Durchschnitt von Kindern mit Migrationshintergrund abschneiden, liegen
die griechischen und spanischen Kinder sogar noch über dem Durchschnitt

aller Schüler in Deutschland (Hunger/Thränhardt 2001, S. 52). Auch die kroatischen und slowenischen Schüler schneiden im Nationalitätenvergleich noch sehr gut ab. Italienische Schüler sind im Nationalitätenvergleich am wenigsten erfolgreich im deutschen Bildungssystem. Sie weisen den geringsten Anteil an Gymnasien, dafür aber den höchsten an Haupt- und Sonderschulen auf. Bei den Kindern aus Gebieten des ehemaligen Jugoslawiens hat sich gegenüber den späten 80er Jahren eine rückläufige Entwicklung abgezeichnet. Hier machen sich zweifellos die Effekte des Anteils von Flüchtlingskindern, die verstärkt seit 1992/93 als Seiteneinsteiger in das Schulsystem kamen, bemerkbar. Diese „ethnische Ausdifferenzierung von Bildungschancen" (Klemm 1987, S. 21) legt einzelne Ethnien auf Bildungs- und Berufskarrieren fest und führt zu einer langfristigen Unterschichtung der bundesdeutschen Gesellschaft durch die Ethnien der Türken und Italiener im Bildungs- und Ausbildungsbereich.

Sehr schwierig gestaltet sich als Folge davon der Übergang von der Schule in den Beruf. Heute (2001) wie bereits 1994 stehen ca. 40% der ausländischen Schüler nach der Schule ohne jede Ausbildung da. Dabei haben über 80% der ausländischen Schüler mindestens einen Hauptschulabschluss, d.h. sie bieten die Voraussetzung für die Aufnahme eines Ausbildungsverhältnisses als Vollzeitberufsschüler o.ä.

Aber es gibt auch Erfolge in der schulischen Situation von Kindern nicht-deutscher Herkunft im Verlaufe der letzten 15 Jahre zu konstatieren, die Klemm 1994 als „Normalisierung" der Situation beschrieb. Dies lässt sich exemplarisch an den Abschlüssen ausländischer Schüler an allgemein bildenden Schulen aufzeigen. Während 1984 noch 29,7% der nicht-deutschen Schüler die Schule ohne einen Hauptschulabschluss verließen (6,9% der deutschen), waren es 1999 nur noch 19,5%, bei den deutschen hingegen 7,9%. Während 1984 lediglich 4% der ausländischen Schüler die allgemeine Hochschulreife (22% der deutschen) errangen, waren es 1999 9,9% (25,4% der deutschen). Dennoch bleibt der Abstand zwischen deutschen und nicht-deutschen Schülern, wenn auch abgeschwächt, bestehen (Zahlen nach BMBF 2000/2001).

Die allgemeinen Feststellungen zu ‚den benachteiligten Migrantenkindern' trifft aber nur auf ganz spezifische Gruppen von Kindern und Jugendlichen mit Migrationshintergrund zu. Dabei ist zu berücksichtigen dass sich hinter dem Begriff der ‚Kinder mit Migrationshintergrund' eine große Pluralität von familiären Wanderungsgeschichten verbirgt. Diese lassen sich grob in die Gruppen der Asylbewerber und Flüchtlinge, der ‚klassischen' Arbeitsmigranten aus Anwerbeländern, der neuen Arbeitsmigranten im Rahmen der internationalen Mobilität, überwiegend aus EU-Staaten, und der (Spät-)-Aussiedler einteilen. Vom Wanderungsgrund ist der Aufenthalts- und soziale Status der Familie stark abhängig und nicht zuletzt der Zugang zu Ressourcen staatlicher Förderung. So sind Kinder aus Aussiedlerfamilien bisher gegenüber anderen Migrantenkindern im Hinblick auf schulische Förderprogramme durch besondere Eingliederungsmaßnahmen für diese Personengruppe, finanziert durch den Garantiefonds der Bundesregierung, privilegiert. Über die Auswirkungen dieser Maßnahmen weiß man bislang jedoch wenig, da die Gruppe bislang aus den nach Nationalitäten aufgegliederten Statistiken zu Schülern und Schülerinnen herausfällt. Die PISA-Studie kann zu dieser Gruppe sowie zum Anteil von Kindern anderer Ethnien aussagekräftigere und differenziertere Daten liefern, als die allgemeinen Schulstatistiken, da sie als Indikator für den Migrationshintergrund von Kindern zum einen den Geburtsort der Eltern der befragten 15-Jährigen und nicht die Nationalität sowie die Verkehrssprache in der Familie zugrunde legt (PISA 2001, S. 341). Sie folgt damit einem Trend in der Wahrnehmung der ethischen und sprachlichen Pluralität von Schülerschaft jenseits von nationalitätenbezogenen Statistiken, der erst in wenigen Bundesländern auch seinen Niederschlag in der Schulgesetzgebung gefunden hat (vgl. hierzu Gogolin/Neumann/Reuter 1998, S. 674-675). Seit Inkrafttreten des neuen Ausländergesetzes im Jahr 1991, das Regelungen zur erleichterten Einbürgerung von in Deutschland lebenden Jugendlichen beinhaltete, sowie der Änderung des Staatsbürgerschaftsrecht im Jahr 2000, demzufolge Kinder nicht-deutscher Herkunft, bei denen mindestens ein Elternteil mehr als acht Jahre rechtmäßig in Deutschland lebt, und die hier geboren wurden, bis zum 23. Lebensjahr automatisch neben der Staatsangehörigkeit der Eltern auch die deutsche Staatsangehörigkeit zuerkannt bekommen, spiegeln Daten zu nicht-deutschen Jugendlichen nicht mehr die gesellschaftliche Realität der Jugendlichen mit Migrationshintergrund wider. Sie beinhalten auch nicht die Kinder aus binationalen Ehen und Kinder aus Aussiedlerfamilien. Schätzungen waren jüngst davon ausgegangen, dass gegenwärtig 25-30% der Kinder in Deutschland einen familiären Migrationshintergrund vorweisen können (vgl. Rau, Berliner Rede 2000; 10. Kinder- und Jugendbericht der Bundesregierung, S. 11). Von den 15-jährigen Teilnehmern und Teilnehmerinnen der PISA-Studie in den alten Bundesländern haben rund 27% mindestens ein Elternteil, das nicht in Deutschland geboren wurde. Dies beweist, dass die Schätzungen nicht übertrieben sind.

PISA verweist auf die große Relevanz von Kindern aus Aussiedlerfamilien innerhalb der Gruppe von Kindern mit Migrationshintergrund. Durch die Einbeziehung dieser Gruppe verändern sich die Anteile der restlichen ethnischen Gruppen an den Schülern und Schülerinnen mit Migrationshintergrund. Machen Schüler und Schülerinnen nicht-deutscher Nationalität in den KMK-Statistiken 43,6% der ausländischen Schülerpopulation aus, gefolgt von 8,0% Jugoslawen, 7,6% Italienern, 3,5% Griechen sowie 2,3% Kroaten und 2,5% Bosniern (KMK-Daten von 1999), stellen Kinder aus Aussiedlerfamilien im repräsentativen Sample der PISA-Studie mit rund 38% aller Kinder mit Migrationshintergrund die größte Zuwanderergruppe.

Ihnen folgen Kinder türkischer Herkunft mit einem Anteil von 16,9% und Kinder aus den Ländern des ehemaligen Jugoslawiens mit einem Anteil von 8,2% (PISA 2001, S. 342).

Eine weitere Binnendifferenzierung zwischen Zuwandererfamilien, in denen nur ein Elternteil im Ausland geboren ist und denen, in denen beide Eltern im Ausland geboren wurden, fördert die Erkenntnis zutage, dass bei Jugendlichen aus reinen Zuwanderfamilien, d.h. aus Familien, in denen beide Elternteile nicht in Deutschland geboren wurden, eine Bildungsbeteiligung vorzufinden ist, „wie sie in Deutschland etwa 1970 anzutreffen war" (PISA 2001, S. 373). Aus diesem Befund dürfte jedoch nicht der Schluss gezogen werden, dass sich durch die Generationenabfolge und ‚mixed marriages' die schulische Integration quasi ‚automatisch' vollziehen würde. Denn diese Aufteilung berücksichtigt nicht die interne Pluralität der Gruppe von „Familien, in denen ein Elternteil in Deutschland geboren wurde". Bekannt ist, dass z.B. ein Teil etwa der in Deutschland aufgewachsenen Türken und Türkinnen (oftmals mit deutscher Staatsangehörigkeit) ihren Ehepartner aus dem Herkunftsland der Eltern ‚rekrutiert' und über ‚Heiratsmigration' nach Deutschland holt. In diesem Fall handelt es sich dann zwar um binationale, aber ethnisch homogene Ehen, in denen ein Angehöriger/eine Angehörige der zweiten oder dritten Generation einen Neuzuwanderer, also einen Angehörigen einer neuen ersten Generation heiratet (vgl. hierzu Straßburger 2000). Ist auch das Wohnumfeld von Kindern aus diesen Ehen ethnisch homogen, dürften sich ihre Sozialisationsbedingungen nicht wesentlich von denjenigen der Kinder unterscheiden, deren Eltern beide im Ausland geboren wurden.

Reaktionen der Bildungspolitik auf die Herausforderungen an die Schule durch Migration

Was die Eingliederung nicht-deutscher Schüler und Schülerinnen in das Schulsystem anbelangt, so stellte die Steigerung ihrer Anzahl von 37.300 im Jahr 1965 auf 946.000 im Jahr 1999 an allgemein bildenden Schulen große Herausforderungen an einen tief greifenden Strukturwandel, der sich bis heute nicht vollzogen hat. Der Anteil der ausländischen Schülerpopulation an der Gesamtschülerpopulation stieg im genannten Zeitraum von 0,5% auf 9,5%. Dabei wurde bereits Anfang der 70er Jahre – nicht zuletzt verstärkt durch das Internationale Jahr der Erziehung (UN 1971) (siehe Puskeppeleit/Krüger-Potratz 1999, Band 1, S. 12-13) eine breite öffentliche Debatte über die prekäre Lage ausländischer Kinder im deutschen Schulsystem geführt. Sie konzentrierte sich, wie fast alle Diskussionen bis 1996, auf die Defizite der ausländischen Kinder, ihre fehlende „Passung" im deutschen Schulsystem. Es entstanden zahlreiche Vorschläge für kompensatorische Maßnahmen, die allesamt das Bildungssystem in seinen Grundstrukturen und Leitlinien nicht erschütterten. Angebote für Deutsch als Zweitsprache, Förderkurse und Hausaufgabenhilfen für den Fachunterricht sowie Muttersprachlicher Ergänzungsunterricht sind Maßnahmen, die in den meisten Bundesländern bis heute fortbestehen. Eine bildungspolitische Einsicht in den Wandel im Blick auf die durch Migration veränderte Situation von Schule fand seinen Ausdruck in den KMK-Empfehlungen „Interkulturelle Erziehung" 1996 und in NRW in dem Papier der durch die Landesregierung eingesetzten Kommission „Bildung" 1996. Dennoch lässt sich feststellen, dass diese Einsichten nicht zu den tief greifenden strukturellen Reformen im Bildungssystem geführt haben, die eine realistische Chance zur Änderung der Bildungssituation von Migrantenkindern nach sich ziehen würden, sondern nach wie vor von der Deckung definierter Spezialbedürfnisse bei gleichzeitiger Sicherung von Stabilität im allgemeinen Schulwesen ausgegangen wird (Gogolin/Neumann/Reuter 1998, S. 665). Inwiefern die PISA-Ergebnisse eine Veränderung dieser Haltung in der Bildungspolitik nach sich ziehen werden, bleibt abzuwarten. Bisher jedenfalls hat sich das Bildungssystem gegenüber Anregungen der Wissenschaft, sich den Herausforderungen auf struktureller Eben zu stellen, „sehr resistent" gezeigt (Krüger-Potratz/Puskeppeleit 1999, S. 25).

4. Die anhaltende Relevanz kultureller Zugehörigkeit für Selektionseffekte im Bildungssystem

Angesichts dieser Datenlage scheint sich eine anhaltende Relevanz kultureller Zugehörigkeiten für Selektionseffekte im Bildungssystem herauszukristallisieren. Denn es zeigen sich sehr unterschiedliche Ergebnisse in der Bildungsbeteiligung bei einzelnen Nationalitätengruppen.

Für die Gesamtgruppe von Kindern mit Migrationshintergrund kann festgestellt werden, dass nicht in erster Linie der fremdkulturelle Hintergrund des Elternhauses, sondern die soziale Schicht einen nennenswerten Einfluss auf die Platzierung der Kinder und Jugendlichen ausländischer Herkunft im Bildungssystem zu haben scheint. So wird bei PISA festgestellt, „[...] dass die Differenzen der Beteiligungschancen zwischen Jugendlichen aus Familien mit und ohne Migrationsgeschichte weitaus geringer sind als die Disparitäten zwischen Jugendlichen unterschiedlicher Sozial- oder Bildungsschichten" (PISA-2001, S. 374). Klemm hatte dies schon 1994 vermutet, als er auf die „Normalisierung" der Schulsituation ausländischer Kinder hinwies. „Von der sozial selektiven Wirkung des gegliederten deutschen Schulsystems sind – und dies ist ‚normal' – ausländische Kinder, die ihrer sozialen Herkunft nach überwiegend deutschen Arbeiterkindern vergleichbar sind, ebenso wie diese betroffen" (Klemm 1994, S. 183). Daraus leitete er ab, dass die strukturelle Benachteiligung, die ausländische Kinder hinsichtlich ihrer Bildungsbeteiligung im Schulsystem erfahren, „[...] stärker aus ihrer sozialen Herkunft als aus ihrer ethnischen Zugehörigkeit [...]" zu erklären ist (Klemm 1994, S. 184).

Eines der Hauptergebnisse der PISA-Studie sind die Disparitäten zwischen Kindern aus Arbeiterfamilien und höheren sozialen Schichten vor allem beim Zugang zum Gymnasium. Angesichts der Tatsache, dass sich die Sozialstruktur der ausländischen Bevölkerung deutlich von derjenigen der deutschen Bevölkerung unterscheidet – so sind auch fast zwei Drittel der nicht in Deutschland geborenen Eltern von Migrantenkindern als Arbeiter und Arbeiterinnen, knapp die Hälfte von ihnen wiederum als angelernte Kräfte tätig –, sind größere Anteile von Migrantenkindern von dieser Ungleichheit im Bildungssystem betroffen als es bei der autochtonen Population der Fall ist.

Die Ergebnissen der PISA-Studie führen die Autoren jedoch zu dem Schluss, dass weder die soziale Lage noch die kulturelle Distanz[4] als solche primär für die Disparitäten der Bildungsbeteiligung verantwortlich sind; „[...] von entscheidender Bedeutung ist vielmehr die Beherrschung der deutschen Sprache auf einem dem jeweiligen Bildungsgang angemessenen Niveau" (PISA-2001, S. 374). Dieser Schluss greift jedoch zu kurz, wenn dabei unberücksichtigt bleibt, dass die Beherrschung der deutschen Sprache ja eben eine Folge von Aufenthaltsdauer der Jugendlichen, dem sozialen Status ihrer Familien und dem Sprachverhalten in der Familie ist. Zu folgen ist den PISA-Autoren allerdings in dem Hinweis darauf, dass das früh differenzierende Bildungssystem der Bundesrepublik nur wenig zeitlichen Spielraum bietet, um Kinder mit fehlenden Kenntnissen der deutschen Sprache so zu fördern, dass sie eine echte Chance auf gleiche Chancen bei späteren Laufbahnentscheidungen haben. Die Tatsache, dass mehr als 70% der befragten Jugendlichen, deren Vater nicht in Deutschland geboren ist, vom Kindergarten bis zum Ende der Pflichtschulzeit durchgehend Bildungseinrichtungen in Deutschland besucht haben, verweist auf einschneidende Defizite des Bildungssystems bei der Integration von Kindern und Jugendlichen aus Migrantenfamilien. So heißt es denn in der Studie eindeutig: „Wird am Ende der 4. bzw. in einigen Ländern der 6. Grundschulklasse kein befriedigendes Niveau der Beherrschung der Verkehrssprache erreicht, sind spätere Kompensationen schwierig" (PISA-2001, S. 374). Verweise auf die Herausforderung an das Bildungssystem durch Seiteneinsteiger entschär-

---

4 Bei der Verwendung des Begriffs ‚Kulturelle Distanz' ist darauf hinzuweisen, dass dieser in PISA nicht eindeutig definiert wird. Es entsteht der Eindruck, dass die PISA-Autoren ‚Kulturelle Distanz' lediglich über die Umgangssprache in der Familie und das Heiratsverhalten operationalisieren (ebenda S. 343-344), was auf eine assimilative Vorstellung von „kultureller Integration" hindeutet und der Verwendung der Herkunftssprache in den Familien die Intention unterstellt, sich dadurch von der Mehrheitsgesellschaft distanzieren zu wollen.

fen diesen Befund nicht, da diese Gruppe sich im Wesentlichen nicht aus Kindern mit Migrationshintergrund der ‚klassischen Anwerbeländer' sondern aus Kindern aus Aussiedler- und Flüchtlings-/Asylbewerberfamilien zusammensetzt (PISA-2001, S. 343).

Die Unterschiede zwischen den Nationalitäten bleiben erklärungsbedürftig. Und hier tun sich die ‚Väter' der Studie ebenso schwer wie andere Forscher und Forscherinnen, die auf dieses Phänomen treffen. PISA führt die festgestellten Unterschiede im Kompetenzerwerb auf den Zeitpunkt der Zuwanderung (z.B. bei den Flüchtlingskindern aus dem Gebiet des ehemaligen Jugoslawien 1992/1993), die Verbleibabsichten in Deutschland (bei Italienern oder Türken) und den „jeweiligen kulturellen und religiösen Lebenszusammenhang" (PISA-2001 S. 376), der sich in Gemeinschaftsbildung und ethnischer Schließung äußern könnte (ebenda, S. 344), zurück. Die beiden letztgenannten Faktoren operationalisieren die Autoren in dem selteneren Auftreten gemischter Ehen bei Türken und der selteneren Verwendung von Deutsch als Familiensprache. Bei Personen türkischer Herkunft wird die Größe türkischer Gemeinden in Deutschland als Begründung für dieses Verhalten angeführt, im Falle der Familien aus dem ehemaligen Jugoslawien wird der Bürgerkrieg als ethnische Orientierungen verstärkender Faktor vermutet. Insbesondere die Referenz auf den „jeweiligen kulturellen und religiösen Lebenszusammenhang" vermag jedoch nicht zu überzeugen, da die Untersuchung den kulturellen und religiösen Lebenszusammenhang nicht erhoben hat und daher keine Daten für einen Nachweis dieses vermuteten Zusammenhangs enthält.

An dieser Stelle sollen frühere Untersuchungen zur Erweiterung dieses Erklärungsmodells herangezogen werden. Alba/Handl/Müller (1994) etwa verwendeten Daten des Mikrozensus und des sozioökonomischen Panels, um den Einfluss unterschiedlicher Faktoren der Lebenslage (z.B. Bildungsniveau und Beruf des Haushaltsvorstandes, Wohnort und -bedingungen, Familiengröße, Geschlecht des Kindes, Aufenthaltsdauer, ethno-kulturelle Orientierung) auf die Bildungsbe(nach)teiligung von Migrantenkindern zu untersuchen. Sie ermöglichen eine differenzierte Auseinandersetzung mit verschiedenen theoretischen Erklärungsansätzen für das Phänomen, wie der Kulturdifferenzhypothese, dem sozialökologischen und dem organisationstheoretischen Erklärungsansatz (vgl. Karakasoglu-Aydin 2001, S. 291-293). Die Forscher konnten anhand des Mikrozensus feststellen, dass das Bildungsniveau des Haushaltsvorstandes einen größeren Einfluss auf den Bildungserfolg der nächsten Generation hat, als dessen Beruf. Der Wohnort hat insofern einen Einfluss, als das schulische Angebot in großen Städten eine höhere Verfügbarkeit von Gymnasiums- und Realschulplätzen impliziert. Ein hoher Anteil an ausländischer Bevölkerung in einem Bundesland hat hingegen keinen Einfluss auf den Schultyp, den ein ausländisches Kind besucht. Mädchen weisen eine bessere Bildungsbeteiligung als Jungen auf. Die schulische Platzierung ausländischer Kinder wird, so folgern die Autoren, durch den Generationenstatus und die Aufenthaltsdauer beeinflusst. Auch nach Bereinigung der Daten mittels dieser Kontrollvariablen bleiben noch ethnische Differenzen erhalten. Unabhängig von den Kontrollvariablen bleibt die hohe Konzentration der italienischen, türkischen und jugoslawischen Kinder in den Hauptschulen erhalten (Alb/Handl/Müller 1994, S. 225). Hinzu kommt für diese Gruppen von Migrantenkindern eine kumulative Wirkung der verschiedenen Selektionsprozesse im Schulsystem bis hin zum Übergang in eine Ausbildung (ebenda, S. 227). Die Auswertung mehrerer Wellen des sozioökonomischen Panels lässt erkennen, dass Türken eine ausgeprägte Ethnizität aufweisen, ausgedrückt in schlechteren Deutschkenntnissen der Elterngeneration, im Festhalten an traditionellen Essgewohnheiten, im Hören von türkischer Musik und türkischer Zeitungslektüre sowie im teilweisen Aufgewachsensein der Kinder im Herkunftsland und im Aufwachsen in ethnisch homogenen Wohngebieten in Deutschland (ebenda S. 228). Am geringsten ist die ethnische Abgrenzung bei der jugoslawischen Bevölkerung ausgeprägt. Die Gegenüberstellung scheint zunächst die Bildungssituation von Türken vor dem Hintergrund ‚kultureller Distanz' zur Mehrheitsgesellschaft zu erklären. Dieser Erklärungsansatz führt jedoch hinsichtlich der Benachteiligung von Italienern oder der Vorteile von Griechen, die ähnlich wie die Türken am seltensten äußerten, für immer in Deutschland bleiben zu wollen und sich ebenfalls ähnlich wie die Türken am wenigsten als Deutsche identifizieren, offenbar nicht weiter.[5] Auch wenn festgestellt wurde, „[…] dass kulturelle Faktoren wie die im Elternhaus gesprochene Sprache und die Schullaufbahn des Kindes, besonders wenn sie auf Deutschland und das Heimatland aufgeteilt ist, einen starken Einfluß auf die ethnischen Benachteiligungen ausüben" (ebenda, S. 235), warnen die Autoren jedoch deutlich „vor einer vorschnellen Akzeptanz solcher Schlüsse", da die ethnische Orientierung, das Festhalten an kulturellen Eigenarten auch Ausdruck einer Reaktion auf oft unterschwellige Diskriminierungserfahrungen und auf eine fehlende Sicherheit im Hinblick auf Zukunftsaussichten in der Gesellschaft sein kann (ebenda).

Auch Hunger und Tränhardt (2001) verweisen auf den Faktor der Communitybildung und ethnischen Schließung als Erklärung für das schlechte Abschneiden bestimmter Nationalitätengruppen hin. Dabei wird hier Communitybildung, anders als in PISA, nicht per se als negativ beeinflussende Variable betrachtet. Stattdessen wird auf die Zielsetzung der Communitybildung hingewiesen. Sie meinen eine plausible Erklärung für ethnische

---

5 Eine derartige ‚kulturspezifische' Erklärung von ethnischen Unterschieden im Kompetenzerwerb bezieht bei PISA leider nicht auf die aus diesem Blickwinkel interessanten Gruppen der bildungserfolgreichen Kinder griechischer und die wenig erfolgreichen Schüler italienischer Herkunft ein, da aufgrund der niedrigen Fallzahl Griechen und Italiener zu einer Gruppe zusammengefasst wurden.

Unterschiede in der unterschiedlichen Selbsthilfekraft der verschiedenen ethnischen Gruppen und ihrer ethnischen Communities zu finden. So seien bei den ohnehin nur wenig organisierten Italienern nur 2,5% der organisierten Selbsthilfeaktivitäten mit Fragen der Schulbildung italienischer Migrantenkinder beschäftigt (ebenda, S. 54), bei den Spaniern sei dagegen jeder vierte Verein ein Elternverein, der Eltern bei der Organisation der Hausaufgabenhilfe und schulischen Laufbahnberatung helfe. Auch griechische Elterngemeinden seien seit langem in der Errichtung eigener Klassen sowie weiterführender Schulen organisiert, wo sie auf die spezielle Förderung ihrer Kinder auch in der Muttersprache achteten. Auffällig ist, dass beide Gruppen, Spanier wie Griechen, die höchsten Erfolge unter den Migranten im Hinblick auf die Schulbildung der Kinder aufweisen.

Der Umgang mit dem Faktor Sprache

Hinsichtlich der Notwendigkeit des Erwerbs altersadäquater deutscher Sprachkenntnisse für den Schulerfolg von Kindern sind sich die Untersuchungen einig. Dieser wird als primärer Integrationsfaktor von Migranten in die Schule und die deutsche Gesellschaft deutlich hervorgehoben und durch die PISA-Daten bestätigt: „Die Daten sprechen dafür, dass der Erwerb von Deutsch als Zweit- und Fremdsprache häufig nicht zu der Lesekompetenz führt, die bei einem Erstsprachenerwerb im Durchschnitt erreicht wird, und dass sich diese Nachteile des Spracherwerbs auch bei 15-Jährigen noch deutlich bemerkbar machen" (PISA 2001, S. 502).

Der Blick auf „Nachteile des Spracherwerbs", ausgedrückt in der Tatsache, dass Migrantenkinder oftmals Deutsch als Zweit- oder Fremdsprache lernen, verweist jedoch, ebenso wie der Versuch, die Bildungs(miss)erfolge von türkischen und Kindern aus Staaten des ehemaligen Jugoslawien durch stärkere ethnische Orientierungen dieser Herkunftsgruppen zu erklären, auf einen impliziten Kulturalismus, der dem Erklärungsansatz der PISA-Autoren im Hinblick auf die Bildungsbeteiligung von Migrantenkinder zugrunde liegt. Da hier lediglich Sprachkompetenzen in der Sprache der Mehrheitsgesellschaft, nicht jedoch in der Familien- oder Herkunftssprache getestet werden, bleiben mögliche Kompetenzen aber auch Defizite der Migrantenkinder in dieser Hinsicht unbeachtet (vgl. hierzu auch Reich 2001, S.41 ff.). Dies würde den Blick der Bildungspolitik auf die Notwendigkeit einer Pflege und Förderung der Herkunftssprache in unterschiedlichen Schulstufen erweitern.

Wenn auch nicht in PISA selbst angeregt, verweisen die PISA-Befunde jedoch angesichts eines über 30%igen Anteils von Schülern mit Migrationshintergrund auf die fehlende Ausrichtung von Lehrerausbildung, Curricula und Unterrichtsgestaltung (insbesondere im Deutschunterricht) für den Unterricht in mehrsprachigen Klassen (vgl. Krüger-Potratz 2001, Arbeitsstab Forum Bildung 2001). Ein solcher Ansatz müsste über eine reine ‚Sonderförderung' von Schülergruppen nicht-deutscher Herkunftssprache hinausgehen und tief greifende strukturelle Veränderungen im Bildungssystem einfordern.

In der migrationspolitischen Diskussion um den Zusammenhang zwischen Sprache und Integration wird insgesamt zu einseitig die Abhängigkeit der Integration vom Spracherwerb des Deutschen betont, nicht jedoch in den Blick genommen, inwiefern der Deutscherwerb von Integrationserfahrungen abhängig sein könnte (Reich 2001, S. 41 ff.). Hier muss darauf hingewiesen werden, dass die Pflege der Herkunftssprache als Familiensprache nicht vordergründig für den Bildungsrückstand eines Teils der ausländischen Schüler herangezogen werden kann, vielmehr müssen die sozialen, ökonomischen und Bildungshintergründe der Eltern der verschiedenen Herkunftsländer stärker in den Blick genommen werden. Heute weiß man, dass die Pflege der Herkunftssprache in der Familie kein Hinderungsgrund für den Erwerb guter Deutschkenntnisse sein muss (Reich 2001, S. 43).

Während das Potenzial, das in einer vielsprachigen und vielkulturellen Orientierung von Kindern und Jugendlichen mit Migrationshintergrund in Publikationen von Bildungsforschern, die sich nicht schwerpunktmäßig mit interkulturellen Fragestellungen befassen, in der Regel kaum Berücksichtigung findet, wies Klemm (1994) als einer der wenigen auch auf den Umgang mit kulturellen Hintergründen der Schüler im Bildungssystem hin. Sein Beispiel des Muttersprachlichen Ergänzungsunterrichts, der nur dort stattfindet, wo sich genügend Interessenten an einer Schule finden, demzufolge aufgrund der geringen Repräsentanz von ausländischen Schülern an Gymnasien dort nur selten angeboten wird, ist hier hervorzuheben. Lediglich die Möglichkeit des heimatsprachlichen Unterrichts anstelle einer zweiten Fremdsprache, wie ihn NRW für Türken bietet, könnte diesem Argument entgegengehalten werden. „Preisgabe ihrer Herkunft" als Tribut für den „Aufstieg durch Bildung" bei Migrantenkindern an weiterführenden Schulformen nannte Klemm dies (Klemm 1994, S. 184). In diesem Zusammenhang muss auch angemerkt werden, dass Gymnasien kaum Förderangebote für Schüler und Schülerinnen aus mehrsprachigen familiären Milieus bereithalten, Deutsch als Zweitsprache gezielt zu fördern.

5. Formen gesellschaftlichen und pädagogischen Umgangs mit kultureller Differenz

Es ist also festzuhalten, dass das Bildungssystem Ungleichheit herstellt und dies grundsätzlich gesellschaftlich funktional ist, wenn sich diese Ungleichheit streng auf eine gesellschaftlich erwartete Differenz in der Leistung begründet. Kritisiert wird dann nur der Teil einer vom Bildungssystem hergestellten Ungleichheit, der offensichtlich oder vermutlich nicht auf diesem einzig legitimen Kriterium basiert, sondern untergründig – absichtlich oder unabsichtlich – von Faktoren abhängig gemacht wird, die nicht mit der unter Beweis gestellten Leistung in Zusammenhang stehen oder eine grundsätzlich vorhandene Leistungsfähigkeit blockieren oder ignorieren.

Die diesbezüglichen kritischen Analysen, an denen das bisherige Oeuvre von Klaus Klemm einen wesentlichen Anteil hat, weisen auf, dass die im Bildungssystem erfolgende Selektion offenbar stärker von Sozialschicht, Lebenslage, Milieu und Zugehörigkeit zu einer Kultur oder Ethnie abhängen, als dies nach den normativen Erwartungen von Chancengleichheit und Chancengerechtigkeit sein dürfte. Hier wirken – und zwar wohl in allen vier Kategorisierungen gleichermaßen oder ähnlich – kollektive Deutungsmuster, mit denen sich Sozietäten – also erkennbare soziale Einheiten, strukturierte Gruppen von Menschen – voneinander abgrenzen und ihre kollektive Identität herstellen. Mit diesen Deutungsmustern werden Grenzen markiert und definiert, und zwar nach dem binären Schema von *Wir – Die*. Damit wird eine Eigengruppe von einer Fremdgruppe geschieden, und zwar zunächst nur kognitiv, um die Welt differenzierter aufordnen zu können. Jedoch bleibt es üblicherweise nicht bei einer solchen differenzierenden Weltorientierung. Die Differenzierung zwischen einer eigenen Lebenswelt und den Anderen, Fremden wird zur Basis für erstens eine Legitimation eines kollektiven Eigennutzes und zweitens einer Höherbewertung des Eigenen gegenüber dem Anderen.

Auf der Basis dieser kollektiven Grenzziehungen geschehen offenbar auch im Bildungssystem Ein- und Ausgrenzungen, mit den soziostrukturell beschreibbaren Selektionswirkungen.

Von ihrem fachlichen Selbstverständnis her analysiert die Erziehungswissenschaft solche Zusammenhänge nicht nur, sondern fragt nach Konsequenzen für individuelles und gesellschaftliches Handeln. Im Blick auf die institutionell diskriminierenden Wirkungen der beschriebenen kollektiven Grenzziehungen und damit verbundenen Höherwertungen des Eigenen sind bisher drei Lösungswege angeboten und diskutiert worden:

(1) **Integration als Akkulturation.** Wenn die Zuwandererminoritäten sich entschieden an die Lebensweisen der eingesessenen Mehrheit anpassen, verschwinden dadurch die bemerkbaren Differenzen und können dann auch nicht mehr als Kriterien für Unterscheidungen und damit für Abwertungen, Diskriminierungen verwendet werden. Der gegenwärtige Diskurs über Integration und staatlich verordnete oder unterstützte Integrationshilfen (im Rahmen des geplanten Zuwanderungsgesetzes) nimmt eben diesen Weg – auch wenn die Motive dafür durchaus unedler sein dürften, was hier aber nicht näher erörtert werden kann.

(2) **Kritik des Kulturbegriffs.** Vor allem in innerfachlichen Diskursen wird auf die stereotypfördernde Wirkung der Verwendung des Kulturbegriffs zur Analyse von Prozessen der Stabilisierung sozialer Ungleichheit

hingewiesen. Zur Vermeidung dieser fragwürdigen Affirmation eines kritisierten sozialen Phänomens wird vorgeschlagen, statt des Kulturbegriffs analytische Instrumente zum Sichtbarwerden von Ungleichheiten auf der Basis von struktureller Machtungleichheit zu verwenden.

(3) Akzeptanz von kultureller Differenz und Werben für Anerkennung dieser Differenz. Diese – offenbar riskante – Strategie wird von Befürwortern des Eigenwertes der Vielfalt von Lebenswelten, und damit von Kulturen und Teilkulturen, propagiert und praktiziert, und dafür stehen Konzepte multikultureller Erziehung und – besonders in Deutschland – interkultureller Erziehung und Bildung. Ihre Rechtfertigung holen sich diese Befürworter von den Betroffenen selbst, die diesen Eigenwert für selbstverständlich erachten, ihn verteidigen und von ihrer Umwelt respektiert sehen möchten.

Gegenwärtig ist nicht zu entscheiden, welche dieser drei Strategien die richtige und erfolgreiche ist. Möglicherweise werden zusätzliche Wege entstehen. Jedenfalls ist das Bewusstsein offen zu halten dafür, dass Ungleichheit, strukturelle Diskriminierung im Bildungssystem und durch das Bildungssystem in einem unauflöslichen Zusammenhang mit den kollektiven Deutungsmustern stehen, deren inhaltlicher Hintergrund und innerer Zusammenhang mit dem Begriff ‚Kultur' beschrieben werden kann.

Literatur

Alba, Richard D./Handl, Johann/Müller, Walter: Ethnische Ungleichheit im Deutschen Bildungssystem. In: Kölner Zeitschrift für Soziologie und Sozialpsychologie 2/1994, S. 209-234

Arbeitsstab Forum Bildung in der Geschäftsstelle der Bund-Länder-Kommission für Bildungsplanung und Forschungsförderung (Hrsg.): Bildung und Qualifizierung von Migrantinnen und Migranten. Anhörung des Forum Bildung am 21. Juni 2001 in Berlin

Deutsches PISA-Konsortium (Hrsg.): PISA 2000. Basiskompetenzen von Schülerinnen und Schülern im internationalen Vergleich. Opladen 2001

Bernstein, Basil: Studien zur sprachlichen Sozialisation. Düsseldorf 1972

Bernstein, Basil/Henderson, B./Brandis, W.: Soziale Schicht, Sprache und Kommunikation. Düsseldorf 1973

Boos-Nünning, Ursula/Wolfgang Nieke: Orientierungs- und Handlungsmuster türkischer Jugendlicher zur Bewältigung der Lebenssituation in der Bundesrepublik Deutschland. In: Psychosozial 4/1982, S. 63-90

Bourdieu, Pierre: Die feinen Unterschiede. Frankfurt 1982

Bundesministerium für Bildung und Forschung (Hrsg.): Grund- und Strukturdaten 2000/2001

Bundesministerium für Familie, Senioren, Frauen und Jugend (Hrsg.): Zehnter Kinder- und Jugendbericht. Bericht über die Lebenssituation von Kindern und die Leistungen der Kinderhilfe in Deutschland. Bonn 1998

Gloy, Klaus: Bernstein und die Folgen. Zur Rezeption der soziolinguistischen Defizithypothese in der BRD. In: Heinz, Walter R. (Hrsg.): Sozialisationsforschung. Band 1. Stuttgart 1973

Gogolin, Ingrid/Neumann, Ursula/Reuter, Lutz: Schulbildung für Minderheiten. Eine Bestandsaufnahme. In: Zeitschrift für Pädagogik 5/1998, S. 663-678

Hansen, Georg: Die nationalstaatlichen Eierschalen erziehungswissenschaftlicher Theorien. In: Sigrid Luchtenberg/Wolfgang Nieke (Hrsg.): Interkulturelle Pädagogik und Europäische Dimension. Münster 1994, S 189-198

Hunger, Uwe/Thränhardt, Dietrich: Vom ‚katholischen Arbeitermädchen vom Lande' zum ‚italienischen Gastarbeiterjungen aus dem Bayerischen Wald'. Zu den neuen Disparitäten im deutschen Bildungssystem. In: Bade, Klaus-Jürgen (Hrsg.): Integration und Illegalität in Deutschland. Bad Iburg 2001, S. 51-40

Karakasoglu-Aydin, Yasemin: Kinder aus Zuwanderungsfamilien im Bildungssystem. In: Böttcher/Klemm/Rauschenbach (Hrsg.): Bildung und Soziales in Zahlen. Statistisches Handbuch zu Daten und Trends im Bildungsbereich. Weinheim und München 2001, S. 273-302

Klemm, Klaus: Die Bildungsbe(nach)teiligung ausländischer Schüler in der Bundesrepublik. In: Pädagogische Beiträge 12/1987, S. 18-21

Klemm, Klaus: Erfolg und strukturelle Benachteiligung ausländischer Schüler im Bildungssystem. In: Luchtenberg, Sigrid/Nieke, Wolfgang (Hrsg.): Interkulturelle Pädagogik und Europäische Dimension. Herausforderung für Bildungssystem und Erziehungswissenschaft. Münster/New York 1994, S. 181-187

Krüger-Potratz, Marianne, 1994: Der verlängerte Arm nationalstaatlicher Bildungspolitik. Elemente völkischer Bildungspolitik in der Weimarer Republik. In: Ingrid Gogolin (Hrsg.): Das nationale Selbstverständnis der Bildung. Münster, S. 81-102

Krüger-Potratz, Marianne: Integration und Bildung. Konsequenzen für Schule und Lehrerbildung. In: Bade, Klaus-Jürgen (Hrsg.): Integration und Illegalität in Deutschland. Bad Iburg 2001, S. 31-40

Kultusministerkonferenz (Hrsg.): Statistische Veröffentlichungen der Kultusministerkonferenz: Ausländische Schüler 1998 und 1999, Mai 2001

Nieke, Wolfgang: Chancengleichheit oder Leistungsprinzip – Wertkonflikte für pädagogisches Handeln am Beispiel der aktuellen öffentlichen Diskussion in den USA. In: Bildung und Erziehung 3/1993, S. 329-344

Nieke, Wolfgang, 2000: Interkulturelle Erziehung und Bildung. Wertorientierungen im Alltag. Opladen 2000

Oevermann, Ulrich: Die falsche Kritik an der kompensatorischen Erziehung. In: Neue Sammlung 1974, S. 537 ff.

Puskeppeleit, Jürgen/Krüger-Potratz, Marianne: Bildungspolitik und Migration, Band 1 und 2, herausgegeben von der Arbeitsstelle Interkulturelle Pädagogik. Münster 1999

Radtke, Frank-Olaf: Interkulturelle Erziehung. Über die Gefahren eines pädagogisch halbierten Anti-Rassismus. In: Zeitschrift für Pädagogik 6/1995, S. 853-864

Reich, Hans H.: Sprache und Integration. In: Bade, Klaus-Jürgen (Hrsg.): Integration und Illegalität in Deutschland. Bad Iburg 2001, S. 41-50

Straßburger, Gaby: Das Heiratsverhalten von Personen ausländischer Nationalität oder Herkunft in Deutschland. In: Sachverständigenkommission 6. Familienbericht (Hrsg.): Familien ausländischer Herkunft in Deutschland: Empirische Beiträge zur Familienentwicklung und Akkulturation. Materialien zum 6. Familienbericht. Band 1. Opladen 2000, S. 9-48

Anke Thierack/Sybille Volkholz

Partnerschaft: Schule und Betrieb – Grundideen, Beispiele, Perspektiven

1. Vorbemerkung

Der Reformbedarf der Schule lässt sich vielfältig begründen. Die Delphi-Befragungen haben in den letzten Jahren versucht, zwischen eingeschätzten wissenschaftlichen Entwicklungen und notwendigen Veränderungen von Bildungseinrichtungen einen Zusammenhang herzustellen. Auffallend ist, dass im ‚Bildungs-Delphi' eine deutliche Verschiebung der für notwendig gehaltenen Kompetenzen von Menschen festzustellen ist. Diese sind weniger mit den traditionellen Schulfächern zu erwerben, sondern sie legen Entwicklungen hin zu Aufgabenfeldern, dem Erwerb von Grundlagen- und Problemwissen, Orientierungswissen, methodischem Wissen und persönlichen Fähigkeiten im Umgang mit Wissen, wie z.b. Neugier, Offenheit, Fähigkeit zu Beurteilung und Einordnung, Entscheidungen, Planung, Organisation nahe. Von Bildungseinrichtungen wird erwartet, dass sie internationaler werden, durchlässiger, sich durch Kooperationen auszeichnen und sich für andere Lebenswelten öffnen. Gleichzeitig wird in den Befragungen aber auch eine große Skepsis gegenüber der Reformbereitschaft und -fähigkeit von Bildungseinrichtungen ausgedrückt (BMBF 1998).

Geht man von den neuesten Befragungen des Instituts für Schulentwicklungsforschung aus (Rolff u.a. 2000), so sind noch nie so viele Eltern mit der Schule unzufrieden gewesen. Zu den am meisten gewünschten Veränderungen gehört, dass sich die Schule mehr um die Vorbereitung auf das Berufsleben kümmern und mit außerschulischen Einrichtungen stärker zusammenarbeiten soll.

Der Veränderungsbedarf bezieht sich also sowohl auf Inhalte, Lernmethoden als auch auf eine andere Lernorganisation und vor allem auf einen anderen Kompetenzbegriff.

Zur wesentlichen Kategorie hinsichtlich des Kompetenzbegriffs wird die Zukunftstauglichkeit von Bildung und Wissen. Wie wird aus der tradierten Vorstellung von Bildungseinrichtungen, in denen quasi auf Vorrat Wissen erworben wird, das in der Regel später kaum mehr verfügbar ist, ein Bildungsprozess, der, lebenslang von Individuen in hohem Maße selbstverantwortlich organisiert, sie befähigt, ihr Leben verantwortlich zu gestalten in allen Bereichen, privat, beruflich, kulturell, sozial und auch politisch?

Die Trägheit des Bildungssystems hängt wesentlich damit zusammen, dass die Wahrnehmung tatsächlicher Veränderungen in der Welt, der Informationsfluss zwischen Bildungssystem und Gesellschaft, unterentwickelt ist. Das System der Wissensgenerierung und das der ‚Wissensweitergabe' ist entwicklungsbedürftig.

Insbesondere das Verhältnis von Wirtschaft und Bildungseinrichtungen unterliegt und unterlag häufig besonderen Spannungen. „Die Schule darf nicht wirtschaftlichen Verwertungsinteressen unterworfen werden" – dieser Satz hat lange Zeit als pädagogisches Leitmotiv gegolten und gilt für viele immer noch. Die verständliche Befürchtung vieler Pädagogen und Bildungspolitiker, dass eine Orientierung an einseitigen Interessen von Wirtschaft und Betrieben eine umfassende Bildung und Förderung aller Fähigkeiten von Kindern und Jugendlichen behindern könnte, hat erheblich dazu beigetragen, dass sich die Schule nicht nur von Anforderungen der Wirtschaft, sondern auch von anderen Lebensrealitäten abgeschottet hat. Nicht umsonst haben auch heute noch diejenigen oft mit großen Widerständen zu rechnen, die externe Anforderungen an Bildung als völlig legitim ansehen. Eine beliebte Figur von Pädagogen ist die sich selbst genügende Vorstellung der alleinigen Orientierung am Kinde, das sich aus sich selbst heraus entwickelt. Selbstverständlich muss die Schule einen umfassenden Bildungsbegriff für sich in Anspruch nehmen und die Persönlichkeitsbildung in ihren vielfältigen Dimensionen, mit kulturellen, emotionalen, intellektuellen und sozialen Kompetenzen begreifen. Die entstandene Distanz zwischen Schule und Wirtschaft geht aber letztlich zulasten der Jugendlichen. Ziel aller Bildung ist es, Menschen zu befähigen, ihr Leben zu gestalten und für sich und ihre gesellschaftliche Umgebung Verantwortung zu übernehmen. Dazu gehört für jeden Einzelnen auch, arbeits- und erwerbsfähig zu werden und zur Gesellschaft gehört als elementarer Bereich die Wirtschaft. Diese Erkenntnis umzusetzen und die Distanz zwischen den Systemen abzubauen, ist dringende Aufgabe für die Bildungspolitik und alle Beteiligten.

Historisch war die Übernahme der Zuständigkeit des Staates für die Schule ein Fortschritt. In der konkreten Ausformung der staatlichen Schulaufsicht und Schulverwaltung hat diese Zuständigkeit zu einer erheblichen Abschottung der Schule von fast allen gesellschaftlichen Lebensbereichen geführt. Zwar wurde damit erreicht, dass nicht private Interessen die Schule in Inhalten und Organisation dominieren, auf der anderen Seite wurde aber die Definition von Allgemeinbildung, die Legitimation der Auswahl schulischer Lerninhalte weitgehend bildungstheoretisch und bildungspolitisch festgelegt/entschieden.

Wir wollen uns im Folgenden deshalb besonders auf den Aspekt beschränken, wie das Verhältnis von Wirtschaft und Bildungseinrichtungen verändert werden kann.

Derzeit wird von Bildungspolitkern und -theoretikern, von Vertretern der Wirtschaft, der Schule und verschiedener Interessensverbände eine stärkere Zusammenarbeit zwischen Schule und Wirtschaft gefordert. Begründet wird das Bestreben nach intensiveren Kontakten zweier – vermeintlich[1] – getrennter gesellschaftlicher Bereiche vor dem Hintergrund aktueller Globalisierungs- und Dezentralisierungsprozesse. Diese Prozesse bringen mit sich: einen Austausch einer bisher nicht bekannten Dimension von verschiedenen Gütern und Kapital, einen noch unvorstellbaren Transfer von Wissen sowie neue Formen der Arbeitsorganisation, die durch eine Verlagerung von Aufgabenbereichen von höheren und mittleren auf untere Ebenen gekennzeichnet werden können.

Diese Veränderungsprozesse stellen neue Anforderungen an Unternehmen und Schulen. Mit Blick auf Formen der Arbeitsorganisation großer Unternehmen wird deutlich, dass sie weg von traditioneller hierarchischer Arbeitsteilung hin zu verständnisorientierten Koordinationsformen gehen. Ziel dieser organisatorischen Dezentralisierung ist eine höhere Wettbewerbsfähigkeit, ein schnelleres bzw. flexibleres Agieren sowie eine Qualitätssteigerung der Produkte oder Dienstleistungen. Für die Mitarbeitenden bedeutet eine Dezentralisierung im Rahmen ihrer Tätigkeitsbereiche größere und eigenverantwortliche Entscheidungskompetenzen in Bezug auf Planung, Organisation und Zeitaufwand eigener Arbeitsfelder. Der größere Handlungsspielraum setzt bei ihnen neben fachlichen Kompetenzen Qualifikationen wie beispielsweise selbstständiges Planen, Lern- und Teamfähigkeit, Flexibilität und Kreativität voraus. So werden mentale Grundlagen der Individuen bzw. die Innovationsfähigkeit einer Gesellschaft für soziale und ökonomische Entwicklungsprozesse zunehmend wichtiger. Obwohl kaum Detailwissen darüber vorliegt, wie eben die genannten Kompetenzen erworben werden, besteht die Auffassung, dass im Wesentlichen in den Schulen die kognitiven und emotionalen Voraussetzungen dafür gelegt werden (vgl. Baethge 1995, S. 438).

Im Folgenden soll anhand zweier Projekte dargestellt werden, welche Reaktionen sich in Bezug auf das Verhältnis von Lernwelten (Schule) und Lebenswelten (Erwerbsarbeit) abzeichnen. Dabei werden insbesondere aktuelle Sichtweisen und Entwicklungsprozesse berücksichtigt, wie

- Veränderung des Kompetenzbegriffs,

- Argumente der Annäherung von Lern- und Lebenswelten,

---

1 vgl. Krafft 1999. Der Autor erläutert in seinem Aufsatz, warum ‚Wirtschaft‘ und ‚Bildung‘ in der Bevölkerung als unvereinbare Bereiche gelten.

- neuere Ansätze bei der Organisation von Lern- und Lebenswelten sowie

- die gesellschaftliche Verantwortung/Aneignung von Bildungseinrichtungen, hier der Schule.

Schule hat den gesellschaftlichen Auftrag, die heranwachsende Generation zu qualifizieren. Vor dem Hintergrund der skizzierten Globalisierungs- und Dezentralisierungsprozesse verstärkt sich ihre Rolle bei der Gestaltung und Vorbereitung von Lern- und Lebenschancen junger Menschen. Angesichts der oben skizzierten gesellschaftlichen Tendenzen wird Selbstständigkeit – verstanden als Voraussetzung zur individuellen Entwicklung und zur Teilhabe am gesellschaftlichen und wirtschaftlichen Geschehen – immer wichtiger. Politische und wirtschaftliche Einstellungen, Kenntnisse und Verhaltensweisen sowie demokratisches Bewusstsein sind Kompetenzen, die Jugendliche und Erwachsene benötigen, um in einer modernen Gesellschaft verantwortungsvoll zu handeln. Mit anderen Worten:

„Um in einer komplexen Gesellschaft mitwirken zu können, ist es erforderlich, grundsätzliche Dinge über deren Funktionieren zu wissen, aber auch entsprechende [reflektierte, AT/SB] Einstellungen und Verhaltensweisen aufzuweisen." (Svecnik 2000, S. 1111)

In dem Zusammenhang wird die Entwicklung von Persönlichkeit als Voraussetzung für gesellschaftliche und politische Kompetenz gesehen. Von daher wächst bezüglich der Aufgaben von Schule die Bedeutung, zur Persönlichkeitsentwicklung beizutragen sowie die Fähigkeit – und die Bereitschaft – zu vermitteln, Bildung als ein sich stetig veränderndes komplexes System betrachten zu lernen. Die selbstständige Entwicklung von Lernfähigkeit und Leistungsbereitschaft ist für den Einzelnen wie für die weitere Entwicklung von Wirtschaft und Gesellschaft wichtig.

„Jahrhundertelang konnte man davon ausgehen, dass ein Bildungs-Vorratsmodell völlig genügend war, d.h. in der Schule konnte alles das gelernt werden, was unter späterer Anreicherung durch praktische Erfahrungen im Erwachsenenleben und insbesondere im beruflichen Leben gebraucht wurde. Dies ist nicht nur jetzt, sondern für alle Zukunft vorbei." (Weinert 2000, S. 1)

Im Rahmen neuerer Ergebnisse der Lehr-Lern-Forschung wird betont, dass eine selbstständige Lernfähigkeit durch die besondere Gestaltung der Lernumgebung unterstützt werden kann (vgl. Weinert 2000, Schüßler 2000). Wenn diese lebendig, flexibel, sinnstiftend und praxisorientiert ist, dann bietet sich mit Blick auf die Jugendlichen eher die Chance, den Anwendungsbezug der Unterrichtsinhalte zu veranschaulichen oder die Neugier auf Bildungsinhalte zu wecken.

Durch diesen Gedanken, sinnstiftende, praxisorientierte und lebendige Lernumgebungen zu schaffen, bekommt die Zusammenarbeit von Schulen und Unternehmen eine Bedeutung, die mit dem Begriff ,Gestaltung von Lerngelegenheiten' umschrieben werden kann. Gemeint ist, Chancen zu nutzen, den Schulalltag abwechslungsreicher zu gestalten, Erfahrungen an neuen Lernorten zu sammeln, durch neue Lernorte Impulse für Lern- und Entwicklungsprozesse zu geben, kurz gesagt: Lebenswelten für Lernwelten zu nutzen.

Wird ein Blick auf die Partnerschaften zwischen Schulen und Unternehmen, die der Öffentlichkeit bekannt sind[2], geworfen, dann lassen sich ganz verschiedene Motive und Interessen für die Zusammenarbeit finden:

So gibt es das Interesse, den Lernenden Einstellungen und Haltungen zu vermitteln, die ihnen bei der Berufswahlorientierung von Nutzen sind. In dem Zusammenhang sollen beispielsweise reale Anforderungen der Berufs- und Arbeitswelt kennen gelernt werden. Dabei formulieren die Schulen unabhängig vom Leistungsniveau der Lernenden den Wunsch, ihnen Einstiege in die Berufs- und Arbeitswelt zu ermöglichen. Von den Unternehmen wird gehofft, die Ausbildungsfähigkeit ihrer künftigen Auszubildenden zu verbessern.

Ein zweites Motiv bei der Zusammenarbeit von Schulen und Unternehmen ist, neue Lernorte für die Lernenden wie für die Auszubildenden zu eröffnen, wo die einen Erfahrungen und Eindrücke sammeln und die anderen überprüfen können, inwiefern sie ihre beruflichen Kenntnisse umsetzen können. Darüber hinaus besteht für die Lehrkräfte durch Betriebspraktika die Gelegenheit, ihre Kenntnisse zu erweitern und ihre Erfahrungen in den Unterricht einfließen zu lassen.

Ein weiteres Interesse der Zusammenarbeit zielt darauf ab, stärker als bisher wirtschaftliche und (sozio)ökonomische Themen in den Unterricht zu integrieren. Dieses Bestreben ist geleitet von der Auffassung, dass Wirtschaft ein elementarer Bestandteil der Gesellschaft ist.

Neben den bereits genannten Motiven zeigt sich, dass die Annäherung der Bereiche ,Schule' und ,Unternehmen' den Effekt hat, dass beide sich besser kennen lernen, dass beide die Chance haben, in Aufgaben und Probleme des Partners Einblick zu bekommen. In dem Zusammenhang erhalten beide Partner die Möglichkeit, die Haltung zum anderen zu erweitern und zu verändern und sie können im Hinblick auf die Jugendlichen ihre gemeinsame Verantwortung im Bildungsprozess gestalten lernen.

Schließlich gibt es auch ein Motiv – es soll nicht unerwähnt bleiben –, das auf die Bereitstellung von Ressourcen wie Praktikumsplätze oder Materia-

---

2 Unsere Gespräche in den Schulen und den Unternehmen zeigen, dass viele Formen der Zusammenarbeit schon seit Jahren bestehen, ohne dass diese einer breiten Öffentlichkeit bekannt sind.

lien ausgerichtet ist. Aufgrund der geringen finanziellen Mittel, die den Schulen zur Verfügung stehen, leisten diese Partnerschaften einen wichtigen Beitrag zur Verwirklichung des gesellschaftlichen Bildungsauftrags.

Die skizzierten Motive für eine Zusammenarbeit von Schule und Betrieb zeigen, dass Fragen und Probleme wirtschaftlichen Denkens und Handelns einen wesentlichen Teil der Lebensplanung darstellen. Diesen Teil stärker in die schulische Erziehungs- und Bildungsarbeit zu integrieren, wird derzeit durch Vorschläge wie durch konkrete Fördervorhaben unterstützt. Dabei lassen sich bei den Bestrebungen grob zwei Tendenzen herausstellen: Die eine konzentriert sich auf *eine* spezifische Handlungsmöglichkeit im Rahmen schulischer Erziehungs- und Bildungsarbeit (s.u.), die andere begreift Schule als komplexe Organisation und sieht wirtschaftliche Fragen und Probleme als einen in allen Lebenslagen und Lernsituationen zu veranschaulichenden Gegenstand, der individuell und flexibel in der schulischen Erziehungs- und Bildungsarbeit thematisiert und systematisch aufbereitet werden kann.

Beispiele für diesen Trend, die anhand einer Handlungsmöglichkeit eine Annäherung an und eine Auseinandersetzung mit wirtschaftlichen Themen und Aspekten in Schule und Unterricht probieren, sind die Einrichtung eines Schulfaches ‚Wirtschaft' bzw. ‚Sozioökonomische Bildung' oder die Gründung von SchülerInnenunternehmen.

So gibt es beispielsweise Vorschläge und Bemühungen von unterschiedlichen Interessensverbänden, ‚Ökonomische Bildung' als Unterrichtsfach in allen Schulstufen und Schulformen zu implementieren. In einer gemeinsamen Initiative von Eltern, Lehrern, Wissenschaftlern, Arbeitgebern und Gewerkschaften wird für eine Einrichtung des Faches ‚Wirtschaft' in der Schule plädiert. Die Begründung für dieses Bestreben lautet:

„Der hohe Stellenwert der sozioökonomischen Bildung für die Allgemeinbildung ergibt sich aus der herausragenden Bedeutung des Wirtschafts- und Beschäftigungssystems für Strukturen und Entwicklungen der Gesellschaft und damit für die gesellschaftlichen Bedingungen des einzelnen, seine Persönlichkeit bzw. seine Individualität zu entwickeln." (BDA/DGB 2000, S. 9)

Auch das Pilotprojekt ‚Wirtschaft in die Schule' in Zusammenarbeit mit der Bertelsmann-Stiftung, der Heinz Nixdorf Stiftung, der Ludwig-Erhard-Stiftung und dem Ministerium für Schule und Weiterbildung, Wissenschaft und Forschung des Landes Nordrhein-Westfalen versucht, wirtschaftliche Inhalte im sozialwissenschaftlichen Unterricht der gymnasialen Oberstufe zu akzentuieren. Im Rahmen des Pilotprojekts wird ein Curriculum ‚Wirtschaft' entwickelt, an ausgewählten Schulen in Zusammenarbeit mit den Lehrkräften ausprobiert und entsprechend der Erfahrungen verändert. Darüber hinaus erhalten die beteiligten Lehrkräfte umfassende Projekt begleitende Fortbildungsmöglichkeiten.

Initiativen, die beabsichtigen, unternehmerisches Denken und Selbstständigkeit zu fördern, um mehr Nähe zur Wirtschaft zu erreichen, sind beispielsweise JUNIOR, ‚SchülerUnternehmen' oder ‚Go To School'.

So veranstaltet das Institut der deutschen Wirtschaft bereits seit 1994 das Projekt JUNIOR: Eine Gruppe von SchülerInnen gründet ein auf ein Schuljahr befristetes Schüler-Unternehmen. Die Gruppe entwickelt eine Projektidee, kümmert sich um Kapitalbeschaffung, Produktion und Vertrieb der von ihnen angebotenen Produkte und Dienstleistungen. Ein ähnliches Konzept liegt bei ‚SchülerUnternehmen' vor, das ein Fördervorhaben der Heinz Nixdorf Stiftung unter dem Dach der Deutschen Kinder- und Jugendstiftung darstellt. In der Initiative ‚Go to School' erhalten Lehrende und Lernende die Möglichkeit, Themen wie ‚Unternehmertum' und ‚Selbstständigkeit' als Unterrichtsstoff zu entdecken.

Eine speziell auf die Kooperationspartner abgestimmte Integration unternehmerischer und wirtschaftlicher Fragestellungen in die schulische Erziehungs- und Bildungsarbeit bieten beispielsweise der ‚Projektwettbewerb Schulen und Unternehmen' sowie das Projekt ‚Schule und Betrieb', die im Folgenden ausführlicher dargestellt werden.

2. Projektwettbewerb ‚Schulen und Unternehmen'

Der Projektwettbewerb ‚Schulen und Unternehmen' läuft seit Beginn 2001 und ist ein Fördervorhaben der Alfried Krupp von Bohlen und Halbach-Stiftung in Zusammenarbeit mit der Industrie- und Handelskammer zu Essen und der Universität Essen. Der Projektwettbewerb möchte im Ruhrgebiet[3] eine Zusammenarbeit zwischen Schulen und ortsansässigen Unternehmen anregen. Gefördert werden konkrete Vorhaben, die Vorgänge, Probleme und Fragen aus dem Alltag unternehmerischen Denkens und Handelns gezielter in den Unterricht einbeziehen, mit einer Anschubfinanzierung von bis zu 5.000 DM bzw. 2.500 €.

Das Konzept des Projektwettbewerbs ist durch die Prinzipien ‚Offenheit' und ‚Individualität' gekennzeichnet. Diese zeigen sich darin, dass

---

3 Als Ruhrgebiet wird der Kommunalverband Ruhr gefasst. Dazu gehören die Kreise Wesel, Recklinghausen, Unna und der Ennepe-Ruhr-Kreis sowie die Städte Duisburg, Oberhausen, Mülheim, Bottrop, Essen, Gelsenkirchen, Herne, Bochum, Dortmund, Hagen und Hamm.

- alle allgemein bildenden weiterführenden Schulen der Sekundarstufe I und II einschließlich der Sonderschulen zur Teilnahme eingeladen werden,

- ganz unterschiedliche inhaltliche Aspekte, die bei Partnerschaften zwischen Schulen und Unternehmen von Bedeutung sein können, unterstützt werden,

- die Integration wirtschaftlicher und unternehmerischer Themen und Fragen in die schulischen Erziehungs- und Bildungsziele, die Berufsorientierungsprozesse wie konkrete Unterrichtsinhalte umfassen können, gewünscht und beabsichtigt wird,

- die Auseinandersetzung mit ökonomischen Aspekten, die vor dem Hintergrund der 'teilautonomen Schulen' für ihre institutionelle Entwicklung von Bedeutung sind, einbezogen wird sowie

- Bildungs- und Entwicklungsprozesse für Lernende, Lehrende, Auszubildende und Ausbilder initiiert werden können.

Bestandteil der Kooperation kann praxisnaher Unterricht in naturwissenschaftlichen Fächern, die Einbindung theoretischer und praktischer Fragen der Wirtschaft in den geistes- und sozialwissenschaftlichen Unterricht, die Vermittlung von für die betriebliche Realität relevanter sozialer und personaler Kompetenzen sowie die verbesserte Einbeziehung der Fachlehrkräfte bei der Planung und Durchführung von Praktika sein. Ebenso können gemeinsame Workshops und Arbeitsgemeinschaften von Schulen und Unternehmen zu wirtschaftlichen und sozialen Fragen oder Projekte zur Berufsorientierung und Lebensplanung von Mädchen und Jungen Gegenstand der Zusammenarbeit sein. Voraussetzung zur Teilnahme am Projektwettbewerb ist ein Projektvertrag zwischen Schule und Unternehmen sowie eine Projektbeschreibung, die neben Maßnahmen und Zielen der Kooperation eine Kostenplanung sowie Perspektiven für eine Zusammenarbeit nach dem Förderungszeitraum umfasst.

Anhand der über 100 eingereichten Projektanträge des ersten Wettbewerbsjahrs wird ein hohes Interesse aller Schulformen am Wettbewerb deutlich: Gymnasien, Gesamtschulen und Hauptschulen sind mit jeweils 20% vertreten, gefolgt von Realschulen und Sonderschulen mit knapp 15%. Gut 10% der Anträge kommen aus Unternehmen und 5% wurden von Berufskollegs gestellt, wobei hier anzumerken ist, dass diese Schulform aus eigener Initiative am Wettbewerb teilnehmen konnte. Insgesamt wurden von einer siebenköpfigen Jury aus Wirtschaft, Schule und Wissenschaft 46 Projektanträge ausgezeichnet. Zwanzig Haupt- und Sonderschulen, zwölf Real- und Gesamtschulen, 13 Gymnasien und ein Berufskolleg aus dem gesamten Ruhrgebiet wurden ausgezeichnet.

Werden die geförderten Projektanträge im Hinblick auf ihre Kooperations-
inhalte und -ziele betrachtet, dann lassen sich verschiedene thematische
Schwerpunkte erkennen, wobei einzelne Projektvorhaben durchaus mehrere
Aspekte umfassen:

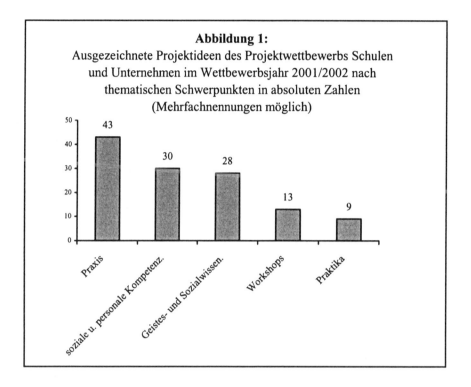

Abbildung 1:
Ausgezeichnete Projektideen des Projektwettbewerbs Schulen
und Unternehmen im Wettbewerbsjahr 2001/2002 nach
thematischen Schwerpunkten in absoluten Zahlen
(Mehrfachnennungen möglich)

Wettbewerbsbeiträge, die einen praxisnahen und anwendungsorientierten
Unterricht in mathematisch-naturwissenschaftlichen Fächern anstreben,
machen 43% der gesamten Projektvorhaben aus. Diese Beiträge lassen sich
dahingehend kennzeichnen, dass sie vor allem in den Unterrichtsfächern
Chemie oder Technik/Arbeitslehre Ausbildungslabore oder -werkstätten des
Kooperationspartners – zum Teil mit Hilfe modernster (Übertragungs-)-
Techniken – nutzen und in Zusammenarbeit mit Lehrkräften und Ausbil-
dern den Unterrichtsgegenstand abstimmen. Ziel dieser Projekte ist es, den
Lernenden Einblicke in Berufsfelder und Tätigkeiten zu geben und die An-
wendung des vermittelten (Fach-)Wissens zu veranschaulichen.

Gut ein Drittel der Wettbewerbsbeiträge zielt auf die Vermittlung sozialer
und personaler Kompetenzen (30%). Hierunter werden zum einen Projekte
gefasst, die den SchülerInnen für den Berufsalltag allgemein erforderliche
Wertorientierungen wie Zuverlässigkeit, Leistungsbereitschaft und auch
Selbstbewusstsein vermitteln, zum anderen ebenso zu Qualifikationen und

Kompetenzen anleiten, die vor dem Hintergrund des Bedeutungszuwachses neuer Kommunikations- und Informationstechnologien notwendig werden.

28% der geförderten Projektideen beabsichtigen, unternehmerische Fragestellungen oder Aspekte im Zusammenhang des geistes- und sozialwissenschaftlichen Unterrichts zu thematisieren und zu bearbeiten. Hier zeigt sich ein recht breites Themenspektrum: Die Bedeutung des regionalen bzw. lokalen Standortes für das Produkt eines Unternehmens wird ebenso thematisiert wie betriebliche Mitbestimmung, Gesundheitserziehung für Angestellte oder wirtschaftliche Strukturen eines Unternehmens im Nonprofit-Bereich.

Workshops machen 13% und Praktika 9% der ausgezeichneten Projektvorhaben aus. Dem Stichwort ‚Workshop' werden Projektanträge zugeordnet, deren Vorhaben der Schaffung neuer Lerngelegenheiten bzw. -umgebungen dienen, z.B. der Installation und dem Aufbau eines schulischen Intranets oder der Gestaltung von Freiluftklassen. Zu den Anträgen, die Praktika für Lernende und Lehrende anbieten, ist zu sagen, dass diese über die üblichen, für die Schulen verpflichtenden Angebote hinausreichen und damit ein neues schulisches Bildungsangebot entwickeln.

Die Leitideen der Projektvorhaben zeigen, dass die Schulen bestrebt sind, die Zusammenarbeit mit den Unternehmen in ihre schulische Arbeit gezielt zu integrieren: Sie planen den Unterricht umzustrukturieren, schuleigene Kursangebote und ein schuleigenes Curriculum zu entwickeln und neue Unterrichts- und Lernmaterialien sowie -medien anzuschaffen. Die Unternehmen bieten im Rahmen der Zusammenarbeit Beratungstätigkeiten, spezielle Angebote wie Bewerbungstrainings oder Einführungen in besondere Computerprogramme an oder geben Firmenmaterialien für den Unterricht ab. Des Weiteren stellen die Unternehmen Praktikumsplätze für Lernende und Lehrende zur Verfügung, laden zu Betriebsbesuchen ein oder schicken Unternehmensangehörige für Unterrichtsbesuche oder -vorträge in die Schulen.

Auf Schul- wie auf Unternehmensseite wird deutlich, dass vielfältige individuelle Formen der Zusammenarbeit geschaffen werden bzw. bereits bestehen. Die Schulen nutzen mit den Kooperationen Chancen, die sich für ihre schulische Arbeit sowie für ihre institutionelle Weiterentwicklung ergeben. So versuchen sie,

- das Profil der Schule zu schärfen, z.B. Aktivitäten im Hinblick auf ‚Öffnung von Schule' zu intensivieren,

- den Lernenden Bildungschancen zu eröffnen, die neue und erweiterte Lerngelegenheiten bieten,

- berufsorientierende Bildungsprozesse zu ermöglichen,

- Wissensbestände und Qualifikationen in Schule und Unterricht zu integrieren, die Inhalte eines modernen Bildungsverständnisses kennzeichnen (Transfer von Nutzung neuer Medien) sowie

- verstärkt Lerngelegenheiten in Schule zu integrieren, die sinn- und identitätsstiftende Bildungseffekte anstreben, aber auch anwendungsorientierte Umsetzungserfahrungen bieten.

Die Unternehmen sehen in der Zusammenarbeit mit den Schulen die Chance,

- junge Heranwachsende für ihre Branche zu interessieren und für den lokalen Wirtschaftsstandort zu sensibilisieren,

- den Jugendlichen die für die Berufstätigkeit erforderlichen Qualifikationen und Anforderungen anwendungsbezogen zu veranschaulichen,

- betriebliche Kenntnisse beim Aufbau und der Gestaltung anderer Lernumgebungen und -gelegenheiten zur Verfügung zu stellen sowie

- die Entwicklung von Leistungsbereitschaft und -fähigkeit junger Menschen zu unterstützen.

Die ausgezeichneten Projektanträge veranschaulichen, dass Schulen und Unternehmen ein geändertes Verständnis im Hinblick auf die Verantwortung der Vermittlung erforderlicher Qualifikationen junger Heranwachsender entwickeln. So schotten sich die Schulen nicht mehr aus Angst vor ‚kapitalistischer Indoktrination‘ von den Betrieben ab, sondern sie suchen gezielt engagierte Partner, um die SchülerInnen für wirtschaftliche und berufliche Fragen zu interessieren und für die Berufswelt ‚fit‘ zu machen. Die Unternehmen haben erkannt, dass sie sich mit den Schulen austauschen müssen, um berufliche Anforderungen moderner und zukunftsorientierter Tätigkeitsbereiche zu veranschaulichen. Es kristallisiert sich in den ausgezeichneten Projekten die Auffassung heraus, dass die Bereiche Schule und Wirtschaft gemeinsam verantwortlich für soziale und individuelle Bildungsprozesse der nächsten Generation sind. So entsteht – auch durch die Unterstützung von Kooperationsprojekten – allmählich eine Haltung gemeinsam zu verantwortender Lernpartner- bzw. -patenschaften, die im Hinblick auf die Anforderungen einer zukunftsfähigen Wissensgesellschaft zur Entwicklung einer geänderten schulischen Lehr- und Lernkultur beiträgt.

3. Projekt der IHK Berlin: Partnerschaft Schule – Betrieb

Die Industrie- und Handelskammer Berlin hat seit April des Jahres 2000 eine Initiative gestartet, um Schulen und Betriebe in Berlin in einen besseren Kontakt miteinander zu bringen. Sie möchte dazu beitragen, dass sich das Wissen und die Informationen übereinander verbessern, und sie möchte nach Möglichkeiten suchen, die Kooperation zwischen Schulen und Betrieben zu intensivieren. Wie können beide realistischer in ihren Einschätzungen und Erwartungen werden und auch voneinander lernen?

Nach gut einem Jahr lässt sich eine erste Bilanz ziehen: Es arbeiten 25 Schulen im Projekt mit, das heißt mit ihnen sind bereits Kooperationen mit Betrieben hergestellt oder in Arbeit. Bei den 25 Schulen handelt es sich um allgemein bildende Oberschulen der Sekundarstufe I oder auch II. Darunter sind elf Gesamtschulen, sechs Hauptschulen, eine integrierte Haupt- und Realschule (in Berlin im Stadium des Schulversuchs), drei Realschulen und vier Gymnasien, davon eins in privater Trägerschaft.

Das Projekt der IHK Berlin ,Partnerschaft Schule-Betrieb' arbeitet grundsätzlich auf der Ebene der Freiwilligkeit, Voraussetzung ist die jeweils eigene Motivation zur Kooperation. Es wendet sich an Schulen, die für ihre Jugendlichen die Chancen vergrößern wollen, einen Ausbildungsplatz zu finden und einen realitätsnäheren Unterricht zu gestalten, sowie an Betriebe, die an einem möglichst frühen Kontakt mit Schulen interessiert sind. Es gibt kein einheitliches Konzept für alle Schulen und Betriebe, sondern als Pilotprojekt wird mit Schulen und Betrieben ihre jeweilige Kooperationsvorstellung herausgefunden und in Vorhaben umgesetzt.

Bei den Konzeptionen, die bisher von den Schulen erarbeitet wurden, stellen sich im Wesentlichen drei verschiedene Varianten heraus:

Die Erste will für ihre SchülerInnen eine bessere Berufsvorbereitung dadurch erreichen, dass sie kontinuierlicher die Betriebe als Lernort für SchülerInnen nutzt. Diese Schulen arbeiten an der Veränderung der Konzeption von Betriebspraktika und wollen diese beständig in der Sekundarstufe I anbieten. Diese Schulen arbeiten häufig auch mit veränderten Betriebspraktika, kontinuierlicheren Aufenthalten in Betrieben während der Sekundarstufe I und suchen dafür feste Ansprechpartner in Betrieben.

Die zweite Variante möchte vor allem im regionalen Umfeld Kooperationsbeziehungen zu Betrieben aufbauen. Sie möchte durch einen gegenseitigen Austausch den Unterricht realitätsbezogener gestalten, Betriebsangehörige in den Unterricht einbeziehen, ihren Bezirk als Wirtschaftsstandort kennen lernen und nutzen, aber auch den Betrieben die Gelegenheit geben, sich über die Schule besser zu informieren und gemeinsam über pädagogische Konzeptionen zu beraten. Hierzu gehören auch alle Ansätze einer stärkeren Zusammenarbeit von Schülerfirmen und Umfeld. Mit diesem Verfahren entstehen lokale Netzwerke zwischen Betrieben und Schulen, die vor allem durch kurze Wege die Kontakte erleichtern.

Die Dritte möchte insbesondere in bestimmten Fachbereichen Unterstützung für ihre SchülerInnen, z.B. im Umgang mit neuen Medien, den Informations- und Kommunikationstechnologien. Hierdurch soll sowohl die

Kenntnis über Veränderungen in der Arbeitswelt verbessert als auch mehr Kenntnis und realistischere Orientierung bei Lehrkräften sowie SchülerInnen erreicht werden. Insbesondere die Gymnasien sind sehr daran interessiert, im Rahmen des Faches ‚Politische Weltkunde' die ökonomische Bildung zu verstärken und die Zusammenarbeit mit Unternehmen dazu zu nutzen, mit ihnen dies konkret und anschaulich zu gestalten: zum Beispiel die Arbeitsweise von international agierenden Unternehmen kennen und verstehen zu lernen und dadurch eine Anschauung davon zu erhalten, was Globalisierung heißt.

Es zeigt sich mittlerweile bei den in Gang gesetzten Kooperationen, dass sich die dargestellten unterschiedlichen Konzeptionen stark mischen. Die zweite Variante – das regionale Netzwerk – erscheint derzeit als das dominierende, weil es die Kooperation zwischen Schulen und Betrieben organisatorisch erheblich erleichtert. Es gibt kurze Wege für die Beteiligten, erfordert keine großen organisatorischen Vorbereitungen und ist ohne große Umstellungen von Stundenplänen und betrieblichen Abläufen zu regeln. Zudem hat dieses Netzwerk den Vorteil, dass es die Konkurrenz unter den Schulen in diesem Punkt vermeidet.

Alle Konzepte gehen davon aus, dass eine Zusammenarbeit nur fruchtbar sein wird, wenn *beide Seiten* einen Gewinn davon haben. Neben den Forderungen an den Kooperationspartner muss jeder etwas einbringen, was für den jeweils anderen interessant ist. Die Angebote der Betriebe sind z.B. die Teilnahmemöglichkeit von SchülerpraktikantInnen an Teilen der Ausbildung und Betriebserkundungen. Vertreter des Betriebes und Auszubildende können im Rahmen des Unterrichts über Anforderungen in der Ausbildung referieren und Bewerbungstrainings anbieten, Auszubildende können als Ansprechpartner zur Verfügung stehen, BetriebspraktikantInnen können ihre Bewerbung im Betrieb erproben, weibliche Ausbilder können vor allem mit Schülerinnen über die Ausbildung sprechen und zu Berufen in naturwissenschaftlich/technischen Bereichen ermuntern, in denen junge Frauen immer noch unterrepräsentiert sind. Es können Seminare für Lehrkräfte angeboten werden zu Veränderungen der Arbeitswelt sowie zu fachlichen und persönlichen Anforderungen an die Mitarbeiterauswahl. Es können gemeinsame Seminare von Ausbildern und Lehrkräften über Unterrichtsmethoden geplant werden, z.B. über Multimedia-Einsatz im Unterricht oder über Methoden für selbst gesteuertes Lernen. Lehrkräfte können im Betrieb hospitieren (Kurzpraktikum).

Im Rahmen der bestehenden Kooperationen werden diese Projekte realisiert. Besonders gefragt sind die konkreten Bewerbungstrainings und vor allem die Projekte, die zwischen SchülerInnen und Auszubildenden stattfinden. Die Informationen von Auszubildenden werden von SchülerInnen mit einer größeren Aufmerksamkeit angenommen, als wenn diese von

Lehrkräften gegeben werden. Das ist eine alte Erfahrung, die in diesem Projekt gut genutzt werden kann.

Auch die Schulen müssen in ihren Konzepten Angebote an die Betriebe machen. Es ist erstaunlich, was Schulen einfällt und welche Stärken sie haben, die als Angebote für Außenstehende attraktiv sind. So tauchen als Angebote auf:

- Ausbilderfortbildungen über neue Lehr- und Lernmethoden (z.B. produktorientierter Gruppenunterricht),

- Nachhilfe für Auszubildende in allgemein bildenden Fächern,

- Sprachunterricht für Firmenangehörige,

- Nutzung der Schulräume durch die Firma,

- Bereitstellung von Ansprechpartnern für Drogenberatung,

- Mediationstraining (Konfliktlotsenausbildung) und

- Gewaltprävention.

Vor allem im künstlerischen Bereich kann sinnvoll zusammengearbeitet werden, z.B. durch die Ausstellung von Schülerarbeiten in Betrieben oder die Gestaltung der Betriebszeitung. Von SchülerInnen hergestellte Kalender können von einer Firma angekauft und als Geschenke weitergegeben werden oder Musikgruppen können Feste mitgestalten und vieles mehr.

Deutlich wird bei gemeinsamen Sitzungen z.B. von Ausbildern und Lehrkräften, wie sinnvoll und überfällig es ist, dass sich beide Seiten von der Kommunikation gegenseitiger Vorwürfe weg und zu einer produktiven Verständigung über Leistungsanforderungen und Standards hin entwickeln. Die bildungspolitische Diskussion seit den Ergebnissen der TIMS-Studie und anderen Leistungsvergleichen hat deutlich gemacht, wie notwendig eine Verständigung darüber ist, welche Standards in der Schule erreicht werden sollen und wie aussagefähig Abschlüsse sind. Eine zentrale Kritik z.B. am mathematisch-naturwissenschaftlichen Unterricht ist die mangelnde Orientierung an der Anwendung und die mangelnde Wirkung in der Befähigung von Schülerinnen und Schülern, wirklich naturwissenschaftliches Verständnis und Problem lösende Fähigkeiten zu erwerben. Auch hier kann eine Kooperation zwischen Betrieben und Schulen ansetzen. So sieht beispielsweise eine Vereinbarung zwischen Kooperationspartnern vor, dass Mitarbeiter der Firma und Lehrkräfte die Anwendungsorientierung von Aufgaben prüfen. Firmenangehörige können Teile des Unterrichts übernehmen und Lehrkräfte Praktika in der Firma durchführen. Zwischen einer anderen Schule und einem Betrieb wurde gerade vereinbart, dass projektorientierte Aufgaben aus der betrieblichen Ausbildung im naturwissenschaftlichen Wahlpflichtunterricht ebenfalls probiert werden.

Fünfzehn Kooperationsprojekte zwischen Schulen und größeren Betrieben sind inzwischen mit Kooperationsvereinbarungen besiegelt worden, weitere sind in Arbeit. Die Form der Vereinbarung hat für beide Seiten den Vorteil, dass jeweils mehrere Personen und die Leitungsebenen fest eingebunden sind und das Projekt mittragen müssen. Anders funktioniert es auch nicht. Eine verbindliche und kontinuierliche Zusammenarbeit ermöglicht Rückmeldungen. Betriebserkundungen, Praktika oder Vorträge von FirmenvertreterInnen sind in vielen Schulen selbstverständlich. Sie bleiben aber häufig für die Beteiligten nur punktuelle Ereignisse. Welche Erfahrungen SchülerInnen im Praktikum machen, wird oft noch im Unterricht nachbearbeitet; welche Erfahrungen aber der Betrieb macht, meistens nicht. Dies ergibt sich aber, wenn sich die Ansprechpartner kennen und auch ein gewisses Vertrauen gewinnen. Damit werden Lernprozesse ermöglicht, die das Verhältnis von Fremd- und Selbstwahrnehmung sowohl der SchülerInnen wie der Schule entscheidend verbessern können.

Die bisher abgeschlossenen Kooperationsverträge zwischen Schulen und Betrieben sehen auch mehr oder minder große Sponsorenleistungen vor, angefangen von Sachmitteln, die für den Arbeitslehreunterricht verwendet werden können, PC-Spenden und Geldspenden für den Förderverein. Diese bewegen sich bisher zwischen 1.000 und 10.000 DM jährlich, je nach Finanzkraft und Zahlungsbereitschaft des Betriebes. Eine Schule hat sich im Vertrag auf folgende Verwendung festgelegt: „Die Schule wird damit Projekte finanzieren, die möglichst viel Eigenaktivität von Schülerinnen und Schülern anregen und deutlich die schulische Arbeit verbessern. Dies kann z.B. die Verschönerung des Schulhofes sein, die Anschaffung besonderer Materialien für Arbeiten im Kunstbereich, Honorare für außerschulische Personen. Über die Projekte wird im Rahmen der Vereinbarung berichtet und die Kosten werden nachgewiesen." Weiteren Einfluss auf die Verwendung der Mittel nimmt der Betrieb nicht.

Mit dem Sponsoring wird sehr schnell unzulässige Beeinflussung, Privatisierung von Bildung assoziiert. Die Gefahren sollen hier überhaupt nicht geleugnet werden. Aber ist ein Leben ohne Sponsoring so verteidigenswert? Könnten mehr staatliche Mittel diese Zusatzleistungen überflüssig machen? Es hat noch keine Zeit gegeben, in der eine Schule der Meinung war, dass sie wirklich das Geld bekommt, das sie braucht. Auch wenn die Prioritäten in den öffentlichen Haushalten ganz entschieden und eindeutig auf die Bildungshaushalte gelegt werden sollten, wofür wir uns alle und immer einsetzen sollten, ist die Notwendigkeit der Haushaltskonsolidierung von keinem vernünftigen Menschen zu bezweifeln. Es ist also nicht absehbar, dass es in diesem Leben dazu kommt, dass nach Meinung der Beteiligten genügend Geld zur Verfügung stehen wird.

Auch aus einem weiteren Gesichtspunkt heraus sollte das Sponsoring offener betrachtet werden. Fast alle an Bildung Beteiligten beklagen immerfort, dass ihre Einrichtungen in der Politik und in der Gesellschaft nicht genügend wertgeschätzt würden. Hängt es möglicherweise aber genau mit unserer Vorstellung von unabhängiger Bildung zusammen, dass die Schule von ihrem gesellschaftlichen Umfeld nicht als gesellschaftlich wichtige Einrichtung betrachtet wird? Die Schule ist zu wenig gesellschaftlich eingebettet. Warum soll eine Gesellschaft diese Einrichtung wertschätzen, wenn sie wenig Bezüge und auch wenig Einflussmöglichkeiten hat? Ein System, das sich abschottet, braucht sich nicht darüber zu beschweren, dass es mit den Folgen konfrontiert wird.

Auch und gerade deswegen müssen Wege gesucht werden, dass die Gesellschaft sich ihre Bildungsinstitutionen zurückerobert. Es sollte örtliche Bildungsräte oder Bündnisse geben, die sich für ihre Schulen verantwortlich fühlen. Dies sollte dadurch gestützt werden, dass in schulischen Gremien auch Vertreter aus der Kommune, der örtlichen Wirtschaft, aus Umweltverbänden und Nachbarschaftsinitiativen sitzen und Einfluss nehmen. Die Schule sollte von sich aus geradezu solche Bündnisse anstreben, die ihr eine regionale Verankerung bescheren. Dieser Prozess der Öffnung sollte auch zu einer anderen Pädagogik führen, die außerschulische Lernorte regelmäßig einbezieht und Dritte in die Schule und in den Unterricht holt.

Wenn solche Bündnisse auch mit Sponsoring gepolstert werden, umso besser – der Schule kann dies nur gut tun. Dann würde sich ihre größere Wertschätzung auch materiell niederschlagen.

Im Berliner Projekt hat sich bisher nicht die häufig geäußerte Befürchtung bestätigt, dass die Sponsoren eher die bürgerlichen Viertel und ihre Schulen bevorzugten. Angefangen wurde mit Schulen aus den Bezirken Wedding, Tiergarten, Kreuzberg, Prenzlauer Berg und Hellersdorf – alles nicht gerade gut situierte Standorte. Von den 25 Schulen sind die Gesamtschulen mit elf am häufigsten vertreten und sieben Hauptschulen folgen ihnen. Natürlich wird auch das Gymnasium in Neukölln unterstützt, das für seine SchülerInnen eine bessere Berufsorientierung in seinen Zielkatalog aufnimmt.

Einige Hauptschulen haben es schwerer, aber ihnen gilt dann auch das besondere Bemühen im Rahmen des IHK-Projektes, Kooperationspartner zu finden.

Es ist zu hoffen, dass das Projekt davon lebt, dass gute Beispiele ihre Nachfolger finden und sich viele Schulen und Betriebe anschließen. Letztlich sollte es in Berlin und natürlich im gesamten Bundesgebiet eine Selbstverständlichkeit werden, dass aus Schulen und Betrieben Partner in der Erziehung und Ausbildung von Jugendlichen werden.

4. Schlussbemerkung

Die genannten Projekte sollen nicht als Allheilmittel der Schulreform dargestellt werden, auch nicht als alleinige Möglichkeiten, das Verhältnis zwischen Schulen und Wirtschaft zu verbessern. Sie sind aber ein Baustein, um eine bessere gesellschaftliche Einbettung der Schule zu erreichen, einen Austausch zwischen Bildungsbeteiligten und anderen Lebenswelten, hier der Wirtschaft, anzuregen und damit möglicherweise, hoffentlich sowohl Schulen realitätstüchtiger zu machen als auch die Verantwortlichkeit anderer gesellschaftlicher Gruppen, hier der Betriebe, für die Bildung und Erziehung der nachwachsenden Generation zu stärken. Vor diesem Hintergrund ist es auch eine Aufgabe der Bildungspolitik, Rahmenbedingungen für Schulen zu schaffen, um die vielfältigen Lebenswelten als Lernwelten nutzen und in die schulische Erziehungs- und Bildungsarbeit integrieren zu können.

Literatur

Baethge, Martin: Gesellschaftlicher Strukturwandel und das System Schule. In: Die Deutsche Schule 4/1995, S. 434-442

BMBF (Hrsg): Delphi-Befragung 96/98, Abschlussbericht zum „Bildungs-Delphi". München 1998

Bundesvereinigung der deutschen Arbeitgeberverbände (BDA)/Deutscher Gewerkschaftsbund (DGB): Wirtschaft – notwendig für schulische Allgemeinbildung. Berlin 2000

Krafft, Dietmar: Ökonomische Bildung und Allgemeinbildung. In: Kaminski (Hrsg.): Ökonomische Bildung und Schule. Politische Rahmenbedingungen und praktische Realisierungsmöglichkeiten. Neuwied 1999, S. 13-27

Rolff, Hans-Günter u.a. Jahrbuch der Schulentwicklung 11. Weinheim 2000

Schüßler, Ingeborg: Deutungslernen. Erwachsenenbildung im Modus der Deutung – Eine explorative Studie zum Deutungslernen in der Erwachsenenbildung. Hohengehren 2000

Svecnik, Erich: Welche Kompetenzen sollen Schulen den Jugendlichen zur Gestaltung eines erfolgreichen Lebens vermitteln? In: Erziehung und Unterricht, Nov/Dez. 2000, S. 1107-1115

Weinert, Franz E.: Lehren und Lernen für die Zukunft – Ansprüche an das Lernen in der Schule. In: Pädagogische Nachrichten Rheinland-Pfalz 2/2000 [Sonderdruck]

Christian Strücken/Michael Weegen

Schule von übermorgen: Auf dem Weg von der wirklichen zur virtuellen Schule?

1. Einleitung

In seinem Buch „Am Ende der Gutenberg-Galaxis" hat der Essener Kommunikationswissenschaftler Norbert Bolz 1993 kontrovers zu Jürgen Habermas auf den bevorstehenden Zerfall der aufgeklärten literarischen Öffentlichkeit durch eine neue Medienwirklichkeit hingewiesen. Die bürgerliche Öffentlichkeit des 20. Jahrhunderts sei in Zukunft nicht mal mehr eine Option. An ihre Stelle trete sehr rasch das Global Village mit einer anderen – neuen – Wirklichkeitssicht und neuen Wahrheitsfunktionen. Anstelle des bisherigen Wissens aus der Schrift- und Buchwelt – mit ihren linearen Abfolgen und Sequenzen – trete nun eine Medienwirklichkeit, konstruiert durch ineinander wachsende Medienformen mit polyvalenten Darstellungsformen, die eine andere Wahrnehmung der Realität erschaffen. Bisher klassifizierendes Ordnen der Welt verschwinde durch die menschlichen Möglichkeiten der medialen Gestalterkennung. Lesen und Schreiben werde zwar nicht überflüssig werden, aber deren Bedeutung werde sich rasch wandeln. An die Stelle von alphabetischen Notationen träten nun Piktogramme, Charts, Bilder, Clips und schließlich Multimediasequenzen (vgl. Bolz 1993). Die offene Skepsis, die Bolz bei der Vorstellung seiner Thesen entgegenschlug, ist bereits von der Realität überholt worden. Das humanistische Ideal einer (Menschen-)Bildung durch Lektüre ist weitgehend passé. Der Blick in den Monitor verdrängt immer stärker das Gedruckte des Buches. Neben Lesen, Schreiben und Rechnen hat sich der Umgang mit Computer und Internet zu einer neuen, umfassenden Kulturtechnik etabliert (vgl. Bolz 1994).

Mit der stetigen Ausbreitung des Internets und der zunehmenden Einbeziehung aller Medien in einen multimedialen Verbund erleben wir diesen Prozess mit all seinen Folgen. Es fällt schwer, dabei die Innovationen allein der letzten zwei Jahrzehnte nachzuhalten. Und die normale Phantasie reicht nicht mehr aus, sich die Neuerungen der vor uns liegenden zwanzig Jahre auszudenken. Unaufhaltsam und schnell schreitet die Medienrevolution voran und es wäre illusorisch zu glauben, wir hätten eine andere Wahl, uns nicht auf diesen Prozess einzulassen. Szenarien über die Beschleunigung und Möglichkeiten der technischen Entwicklungspotentiale haben uns in der Tat die Vorstellungskraft geraubt. Es würde zu weit führen, die gesellschaftlichen und wirtschaftlichen Reaktionen auf die technologische Rasanz nur annähernd prognostizieren zu wollen.

Die Institution Schule ist im Alltag von diesem Wandel bisher nur am Rande erfasst worden. Derzeitige Aktivitäten von Bund und Ländern signalisieren jedoch unmissverständlich, dass sich für die kommenden zwei Jahrzehnte eine Öffnung – ja ein Umbruch abzeichnen wird. Die einzelnen Initiativen sind kaum noch zu überschauen und reichen von dem Vorhaben einer flächendeckenden Vernetzung aller bundesrepublikanischen Klassenzimmer bis hin zum Austausch von Schulranzen gegen Laptop-Set (vgl. Bundesarbeitskreis Lernen mit Notebooks, www.lernen-mit-notebooks.de). Medienkompetenz wird allseits gefordert, aber nur noch selten stehen die Folgen einer umfassenden Medialisierung von Schule im Blickpunkt. Unser Beitrag versteht sich vor diesem Hintergrund als ein kritischer Ausblick auf die mögliche Entwicklung von Schule bei einem unreflektierten und überhasteten Einsatz von Multimedia und Informations- und Kommunikationstechnologie (IuK).

2. Schulen und Multimedia –
Umbruch, Aufbruch oder Abbruch

Schule ist heute einer unter mehreren Lebens- und Lernorten, an denen Kinder und Jugendliche sozialisiert werden, Beziehungen aufbauen und aufrechterhalten und sich mit verschiedenen Inhalten und Anforderungen befassen müssen. Sie setzen sich dabei mit Lehrern und Schülern auseinander und entwickeln in den meisten Fällen ein Potential, das für ihr späteres Leben von entscheidender Bedeutung ist: Schulen werden dabei verstanden als zentrale Orte zusammenhängenden und gemeinsamen Lernens.

Die Bedeutung, die dabei die verschiedenen Ebenen und die verschiedenen Lebens- und Lernorte der Kinder und Jugendlichen einnehmen, ist einem permanenten Wandel unterworfen. Bezogen auf Lebensverhältnisse und Lebensentwürfe scheinen heute Individualisierungsprozesse immer stärker bestimmend zu sein. Zentral stellt sich die Frage, ob sich durch die Ausbreitung von Internet und Multimedia – auf allen Ebenen – die Individualisierungsprozesse weiter beschleunigen und ob eine umfassende Änderung von Bildung und Wissen einsetzt, an deren Ende sogar die Erosion von Schule stehen kann.

Obschon von erziehungswissenschaftlicher Seite permanent eingefordert, ist es von der Politik bislang vor diesem Hintergrund versäumt worden, den gesellschaftlichen Bildungs- und Erziehungsauftrag von Schule neu zu verankern.

Niemand hat hier auf das politische Vakuum vehementer hingewiesen als der Pädagoge Hartmut von Hentig. Sein Credo, den Computer im Unterricht nicht überzubewerten, endet mit einer zugespitzten Zustandsbeschreibung:

> „Die Kids am Internet kommunizieren mit Kids am Internet über das Kommunizieren am Internet. Im Modellversuch [...] produzieren sie am laufenden Band Homepages, aktualisieren diese ständig. Und die Kids freuen sich, dass ihre elektronischen Seiten weltweit von jedermann betrachtet werden können – Selbstdarstellung an sich. Gibt es in Deutschland keine Nachbarn mehr?" (von Hentig 1997)

Im Grundsatz geht seine Forderung dahin, durch Schule den gesellschaftlichen Folgen des Computereinsatzes gegenzusteuern. Er bringt sein Postulat energisch auf folgende Formel:

> "Alles, was man pädagogisch erreichen will, erreicht man besser ohne den Computer. Alles, was man pädagogisch vermeiden will, vermeidet man besser ohne ihn. Alle Dummheiten, die die Schule macht, macht sie mit ihm verstärkt" (von Hentig, 1993, S. 62).

Schulen als Ort um gegenzusteuern – von daher lieber für jede Schule ein Zoo! (von Hentig in GEO 27/2001)

Von Hentigs Position ist im erziehungswissenschaftlichen Bereich die fundamentalste und sicherlich auch die kompromissloseste. Das anschließende Spektrum ist bunt gestreut und wird eigentlich durch die drei Szenarien abgedeckt, die Aufenanger (Aufenanger 1999) in ihren sozialen Implikationen folgendermaßen kennzeichnet:

Die Schule zeigt sich im Rahmen des **Konkurrenz-Modells** weitgehend resistent gegenüber neuen Technologien und multimedialen Angeboten. Dies mit der Folge einer zunehmenden Segregation von privilegierten Nutzern, die gelernt haben, mit dem Angebot umzugehen und denjenigen, die maximal den konsumtiven Status erreichen. Die Folgen einer rapide einsetzenden Chancenungleichheit sind abzusehen, wenn Schule als öffentlicher Ort nicht beginnt, die Ungleichgewichte durch Angebote für alle zu kompensieren.

Als zweites Szenario führt Aufenanger das **Assimilationsmodell** ein, nach dem die neuen Medien zwar in der Schule aufgegriffen werden – allerdings mit alten didaktischen Konzepten und eingerahmt in überholte organisatorische Rahmenbedingungen. Hier wäre die Technik installiert, ohne jedoch dafür ein pädagogisches Konzept und eine sinnvolle Integration entwickelt zu haben. Das Scheitern des Schulfunks in den sechziger und die erfolglose

Einführung der Sprachlabore in den siebziger Jahren dürften seiner Meinung nach auf diese fehlende Integration zurückzuführen sein.

Im Szenario des **Progressiven Integrationsmodells** sind die neuen Medien Bestandteil von Schule und Unterricht und werden zum einen eine Kommunikationsform des Lernens darstellen (E-Mail-Projekte, Lernen im www, Lernsoftware etc.). Zum anderen lassen sich anhand dieser Medien selbst Bildungsprozesse initiieren, so zum Beispiel, indem von Schülern auch anderen Schülern Wissen oder Lernanwendungen zur Verfügung gestellt werden (vgl. Aufenanger 1999, S. 72 ff.). Der Unterricht wäre problemorientiert und würde im Sinne des klassischen Projektunterrichts zu pädagogisch wünschenswerten Interaktionsformen führen.

Zu Recht stellt Aufenanger fest, dass die Bedingungen für eine solche Entwicklung (progressives Integrationsmodell) nicht geklärt sind und sich dem Prozess des pädagogischen Handelns in der Medienwelt bisher nur wenige widmen. Der Vorwurf wiegt unserer Meinung nach aber schwer: Pädagogische und didaktische Konzepte zur Unterrichtsgestaltung auf Multimedia-Basis lassen sich aufgrund der technologischen Rasanz kaum noch zuverlässig entwickeln. Auch bleibt die zentrale Frage nach der Unterrichtsgestaltung und den möglichen Nebenwirkungen allenthalben unbeantwortbar und unkalkulierbar. Diese Zurückhaltung ist nicht als ein Plädoyer für die Beibehaltung der Unterrichtsorganisation im Fünfundvierzig-Minuten-Takt zu verstehen, sondern weist auf die möglichen Veränderungen der gesamten Organisation von Schule hin.

Wie Schule zukünftig aussehen soll, verkündet im deutschsprachigen Raum nicht ein Erziehungswissenschaftler, sondern der bekannte Psychoanalytiker und Haus des Lernens-Architekt Uri Peter Trier:

„Ein Teil des aktiven Lernens findet individuell statt mit unterschiedlichen Medien, selbst gesteuert am PC mit entsprechender Software. [...] Ein anderer Teil findet in Gruppen mit anderen Kindern und Jugendlichen statt, die miteinander in bestimmten Projekten arbeiten oder versuchen, ein spezielles Problem zu lösen [...]. Die Variation von Unterrichtsformen wird sehr viel größer sein als in der klassischen Schule. Es wird Arbeitsjournale geben, in denen entlang von Aufgaben- und Zeitplänen festgehalten wird, wann die Kinder was, wie und mit wem lernen. Jüngere Kinder werden mit älteren, die als Experten eingesetzt sind, arbeiten [...]. Ich stelle mir vor, dass das Haus des Lernens den unterschiedlichsten Lernmöglichkeiten und Lernumständen entsprechen wird. Das heißt, die Architektur wird den Lernbedingungen der Lernenden folgen. [...] Daneben wird es kleine Forums- und Gruppenräume geben, in denen Teams in Projekten beschäftigt sind [...]. Ab und zu wird dort auch einmal eine Lehrkraft vorbeischauen [...]. Es soll möglichst wenig Zeit verplempert werden. Verplemperte Zeit sehe ich zum Beispiel immer dann, wenn in Klassenzimmern Schülergruppen einem Lehrer zuhören, der irgendetwas erzählt und dann Fragen stellt" (vgl. E&W Interview Erfahrungswelten aufbauen, 1/2000).

Projektorientierung und selbst bestimmtes, teamorientiertes Lernen sind sicherlich anzustrebende Ziele für den Schulunterricht. Aber bislang gibt es keine breit angelegten wissenschaftlichen Untersuchungen über die Auswirkungen eines anhaltenden und systematischen Gebrauchs von PC und Internet bei Kindern und Jugendlichen im Hinblick auf Sozialisationseffekte und Lernprozesse.

Gesicherte Daten liegen derzeit nur über die Häufigkeit des Erwerbs von Computerkenntnissen und Neuen Medien in der Schule auf der Grundlage einer breit angelegten HIS-Befragung vor:

- 95% aller ehemaligen Schüler mit Studienberechtigung attestieren Computerkenntnisse (Textverarbeitung, E-Mail und Internet);

- 64% der Befragten haben sich diese Kenntnisse auf eigene Initiative und – in der Regel – außerhalb der Schule angeeignet;

- nur 34% der Befragten nannten die Schule bzw. Kurs oder Unterrichtsfach als primären Vermittlungsort;

- 55% der studienberechtigten Schulabgänger haben Erfahrungen während der Schulzeit mit computergestützten Lehrprogrammen gemacht (vgl. HIS 2001).

Der Umgang mit PC und Neuen Medien wird demnach weder umfassend noch gezielt durch die Institution Schule vermittelt. Er resultiert in erster Linie aus den vielfältigen außerschulischen Anwendungsmöglichkeiten. Bezogen auf die qualitativen Auswirkungen ist bisher nur sichtbar geworden – und hier schließen wir an das von Bolz vorgestellte Paradigma des Wahrnehmens an –, dass eine breite Wahrnehmungskluft entstanden ist, die die ältere Generation häufig mit der schmerzlichen Erfahrung der Überforderung auf der einen Seite und medienpraktischer und -semantischer Inkompetenz auf der anderen Seite konfrontiert. Die Geschwindigkeit und Dynamik des Medienmarktes und die Differenzierung des Jugendraums lassen nach Vogelgesang die medialen und ästhetischen Präferenzen zwischen Kindern, Jugendlichen und Erwachsenen immer weiter auseinander treten (vgl. Vogelgesang 2000, S. 181). Es fehlen bislang verbindliche und systematisch neu entwickelte humane Medienkonzepte (vgl. dazu beispielsweise auch Aufenanger 2001, Tulodziecki 1997 und Schell u.a. 1999). Die derzeitigen Ansätze erfassen den eher unkontrollierten und konzeptionslosen Einsatz von Multimedia im Schulunterricht.

3. Schöne neue Welt – Vorbild USA?

In den Vereinigten Staaten ist die Diskussion um das Für und Wider der Einführung des Internets in den Unterricht bereits stärker polarisiert als in Deutschland. Kritiker, wie der Astrophysiker und Internet-Pionier Cliffort Stoll, vertreten die Ansicht, dass durch Multimedia die Vorstellungskraft – das Visionäre – der Menschen erheblich zurückgehen werde. Und bezogen aufs Klassenzimmer wird er recht anschaulich: Keines der Medien, ob Unterrichtsfilm, Schulfunk, Apple-PC oder selbst mediengestützte Unterrichtsreihen zum programmierten Lernen hatte zu Umwälzungen oder Verbesserungen geführt. Eine zentrale Rolle nimmt in Stolls Ausführungen immer noch der Pädagoge ein; ohne ihn seien Interaktion, Motivation und Erziehung im Schulunterricht eigentlich nicht realisierbar (vgl. Stoll 2001).

Für Postman gibt es keinen einzigen Beweis dafür, dass Kinder mit Computern in der Schule besser lernen als ohne. Bisher gibt es allerdings – so bleibt zu ergänzen – auch keine seriöse, breit angelegte Studie mit gegenteiligem Befund. Postman lehnt zwar nicht strikt den Computer im Unterricht ab; aber der Einführung von PC und Internet komme nur ein untergeordneter Stellenwert zu. Mit Blick auf die hohen Investitionen der amerikanischen Regierung für die Vernetzung der Schulen bringt Postman recht klar zum Ausdruck, dass bessere Gehälter für Lehrer, Renovierung von baufälligen Schulgebäuden und neue Lehrbücher wichtiger seien als Investitionen für Geräte, die nur eine Minderheit der Lehrkräfte kompetent bedienen kann. Und er verweist auf die außerschulischen Aneignungsmöglichkeiten: Ca. 50 Millionen Amerikaner quer durch alle Gesellschaftsschichten hätten bislang ohne schulische Hilfestellung gelernt, wie man einen Computer bedient. Dies sei ähnlich wie das Auto fahren, das ebenfalls nicht Angelegenheit der Schule sei, sondern die von Fahrschulen und Fahrkursen (vgl. Postman 1997).

Das Einstiegs-Gegenargument der großen Zahl der amerikanischen Multimediabefürworter setzt bei der griffigen Formel an, dass Computer und E-Learning interaktiv seien und das Internet Interaktion par excellence biete. Niemand bringt diese Sichtweise exemplarisch besser auf den Punkt, als der amerikanische Erfolgsautor Dan Tapscott.

Er sieht das Netz als Gegenstück zum Fernsehen. Die neuen Medien führen seiner Meinung nach in eine andere Dimension, eben weil sie interaktiv sind. So sei das Fernsehen von Erwachsenen kontrolliert und Kinder seien nur passive Zuschauer. Im Gegensatz dazu behielten Kinder mittels Internet und neuer Medien eher eine gewisse Kontrolle über ihre Welt. Sie würden dabei nicht nur beobachten, sondern teilnehmen, fragen, diskutieren, spielen, einkaufen, forschen, spotten, phantasieren, suchen und sich informieren. Aufgrund dieser vorhandenen Aktionsräume sei es der Generation N (Netkids) möglich, die Kontrolle über verschiedene Elemente der Kommunikationsrevolution zu übernehmen. Durch eine stärkere Verbreitung von Multimedia werde automatisch eine Verlagerung vom lehrer- zum schüler-zentrierten Unterricht einsetzen, der debattierende, forschende und in Projekten zusammenarbeitende Schüler hervorbringe. Bei dem ‚Schulhaus' der Zukunft werde es sich aber weder um eine Schule noch um ein Haus handeln (vgl. Tapscott 1998, S. 208).

4. Medienrealität in USA: Neuer Wein in alten Schläuchen

Über den Einsatz von E-Learning und Internet im traditionellen Schulunterricht der USA gehen die Berichte – ähnlich wie im deutschsprachigen Raum – in alle möglichen Richtungen (vgl. dazu Diskursheft 1/2000 „Kinder im virtuellen Raum" oder die Berichte in Educause unter www.educause.edu).

Eine wachsende Zahl von Unternehmen und insbesondere privater Hochschulen vertreibt in den USA Systeme zur Lernorganisation und Lernbetreuung. Alle großen Unternehmen, wie Saba, Docent, Click2learn, Blackboard oder Interwise sind – immer noch – an der Börse notiert und haben primär das Hochschulwesen als Absatzmarkt erschlossen. Bei den Produkten handelt es sich um didaktisch qualifizierte und multimedial kompetent aufbereite Lerninhalte (vgl. BMBF-Arbeitsgruppe 2001). Die angebotenen hochwertigen Materialen erreichen in den Vereinigten Staaten einen beachtlichen Multiplikationseffekt. Von den ca. 15 Millionen Studierenden dürften schätzungsweise bereits mehr als 20 Prozent Dienstleistungen der neuen Bildungsanbieter in Anspruch nehmen. Neben diesen Unternehmen profilieren sich im Hochschulbereich auch virtuelle Universitäten, von denen die University of Phoenix (UOP) mit über 20.000 Online-Studierenden die bekannteste ist.

Für das allgemein bildende Schulwesen hat E-Learning eine spezielle Zielgruppe vor Augen. Ungefähr zwei Millionen junger Amerikaner nehmen nämlich nicht am allgemeinen Schulunterricht teil, weil sie daheim – meistens von ihren Eltern – privat unterrichtet werden. Die Bildungsunternehmen sehen diese Gruppe als vorrangige Adressaten, für die sie bereits eine breite Palette an Angeboten entwickelt haben.

‚Echte' virtuelle Schulen stecken dennoch sicherlich erst in den Kinderschuhen. Aus Gründen der räumlichen Entfernung sind sie aber mittlerweile Realität. Als zwei Beispiele seien hier class.com (http://www.class.com/) und k.12 (http://www.k12.com/#) angeführt. Von ihrem Einflussbereich her zu beurteilen, sind diese neuen Schulen aber – noch – Exoten. Bei class.com sind insgesamt 160 Lehrer tätig, die hauptberuflich an anderen

Oberschulen arbeiten. Der Internet-Schulbesuch bei dieser Institution kostet jährlich umgerechnet 3.200 DM.

Nach Einschätzung der BMBF-Arbeitsgruppe bedienen sich diese Anbieter bei der Bildungssoftware eher des ‚traditional learning', also eines engen didaktisch-methodischen Rahmens, der den Eltern aus der Schule noch vertraut ist. Lediglich die Performance (‚powerfull technologie') scheine hier etwas zu suggerieren, was sich aber bei genauer Betrachtung der Produkte als Augenwischerei entpuppt.

So wird hier ein Medien-Mix angeboten, in dem der größte Teil der Inhalte als Druckerzeugnis auf dem Postweg versandt wird. Über das Internet werden hauptsächlich die unterrichtlich-organisatorischen und -administrativen Tätigkeiten abgewickelt (vgl. BMWF-Arbeitsgruppe 2001). Eindeutige qualitative Fortschritte bei der Entwicklung der Bildungssoftware lassen sich nicht finden.

Aktivitäten, gezielt den Schulbereich zu erschließen, zeichnen sich in den USA vor allem bei den Hardware-Herstellern ab. Egal, ob hier Strategien oder Forschungsaufträge für so genannte Handheldcomputer oder Laptops im Vordergrund stehen, es sollen zukünftig schülergerechte Geräte vermarktet werden. So hat das weltweit renommierte Stanford Research Institute (SRI) einen Evaluationsauftrag der Firma Palm erhalten. Zu Erwarten ist ein Hybrid, der sozusagen Schiefertafel und Schulheft ablösen wird.

Der Einsatz und die Verbreitung digitaler Medien werden aber in den Vereinigten Staaten mit Sicherheit schneller voranschreiten als in Deutschland. Die Gründe dafür lassen sich unserer Meinung nach primär auf der schulorganisatorischen Ebene finden. In vielen amerikanischen Bundesstaaten verfügen die Schulen über ein hohes Maß an Autonomie im Hinblick auf den Einsatz von Sach- als auch Personalmitteln. Und diese organisatorische und haushaltstechnische Flexibilität der Schulen ist eine zentrale Voraussetzung, um die unterschiedlichen Lösungen des Technikeinsatzes im Unterricht vor Ort gegenwärtig bestimmen und in Zukunft flexibel planen zu können (vgl. dazu Breiter 2001).

5. Für eine schulverträgliche Einführung Neuer Medien

Im Gegensatz zu den in den USA feststellbaren Tendenzen ist die virtuelle, allgemein bildende Schule in Deutschland – ausgenommen in der Zukunftsforschung – auch als Prototyp vorerst nicht zu erwarten. Will man Schule allerdings stärken und international konkurrenzfähig halten, so muss man den Mut haben, auch die Formen der Wissensvermittlung umfassend zu verändern. Die Neuen Medien sind daher nicht als Gefahrenpotential zu verteufeln. Vielmehr bieten sie eine einmalige Chance, überkommene, festgefahrene Unterrichtsmodelle über Bord zu werfen und sie können helfen, eine neue Lernkultur zu etablieren.

Im 1998 von Mandl et. al. vorgelegten „Gutachten zur Vorbereitung des Programms Systematische Einbeziehung von Medien, Informations- und Kommunikationstechnologien in Lehr- und Lernprozesse" der Bund-Länder-Kommission für Bildungsplanung und Forschungsförderung werden wesentliche pädagogische Grundannahmen für die Entwicklung einer solchen Lernkultur dargestellt:

Die Verfasser des Gutachtens sehen in den neuen Medien ein erhebliches Unterrichtspotential. Einerseits betrachten sie diese als Lehr-Lern-Tool für selbst gesteuertes, interaktives Lernen oder eben schlicht als Medium, als Arbeitswerkzeug (z.B. für Textverarbeitung). Andererseits sind die neuen Medien selbst Lehr- und Lerninhalt und sollen entsprechend als Ergänzung im Rahmen der Medienerziehung Fächer übergreifend behandelt werden.

Viel versprechend im Sinne einer neuen Lernkultur ist der Ansatz, die Neuen Medien als Chance zur Entwicklung neuer Lehr- und Lernformen zu begreifen, sie „als Impuls für einen Wandel ineffektiv gewordener Unterrichtsformen zu sehen" (Mandl 1998 et. al., S. 22). Dabei ist eben nicht die Abkehr von der Schule als Institution beabsichtigt, sondern vielmehr eine zeitgemäße Integration in den Unterricht.

Als Fazit der Gegenüberstellung von traditioneller und konstruktivistischer Lehr- und Lernphilosophie wird für die Integration der Neuen Medien in den Schulunterricht das Leitkonzept der Problemorientierung favorisiert. Dieser, insbesondere in den naturwissenschaftlichen Fachdidaktiken mittlerweile weit verbreitete Ansatz geht davon aus, dass Lernen generell ein aktiv-konstruktiver – selbst gesteuerter – situativer und – *aber eben auch* – sozialer Prozess ist. Er fordert vier richtungweisende Gestaltungsprinzipien, die konkret am Beispiel von Internetanwendungen verdeutlicht werden (vgl. auch Hansen, 2001a):

1. Situiertes, anhand authentischer Probleme orientiertes Lernen

   Die Aktualität des Internets dient als Beispiel für dieses Gestaltungsprinzip. Die Geschehnisse der Welt werden sehr zeitnah im Web dokumentiert. Materialien aus dem Netz sind von hoher Authentizität. Der hohe Lebensweltbezug wirkt motivierend.

2. In multiplen Kontexten und unter multiplen Perspektiven lernen

   Die Materialien im Web sind in der Regel nicht didaktisch aufbereitet und stellen die Schüler deshalb mitunter vor hohe Herausforderungen. Verschiedene Quellen erlauben einen multiperspektivischen Blick auf aktuelle Geschehnisse.

3. In einem sozialen Kontext lernen

Auch wenn Lernen ein individueller Prozess ist, spielen soziale Kontakte eine große Rolle. Die Arbeit mit dem Computer ist nicht nur im privaten Umfeld Anlass zur Kommunikation. Selbstständig tauschen sich Schüler in Partner- oder Gruppenarbeit miteinander aus.

4. In einem instruktionalen Kontext lernen

Instruktionale Unterstützung und Professionalität sind weiterhin notwendig in Form von Modellieren und Anleiten, Unterstützen und Beraten. Der Lehrer muss den Einsatz neuer Medien von der Funktion im Unterricht abhängig machen, nicht zuletzt, um den unreflektierten Konsum zu vermeiden.

Um eine derartige Medienkompetenz vermitteln zu können, sollte sie allerdings bei den Lehrenden selbstredend vorhanden sein. Medienkompetenz ist indes ein oft strapaziertes Schlagwort. Schell (vgl. 1999) hat diesen Begriff auf drei Ebenen gut umrissen:

Medienkompetenz heißt demnach:

• Medienentwicklungen erfassen, kritisch reflektieren und bewerten können;

• selbst bestimmt, kritisch-reflexiv und genussvoll mit Medienangeboten und -inhalten umgehen zu können und

• Medien aktiv als Kommunikationsmittel nutzen können.

Etwas feingliedriger – sozusagen für den ‚Schulpraktiker' – interpretiert Schulz-Zander den Begriff Medienkompetenz (vgl. Schulz-Zander 2001). Auf insgesamt sieben Ebenen werden von ihr neben den instrumentellen und technischen Fähigkeiten die Bedeutungen sozialer, kommunikativer und kreativer Fähigkeiten sowie Wahrnehmung und Reflexion innerhalb soziokultureller Veränderungen der Gesellschaft herausgestellt. Im Rahmen der Lehrerausbildung sollte der Erwerb von Medienkompetenz integraler Bestandteil eines anhaltenden Weiterbildungskonzeptes werden.

6. Integration von Schulentwicklung und Medienplanung

Neben der konzeptionellen Infrastruktur muss auch die technische Infrastruktur von Schulen und Lehrerausbildungsstätten grundlegend geplant und realisiert werden. Die Entwicklung und Bereitstellung technischer Tools bildet nämlich immer noch eine erhebliche Schwachstelle. Zwar sind mittlerweile die meisten Schulen offiziell ‚vernetzt', d.h. mit einem Internetanschluss versehen, dennoch gibt es selten leistungsfähige, echte Computernetzwerke. Oft wird nämlich nicht berücksichtigt, dass zu einer echten Vernetzung eben nicht nur ein Internetanschluss und mehrere Rechner gehören. Erst ein lokales, administrativ unterstütztes Rechnernetz in der Schule ermöglicht in der Regel eine sinnvolle und stabile Nutzung Neuer Medien. Wenn überhaupt, sind solche lokalen Netze aber nur auf einzelne Räume beschränkt (meist der Informatikraum).

Die individuelle Ausstattung von Schülern mit Notebooks als alternative Lösung ist sowohl unter wirtschaftlichen Aspekten (erheblicher individueller Kostenaufwand selbst bei Leasingformen) als auch aus unterrichtspraktischen Erwägungen (ebenfalls Insellösung) äußerst fragwürdig. Die scheinbaren Erfolge der mit Laptops ausgerüsteten Modellschulen haben eher werbewirksamen Charakter (vgl. Hansen 2001b).

Vielmehr scheint für ein wirklich neues Konzept die geplante Integration des Mediums Computer in jeden Klassenraum von Nöten. Für die konsequente Umsetzung der Integrationsbemühungen wäre zunächst ein erheblicher Investitionsaufwand zu leisten. Darüber hinaus ist es fragwürdig, Lehrer quasi nebenbei mit den Aufgaben eines Netzwerkadministrators zu betrauen (vgl. Hansen 2001a). Insbesondere im Rahmen der Autonomiebestrebungen von Schule böten sich gerade jetzt Chancen, tragfähige Lösungen zu etablieren (professionelle Betreuung durch Lehrer oder Vertrag mit Dienstleistungsunternehmen ähnlich wie bei Kleinbetrieben). Auch ließen sich multimediale Kompetenzzentren nach dem Vorbild der Film- und Bildstellen auf kommunaler Ebene für kleinere Schulen – als alternative Outsourcing-Lösung – einrichten. Hard- und Software könnten so orts- und zeitnah sowie dem individuellen Bedarf entsprechend unterstützt werden. Ferner bietet die Autonomie zumindest eine kleine Chance, gegen die Marktdominanz bestimmter Unternehmen zu bestehen, die den Absatzmarkt ‚Schule' längst als fruchtbares Land entdeckt haben. Mittels vergünstigter Software-Lizenzen oder auch verbilligter Hardware intendieren sie, bestimmte Produkte auf den Markt ‚Schule' einzuführen, um die ins Auge gefasste Klientel möglichst früh an ihr Produkt zu gewöhnen und möglichst lange zu behalten. Darüber hinaus versuchen sie bei immer kürzeren Innovationszyklen, die neuesten Versionen ihrer Software auf den Markt ‚Schule' zu werfen. Mit dieser Innovationspolitik üben sie einen erheblichen Druck im Schulalltag aus. Zudem sind die Produkte oft nicht von der Schule selbst, sondern vom Schulträger beschafft worden. Diese Versorgung ‚von oben' kann den Entwicklungsprozess der digitalen Medien und ihren sinnvollen unterrichtlichen Einsatz in Deutschland nachhaltig behindern.

Ein größerer Handlungsspielraum der einzelnen Schule wäre Voraussetzung, die entsprechende Medienplanung möglichst effizient und realitätsnah umsetzen zu können. Der Aktionsradius müsste konsequenterweise von der Hardwarebeschaffung bis hin zur Personaleinstellung (je nach Schulgröße) reichen.

Bisher hat man in Deutschland bei der digitalen Medienplanung den Schulen aber nur wenig Gestaltungsspielraum gelassen (vgl. Breiter 2001). Im Rahmen der Einführung von Schulautonomie böten sich derzeit die besten Chancen – innerhalb einer organisationsübergreifenden Koordination – hier Handlungsfreiheit und Verantwortung auf die Schulen selbst zu übertragen. Bisher dominiert klar der Einfluss der Schulträger auf unterschiedlichen Ebenen. Die Wechselseitigkeit von funktionierender digitaler Medienplanung einerseits und auf größere Schulautonomie abzielende Organisationsentwicklung andererseits ist evident: Der funktionierende und schulgerechte Einsatz digitaler Medien wird nur mit einer Veränderung der gesamten Schulorganisation einhergehen.

7. Schule als Begleiter des Gesellschaftlichen Wandels

Schon bis zum Jahr 2010 wird sich ein gravierender technologischer und gesellschaftlicher Wandel vollzogen haben. Wie Schule von diesem Prozess erfasst werden wird bzw. wie sie diese Herausforderung besteht, bleibt gegenwärtig offen. Es wäre allerdings fatal, wenn sie sich nur von der Rasanz der Veränderungen mitreißen lässt. Vielmehr muss sie als gesellschaftlich handelnde Institution den Wandel nicht nur begleiten, sondern dort, wo es notwendig ist, auch regulierend eingreifen. Dies erfordert in gewissem Sinne eine organisatorische Entfesselung und sicherlich viel mehr Mündigkeit. Dazu würde unserer Meinung nach auch gehören, sich nicht sklavisch dem Diktat der stetig mächtiger werdenden Anbieter neuer Hard- und Software zu beugen, sondern eigene Expertennetzwerke zu entwickeln, die großzügig von Bund und Ländern gefördert werden sollten.

Letztendlich geht diese Herausforderung zentral an die Adresse der Politik, um zu verhindern, dass die bestehende Chancenungleichheit einfach um die Dimension ‚Medienkompetenz' oder ‚Grad der Vernetzung' ergänzt und somit vergrößert werden wird. Es zeichnet sich schon jetzt ab, dass die ohnehin Benachteiligten bei der Nutzung Neuer Medien ins Hintertreffen geraten. Nur Schule kann hier gegensteuern. Die Bedingungen, dies zukünftig zu tun, sind eigentlich gar nicht so schlecht.

Literatur[1]

Arbeitsgruppe BMBF: Bundesministerium für Bildung und Forschung (Hrsg.): Anytime, Anywhere. IT-gestütztes Lernen in den USA. Bonn 2001
Aufenanger, Stefan: Lernen mit den neuen Medien – Perspektiven für Erziehung und Unterricht. In: Gogolin, Ingrid/Lenzen, Dieter (Hrsg.): Medien-Generation. Beiträge zum 16. Kongreß der Deutschen Gesellschaft für Erziehungswissenschaft. Opladen 1999, S. 61-76

---

1 Stand der Internetrecherche: März 2002

Aufenanger, Stefan: Medienkompetenz als Aufgabe von Schulentwicklung. In: SchulVerwaltung. Sonderausgabe 1/2001, S. 4-6

Bolz, Norbert: Am Ende der Gutenberg-Galaxis, München 1993

Bolz, Norbert: Das kontrollierte Chaos. Vom Humanismus zur Medienwirklichkeit. Düsseldorf 1994

Breiter, Andreas: Digitale Medien im Schulsystem. In: Zeitschrift für Erziehungswissenschaft 4/2001, S. 625-639

Deutsches Jugendinstitut e.V.: Netkids – Kinder im virtuellen Raum – Diskurs Heft 1/2000. München 2000

E&W-Interview : Erfahrungswelten aufbauen. Fragen zur Zukunft des Lernens an den Psychoanalytiker Uri Peter Trier und den Physiker Hans-Peter Dürr. In: Erziehung und Wissenschaft 1/2000, S. 11-13. Online unter: http://212.83.35.53/wissen/zeitschriften/e-w/2000/2000-1/s-11.htm (Stand: 10/2001)

Hansen, Sven: Die Hardwarefalle – Schule 2001: Technik gut, Konzept mangelhaft. In: c't 14/2001, S. 168-173

Hansen, Sven: Scola Digitalis. Eine Schule probt den multimedialen Ernstfall. In: c't 14/2001, S. 174-175

Hentig, Hartmut von: Die Schule neu Denken. München und Wien 1993

Hentig, Hartmut von: Der Computer ist nur Knecht. Er darf nicht zum Schulmeister werden. Lernen in der Medienwelt. Online unter: www.archiv.zeit.de/zeit-archiv/daten/pages/pro.txt.19970919.html (Stand: 10/2001)

Heine, Christof/Durrer, Franz: Hochschul-Informationssystem. Computer und neue Medien in der Schule. HIS-Kurz-Information A 5/2001. Hannover 2001

Mandl, Heinz u.a.: Gutachten zur Vorbereitung des Programms „Systematische Einbeziehung von Medien, Informations- und Kommunikationstechnologien in Lehr- und Lernprozesse". BLK für Bildungsplanung und Forschungsförderung 1998

Postman, Neil: Keine Götter mehr. Das Ende der Erziehung. München 1997

Schell, Fred u.a.: Medienkompetenz. Grundlagen und pädagogisches Handeln. München 1999

Schulz-Zander, Renate: Lernen mit neuen Medien. Medienkompetenz als Schlüsselqualifikation. In: Apflauer, Rudolf/Reiter, Anton: Schule online. Das Handbuch zum Bildungsmedium Internet. Wien 2001

Stoll, Cliffort: Logout – Warum Computer nichts im Klassenzimmer zu suchen haben und andere Hightechketzereien. Frankfurt 2001

Tapscott, Don: Net Kids. Die digitale Generation erobert Wirtschaft und Gesellschaft. Wiesbaden 1998

Tulodziecki, Gerhard/Aufenanger, Stefan: Perspektiven: Neue Medien in der Lehrerausbildung. In: Bentlage, Ulrike/Hamm, Ingrid (Hrsg.): Lehrerausbildung und neue Medien. Erfahrungen und Ergebnisse eines Hochschulnetzwerkes. Gütersloh 2001, S. 140-147

Vogelgesang, Waldemar: Asymmetrische Wahrnehmungsstile. In: Zeitschrift für Soziologie der Erziehung und Sozialisation 2/2000, S. 181-202

Gabriele Bellenberg/Elke Sumfleth

Lehrerbildung in der Zerreißprobe: Das Beispiel Nordrhein-Westfalen

Die Reformbedürftigkeit der Lehrerbildung in Deutschland ist nicht erst durch das schlechte Abschneiden deutscher SchülerInnen bei PISA offensichtlich (vgl. z.b. Bildungskommission NRW 1995; Keuffer/Oelkers 2001; Abschlussbericht 1999; DGfE 2001; Wissenschaftsrat 2001; Deutsches PISA-Konsortium 2001; OECD 2001). Strittig ist allerdings, welche Richtung die Reform nehmen soll; hier existiert ein schwer übersehbares Spannungsfeld von verschiedenen – aber nicht lehramtsbezogenen – hochschulpolitischen Motiven der Weiterentwicklung von Studiengängen, Empfehlungen zu neuen Studienstrukturen speziell im Bereich der Lehrerausbildung sowie (Spar)Ansprüchen hinsichtlich der Ausgestaltung der landesspezifischen Bildungslandschaft. Nordrhein-Westfalen erweist sich hier aus im weiteren Verlauf zu erläuternden Gründen als Präzedenzfall unter den Bundesländern.

1. Erhalt oder Abschaffung der grundständigen Lehrerbildung?

Grundsätzlich lassen sich die in der Fachöffentlichkeit diskutierten Reformvorschläge zur Lehrerbildung dahingehend unterscheiden, ob die Innovationen unter Beibehaltung der bisherigen Studienstruktur gedacht werden oder ob sich Veränderungen auch auf die Studienstruktur beziehen und diese in Richtung eines konsekutiven Aufbaus umzuwandeln gedenken.

Die erste Position – Reformen unter Beibehaltung der grundständigen Lehrerbildung – wird unter anderem durch die KMK, die DGfE und die Hamburger Kommission Lehrerbildung vertreten; die Einführung konsekutiver Studienstrukturen hingegen streben der Wissenschaftsrat und der ‚Expertenrat' in NRW an.

Reformnotwendigkeiten unter Beibehaltung der grundständigen Lehrerbildung sieht die 1998 von der Kultusministerkonferenz eingesetzte Gemischte Kommission „Lehrerbildung" vor allem in den folgenden Punkten (vgl. Terhard 2000):

Als vordringlich innerhalb der universitären Ausbildung sieht die Kommission die Erarbeitung eines Kerncurriculums Erziehungswissenschaften und der Fächer/Fachdidaktiken im Lehramtsstudium an, um auf diese Weise die Beliebigkeit für Lehrende und Lernende zu beenden. Hierzu gehört auch, die Fachdidaktiken in Forschung und Lehre zu stärken und diese zu Schnittstellen von fachbezogener sowie pädagogisch-didaktischer Forschung und empirisch fachbezogener Unterrichtsforschung zu machen. Sie schlägt die Einrichtung/Erprobung von Zentren für Lehrerbildung und Schulforschung an den Universitäten vor, die quer zur herkömmlichen Fakultätsstruktur die Belange der Lehrerausbildung vertreten sollten.

Hinsichtlich einer Weiterentwicklung des Vorbereitungsdienstes empfindet die Kommission die vorauslaufende Qualifizierung des Ausbildungspersonals als dringliche Aufgabe. Es wird eine bessere Abstimmung der Ausbildungsinhalte zwischen der ersten und zweiten Phase angemahnt. Für Referendare sollte ein höheres Maß an Selbstorganisation beim berufsbezogenen Lernen verpflichtend und selbstverständlich werden.

Ergänzt werden diese Vorschläge durch die verbindliche Einführung einer Personaleinsatzplanung für junge Lehrkräfte, die an der schrittweisen Entfaltung der beruflichen Kompetenz orientiert ist; es soll ein Unterstützungssystem für die Berufseingangsphase mit einer hierauf abgestimmten verpflichtenden Fortbildung eingeführt werden. Dazu ist es notwendig, Fortbildungspläne an den einzelnen Schulen als Teil von Personal- und Schulentwicklung vor Ort zu entwickeln. Hierzu gehört auch die Verwirklichung von leistungs- und kompetenzbezogenen Elementen in die Lehrerbesoldung; Funktionsstellen könnten zunächst nur auf Probe bzw. auf Zeit übertragen werden.

Die Vorstellungen der Deutschen Gesellschaft für Erziehungswissenschaft fußen ebenfalls auf dem Erhalt der grundständigen Lehrerbildung (DGfE 2001). Dabei legt die DGfE insbesondere Wert darauf, die Wissenschaftlichkeit der Lehrerbildung – verbunden mit einem Berufsfeldbezug – zu erhalten, unabhängig davon, in welcher Schulform ein Absolvent später zu unterrichten beabsichtigt. Der Berufsfeldbezug verbiete eine allein fachwissenschaftliche Grundausbildung in der Lehrerbildung. In der ersten Phase müsse unabdingbar eine „so weit wie möglich systematische Befähigung zur theoriegeleiteten Reflexion der historisch-politischen, gesellschaftlichen, institutionellen und individuellen Bedingungen pädagogischen Handelns enthalten" sein (DGfE 2001, S. 2). Grundlegend sind mit der Lehrerbildung „Voraussetzungen für ein Unterrichten auf höchsten Niveau sicherzustellen" (S. 3). Hierzu ist ein Kerncurriculum auszugestalten, welches Grundlagen in gemeinsame Ausbildungsanteile integriert und so die Beliebigkeit der Studieninhalte beendet. Eine Spezialisierung ist über die Modularisierung des Studienangebots sicherzustellen.

Die Vorstellungen der Hamburger Kommission Lehrerbildung lassen sich in diese Argumentationslinie einreihen und greifen eine Reihe der bereits genannten Vorschläge auf (vgl. Keuffer/Oelkers 2001). Hinsichtlich der

Studienabschlüsse beharrt die Kommission darauf, „am Staatsexamen festzuhalten, also die Lehrerbildung nicht, wie in der jüngeren Diskussion gelegentlich vorgeschlagen wurde, in ein grundständiges Studium mit einem universitären Abschluss und eine anschließende berufspraktische Ausbildung zu verwandeln" (S. 174).

Mit Blick auf die Ausbildungsstrukturen findet sich in den Vorstellungen des Wissenschaftsrates sowie des Expertenrates in Nordrhein-Westfalen genau die entgegengesetzte Position. Der Wissenschaftsrat „empfiehlt eine Ausbildungsreform, die eine Veränderung der Studienstruktur und institutionellen Verortung" ermöglichen soll (Pressemitteilung 2001). Er schlägt für die Lehrämter an Realschulen und Gymnasien eine konsekutive Studienstruktur mit den Abschlüssen des Bachelors (BA) und Masters (MA) vor, welche in der BA-Phase fachwissenschaftlich und in der MA-Phase pädagogisch-didaktisch ausgerichtet ist. Für die Lehrämter an Grund- und Hauptschulen wünscht sich der Wissenschaftsrat integrativ und modular ausgerichtete Studiengänge, die zum BA führen, „um der spezifisch pädagogischen Fachlichkeit der Grundschul- und Hauptschularbeit Rechnung zu tragen" (Pressmitteilung 2001). Für diese Lehrämter schlägt der Wissenschaftsrat vor, kooperative Modelle zwischen Hochschulen und Fachhochschulen zu entwickeln. Denn die „spezifisch berufsfeldbezogene Fachlichkeit der Ausbildung zusammen mit dem Erfordernis einer frühzeitigen Professionalisierung [spricht] dafür [...], die Fachhochschulen in den Kreis der Anbieter grundständig integrierter BA-Studiengänge aufzunehmen" (Pressemitteilung 2001).

Der Expertenrat empfiehlt für Nordrhein-Westfalen einen ähnlichen Weg der Abkehr von der grundständigen Lehrerbildung: Das Lehramtsstudium ist „in den auf die Einführung der gestuften BA/MA-Abschlüsse zielenden eingeleiteten Umstrukturierungsprozess einzubeziehen" (Expertenrat 2001, S. 115). Der Expertenrat wünscht sich für Nordrhein-Westfalen eine Vorreiterrolle und geht davon aus, „dass die Verwirklichung konsekutiver Studienstrukturen bei gleichzeitiger Modularisierung der Curricula auch in anderen Bundesländern dazu führen wird, Überlegungen in Hinblick auf eine Umstrukturierung des Lehramtsstudiums anzustellen" (S. 117). Ebenso wie der Wissenschaftsrat wünscht auch der Expertenrat die Einbeziehung der Fachhochschulen in die Lehrerbildung, hier vor allem im Bereich des postgradualen Studiums für angehende Lehrerinnen und Lehrer an beruflichen Schulen (vgl. S. 117). Die konsekutive Studienstruktur erstreckt sich allerdings nicht auf alle Lehrämter: Eine Ausnahme sollten möglicherweise die Lehrämter der Primarstufe bilden, für die die Beibehaltung der grundständigen Lehrerbildung für erwägenswert befunden wird (vgl. S. 118). Der Expertenrat verspricht sich von der Schaffung konsekutiver, lehramtsspezifischer Studienstrukturen für zumindest einen Teil der Lehrämter „eine stärkere Polyvalenz des Lehramtsstudiums [...], um breite berufliche Einsatzmöglichkeiten der Absolventinnen und Absolventen zu gewährleisten und damit die Chancen auf dem Arbeitsmarkt zu erhöhen" (S. 115). Die Plausibilität dieses Arguments lässt sich nicht nur unter (lehrerarbeitsmarkt)spezifischen Gesichtspunkten in Frage stellen (vgl. Bellenberg 2002).

Diese beiden – nur sehr verkürzt wiedergegebenen – gegensätzlichen Positionen bestimmen die derzeitige Debatte um die Lehrerbildung in Deutschland. Die Bundesländer reagieren auf die Strukturfrage bisher nur sehr verhalten, widmen sich aber intensiv der inhaltlichen Verbesserung der Lehrerbildung, wie wir im nächsten Kapitel vorstellen wollen.

2. Die bisher abwartende Position der Bundesländer

Die vielfältigen Reformüberlegungen zeigen ihre Wirkung in den Bundesländern, und das überwiegend ohne Tangierung der Strukturfrage:

Hinsichtlich der Frage der Modularisierung des Studiums sind einige Länder beispielsweise bereits dabei, diese umzusetzen oder befinden sich in der Vorphase dieses Schrittes. Dies gilt zum Beispiel für Berlin. Dort sind die Hochschulen aufgefordert, wechselseitig anerkennungsfähige Module für die Studienfächer, für einzelne Fachbereiche und die Studien in den Erziehungswissenschaften zu beschreiben.

Mit der Modularisierung der Ausbildungsphasen ist die Einführung eines Credit-Point-Systems verknüpft, das auf Europäischer Ebene bereits existiert (European Credit Transfer System ECTS). Das Credit-Point-System gibt den Studierenden Aufschluss über die erforderliche Arbeitsleistung, die erbracht werden muss, um ein (Studien-)Modul zu studieren. Damit werden die Module nach entsprechender Leistung der Studierenden mit Credits versehen, die von den Studierenden gesammelt werden und die bei einem Wechsel der Universität anrechenbar sind. Auf diese Weise wird die Studienstruktur so umorganisiert, dass vermehrt studienbegleitende Prüfungen anfallen, denn Credit Points gibt es nur für Studienleistungen, die mit einer Prüfung abgeschlossen werden.

Mit den Credits wird also eine Art von Währung geschaffen, mit deren Hilfe Studienleistungen besser quantifiziert und auf diese Weise der Wechsel von Universitäten innereuropäisch erleichtert werden soll. Soweit der Anspruch. Wie aber sieht die Realität aus?

Beachtet werden muss vor allem, dass es sich bei den Credits um eine Art „Währung" handelt. Eine grundlegende Eigenschaft von Geld ist es jedoch, dass man ihm nicht ansieht, welche Arbeit geleistet wurde, um es zu erlangen. Oder, um diesen Gedanken mit einem Beispiel zu erläutern: Ein Student hat an der Universität X in Nordrhein-Westfalen die Hälfte seiner für das Grundstudium in Erziehungswissenschaften nötigen Credits durch Module erworben, die inhaltlich den Schwerpunkt auf Didaktik und Schulpraktika legen. Mit diesen Credits wechselt er an Universität Y und könnte dort theoretisch weitere Credits erwerben, hinter denen sich inhaltlich dieselben Studieninhalte verbergen. Will man solche Dopplungseffekte vermeiden, könnte die Universität Y dem Studierenden nach einem Blick in sein Studienbuch vorschreiben, welche Kurse er an der neuen Universität zu besuchen habe, um mit Hilfe der Studienleistungen beider Universitäten sein Grundstudium abzuschließen. Dann aber ist fraglich, ob so tatsächlich ein leichterer Wechsel zwischen Hochschulen ermöglicht wird. Gleichzeitig könnte man auch noch die mit diesem Modell einhergehende Annahme, dass Arbeitsaufwand sich in Leistung niederschlägt, in Frage stellen, aber diesen Gedanken wollen wir an dieser Stelle nicht weiter vertiefen.

Gleichzeitig haben Modularisierung und Teilnahme am ECTS für die Universitäten ein höheres Prüfungsaufkommen zur Folge: Credits gibt es nämlich nicht für die reine Teilnahme an einem Seminar oder eine Vorlesung, sondern nur für eine durch den Dozenten oder die Dozentin bescheinigte Leistung. Dies ist die Abkehr von einer langen deutschen Universitätstradition des eigenverantwortlichen Studiums, die für den Bereich der Geisteswissenschaften existiert. Bisher vertraute diese Studienphilosophie in Deutschland auf das Interesse der Studierenden und akzeptierte Studienleistungen, ohne dabei in jedem Fall eine Leistungsüberprüfung vorzunehmen. Dies ändert sich durch das Credit-System entscheidend. Für das Universitätspersonal bedeutet dies einen erheblich erhöhten Prüfungsaufwand, bei dem je nach Universitätsstandort unklar ist, wie er geleistet werden soll.

Mit der Novellierung des Hochschulrahmengesetzes 1998 und den sich daraus ableitenden Strukturvorgaben für die Einführung von BA/MA-Studiengängen der KMK wurde die Möglichkeit für Universitäten und Fachhochschulen in Deutschland eröffnet, die international bekannten Hochschulgrade „Bachelor" und „Master" zu verleihen und ein solches Leistungspunktesystem zur Erleichterung des Transfers von Studien- und Prüfungsleistungen einzuführen (Beschluss der Kultusministerkonferenz vom 5.3.1999). Die Veränderung traditioneller Magister- und Diplomstudiengänge in BA/MA-Konzepte hat bereits begonnen; die staatliche universitäre Lehrerausbildung steht ebenfalls zur Disposition.

Bisher gibt es in Deutschland nur einen bereits begonnenen Modellversuch BA/MA-Lehramt (BA-/MA-Studiengang of Education), der in Greifswald im Rahmen des BLK-Verbundprojektes ‚Modularisierung' eingerichtet worden ist. Dort können Studierende künftig bei bestimmten schulrelevanten Fächerkombinationen – es handelt sich also um eine Zwei-Fächer-Ausbildung – in einem konsekutiv an das BA-Studium anschließende M.Ed.-Studium (Master of Education) die Lehramtsqualifikation erwerben (vgl. Erhart 1999). Darüber hinaus kann an der Universität Göttingen seit dem Wintersemester 2001/02 als postgraduales Studium „Schulpädagogik und Didaktik" absolviert werden, welches mit einem Master-Abschluss abschließt. Aufnahmevoraussetzung ist ein erfolgreich abgeschlossenes Hochschulstudium.

Nordrhein-Westfalen nimmt im Konzert der Bundesländer eine Sonderstellung im Hinblick auf das Vorantreiben lehramtsspezifischer Reformen ein, wie wir im nächsten Kapitel vorstellen werden.

3. Der nordrhein-westfälische Weg der Initiierung von Modellversuchen

Maßgeblich angeheizt durch den Abschlussbericht des Expertenrates gibt es in Nordrhein-Westfalen eine rege Diskussion um die Weiterentwicklung der Lehrerbildung. Diese ist eingebettet – und mitbestimmt – durch die angestrebte Veränderung der nordrhein-westfälischen Universitätslandschaft im Rahmen des so genannten Qualitätspaktes mit dem zuständigen Ministerium, an dem sich die Hochschulen beteiligen (müssen).

Unterdes hat das Ministerium den Weg der Reform der Lehrerbildung vorgezeichnet: Es liegt ein Gesetzentwurf zum neuen Lehrerausbildungsgesetz – öffentlich im Internet zugänglich – vor (vgl. MSWF NRW 2001). Und die Universitäten reagieren darauf.

In dem Gesetzentwurf tut sich Nordrhein-Westfalen als *das* Bundesland hervor, welches durch eine Öffnungsklausel verschiedene Modelle konsekutiver Studiengänge erproben möchte, ohne die grundständige Lehrerbildung abzuschaffen. „Eine bestimmte Form der Umsetzung […]", heißt es im entsprechenden Gesetzentwurf, „wird dabei nicht vorgegeben. Vielmehr wird darauf gesetzt, dass die Hochschulen unter Beachtung landesweiter Standards und bundesweiter Anerkennungsfähigkeit unterschiedliche Modelle entwickeln" (MSWF NRW 2001, S. 2).

Eine grundlegende Veränderung strebt Nordrhein-Westfalen in diesem Gesetzentwurf auch dahingehend an, die Lehrämter nicht mehr stufenspezifisch, sondern wieder schulformabhängig zu schneiden, anstatt des Primarstufen-, Sekundarstufen I und/oder Sekundarstufen II-Lehrers soll es künftig das Lehramt an Gymnasien und Gesamtschulen sowie das Lehramt an Grund-, Haupt- und Realschulen und den entsprechenden Jahrgangsstufen der Gesamtschulen geben, um „die Passung zwischen der Ausbildungsstruktur und den bestehenden Schulformen" zu verbessern sowie „die Flexibilität des schulischen Einsatzes der Lehrerinnen und Lehrer" zu gewährleisten (MSWF NRW 2001, S. 2).

Neben zustimmenden Positionen zu den Vorschlägen des Expertenrates gibt es landesintern auch zahlreichen Widerstand gegen die Abschaffung der grundständigen Lehrerbildung vor allem in den Reihen der Erziehungswissenschaftlerinnen und Erziehungswissenschaftler. Hierzu ist eine hochschulübergreifende Resolution – das so genannte Brügelmann-Papier – verfasst worden und der Ministerin überreicht worden, in der die Gegenargumente konzentriert sind; zu den Mitinitiatoren dieser Resolution gehört auch Klaus Klemm (vgl. Bender u.a. 2001). Die Argumente der Gegner des neuen Lehrerausbildungsgesetzes richten sich sowohl gegen die Neuschneidung der Lehramtsstudiengänge wie auch gegen die Ermöglichung konsekutiver Studienstrukturen in der Lehrerbildung.

Die Abschaffung der stufenbezogenen Lehrämter – darauf verweisen die Unterzeichner der Resolution – stellt die Restauration einer Art Lehramt für ‚Höhere Schulen' und einer Art Lehramt für ‚Volksschulen' dar, wie sie im 19. Jahrhundert bereits existierte. Vor allem die Beseitigung des Drei-Fach-Prinzips und der Orientierung an der Altersgruppe für die Primarstufenstudierenden sowie die Verringerung des einschlägigen Studienvolumens werden als wenig wünschenswerte Konsequenzen herausgestellt. Weiterhin stellen die Autoren in Frage, „wie in derselben Zeit, in der bisher das Lehramt Primarstufe studiert wurde, nun noch zusätzlich angemessen das Studium etwa eines Lehramts für die Hauptschule (und/oder eventuell Realschule!) absolviert werden soll" (S. 58).

Die Öffnungsklausel für konsekutive Studienstrukturen wird als „Signal in die falsche Richtung" gewertet, „weil es im Prinzip den Erkenntnissen und einem breiten Konsens der meisten Fachleute und vieler Institutionen über die Professionalisierung der Lehramtsausbildung und eine frühe Verzahnung von Fach-Inhalten, Fach-Didaktik, Erziehungswissenschaft und Schul-Praxis zuwiderläuft" (S. 58). Auch verweisen sie auf den Zynismus, der in der ‚Freiwilligkeit' der Teilnahme an dem Modellversuch angesichts der Tatsache steckt, dass die beteiligten Hochschulen ansonsten die Lehrerausbildung entzogen bekommen würden. Und die Universitäten in NRW können sich – darauf wird explizit hingewiesen – die Verfolgung zweier konträrer Modelle der Lehrerbildung angesichts knapper Ressourcen nicht leisten.

Die Unterzeichner der Resolution fordern dazu auf, die Diskussion um eine Verbesserung der Lehrerbildung am inhaltlichen Auftrag festzumachen, „gut qualifizierte Lehrerinnen und Lehrer auszubilden, die den Anforderungen von Unterricht, Erziehung und Bildung in der Schule gewachsen sind und die bei der Bewältigung dieser Aufgabe sowohl ihre eigenen beruflichen Kompetenzen wie auch die institutionellen Kompetenzen ihrer Schule weiterentwickeln" (S. 59).

Die Hochschulen, die unter der Drohung der Schließung der Lehramtsstudiengänge stehen, haben eilfertig gemäß der Öffnungsklausel entsprechende, in vielfältiger Hinsicht unterschiedliche Modellversuche zur konsekutiven Lehrerbildung entwickelt oder arbeiten an ihrer Entwicklung. Strukturelle Vorgaben für die Einführung konsekutiver Studienstrukturen im Lehramt hat das Ministerium bereits im Mai 2001 durch das so genannte ‚Eckpunktepapier' vorgelegt (MSWF NRW 2001b). Demnach müssen BA-Studiengänge dreijährig – mit einer Zwei-Fach-Ausbildung – ausgelegt sein und umfassen zudem einen dritten Bereich, der Veranstaltungen zu Themen der Wissensvermittlung und des Wissenstransfers enthält, ohne dass diese allerdings speziell für den Lehrberuf konzipiert sein müssen. Der MA-Studiengang ist hingegen berufsspezifisch und fachdidaktisch ausgerichtet. Für das Grund-, Haupt- und Realschullehramt kann ein Studienkonzept entwickelt werden, das den Eintritt in den Vorbereitungsdienst unmittelbar nach dem Bachelor ermöglicht. Erziehungswissenschaftliche Studien, in denen pädagogisch, psychologisch und soziologisch relevante Denk- und Wahrnehmungsweisen vermittelt werden, sind im Eckpunktepapier einem ‚Optionalbereich' vorbehalten und daher fakultativ.

Während sich neben anderen auch die Universität Essen – in der Arbeitsgruppe Lehrerbildung unter der Leitung von Klaus Klemm – für den Erhalt der integrativen bzw. grundständigen Lehrerbildung ausgesprochen hat, liegen aus den Universitäten Münster, Wuppertal, Dortmund, Düsseldorf, Duisburg, Bochum, Bielefeld und Siegen Modelle für BA-/MA-Studienstrukturen in der Lehrerbildung vor (vgl. Arbeitsgruppe Lehrerbildung 2001). Diesen Modellen liegen unterschiedliche Voraussetzungen zugrunde: Während beispielsweise das Münsteraner und Duisburger Modell in einem Fach(gebiet) bzw. einem Fachbereich entwickelt worden sind, basieren die Vorschläge der anderen Universitäten auf Modellen unter Einbeziehung mehrerer an der Lehrerbildung beteiligter Fakultäten (vgl. zur ausführlichen Modellbeschreibung und -analyse Thierack 2001).

Sichtet man die Modellversuche, lassen sich für den Bachelor-Studiengang drei Grundmodelle unterschieden (vgl. Thierack 2001, S. 23).

1. Fachwissenschaftliche Ausbildung ohne weitere erziehungswissenschaftliche bzw. lehramtsspezifische Studienanteile in Münster und Wuppertal.

2. Fachwissenschaftliche Ausbildung plus allgemeine erziehungswissenschaftliche Anteile im Wahlbereich in Bochum und Bielefeld.

3. Fachwissenschaftliche Ausbildung plus lehramtsspezifische Studienanteile im Optionalbereich in Siegen, Dortmund, Düsseldorf und Duisburg.

Für den MA-Studiengang werden mit Ausnahme von Bochum zwei Modelle vorgeschlagen:

1. Im MA für die Grund-, Haupt- und Realschule teilen sich erziehungswissenschaftliche und fachdidaktische Studienelemente den vorgesehenen Studienumfang, wobei die hochschulspezifischen Konzepte sich erheblich unterscheiden.

2. Im MA für das Gymnasium werden neben den erziehungswissenschaftlichen und fachdidaktischen Studienelementen zusätzliche fachwissenschaftliche Inhalte vermittelt.

Gemeinsam ist beiden MA-Modellen, dass die erziehungswissenschaftlichen Studienanteile, obwohl sie den Kern dieser Studiengänge markieren,
inhaltlich nicht ausdifferenziert werden. Außerhalb Nordrhein-Westfalens
existiert im Hinblick auf inhaltlich verfeinerte erziehungswissenschaftliche
Studienanteile bereits ein Vorbild, wenn sich auch die Adressatengruppen
beider Studiengänge unterscheiden: Für das erziehungswissenschaftliche
Studienelement im Rahmen des MA-Studiengangs ,Schulpädagogik und
Didaktik' an der Universität Göttingen liegt ein anspruchsvolles Modell vor
(vgl. zur ausführlichen Darstellung des Modells Thierack 2001, S. 24 ff.).

Gespannt warten alle nordrhein-westfälischen Hochschulen auf die Entscheidung des zuständigen Ministeriums, welche und wie viele Modellversuche ab dem Frühjahr 2002 genehmigt werden.

Indes bleibt selbst denjenigen, die an Hochschulen im Lande tätig sind, die
sich nicht an Modellversuchen beteiligen, das Nachdenken über die Konsequenzen eines solchen Vorgehens. Werden mehrere der sehr unterschiedlichen Modellversuche durchgeführt – was durchaus im Sinne eines Ver-
suchscharakters sinnvoll erscheint –, werden sich eine Reihe von strukturellen Folgeproblemen ergeben und zwar sowohl innerhalb des Studiums als
auch beim Übergang in die nächste Ausbildungsphase. In den Fachbereichen der Hochschulen und natürlich nicht zuletzt in den Prüfungsämtern
werden sich in hohem Maße Abstimmungsprobleme kumulieren. Hinzu
kommt, dass die BA/MA-Studienstruktur für das Lehramt an Berufsschulen
wie an Gymnasien relativ leicht strukturell umzusetzen ist, für die Lehramtsausbildung für Schulformen der Sek. I und erst recht für die Primarstufe liegen bisher kaum durchdachte Modelle vor. Überwiegend geht man
eher davon aus, Teile der Lehrerausbildung vom BA/MA-Modell auszu-
schließen. Wie Studierende auf die Angebotsvielfalt reagieren werden, ist
eine weitere Überlegung wert. Die Autorinnen dieses Beitrags gehen indes
davon aus, dass das Nebeneinander von grundständiger und konsekutiver
Studienstruktur in der Lehrerbildung – ungeklärt ist ja auch der Übergang
in das Referendariat bzw. dessen Gestaltung bei konsekutiven Studienstrukturen – vielerlei strukturelle Hindernisse produzieren wird, die sich auf eine
Qualitätsverbesserung in der Lehrerbildung nicht unbedingt positiv auswirken müssen. Über die Ausgestaltung des Referendariats bei konsekutiven
Studienstrukturen nachzudenken, wenn die ersten Studienabsolventen die
Hochschulen verlassen, scheint uns auch ein wenig planvolles und verant-
wortungsvolles Vorgehen zu sein.

4. Modellversuch als Weg der Reform – ein bildungspolitisches Déjà-vu

Durch das nordrhein-westfälisch-ministeriale Vorgehen fühlt man sich unschwer erinnert an einen anderen Präzedenzfall bildungspolitischer Neuerungen in der deutschen Nachkriegsschulgeschichte: Die Einführung der Gesamtschule. Wir erinnern uns: Die Gesamtschule – eigentlich als eine die gegliederte Sekundarstufe I ersetzende Schulform geplant – wird als Modellversuch mit unterschiedlicher Struktur eingeführt und wissenschaftlich begleitet, also evaluiert. Die Ziele der Evaluation waren vielfältig und mitgeprägt durch die jeweils landespolitische Einstellung zur neuen Schulform. Entsprechend wurden auch die Gegenstände des Vergleichs ausgewählt; mit einem bis zu diesem Zeitpunkt nicht da gewesenem empirischen Aufwand wurde die neue Schulform unter die Lupe genommen und gemäß dem Versuchscharakter des Modells begutachtet. Während die Auswertung der Modellversuche 1982 abgeschlossen wurde, waren die politischen Weichenstellungen für oder gegen die Einführung der Gesamtschule in den einzelnen Bundesländern längst erfolgt (vgl. Bund-Länder-Kommission für Bildungsplanung und Forschungsförderung 1982).

Politische Entscheidungen folgen eben eigenen Gesetzmäßigkeiten: Die Gesamtschule wird – noch vor dem Abschluss der Modellversuche – in den Ländern eingeführt, in denen dies politisch gewollt ist. Die Länder, die auch bei der Ausgestaltung von entsprechenden Modellversuchen sehr zurückhaltend agiert haben, verweigern die Einführung dieser Schulform. Anschließend obliegt der KMK bei der Vielfalt der Gesamtschulmodelle sicherzustellen, dass den Absolventen keine Nachteile entstehen.

Die Umsetzung von Modellversuchen – so kann man daraus erstens lernen – beinhaltet häufig, mehr oder weniger gut getarnt, bereits bildungspolitische Entscheidungen; unabhängig von Ergebnissen empirischer Bildungsforschung zur Wirksamkeit, auch wenn Anderes öffentlich propagiert wird. Zweitens kann man lernen, dass derartige Prozesse Anpassungsarbeiten nach sich ziehen, deren Umfang und Wirkung es zu bedenken gilt. Erstere Konsequenz ist bei der nordrhein-westfälischen Vorgehensweise sicherlich mitbedacht, die zweite vermutlich eher nicht.

Vor allem sollte unserer Meinung nach nicht aus dem Blickfeld öffentlicher und bundesweiter Diskussion geraten, dass es bisher keine empirischen Kenntnisse über die Wirksamkeit verschiedener lehramtsspezifischer Ausbildungsmodelle gibt.

Literatur[1]

Arbeitsgruppe Lehrerbildung: Rahmenkonzept für die Lehrerbildung an der Universität Essen. Essen August 2001 (unveröffentl. Manuskript)

Bellenberg, Gabriele: Polyvalenz für die Schule – ein andere Blick auf die Reformdebatte zur LehrerInnenbildung. In: Zentrum für Schulforschung und Fragen der Lehrerbildung Halle/S. (Hg.): Konturen einer neuen Lehrerbildung – eine Streitschrift. Opladen 2002 (in Druck)

Bender, Peter u.a. (Erstunterzeichner): Qualitätsverbesserung statt Strukturverschlechterung. In: Pädagogik 11/2001, S. 58-59

Beschluss der Kultusministerkonferenz vom 5.3.1999

Bund-Länder-Kommission für Bildungsplanung und Forschungsförderung: Modellversuche mit Gesamtschulen. Auswertungsbericht der Projektgruppe Gesamtschule

Deutsches PISA-Konsortium (Hg.): PISA 2000. Basiskompetenzen von Schülerinnen und Schülern im internationalen Vergleich. Opladen 2001

Expertenrat im Namen des Qualitätspakts: Abschlussbericht. Münster, 20. Februar 2001

DGfE: Stellungnahme der Deutschen Gesellschaft für Erziehungswissenschaft zur Weiterentwicklung der Lehrerbildung. Hamburg August 2001. Online unter: http://www.uni-magdeburg.de/iew/web/dgfe/heft23/Lehrerbildung. htm #VPID_4

Erhart, Walter (Hg.): Vom Kopf auf die Füße. Modularisierte Bachelor- und Masterstudiengänge an der Philosophischen Fakultät der Ernst Moritz Arndt-Universität Greifswald. BLK-Verbundprojekt Modularisierung an der Philosophischen Fakultät der Ernst Moritz Arndt-Universität Greifswald. März 1999

Keuffer, Josef/Oelkers, Jürgen (Hg.): Reform der Lehrerbildung in Hamburg. Weinheim und Basel 2001

Ministerium für Schule, Wissenschaft und Forschung des Landes Nordrhein-Westfalen (MSWF NRW): Gesetzentwurf vom 18.7.01 zur Ausbildung der Lehrämter an öffentlichen Schulen. Düsseldorf 2001a. Online unter: http://www.mswwf.nrw.de/miak/aktuell/top-thema/Begruendungen.pdf

Ministerium für Schule, Wissenschaft und Forschung des Landes Nordrhein-Westfalen (MSWF NRW): Eckpunkte zur Gestaltung von BA-/MA-Studiengängen für Lehrämter. Düsseldorf 2001b. Online unter: http://www.mswwf.nrw.de/miak/aktuell/top-thema/Eckpunkte.pdf

OECD (Hg.): Lernen für das Leben. Erste Ergebnisse der internationalen Schulleistungsstudie PISA 2000. o.O. 2001

Pressemitteilung des Wissenschaftsrates: Wissenschaftsrat gibt Empfehlungen zur künftigen Struktur der Lehrerbildung, 16.11.01. Online unter: http://www.wissenschaftsrat.de/presse/pm_2001.htm

Terhard, Ewald (Hg.): Perspektiven der Lehrerbildung in Deutschland. Abschlussbericht der von der Kultusministerkonferenz eingesetzten Kommission. Weinheim 2000

---

1 Stand der Internetrecherche: März 2002.

Thierack, Anke: Darstellung der konzeptionellen Diskussion um BA-/MA-Abschlüsse in der Lehrerbildung. Gutachten für das Lehrerbildungszentrum in Paderborn. Dortmund November 2001 (bisher unveröffentl. Manuskript, wird in der Reihe ‚Diskussionsbeiträge zur Lehrerausbildung' des Paderborner Lehrerbildungszentrums im Frühjahr 2002 veröffentlicht)

Wissenschaftsrat: Empfehlungen zur künftigen Struktur der Lehrerbildung. Berlin 16.11.01. Online unter: http://www.wissenschaftsrat.de/texte/5065-01.pdf

Jürgen Lüthje

Selbststeuerung versus staatliche Steuerung: Strategische Eckpunkte zur Entwicklung des deutschen Hochschulwesens

Die Beziehung zwischen Staat und Hochschulen stellt keine unveränderliche Selbstverständlichkeit dar: Ihre traditionsbildende Geschichte ist in der Organisationskultur der Hochschulen ebenso wirksam wie in der Verfassungs- und Rechtsordnung des Staates. Art. 5 Abs. 3 GG: „Kunst und Wissenschaft, Forschung und Lehre sind frei [...]" belegt das Grundrecht der Wissenschaftsfreiheit und die verfassungsrechtliche Garantie einer freien Wissenschaftsordnung und damit die Eigenständigkeit des Wissenschaftssystems gegenüber dem staatlichen Herrschaftssystem.

Die wichtigsten Elemente dieser verfassungsrechtlichen Bindungen sind:

- die Garantie der individuellen Freiheit von Forschung und Lehre als Grundrecht,

- die objektiv-rechtliche Gewährleistung einer freien Wissenschaftsordnung,

- die Verpflichtung zur Sicherstellung des Bestandes eines funktionsfähigen und grundrechtverwirklichenden Hochschulsystems,

- die wissenschaftsadäquate Ausgestaltung der inneren Ordnung der Hochschulen,

- die Gewährleistung des freien Zugangs zum Studium im Rahmen und unter Ausschöpfung der vorhandenen Kapazitäten.

1. Von den Hochschulreformen zur staatlichen Detailsteuerung

Erst mit der Hochschulreform der 60er und 70er Jahre wurde das Verhältnis Staat – Hochschulen in der BRD umfassend gesetzlich geregelt. Das Hochschulrahmengesetz von 1976 normierte allgemein verbindliche Grundsätze, um einer Auseinanderentwicklung der Landesgesetze entgegenzuwirken – in der Überzeugung, das Verhältnis von Staat und Hochschulen und die Rechtsstellung der Hochschulen in allen Bundesländern und für alle Hochschulen vergleichbar zu gestalten.

Die Konsequenz: In der Rechts- und Verwaltungspraxis der Länder entwickelte sich ein weitgehend ähnliches System staatlicher Administration des Hochschulsystems (Ziel: homogene Struktur der Studienangebote, kameralistische Steuerung der Hochschulhaushalte, einheitliche Personalstruktur und -verwaltung sowie eine staatlich bestimmte Hochschulplanung). Eine häufig rigide Rechtsaufsicht im Bereich der akademischen Selbstverwaltung und eine nicht selten kleinliche Handhabung der Fachaufsicht in den staatlichen Auftragsangelegenheiten, verbunden mit einem erheblichen personellen Ausbau der Ministerialverwaltung, führten zu einem Ausmaß an staatlicher Detailsteuerung gegenüber den Hochschulen, das deren Innovations- und Initiativkraft mehr und mehr lähmte.

2. Von der kameralistischen Detailsteuerung zur Einführung eigenverantwortlicher Globalhaushalte

Die Finanzkrise der öffentlichen Haushalte im Zusammenhang mit der Wiedervereinigung eröffnete die Chance einer Neuorientierung in der Gestaltung des Verhältnisses Staat/Hochschulen. Durch eine Änderung des Hochschulrahmengesetzes wurden die rahmengesetzlichen Vorgaben erheblich gelockert und Gestaltungsmöglichkeiten für die Landesgesetzgebung erhöht. Die Initiative zur Veränderung ging zumeist von den Hochschulen aus, seltener von der staatlichen Hochschulverwaltung. Eine der wichtigsten Veränderungen war die Umstellung der Hochschulhaushalte von der kameralistischen Detailsteuerung durch Titel, Deckungskreise, Haushaltsvermerke, Zustimmungsvorbehalte und den Verfall von Haushaltsresten zum Ende des Haushaltsjahres auf Globalhaushalte. So entwickelte sich in den Hochschulen eine wesentlich stärker an Wirtschaftlichkeit und Effizienz orientierte Bewirtschaftungspraxis.

Mit der Einführung von Globalhaushalten ist zunächst ein Verlust an Einflussmöglichkeiten und Transparenz für die Parlamente verbunden, was sich negativ für die Hochschulen auswirken kann, wenn darunter die politische Aufmerksamkeit für den Hochschulbereich leidet. Inzwischen konzentrieren sich in Hamburg die Beratungen der Parlamentsausschüsse stärker auf allgemeine und strategische Aspekte der Hochschulentwicklung und sind dadurch politischer geworden. Die strategisch-politische Steuerungsfunktion der Parlamente muss also durch Globalhaushalte nicht ausgehöhlt werden.

Ausgenommen von der eigenständigen und an Vorgaben nicht gebundenen Haushaltsbewirtschaftung sind zumeist die großen Investitionen und Baumaßnahmen. Für eine umfassende Neugestaltung des Finanzierungssystems bedeutet das eine gravierende Einschränkung, weil sie den Zusammenhang zwischen investiven und laufenden Ausgaben auflöst und damit wirtschaftliche Optimierungsmöglichkeiten ungenutzt lässt. Langfristig wird die

Haushaltsglobalisierung alle Investitionen einbeziehen müssen, wenn sie ihre Ziele erreichen soll. Das erfordert letztlich die Übertragung des Eigentums an allen von der Hochschule genutzten Gegenständen, Einrichtungen, Gebäuden und Grundstücken auf die Hochschulen unter Einschluss der Möglichkeiten, sie zur Absicherung von Krediten belasten zu können.

Im Bereich der Personalangelegenheiten wurden in den letzten Jahren viele Zuständigkeiten auf die Hochschulen übertragen, ohne den Schritt zur Dienstherrenfähigkeit und zu voller Eigenverantwortung zu tun. Auch in den Hochschulen weckt die Vorstellung eines Dienst- oder Arbeitsverhältnisses mit der Hochschule anstelle des Staates durchaus Widerstände und Ängste. Dennoch wird das Ziel eigenverantwortlicher Hochschulentwicklung sich nicht ohne Eigenverantwortung für die Personalentwicklung erreichen lassen.

Auch im Bereich der akademischen Aufgaben hat sich das Verhältnis von Staat und Hochschulen in den letzten Jahren verändert. In vielen Bundesländern haben die Ministerien auf die Genehmigungsbedürftigkeit von Studienordnungen, teilweise auch von Prüfungsordnungen verzichtet. Das staatliche Genehmigungsverfahren für die Einrichtung von Studiengängen wurde durch ein Akkreditierungsverfahren ergänzt, das die Einhaltung qualitativer Standards sicherstellen soll, ohne die Profilbildung zu behindern.

In der Forschungsfinanzierung hat sich in den zurückliegenden Jahren das Verhältnis von Grundfinanzierung und Drittmittelfinanzierung dramatisch verschoben. Die Schere zwischen reduzierten Hochschulhaushalten und erfreulicherweise gewachsenen Haushalten der DFG, der MPG, des BMBF, aber auch einiger außeruniversitärer Forschungseinrichtungen hat das Gleichgewicht zwischen freier universitärer Forschung und antrags- oder programmgesteuerter Forschung in bedenklicher Weise verschoben. Hier zeigt sich eine Tendenz, die Hochschulforschung immer stärker durch staatliche Programme und wettbewerbliche Verfahren zu lenken. Zugleich wächst der Anteil der öffentlichen Forschungsausgaben, der nicht den Hochschulen, sondern außeruniversitären Einrichtungen oder der Wirtschaft zufließt.

3. Erforderliche Neupositionierung von Hochschule, Staat und Gesellschaft

Der Überblick über Veränderungen im Verhältnis von Staat und Hochschulen macht deutlich, dass den Hochschulen schrittweise, aber zugleich in einer konzeptionell noch nicht geklärten Weise erweiterte Zuständigkeiten zu Lasten staatlicher Lenkung zugewachsen sind. Einige Länder versuchen, diese Entwicklung durch Hochschul- oder Verwaltungsräte auszugleichen, in denen staatliche Vertreter an der Selbststeuerung der Hochschulen beteiligt werden. Sofern diese Verwaltungs- oder Hochschulräte überwiegend bisher staatliche Zuständigkeiten wahrnehmen, können sie zur Erweiterung der Selbststeuerung von Hochschulen beitragen. Schaffen sie jedoch ein Dreiecksverhältnis anstelle einer bisher klaren Zuständigkeitsverteilung zwischen Staat und Hochschulen, kann das die Selbststeuerungsfähigkeit der Hochschulen behindern.

Die Befähigung der Hochschulen zur Selbststeuerung soll dem Staat nicht jeden Einfluss auf deren Entwicklung entziehen; wenn er den wesentlichen Teil der Wissenschaftsausgaben finanzieren muss, trägt er Mitverantwortung für die Entwicklung des Hochschulsystems. Er muss die Rahmenbedingungen der wissenschaftlichen Arbeit gestalten und politisch-strategische Entscheidungen für die Entwicklung des Hochschulsystems treffen können. Dagegen ist es nicht Aufgabe des Staates, die Entwicklung der Wissenschaft zu steuern.

Wissenschaft ist zwar eine öffentliche, aber keine staatliche Aufgabe. Diesem Verhältnis tragen Ziel- und Leistungsvereinbarungen Rechnung, wie sie in einigen Ländern zwischen Staat und Hochschulen abgeschlossen wurden. Sie sind geeignet, die politisch-strategischen Entscheidungen des Staates mit einem hohen Maß an Selbststeuerung der Hochschulen und deren Profilbildung zu verbinden. Das setzt die Möglichkeit der Hochschulen voraus, als gleichgewichtige Verhandlungspartner zu agieren. Ob eine Hochschule, in deren Hochschulrat die Hälfte der Mitglieder staatliche Vertreterinnen oder Vertreter sind, diese Eigenständigkeit besitzt, erscheint zweifelhaft. Letztlich erfordern die dargelegten Veränderungen im Verhältnis von Staat und Hochschulen eine Änderung der bisherigen Rechtsform.

Während der körperschaftliche Charakter im Hinblick auf die innere Organisation auch aus verfassungsrechtlichen Gründen unverzichtbar ist, muss die Rechtsstellung der Hochschulen als staatliche Einrichtungen neu gestaltet werden. Entscheidend geht es um die volle Rechts- und Vermögensfähigkeit unter Einschluss der Dienstherrenfähigkeit und Arbeitgeberfunktion. Das kann in der Rechtsform einer voll rechtsfähigen Körperschaft mit Vermögens- und Dienstherrenfähigkeit, in der Form eines Landesbetriebes oder einer anderen Form der voll rechtsfähigen Anstalt, aber auch in der Form einer Stiftung oder einer Gesellschaft verwirklicht werden. Jede dieser Rechtsformen hat spezifische Stärken und Schwächen, hat Vor- und Nachteile. Bei der Neugestaltung des Verhältnisses von Staat und Hochschulen sollten alle diese Möglichkeiten vorbehaltlos und tabufrei geprüft werden, wie es derzeit in Hamburg im Auftrag der Wissenschaftssenatorin durch eine unabhängige Expertenkommission geschieht. Wenn das Gutachten im Herbst 2001 vorliegt, wird es Aufgabe der Hochschulen sein, ihre Vorstellung von der Neugestaltung des Verhältnisses Staat – Hochschulen zu klären. Dabei sollten die Hochschulen berücksichtigen, dass im langfristigen Trend der Anteil der öffentlichen Ausgaben am Bruttosozialprodukt eher sinken, der private Anteil wohl steigen wird. Wenn gleichwohl Konsens darüber besteht, dass die Aufwendungen für Bildung und Wissenschaft erheblich steigen müssen, muss die Frage gestellt werden, welche Rechtsform am besten geeignet ist, auch private Finanzierung anzuziehen, ohne eine Abhängigkeit der Hochschule und eine Beschränkung ihrer Selbststeuerungsfähigkeit zu bewirken. Diese Frage zu klären, hieße zugleich die Möglichkeiten zu überprüfen, wie in Deutschland die staatliche Hochschulfinanzierung durch private Zuwendungen ergänzt werden könnte. Das Verhältnis Staat – Hochschule würde dadurch um die Dimension des Verhältnisses zur Gesellschaft erweitert.

Ursula Boos-Nünning

Hochschulen im Wettbewerb –
Chancen und Risiken

In Nordrhein-Westfalen ist zum 01. April 2000 ein neues Hochschulgesetz in Kraft getreten, eine rechtliche Neuorientierung, die die Basis zu einer Erneuerung der Hochschulen in diesem Lande legen soll und legen will. Aber schon seit den 90er Jahren erhielten die kritischen Auseinandersetzungen innerhalb der deutschen Hochschuldebatte eine verstärkt betriebswirtschaftliche Wende. Diese hat und wird die traditionelle Vorstellung von Universität einschneidend verändern. Termini wie ‚Effizienz‘, ‚Globalhaushalt‘, ‚Controlling‘ und ‚neue Steuerung‘ bestimmen die Diskussion um die Hochschulstrukturen. Das betriebswirtschaftliche Modell zielt auf die Optimierung der Organisation, die mit knappen Mitteln den größtmöglichen Ertrag zu erwirtschaften hat. Dieser wird begleitet von der Vorstellung der Erzielung neuer, nichtstaatlicher Finanzierungsquellen wie Studiengebühren oder Bildungssteuer und unter dem Titel ‚Profilbildung‘ von der Forderung nach Kooperation und Aufgabenteilung zwischen den Universitäten des Landes. Dieses Modell hat nicht nur die Diskussion um traditionelle Werte verdrängt, sondern auch die durch die Studentenbewegung der 60er Jahre initiierte Auseinandersetzung um die Rolle der Universitäten in der Verteilung beruflicher und damit gesellschaftlicher Chancen, um die Heranführung bildungsferner Schichten an akademisches Leben und akademische Berufe und um die Demokratisierung von Entscheidungsprozessen innerhalb der Universität.

Sicherung und Verbesserung der Qualität von Lehre und Forschung an den Hochschulen wird im Zusammenhang gesehen mit einer stärkeren Abstimmung auf die Bedürfnisse der Wirtschaft, des Arbeitsmarktes und der Gesellschaft. Diesbezüglich entfaltete Behler aus ihrem jüngst veröffentlichten Mängelkatalog die Forderung: „Wir brauchen dafür u.a. kürzere Studienzeiten und ein neues System universitärer Abschlüsse, das die Studentinnen und Studenten nicht mehr zwingt, mindestens acht Semester an der Universität zu verbringen, bevor sie den ersten Kontakt mit dem Berufsleben aufnehmen können" (Behler, S. 152). Traditionelle Hochschulautonomie wird in den Kontext von „Kunden- und Nachfrageorientierung" gesetzt, aber sie wird auch strukturell gestärkt durch gesetzlich erweiterte Handlungsspielräume in „der pädagogischen Arbeit, mehr Freiheiten in Finanz- und Verwaltungs- und Personalfragen, mehr Kooperation mit Partnern aus dem Umfeld der […] Hochschulen und auch mehr Wettbewerb untereinander" (Behler, S. 187). Qualität von Forschung und Lehre wird im Zusammenhang mit der Internationalisierung und Globalisierung in einen europa-, ja weltweiten Wettbewerb eingeordnet.

Der durch solche Vorstellungen bedingte Wandel, auf den die Hochschulen zurzeit treffen, ist weitaus umfassender und geht deutlich tiefer, als es vielerorts außerhalb Nordrhein-Westfalens wahrgenommen wird. Dazu nur einige Anmerkungen:

- Wurden die Universitäten bis vor wenigen Jahren staatlich alimentiert, so sind sie nunmehr in einen Wettbewerb geworfen worden. Sie konkurrieren mit den Hochschulen im Bundesland, im gesamten Deutschland und in immer stärkerem Maße in Europa um Grundausstattung (durch die parameterorientierte Mittelverteilung), um Forschungsmittel und – auf einige Fächer wie Ingenieur- und Naturwissenschaften konzentriert – um Studierende. Die Konkurrenz wird in allen diesen Bereichen zunehmen. Je knapper die Mittel in den Landeshaushalten werden, je stärker die Zahl der Abiturientinnen und Abiturienten aufgrund der demographischen Entwicklung abnimmt, desto härter wird die Konkurrenz.

- In Deutschland wurde trotz einiger Differenzierungen bis vor wenigen Jahren von der Vorstellung der Gleichwertigkeit der Abschlüsse – unabhängig von der Universität, an der die Prüfungen erworben wurden – ausgegangen. Rankings waren selten und methodisch kritisierbar. Staatlich regulierte und kontrollierte Studien- und Prüfungsordnungen und die Kontrolle der Fakultätentage sollten den einheitlichen Standard wahren und haben dieses auch weitestgehend geleistet. Nichtsdestotrotz gab es Vorlieben von Konzernvorständen für Absolventen aus ‚ihrer' Universität. Kurze Studienzeiten, Auslandserfahrung, sozialer Hintergrund, Netzwerke und gute Werte in den ‚soft skills' waren bedeutsamer oder zumindest gleichbedeutend mit dem Abschluss einer bestimmten Universität. Durch die zunehmende Bedeutung der Rankings gestaltet sich ein für Deutschland neues Muster aus: Die Universitäten differenzieren sich aus in solche, die als renommiert gelten und hoch bewertete Abschlüsse vermitteln, in solche, die sich im Mittelfeld bewegen und in solche, die die Schlusslichter in der deutschen Hochschullandschaft bilden.

- Die vielen zunächst wenig bedeutsam erscheinenden Entwicklungen wie das Konzept der Juniorprofessoren, das dem wissenschaftlichen Nachwuchs ein frühzeitiges Partizipieren an Forschungsschwerpunkten ermöglichen sollte oder auch die immer wieder diskutierte Einführung von Studiengebühren wird – solange die Gebühren nicht allgemein gelten – nur die Universitäten stärken, die dadurch ihre Bedingungen verbessern und Studierende mit hohen Studienansprüchen anziehen können.

Die Universitäten in Nordrhein-Westfalen gehen mit äußerst unterschiedlichen Voraussetzungen in diese Wettbewerbssituation. Globalhaushalte –

zunächst ein deutlicher Zuwachs an Gestaltungsmöglichkeiten für die Hochschulen selbst – wirken dann wettbewerbsverzerrend, wenn sie – was zu befürchten ist –, die schlechten oder guten Ausgangsbedingungen festschreiben. Ziel- und Leistungsvereinbarungen orientieren sich ebenfalls an den früheren Etats und lassen damit kaum Spielräume für Verbesserungen weniger gut ausgestatteter Universitäten.

Auch die viel zitierte Aussage von der Autonomie der Hochschulen wird deutlich beschränkt durch strukturelle Defizite, wie dies zum Beispiel bei den Gesamthochschulen in Nordrhein-Westfalen der Fall ist. Eine exzellente Qualität in Forschung und Lehre erfordert eine solide Ausstattung. Für die Verbesserung der Betreuung der Studierenden und die Steigerung von Forschungsleistungen ist eine Verbesserung des Stellenverhältnisses von Professuren und wissenschaftlichem Nachwuchs eine notwendige Bedingung. Diese strukturellen Veränderungen können die Hochschulen jedoch nur aus eigener Kraft und eigenen Ressourcen erreichen. Berufungsverhandlungen entscheiden sich nicht selten an der Zahl der wissenschaftlichen Mitarbeiterinnen und Mitarbeiter, mit denen eine Professurenstelle ausgestattet ist. Exzellente Forschungsleistungen setzen die Mitarbeit einer ausreichenden Zahl junger Wissenschaftler voraus. Da der Großteil der Hochschulen – hier im besonderen die Gesamthochschulen – über keine freien Stellen verfügt, lassen sich diese notwendigen Strukturmaßnahmen jedoch nur über schmerzhafte Einschnitte oder die Abgabe kompletter Fachgebiete erreichen, um über den notwendigen Handlungsspielraum zu verfügen.

Nicht nur die Gesamthochschulen, auch die Universitäten klassischen Zuschnitts stehen unter deutlichem Druck, ihre Qualität in Forschung und Lehre nachhaltig zu steigern, um in der nationalen und internationalen Konkurrenz bestehen zu können. Die unterschiedliche Ausgangsbasis zulasten einiger Hochschulen birgt jedoch die Gefahr einer Ausdifferenzierung der Universitäten nach anglo-amerikanischem Prinzip. Ob dies das gewünschte Resultat des Wandels der Hochschullandschaft darstellen soll, muss in Frage gestellt und kritisch diskutiert werden.

Eine weitere bundesweit bedeutsame Entwicklung ist zu registrieren: Seit dem Anstieg der Studierendenzahlen wird die funktionale Differenzierung der Studiengänge als Mittel zur Lösung der Probleme angesehen. Es gibt eine neue Variante: Das sechssemestrige Bachelor-Studium soll die Möglichkeit bieten, Studierenden von durchschnittlicher Begabung den Abschluss in der Regelstudienzeit zu ermöglichen; es leistet berufsbezogene Ausbildung ohne Forschung, zum wissenschaftsbezogenen Master-Studium kommt nur noch eine kleinere Zahl Studierender, Einheit von Forschung und Lehre wird auf das Graduiertenstudium verlagert.

Die Risiken eines solchen Weges sollten in den Universitäten sorgfältig erwogen werden. Es ist kaum zu begründen, warum die Bachelorausbildung dann noch an den Universitäten stattfinden muss; die Gefahr, dass die Politik nach kostengünstigeren Bildungsrichtungen sucht, ist vorhanden. Es droht eine neue Diskussion um die Trennung der Universitäten in solche, in denen Lehre und Forschung verbunden sind und sonstige Universitäten. Weitaus wichtiger ist aber: Die Studierenden profitieren zu einem erheblichen Teil auf ihrem Studienweg von der zunehmenden Beteiligung an der Forschung, und zwar bereits im Grundstudium, damit sie das Rüstzeug bekommen, sich für eine nicht schon zu Beginn des Studiums festlegbare Praxis zu qualifizieren. Für welche Praxis wir ausbilden müssen, ist heute unklarer denn je. Es heißt also innezuhalten und die modischen Termini, mit denen die Aufgaben der Universität heute beschrieben werden, zu hinterfragen. Es ist ein Verlust, wenn die Studierenden – wie die Evaluation der Lehre, die in den letzten Monaten hier an der Universität durchgeführt wurde, zu Tage bringt – ihre Hochschullehrer und Hochschullehrerinnen nur als Unterrichtende und nicht auch als Forschende wahrnehmen.

Es ist auch ein Verlust, wenn die Studierenden zwar das für die berufliche Praxis Notwendige lernen, sie aber nicht genügend in den Forschungskontext des Fachgebietes oder noch besser in Fachgebiete übergreifende inter- oder transdisziplinäre Forschung einbezogen werden. Studienzeitverkürzung kann, unabhängig davon, dass die Länge des Studiums auch durch gesellschaftliche und politische Faktoren bedingt wird (z.B. Wegfall des BA-FÖG, Änderung der Lebensform und damit der Rolle der Studierenden) nicht einziges Ziel von Studienreform sein.

Die Einführung des Globalhaushaltes verschärft die Konkurrenz zwischen den Universitäten und den Fächern innerhalb einer Universität. Sie fordert Transparenz, Kostenbewusstsein, flexible Reaktion auf neue Sachverhalte und den Einstieg in eine Finanzierung und Budgetverteilung, die sich nach Leistungs- und Belastungsindikatoren richtet. Die Ausstattungsstandards, Arbeitsbedingungen und auch die individuell unterschiedlichen Ansprüche müssten, im vertretbaren Rahmen, in der Hochschule öffentlich verhandelt werden. Das setzt Einverständnis über Leistungskomponenten voraus und die Bereitschaft, sich für seine Ansprüche anders als bloß individuell zu rechtfertigen. Wenn wir nicht zu einem Bewusstsein gemeinsamer Ziele und Kriterien finden, werden diese Anforderungen die Universität spalten und einen Rückzug derer bewirken, die sich relativ depriviert fühlen.

Die Globalisierung hat vor den Universitäten nicht Halt gemacht und eine Veränderung hervorgebracht, die bisher wenig thematisiert wird: Die Professoren und Professorinnen orientieren und messen sich an Wissenschaftlern und Wissenschaftlerinnen auf der ganzen Welt, mit denen sie auf Kongressen und via Internet kommunizieren. Sie haben in der Forschung längst den Kommunikationszusammenhang mit der eigenen Universität, hier auch eventuell mit den Kollegen und Kolleginnen des eigenen Faches verlassen. Diskussionen und Kooperationen werden daher immer spezifischer und spezialisierter, immer abgegrenzter gegenüber anders Spezialisierten. Es wird immer schwieriger, diese global ausgerichteten Hochschulziele und -interessen an die Universitäten zurückzubinden.

Die vorne skizzierten Veränderungen der Bedingungen von Universitäten wirken sich in ungeheurem Maße aus. Die Aufgabe, Bildungspotenzial zu schöpfen, steht nicht mehr im Zentrum der politischen Zielsetzung; vielmehr werden die Universitäten an ihren Studierendenzahlen, der Zahl ihrer Absolventen und Absolventinnen sowie der Summe der eingeworbenen Drittmittel gemessen. Bei immer knapper werdenden Etats und deutlichen Personaleinschnitten insbesondere bei den ehemaligen Gesamthochschulen hat der Wettbewerb um Studierende für die weniger ausgelasteten Fächer und um prestigeträchtige Forschungsprojekte in bislang nicht gekannter Schärfe begonnen.

Zweifellos haben die 1972 gegründeten Universitäten-Gesamthochschulen in vielen Disziplinen enorme Forschungs- und Lehrleistungen gezeigt, obwohl sie auf einigen Gebieten gegenüber den Universitäten klassischen Zuschnitts deutlich benachteiligt wurden – etwa bei der Ausstattung mit Stellen für den wissenschaftlichen Nachwuchs.

Eine solide Ausstattung ist auch Voraussetzung für hohe Qualität in der Lehre. Die Befähigung der Lehrenden und die Breite der angebotenen Fächer locken die Studierenden an bestimmte Standorte, wenn auch – wie wir wissen – Faktoren wie das kulturelle Angebot und die Lebensqualität einer Stadt bei der Wahl des Studienortes ebenfalls eine Rolle spielen.

Alle Universitäten stehen vor der Aufgabe, die Qualität von Forschung und Lehre zu steigern – und dabei sind sie nicht ausschließlich auf eine Verbesserung ihrer Rahmenbedingungen angewiesen.

Keine der vier Universitäten im Ruhrgebiet kann zurzeit erfolgreich mit den traditionsreichen Universitäten konkurrieren. Gemeinsam aber – in Absprache, was die Profilbildung, in Kooperation, was die Forschungsleistungen betrifft – könnten sie ihre Potenziale steigern. Durch Kooperationen könnten die vier Ruhrgebietsuniversitäten strukturelle Defizite kompensieren, sie könnten ihre Stärken aus- und ihre Schwachstellen abbauen. Die vier Hochschulen wären dann auch für den internationalen Wettbewerb gewappnet.

Wolfgang Hinte/Thomas Rauschenbach

Soziale Berufe: Wachstum ohne Qualität?

Einigermaßen zuverlässige Aussagen über zukünftige Bedarfe an Sozialer Arbeit, beispielsweise ermittelt über die sich abzeichnenden künftigen Arbeitsmarktentwicklungen der sozialen Berufe, sind mit empirischen Mitteln nur sehr eingeschränkt möglich. Hilfsweise kann man zwar die Konstanz und Variabilität vergangener Zeitreihen beobachten und dann nach Gründen für das eine oder gegen das andere Ausschau halten, um die Entwicklungskurven der Vergangenheit anschließend in optimistischen und pessimistischen Varianten fortzuschreiben. Daneben besteht die Möglichkeit, in den Fällen, in denen Nachfrageentwicklungen nicht so stark von den (variierenden) Entscheidungen der Einzelsubjekte abhängig sind – wie etwa in der Schule aufgrund der Schulpflicht oder, mit Abstrichen, im Kindergarten aufgrund eines Rechtsanspruchs –, auf der Basis demographisch bekannter Ausgangswerte entsprechende Entwicklungen hochzurechnen und vorauszuschätzen, beispielsweise auf der Basis der Zu- oder Abnahme von Geburtenziffern oder einem zu errechnenden altersbedingten Ersatzbedarf (vgl. Rauschenbach/Schilling 2001b).

Derartige Verfahren zur Ermittlung des Personalbedarfs für die Soziale Arbeit sind heutzutage schon ungleich eher und genauer möglich als vor 10 oder 20 Jahren, wenngleich als empirische Basis noch genauere und tiefer gestaffelte Beobachtungen notwendig sind. Aber selbst wenn diese vorliegen würden, gäbe es in der Sozialen Arbeit dennoch keine, kann es keine detailgenauen Vorhersagen mit Sicherheitsgarantie geben, zumal für die personelle Zukunft in der Sozialen Arbeit eine zweigeteilte Tendenz absehbar ist: So lässt sich (a) in diesem Segment ein weiter steigender Personalbedarf vermuten, zugleich aber auch (b) weiter steigende Arbeitslosenzahlen für den Berufszweig der sozialen Berufe. Rekonstruktive Beobachtungen vorliegender Daten und Erkenntnisse stehen in der Gefahr, sich unwillkürlich in beobachtende und beobachtbare Konstruktionen künftiger Entwicklungen zu verwandeln.

Die Vorhersage eines weiter steigenden Personalbedarfs gründet zum einen auf der empirischen Beobachtung der letzten Jahre, dass trotz Finanzknappheit, trotz postulierter Sozialstaatskrise, trotz angemahntem Sozialstaatsumbau und trotz steigender allgemeiner Arbeitslosigkeit die Zahl der jährlich neu hinzukommenden Erwerbstätigen in den sozialen Berufen im Westen der Republik beständig zugenommen hat und noch nie so hoch war wie im Jahre 2000: Im Frühsommer 2000 wurden im Feld der sozialen Berufe, folgt man dem Mikrozensus, knapp 1,18 Millionen Menschen gezählt, die dort ihren Broterwerb fanden. Und es liegen bislang – wie oben angedeutet – keine empirisch gesicherten Indizien für eine generelle Trendumkehr vor. Allerdings kann diese Kontinuitätsannahme ihre Plausibilität bestenfalls für einen eng begrenzten Zeitraum beanspruchen.

Ein auch künftig zunehmender Personalbedarf erscheint zum anderen unterdessen aufgrund der pauschalen Annahme plausibel, dass mit einem weiterhin ansteigenden gesellschaftlichen Bedarf, also einer wachsenden Nachfrage nach öffentlich angebotenen sozialen Diensten zu rechnen ist – ungeachtet der Frage, wie diese organisiert, bezahlt und mit welchem Personal sie besetzt werden (vgl. etwa Häußermann/Siebel 1995, S. 117 ff.; Kaufmann 1997, S. 53 ff.). Jedenfalls spricht derzeit so gut wie nichts dafür, dass moderne Gesellschaften mit ihren selbst erzeugten sozialen Fragen und Problemen künftig effizienter und problemloser zurechtkommen werden als zur Zeit. Und es spricht gegenwärtig auch nichts dafür, dass die individuellen und informellen Ressourcen lebensweltgebundener Selbstregulation im Zuge der Modernisierung der Moderne sich so vermehren, dass mittels persönlicher Eigenleistungen und informeller Fremdhilfen die sozialen Zinsen und Zinseszinsen der Modernisierung dauerhaft und wirkungsvoll getilgt werden können.

Im Gegenteil: Gerade die traditionellen, in die einfache Moderne eingewobenen Formen des „Da-Seins für andere", des privaten sozialen Bedarfsausgleichs und der sozialen Hilfen in Familie, Nachbarschaft und sozialem Nahraum sind dabei, ihre lange Zeit als selbstverständlich, unerschöpflich und als wirkungsvoll vorausgesetzte Kraft zur Eigenleistung, Selbstregulation und zur kontinuierlichen Hilfe auf Gegenseitigkeit nicht nur vorübergehend einzubüßen (vgl. ausführlicher Rauschenbach 1999). Unfreiwillig bestätigt wird dies auch durch die unübersehbare Forderung nach Ausweitung und Intensivierung des freiwilligen, bürgerschaftlichen Engagements, das gegenwärtig auf allen Ebenen zu beobachten ist, basiert diese Forderung doch auf dem gemeinsamen Nenner eines Bedarfs, genauer: eines Mehrbedarfs an sozialer Tätigkeit jenseits privater, innerfamilialer Selbstregulation, aber auch jenseits des freien Spiels freier Kräfte in einer Marktwirtschaft. Jedenfalls ist unverkennbar, dass es offenbar Defizite im sozialen Bedarfsausgleich gibt, zumindest geben könnte, weshalb auf einmal das diesbezügliche Ei des Kolumbus – mit leicht überhöhten Hoffnungen – im Bermuda-Dreieck zwischen sozialpädagogischer Arbeit, ehrenamtlichem Engagement und einer mündigen Bürger- und Zivilgesellschaft gesucht wird (vgl. auch Rauschenbach 1997).

Zu vermuten ist deshalb – empirische Befunde dazu liegen nur vereinzelt vor –, dass mindestens drei Entwicklungen zu einem möglichen Wachstum der sozialpädagogischen Arbeit – mit oder ohne Beruf, mit oder ohne Bezahlung, mit oder ohne Qualitätsveränderungen – beitragen können (vgl. allgemeiner auch Häußermann/Siebel 1995, S. 169):

- die Transformation ehemals lebensweltgebundener, haushaltlicher Arbeit in öffentliche geregelte Soziale Arbeit (Verlagerung vom informellen in den formellen Sektor),

- die (Binnen-) Differenzierung und Neuformatierung der vorhandenen Angebote (fachliche Weiterentwicklungen),

- der Neubedarf angesichts bislang nicht vorhandener oder nicht bearbeiteter sozialer Aufgaben und Problemlagen (wohlfahrtspolitisch neue Bedarfslagen).

Beide Argumentationen, sowohl der empirische als auch der strukturell begründete Strang, können einen zusätzlichen Personalbedarf in der Sozialen Arbeit durchaus plausibilisieren, so dass ein weiteres Personalwachstum aus dieser Sicht denkbar und möglich ist. Ob und in welcher Form dieser Bedarf allerdings befriedigt wird, ist gleichwohl eine ganz andere Frage. Diesbezüglich muss die Differenz zwischen Bedürfnissen und Bedarf im Auge behalten werden:

„Bedarf ist demnach zu kennzeichnen als die politische Verarbeitung von Bedürfnissen; es ist die Eingrenzung von Bedürfnissen auf das aufgrund politischer Entscheidungen für erforderlich und gleichzeitig für machbar Gehaltene. [...] Die Konstituierung von Bedarf ist das Ergebnis eines komplexen Prozesses, in dem unterschiedliche politische Interessen, Bedürfnisse und fachliche Prinzipien eingebracht und im Rahmen einer nicht zuletzt durch Macht geprägten Aushandlung bewertet werden" (Merchel 1994, S. 128 f.).

Ein gesonderter Blick auf die zu erwartenden Entwicklungen in den neuen Bundesländern erzeugt in dieser Hinsicht jedoch zumindest für diesen Teil der Republik – der allerdings in die hier vorgestellten Analysen nicht mit eingerechnet worden ist – eine gewisse Skepsis: Aufgrund der demographisch absehbaren Talsohle in der Altersgruppe der 6 bis 18-Jährigen zeichnet sich in den neuen Ländern in den nächsten 10 Jahren ein deutlicher Rückgang des Personalbedarfs in der Kinder- und Jugendhilfe ab, der bislang nur die Kindertageseinrichtungen, genauer: die Krippen und den Kindergarten erreichte – und dort zu einem massiven Abbau geführt hat –, in den nächsten Jahren allerdings zu einer gewaltigen Herausforderung für die gesamte Kinder- und Jugendhilfe in den neuen Ländern wird (vgl. dazu Rauschenbach/Schilling 2001a).

Als eine zweite Tendenz zeichnen sich jedoch zugleich steigende Arbeitslosenzahlen auch im Feld der sozialen Berufe ab. Wenn es – erstens – richtig ist, dass die starke Expansion in den 90er Jahren u.a. durch die Umsetzung des Kindergartenrechtsanspruchs mit ausgelöst worden ist, dann muss im

Zuge der tendenziellen Erfüllung desselben erstmalig nach Jahrzehnten einer anhaltenden Expansion im größten Teilarbeitsmarkt der Sozialen Arbeit, den Kindertageseinrichtungen, mit einem Zuwachsstopp gerechnet werden. Das hieße aber nichts anderes, als dass damit – neben dem Bereich der Altenhilfe – einer der größten, vermutlich der größte Dynamisierungsfaktor für die lang anhaltende Expansionswelle auf dem Arbeitsmarkt für soziale Berufe als Motor der weiteren Entwicklung ausfiele. Dies könnte die Wirkung einer gewaltigen Wachstumsbremse haben, die – wenn sie nicht durch neue, andere, auch zahlenmäßig relevante Wachstumssegmente kompensiert wird (z.B. durch die Frage der öffentlichen Betreuung und Versorgung von Kindern im Grundschulalter) – in den nächsten zwei, drei Jahren vermutlich erhebliche Platzierungsprobleme auf dem Arbeitsmarkt der Kinder- und Jugendhilfe bzw. der gesamten Sozialen Arbeit mit sich bringen wird – und dies für alle Ausbildungsvarianten und -niveaus.

Darüber hinaus deutet sich jedoch – zweitens – genau zu dem Zeitpunkt, zu dem das Wachstumsende in den westdeutschen Kindergärten spürbar wird, ein zusätzlicher Andrang an den Toren des Arbeitsmarktes für soziale Berufe an, der zu allem Überfluss auch noch aller Voraussicht nach größer sein wird als alle AbsolventInnenströme zuvor. Der Grund dafür sind die in den letzten 5 Jahren regelrecht explodierten Ausbildungszahlen an den Fachschulen für Sozialpädagogik, den Fachhochschulen für Sozialpädagogik/Sozialarbeit sowie den universitären Diplomstudiengängen in Erziehungswissenschaft.

Während Anfang der 90er Jahre diese Ausbildungen zusammen eine AbsolventInnenzahl von ca. 20.000 Personen pro Jahr zu verzeichnen hatten und Mitte der 90er Jahre dieser Wert bis auf 28.000 gestiegen ist, lag die entsprechende Größenordnung Ende des letzten Jahrzehnts schließlich bei schätzungsweise 32.000 erfolgreich examinierten Neuzugängen pro Jahr, die zum Großteil auf den entsprechenden Arbeitsmarkt drängten. Das bedeutet unter dem Strich innerhalb nur eines Jahrzehnts einen Zuwachs von fast 60 Prozent bzw. von 12.000 zusätzlichen AbsolventInnen.

Sobald jedoch beide Entwicklungen zusammen kommen, also der Wegfall eines Expansionspotenzials, wie es das Arbeitsfeld Kindergarten in den letzten 25 Jahren war, und zeitgleich eine anhaltend hohe Zahl an AbsolventInnen, dann verheißt das für den entsprechenden Arbeitsmarkt in Sachen Arbeitslosigkeit nichts Gutes. In Anbetracht der allgemeinen, politisch-fiskalischen Lage von Bund, Ländern und Gemeinden, aber auch der Kirchen und ihrer Mitgliedereinrichtungen, stellt sich die absehbare Ausgangslage von dieser Seite aus als nicht sonderlich Erfolg versprechend dar. Infolgedessen könnte die Arbeitslosigkeit in den nächsten Jahren im Bereich der sozialen Berufe ein Ausmaß erreichen – wenngleich die Entwicklung der Arbeitslosenzahlen Ende der 90er Jahre dies vorerst noch nicht andeuten –, das spürbar über das hinausgeht, was in den 80er Jahren einmal als sehr bedrückend und problematisch empfunden worden ist.

In einer quantitativ angelegten, prospektiven Soll-Haben-Bilanz sind mit Blick auf den sozialpädagogischen Personalbedarf zunächst jedoch vermutlich beide Entwicklungen im Nebeneinander plausibel und zu erwarten: weiterhin steigende Personalzahlen auf der einen Seite und eine zugleich steigende Arbeitslosigkeit auf der anderen Seite. Die sozialen Berufe würden dann immer noch dem entsprechen, was bereits in den 80er Jahren zu ihrem Markenzeichen geworden ist: dass sie irritierenderweise Zukunfts- und Risikoberufe zugleich sind. Zumindest dies könnte dann ein Indiz für einen extern induzierten sozialpädagogischen Bedarf sein – jedenfalls dann, wenn man der Sozialen Arbeit nicht einerseits die Fähigkeit bescheinigt, so viele Menschen zusätzlich Jahr für Jahr aus eigenen Kräften auf dem Arbeitsmarkt unterzubringen, und ihr anderseits zugleich die Unfähigkeit unterstellt, eine so hohe Arbeitslosigkeit nicht vermeiden zu können.

Der Blick auf das aktuelle Personalmanagement in den Kommunen und Landkreisen lässt indes erahnen, dass es angesichts mannigfaltiger Haushaltsrisiken zu Entwicklungen kommen könnte, die sich – möglicherweise unterhalb kurzfristig statistisch messbarer Verteilungen – auf die Qualität sozialer Dienste auswirken, insbesondere im Bereich der Kinder- und Jugendarbeit (als vermeintlicher Nicht-Pflicht-Bereich im KJHG) sowie, in einem nächsten Schritt, auf die Einzelfallhilfe in der Arbeit mit Familien außerhalb der §§ 27ff KJHG (weil nicht über den Einzelfallanspruch detailliert abgesichert).

Die Gleichzeitigkeit von nachhaltiger Reform und durchgreifender Konsolidierung hat seit Mitte der 90er Jahre auch in der Jugendhilfe im Zuge der zunächst als „Neue Steuerung" apostrophierten Bemühungen zur Verwaltungsreform (vgl. dazu Damkowski/Precht 1998) unter anderem dazu geführt, dass die Wirkungen durchaus sinnvoller Verbesserungen in Organisation und Prozessketten der Jugendhilfe (konsequentere Regionalisierung, Verfahrensqualifizierung durch kollegiale Beratung, Bündelung verschiedener Haushaltsstellen zu aufgaben- oder einrichtungsbezogenen Budgets) abgeschwächt bzw. zunichte gemacht wurden durch einen wachsenden Druck auf die Personalhaushalte, der angesichts völlig überschuldeter kommunaler Etats unvermeidbar erschien. Dabei lag der Schwerpunkt des Personalabbaus im Bereich der etatisierten *Planstellen*, da die Vorgaben aus Politik bzw. Kämmerei sich fast ausschließlich auf den Bereich der mittel- und langfristigen Belastungen des Haushalts durch unbefristete Personalstellen bezog – dies in Reaktion auf die Vorgaben der Aufsichtsbehörden, die in der Regel Konsolidierungszeiträume von 3 bis 8 Jahren vorsahen, innerhalb derer dann die Kommunen in der Lage sein sollten, ausgeglichene Haushalte vorzulegen.

Diese Streichungen hatten unter anderem zur Folge, dass – vielerorts relativ wahllos – über die Nicht-Besetzung frei werdender Stellen Planstellen in den Bereichen von seit Jahren regelhaft wahrgenommenen Aufgabenfeldern die entsprechenden Konsolidierungskontingente erbracht wurden. Betroffen davon waren insbesondere die bezirkliche Jugendpflege, die offenen Einrichtungen für Kinder und Jugendliche, die mobile Jugendarbeit und die ausbildungsbezogene Jugendsozialarbeit. Der dort vorgenommene Personalabbau vollzog sich in der Regel nicht über gezielte Kahlschlag-Aktionen, sondern geschah – je nach Reihenfolge und Geschwindigkeit der freiwerdenden Stellen – in kleinen Portionen und war durchweg nicht von einer inhaltlichen Philosophie getragen, auf deren Grundlage begründete Schwerpunktsetzungen gezielt hätten vorgenommen werden können.

Mehrere Faktoren trugen dazu bei, dass sich dieser Personalabbau zumindest in den 90er Jahren noch eher unterhalb einer statistisch messbaren Ebene vollzog:

- Der vielerorts mit den Gewerkschaften bzw. Personalräten vereinbarte Verzicht auf betriebsbedingte Kündigungen bewirkte, dass die Streichkontingente nur durch KW-Vermerke sowie die Bewirtschaftung temporär nicht besetzter Planstellen (Mutterschaftsurlaub usw.) erbracht wurden.

- Die Zuwendungen an freie Träger der Jugendhilfe waren durch Verträge festgelegt, so dass man deren Auslaufen abwarten musste, um dann neue (schlechtere) Konditionen zu verhandeln.

- Durch die Verschiebung von Planstellen innerhalb einer Abteilung (etwa aus der offenen Jugendarbeit in den Bereich der ambulanten, präventiv ausgerichteten Erziehungshilfen) verblieb das Personal zwar bei seiner angestammten Zielgruppe, wurde jedoch aus dem eher gestaltenden Bereich der Jugendhilfe in den intervenierend-betreuenden Bereich verlagert, so dass man zumindest kurzfristige Spareffekte im Bereich der Pflichtaufgaben im Bereich der Einzelhilfe erwirtschaften konnte.

Dass es angesichts dieser in der Summe durchaus bemerkenswerten Streichungen im Bereich der Planstellen dennoch nicht zu einem einschneidenderen Personalrückgang im Bereich der Jugendhilfe gekommen ist, liegt unter anderem darin begründet, dass die kommunalen, aber auch die freien Träger der Jugendhilfe verstärkt profitierten von zeitlich befristeten Beschäftigungskonstruktionen wie Arbeitsbeschaffungsmaßnahmen (ABM), Strukturanpassungsmaßnahmen (SAM) oder auch von Zuschüssen im Rahmen von zeitlich befristeten Programmen seitens der Länder und des Bundes („Jugend für Toleranz und Demokratie – gegen Rechtsextremismus Fremdenfeindlichkeit und Antisemitismus"). Die Programmpalette reicht von Zuschüssen für die Erneuerung benachteiligter Stadtteile („Soziale Stadt") über Präventionsprogramme gegen Gewalt und Rassismus bis hin zu zielgruppenspezifischen Zuschüssen für die Arbeit mit AusländerInnen, AussiedlerInnen, misshandelten Mädchen, gewalttätigen Jugendlichen und behinderten Kindern oder Projekten zur Qualitätssicherung innerhalb spezieller Bereiche bzw. zur Umsteuerung einzelner Systemkomponenten, etwa von stationären hin zu mehr ambulanten Hilfen. Unter dem Strich entstand dadurch ein funktionierender Verschiebebahnhof zum Ersatz von Dauerarbeitsplätzen durch ungesicherte Beschäftigungsverhältnisse auf der Grundlage von zum Teil abenteuerlichen Finanzierungskonstruktionen, und zwar ohne dass die Gesamtzahl der in der Jugendhilfe Tätigen sonderlich zurückging.

In den neuen Bundesländern bilden sich diese Trends bereits statisch ab (vgl. dazu Rauschenbach/Schilling 2001a, S. 144 ff.). Aber auch in den alten Bundesländern, in denen das Risiko der Befristung noch erheblich geringer ist als in den neuen Bundesländern, zeigt sich, dass auch hier von Befristung insbesondere Tätigkeiten betroffen sind, die in den Arbeitsfeldern der Jugendsozialarbeit und der Jugendarbeit liegen (ebd., S. 151 f.). Dass sich dieser Trend in den nächsten Jahren vermutlich verstärken wird, lässt sich schlaglichtartig etwa an folgenden Informationen aus westdeutschen Großstädten illustrieren:

- In Essen wurden in den Jahren 1997 bis 2001 im Bereich der von den Verbänden getragenen offenen Kinder- und Jugendarbeit Kürzungen in Höhe von 10% bezogen auf Sach- und Personalkosten vorgenommen. Gleichzeitig kam es beim öffentlichen Träger zu einem Personalabbau in Höhe von 8% aller für diesen Bereich zuständigen Stellen, wovon vier Personalstellen in Einrichtungen gestrichen und fünf weitere Stellen aus dem Bereich der offenen Kinder- und Jugendarbeit in den Bereich Soziale Dienste verlagert und dort für die Hilfen zur Erziehung eingesetzt wurden. Dies ist ein weiterer Anhaltspunkt für die These, dass im Bereich der Grundausstattung gekürzt wird und in dem Bereich des gesetzlich garantierten Leistungsanspruchs im Einzelfall draufgesattelt wird (was sich aber angesichts der internen Verschiebepraxis statistisch nicht unmittelbar auswirkt).

- In Hamburg werden beim öffentlichen Träger im Bereich der offenen Kinder- und Jugendarbeit zahlreiche Stellen ‚bewirtschaftet', was z.B. dazu führte, dass in einer Fachabteilung von 35 statistisch vorhandenen Stellen 15 Stellen faktisch nicht besetzt waren.

- In Hannover müssen im Jahre 2001 im Kommunalen Sozialdienst 5% der Personalkosten (das entspricht 13,5 Planstellen) eingespart werden. Im Bereich der offenen Kinder- und Jugendarbeit wird mindestens eine Einrichtung geschlossen, und die übrigen Zentren müssen ebenfalls mit Einsparungen von ca. 5% im Personalbereich überleben.

Der Jugendamtsleiter von Osnabrück resümiert:

„Einerseits ist der oft gefürchtete, prophezeite, kolportierte Kahlschlag in der Kinder- und Jugendarbeit ausgeblieben. Es kam zu keiner Schließungswelle von Einrichtungen. [...] Auf der anderen Seite gibt es nicht mehr die richtig gut ausgestatteten Jugendeinrichtungen, die in den 80er Jahren mal existierten. Politiker wollten keine potenziellen oder tatsächlichen WählerInnen verärgern; zudem wurden Kinder- und Jugendeinrichtungen in gewisser Hinsicht als dringlich erachtet. Deshalb wurde oft anstelle von Schließungen der Weg gewählt, die Personaldecke zu ‚verschlanken' und den Sachkostenetat auszudünnen. Einrichtungen, die ihre Öffnungszeiten nur noch unter Zuhilfenahme von Zivildienstleistenden und Honorarkräften sichern, sind ganz bestimmt nicht die Ausnahme" (Weber 2002, S. 15).

Inwiefern solche Kürzungen unter quantitativen Gesichtspunkten durch befristet zur Verfügung stehende Mittel aufgefangen werden können, ist noch offen. Nachteilige Folgen zeigen sich indes für die *Qualität* der Jugendhilfe in den Kommunen und Landkreisen. Exemplarisch verdeutlichen lässt sich das am Bereich der offenen Arbeit mit Jugendlichen. Unstrittig ist, dass Jugendliche – egal ob sie nun in so genannten schwierigen Lebensverhältnissen aufwachsen oder in recht(s) ordentlichen – wesentlich geprägt werden durch Umgang mit solchen Menschen, die sich um sie kümmern, denen sie vertrauen, die ihnen Angebote zur Erklärung ihrer Lebenswelt bieten und ihnen Hilfestellung bei der Befriedigung ihrer persönlichen und altersspezifischen Bedürfnisse leisten. Diese Aufgaben sind umso wichtiger, als zahlreiche, einstmals funktionierende gesellschaftliche Netze wie etwa Kirchengemeinden, gewerkschaftliche Milieus, Vereine usw. längst nicht mehr die Bindungs- und Sozialisationskraft haben wie einst. Soziale Arbeit in Jugendzentren, im Rahmen mobiler Jugendarbeit und anderer Bereiche der offenen und immobiliengestützten Arbeit mit Jugendlichen verfügte in den 70er und 80er Jahren über eine ordentlich ausgebaute Regelstruktur für jugendspezifische Angebote, und zwar nicht nur für prekäre Lebenssituationen, sondern als grundsätzliche Sozialisationsunterstützung für Jugendliche neben den klassischen Säulen Elternhaus, Schule und Beruf (vgl. dazu Pleiner 2001).

Nun sind Zeit und Zuwendung Ressourcen, deren Wirkungen sich mit klassischen betriebswirtschaftlichen Instrumenten nur sehr bedingt erfassen lassen – insbesondere, wenn man fixiert ist auf kurzfristige ‚Erfolge'. So fällt der ‚Einsatz' von beziehungsfähigen, glaubwürdigen Personen in der kommunalen Sozialarbeit vielerorts den oben beschriebenen Streichungs-Zufälligkeiten zum Opfer: Die fälschlicherweise so genannten ‚freiwilligen' Leistungen im KJHG erlauben einen erheblich stärkeren Zugriff auf das Personal als die fälschlicherweise so genannten ‚Pflicht'-Leistungen, insbesondere die auf der Grundlage eines individuellen Leistungsanspruchs angemeldeten. Da werden Jugendzentren geschlossen, Stellen in der mobilen Jugendarbeit abgebaut, flexible Dienste abgeschafft und Beratungsstellen dichtgemacht, und zwar trotz eindringlichster Warnungen aller Jugendhilfe-Experten, die immer wieder darauf hinweisen, dass dieser Gesellschaft die heute vernachlässigten Jugendlichen übermorgen als Geisterfahrer auf der Gegenfahrbahn u.a. auch in rechtsextremem Outfit wieder begegnen werden.

Und in der Tat stoßen in das dann entstehende Vakuum von glaubwürdigen Menschen, überzeugenden Werten, interessanten Lebensperspektiven und nutzbaren Immobilien zahlreiche rechtsextreme Gruppierungen, die genau diejenigen Inhalte und Ansprechformen beherrschen, die eben nicht so ohne weiteres durchs Internet zu ersetzen sind: Direkte Kontaktaufnahme in zahlreichen Gesprächen, Angebote für Abenteuer und Gemeinschaftserlebnisse, eine einfach geschnitzte, leicht verständliche und oberflächlich einleuchtende Ideologie – und dies durchaus bezogen auf die jeweiligen Lebensverhältnisse der angesprochenen Jugendlichen, die angesichts unsicherer gesellschaftlicher Perspektiven in vielerlei Hinsicht als prekär zu bezeichnen sind. Manche rechtsextreme Organisation hat durchaus verstanden, dass sich der Einsatz von Menschen mit Zeit und kommunikativen Fähigkeiten für eine schlagkräftige Organisation zumindest mittelfristig auszahlt. Damit sind sie – nicht nur in diesem Punkt – den staatlichen Organen ein ganzes Stück voraus. Rechte Kader erreichen ihre Adressaten viel leichter als ein bei der Kommune angestellter Sozialarbeiter, der ohne Pfennig in der Handkasse und keinen Etat für irgendwelche Events mit den Jugendlichen Kontakt aufnehmen soll und gleichzeitig selbst von Perspektivlosigkeit betroffen ist, da er nach ein- bis zweijähriger ABM- oder Modell-Projekt-Tätigkeit wieder entlassen wird, obwohl er gerade erst warmgelaufen ist.

Das mit großem Getöse durchgeführte „Anti-Gewalt-Programm" in den neuen Bundesländern ist dafür ein beeindruckendes Beispiel. Trotz eines gelegentlich hohen fachlichen Niveaus finden die meisten Programme eben keine entsprechende Fortführung auf Seiten von Ländern und Kommunen und somit wird die kurzfristig vorgenommene Investition ins Personal leichtfertig verschleudert, da die ohnehin mühevoll aufgebauten Beziehungen abgebrochen und von den Fachkräften ersetzt werden, die im Zuge des nächsten Programms ins jeweilige Milieu geschickt werden. Eine nicht dauerhaft gesicherte Finanzierung führt zu der abstrusen Situation, dass die professionellen Akteure im Kern von der gleichen Problematik betroffen sind wie ihr Klientel: vor völlig unklaren Lebens- und Berufsperspektiven zu stehen. Zugleich ist es auch volkswirtschaftlich wenig schlüssig, wenn ein Großteil der Arbeitszeit von Sozialarbeitern damit ausgefüllt wird, dass sie in wiederkehrenden Abständen um den Erhalt ihres Arbeitsplatzes kämpfen müssen und sich weniger um Jugendliche kümmern können, weil sie ausgelastet sind mit dem Verfassen von Anträgen und Abrechnungen.

Ähnliche Phänomene zeichnen sich auch im Bereich der Allgemeinen Sozialdienste ab. Ohnehin konfrontiert mit einem potenziell unendlichen Fallanfall und ohne Steuerungsmöglichkeiten über kostenauslösende Verfahren (wie das etwa bei den Hilfen zur Erziehung nach § 27ff KJHG der Fall ist), müssen die Allgemeinen Sozialdienste auf zahlreiche Anfragen reagieren bzw. von sich aus tätig werden. Wenn nun in diesem Bereich über befristet eingestelltes Personal im Rahmen etwa von einzelnen Projekten zur Kindesmisshandlung, Schuldnerberatung, mobiler Familienarbeit oder Aussiedlerbetreuung sowohl fachliche Kompetenz entwickelt wird als auch Beziehungsstränge zum Klientel und zur professionellen Struktur aufgebaut werden, so ist es geradezu Verschleuderung von öffentlichen Mitteln, wenn sich diese Fachkräfte nach wenigen Jahren wieder beruflich umorientieren müssen und dann etwa in einem Anti-Gewalt-Programm auftauchen oder im Rahmen einer ABM für gute Laune bei offenen Kinderaktionen sorgen sollen.

Qualitätsmindernd wirken sich im Übrigen auch die klassischen Strategien zur Erbringung von Kürzungen im Personalbereich aus, die sich auch eher in einem statistisch unsichtbaren Bereich bewegen: Fehlende Schwangerschaftsvertretungen, Stellenbesetzungssperren, Herauszögern von Wiederbesetzungen durch lange Verfahren, plötzliche Haushaltssperren usw. – allesamt Maßnahmen, durch die zwar keine Stellen statistisch messbar abgebaut werden, durch die aber faktisch weniger Personal zur Verfügung steht, was sich angesichts einer in vielen Fällen an den Aufbau tragfähiger Beziehungen geknüpften Arbeitsnotwendigkeiten sowohl qualitätsmindernd als auch beachtlich kapazitätsverzehrend auswirkt im Hinblick auf immer wieder neu zu erbringender Fallverteilungsprozesse und Zugangs- bzw. Kontaktaufbauleistungen zu schwierigen Klienten oder komplexen (oft abgeschotteten) Milieus.

Somit trügt – zumindest im Bereich der kommunalen Anstellungsträger – der (statistisch vermittelte) Eindruck, dass die Beschäftigungslage der Fachkräfte in der Jugendhilfe noch relativ zufrieden stellend ist. Dieser Befund mag noch am ehesten quantitativ zutreffen, täuscht jedoch mit Blick auf die Qualität einer wirksamen Jugendhilfe und die Ansprüche professioneller Sozialer Arbeit. Zwar mag das investierte Finanzvolumen unter dem Strich nicht gesunken sein; es wird indes angesichts veränderter Finanzierungsstränge verstärkt für ungesicherte Arbeitsplätze genutzt.

Dies muss jedoch nicht in allen Fällen der Qualität der Arbeit abträglich sein. Nachteilig erweisen sich nicht auf Dauer angelegte Arbeitsplätze vornehmlich im Bereich der Grundausstattung sozialer Dienste – also in den Feldern, in denen es darum geht, über Beziehungskontinuität zur Klientel sowie über wirksame Präsenz in sozialen Netzwerken Qualität zu gewährleisten (vgl. dazu Hinte 2000). In anderen Bereichen kann es durchaus sowohl unter fachlichen als auch berufsbiografischen Gesichtspunkten sinnvoll sein, Leistungen von befristet Beschäftigten erbringen zu lassen oder sie an freiberuflich Tätige auszulagern. So hat sich mittlerweile etwa im Bereich der Erbringung der flexiblen Hilfen zur Erziehung nach §§ 27ff. KJHG (vgl. dazu Früchtel u.a. 2001) eine beachtliche Zahl an freiberuflich Tätigen bzw. kleineren Trägern, die mit freiberuflich Tätigen arbeiten, etabliert.

Der Charme dieser Konstruktionen liegt darin, dass diese Fachkräfte als selbstständig Tätige, finanziert vom öffentlichen Träger und beauftragt von den Leistungsberechtigten, fallbezogen in zeitlich befristeten Settings Leistungen erbringen, für die eine hohe zeitliche Flexibilität notwendig ist. Interessant ist für viele Fachkräfte dabei die Möglichkeit, relativ autonom zu entscheiden, wie viele Fälle zu welchem Zeitpunkt angenommen werden und mit welchen Methoden jeweils gearbeitet wird. Sie obliegen keiner Weisung von Vorgesetzten, sondern arbeiten im Rahmen der im Hilfeplanverfahren nach § 36 KJHG niedergelegten Kontrakte, die immer wieder vornehmlich mit den Leistungsberechtigten abgesprochen und evtl. umgeschrieben werden müssen. Es wird sich zeigen, ob sich in diesem Bereich – auch im Gefolge fallspezifischer Finanzierungsformen (Hinte 1999) – ein (quantitativ sicherlich begrenzter) Arbeitsmarkt etablieren wird, der insbesondere für solche Fachkräfte interessant ist, die sich bei der Ausübung ihrer Fertigkeiten in klassischen Normalarbeitsverhältnissen innerhalb von Institutionen eher eingeschränkt fühlen und ihre Qualität erst in einer möglichst selbstbestimmt gestalteten Beziehung „am Fall" entwickeln.

Literatur

Damkowski, Wulf/Precht, Claus (Hrsg.): Moderne Verwaltung in Deutschland. Public Management in der Praxis, Stuttgart/Berlin/Köln 1998
Früchtel, Frank u.a. (Hrsg.): Umbau der Erziehungshilfe, Weinheim/München 2001
Häußermann, Hartmut/Siebel, Walter: Dienstleistungsgesellschaften, Frankfurt/M. 1995
Hinte, Wolfgang Kontraktmanagement und Sozialraumbezug – zur Finanzierung von vernetzten Diensten. In: Dahme, Heinz-Jürgen/Wohlfahrt, Norbert (Hrsg.): Netzwerkökonomie im Wohlfahrtsstaat. Berlin 2000, S. 151-167
Hinte, Wolfgang: Fallarbeit und Lebensweltgestaltung – Sozialraumbudgets statt Fallfinanzierung. In: ISA (Hrsg.): Soziale Indikatoren und Sozialraumbudgets. Münster 1999, S. 82-94
Kaufmann, Franz-Xaver: Herausforderungen des Sozialstaates. Frankfurt/M. 1997
Merchel, Joachim: Kooperative Jugendhilfeplanung. Eine praxisbezogene Einführung. Opladen 1994
Pleiner, Günter: Jugendarbeit in Großstädten. Opladen 2001
Rauschenbach, Thomas: Eine neue Kultur des Sozialen. In: Neue Praxis 6/1997, S. 477-486
Rauschenbach, Thomas: Das sozialpädagogische Jahrhundert. Analysen zur Entwicklung der Sozialen Arbeit in der Moderne. Weinheim/München 1999

Rauschenbach, Thomas/Schilling, Matthias: Suche: Motivierte Spitzenkraft –
Biete: Befristete Teilzeitstelle. In: Rauschenbach, Thomas/Schilling, Matthias (Hrsg.): Kinder- und Jugendhilfereport 1. Analyse, Befunde und Perspektiven. Münster 2001, S. 143-162 (a)

Rauschenbach, Thomas /Schilling, Matthias: Jugendhilfe und Demographie.
Über Risiken der Zukunft und Chancen der Prognose. In: Rauschenbach,
Th./Schilling, M. (Hrsg.): Kinder- und Jugendhilfereport 1. Analyse, Befun-
de und Perspektiven. Münster 2001, S. 221-236 (b)

Weber, Jürgen: Den verloren gegangenen Diskussionsfaden wiederfinden! In:
sozial extra 1/2002, S. 14/15

Bernd Frommelt/Annemarie Klemm

„Doppelporträt"
(Versuch einer Annäherung)

Berlin, 28.05.2001

Lieber Bernd,

seit zwei Monaten bin ich nun Studentin und auch wenn ich bereits vorher eine vage Ahnung von den beruflichen Tätigkeiten meines Vaters hatte, so ist meine Vorstellung von seiner Arbeit (zumindest was den universitären Bereich angeht) in den letzten Wochen sehr viel präziser geworden: Ich habe Prof.s und ihre wissenschaftlichen Mitarbeiter kennen gelernt, Vorlesungen, Proseminare und Sprechstunden besucht, zwischendurch in der Mensa gegessen und in der Bibliothek für Referate recherchiert und mich auf diese Weise nach und nach an den Unibetrieb gewöhnt. Und eben dieser macht ja einen nicht unbeträchtlichen Teil von Klaus' Berufsalltag aus, ist allerdings nicht alles. Kurz gefragt: Was ist ‚der Rest' und was macht ihn aus?

Was kennzeichnet den Bildungsökonomen außer seinem Universitätslehrstuhl und bedarf es überhaupt eines solchen?

Viele Grüße,

Annemarie

Hofheim, 11.06.2001

Liebe Annemarie,

zuerst einmal: Glückwunsch und gute und ertragreiche und fröhliche Studienjahre!

Jetzt wirst du mich – den Steuerzahler B. F. – also einiges Geld kosten! Du schreibst es ja selbst: Der Professor, zu dem du in die Sprechstunde gehst, und seine Mitarbeiter bekommen Gehalt; die Räume, in denen deine Vorlesungen, Proseminare, aber auch die Sprechstunden stattfinden, müssen ausgestattet und unterhalten werden, das Mensaessen wird subventioniert und von der Bibliothek erwartest du, dass sie ausreichend und aktuell ‚bestückt' ist... All das sind Ausgaben für Bildung und Ausbildung, für deine Bildung, für deine Ausbildung.

Wie diese sich berechnen, ob sie deinem und dem gesellschaftlichen Bedarf angemessen sind, ob sie – etwa mit Blick auf die Zukunft – vernünftig verteilt sind, ob sie beispielsweise – verglichen mit anderen Industriestaaten – hoch oder niedrig sind, mit solchen und verwandten Fragen beschäftigt sich der Bildungsökonom. Er analysiert, interpretiert und bewertet vorfindliche Daten und Zahlen: Das eigentlich ist der ‚Rest', nach dem du fragst.

Du fragst aber auch nach dem, „was ihn ausmacht". Und das ist die wirklich spannende Frage! Wer interpretiert und wertet – ob im Bereich der Literatur, der Philosophie, der Ökonomie... oder auch im Bereich der Bildungsökonomie – braucht bekanntlich ‚Messlatten', Leitlinien, Normen; und die muss er offen legen; nur so werden seine Wertungen transparent, seine Positionen nachvollziehbar, seine Einschätzungen triftig, seine Urteile glaubwürdig.

Was diesen ‚Rest' bei deinem Vater, bei meinem Freund Klaus ausmacht, dem sollten wir, schlage ich vor, ein wenig nachgehen. Das wäre dem Anlass angemessen – und wegen unserer unterschiedlichen, aber doch verwandten Zugänge zu ihm vielleicht auch für Leserinnen und Leser hier und da spannend, erhellend und vielleicht sogar unterhaltend.

Kannst du dich denn an Anlässe – private, halböffentliche, öffentliche – Situationen, Gespräche vielleicht erinnern, bei denen dir dämmerte, dass Klaus einer ganz besonderen Spezies zugehört, eben dieser Kreuzung zwischen Erziehungswissenschaft und Ökonomie? Und sind dir vielleicht gar ‚Standpunkte' erinnerlich, die dir einleuchteten – oder auch nicht?

Ich wünsche dir noch einen erfolgreichen Semesterausklang und ein paar schöne Großstadtsommertage

Bernd

PS: Deine Schlussfrage, ob es denn eines Lehrstuhls für Bildungsökonomie überhaupt bedarf, sollten wir, meine ich, noch ein wenig aufschieben.

Berlin, 18.07.2001

Lieber Bernd,

was deine Frage nach „privaten, halböffentlichen oder auch öffentlichen"
Anlässen und Situationen, in denen Klaus' spezieller Zugang zum Bildungswesen deutlich wurde, angeht, ist mir nach einigem Überlegen ein Ereignis eingefallen, welches inzwischen schon einige Jahre zurückliegt. Ich
wende mich also vom Unibetrieb noch einmal ab und ‚gehe' zurück in meine Schulzeit. Vielleicht erinnerst du dich an die Diskussionen, die im No-
vember/Dezember 1997 das so genannte Hochschulrahmengesetz entfacht
hat? Die Details sind mir mittlerweile entfallen, aber es ging unter anderem
um Studiengebühren an den deutschen Universitäten. An mehreren Unis
kam es zu Protestaktionen (z.B. Studentenstreiks) gegen diese Gesetzesno-
velle und es gab große Bemühungen, auch die Schulen in diese ‚Revolten'
einzubeziehen.

Von der Schülervertretung meiner Schule wurde ein Mitglied des Essener
Studentenparlaments eingeladen, vor den SchülerInnen der Oberstufe die
Ziele der universitären Protestaktionen zu erläutern.

Entsetzt berichtete er von den ‚grausamen' Vorhaben der Politiker: Man
wolle Studiengebühren erheben, die Möglichkeiten des Studienfachwech-
sels einschränken und noch so einiges mehr. Sein Fazit lautete in etwa: „Ey,
voll schlimm echt, mal irgendwie soll die Uni nur noch so für alle Reichen
halt zugänglich sein, das ist doch wohl echt nicht okay, was die hier mit uns
abziehen, echt heftig und dagegen wollen wir jetzt auch 'ne Demo machen
und ihr als Schüler solltet euch da mal solidarisieren!"

Es ist kaum zu glauben, aber mit seiner prägnant formulierten Kritik erziel-
te der ‚Studi' einen riesigen Erfolg. Es war ihm zu meinem großen Erstau-
nen gelungen, innerhalb kürzester Zeit eine große Anzahl von Schülern zu
politisieren, die zwar weder die Namen der für Bildungspolitik zuständigen
Bundes- oder Landespolitiker kannten, noch wussten, was die Kultusministerkonferenz ist und sich auch sonst wohl nie zuvor mit irgendeiner politischen Fragestellung auseinandergesetzt hatten. Nun aber einte sie alle die
feste Überzeugung, ihnen geschehe massives Unrecht.

Es lag für mich nahe, bei Klaus nachzufragen, um was es denn da aus seiner
Sicht nun wirklich ging und er erklärte, wozu Studiengebühren unter Umständen nötig seien, wer in welchem Maße davon betroffen wäre, wie in
den verschiedenen Bundesländern schon jetzt damit verfahren werde, wie
andere Länder diese Problematik handhaben und von welcher Seite es welche Kritik gegeben habe.

Spätestens in dem Zusammenhang habe ich begriffen, dass mein Erzieher,
der ja auch hauptberuflich Pädagoge ist, sich weniger mit der Fragestellung

„Warum man Kinder nicht schlagen darf" und „Ab welchem Alter können, sollen oder müssen Kinder Englisch lernen?" auseinandersetzt, sondern sich auf den bildungsökonomischen Bereich konzentriert.

Als ich nun aber vor einiger Zeit aus Interesse einmal das gesamte Vorlesungsverzeichnis meiner Uni durchblätterte, stieß ich bei den Veranstaltungen des Fachbereichs Erziehungswissenschaft im Wesentlichen auf Seminare und Vorlesungen zum Thema „Geschichte und Gegenwart des Emanzipationsprozesses", „Minderheiten, Migration und Mehrsprachigkeit" oder auch „Genetik und Sozialisation". Auch das Vorlesungsangebot des wirtschaftswissenschaftlichen Instituts ist mir bekannt: „Mathematische Propädeutik für Wirtschaftswissenschaftler", „Wirtschaftsrecht" und „Grundlagen der Mikroökonomie" sind hier Thema.

Wo aber ist die Überschneidungsmenge zu finden? Seit wann existiert dieser wissenschaftliche Bereich, wer hat ihn etabliert, welche Bedeutung hat er?

Vielleicht hast du die eine oder andere Antwort; ich warte drauf.

Viele liebe Grüße,

Annemarie

Hofheim, 26.07.2001

Liebe Annemarie,

in einem in den 70er Jahren weit verbreiteten „Wörterbuch der Erziehung" finde ich zum Stichwort „Bildungsökonomie" Folgendes:

„Bildungsökonomie ist eine Disziplin der Wirtschaftswissenschaften. Sie befaßt sich mit der Frage nach dem optimalen Einsatz von Mitteln im Ausbildungsbereich unter makroökonomischen und mikroökonomischen Gesichtspunkten [...]. Als relativ eigenständiger Zweig der Wirtschaftswissenschaft kann Bildungsökonomie eigentlich erst seit Beginn der 60er Jahre dieses Jahrhunderts verstanden werden [...]"

Offensichtlich hat sich also, was die Zuordnung der Bildungsökonomie anlangt, eine Art Paradigmenwechsel vollzogen: von der Bildungs*ökonomie* zur *Bildungs*ökonomie. Und dein Vater versteht sich sicher und einschränkungslos und wenn man seine Texte liest, ihn hört, mit ihm redet völlig zu Recht als *Bildungs*ökonom; deshalb – um auf deinen letzten Brief zurückzukommen –, würde er sich vermutlich auch mit der Frage, warum man

290

Kinder nicht schlagen darf, beschäftigen. Er würde aber sicherlich zunächst nach den Umständen fragen, unter denen Menschen leben, die so ausrasten, vielleicht auch nach deren materieller Lage, um danach Konzepte – natürlich auch pädagogische – vorzuschlagen, mit deren Hilfe man solche Brutalitäten wenigstens lindern könnte.

„Vorschläge" ist, glaube ich, ein weiterführendes Stichwort! Dein Vater ist ein Wissenschaftler, der Vorschläge macht – mal auf Anfragen (von Kultusministerien oder anderen staatlichen Institutionen, von Verbänden, von Parteien, von Stiftungen: Wie man denn die Arbeitszeit der Lehrerinnen und Lehrer vernünftig regeln solle? Wie man Forschungsergebnisse sinnvoll in die Praxis umsetzen könne? ...), mal ungefragt, weil er Missstände aufdecken, Entwicklungen korrigieren will (Wie kann der steigenden Arbeitslosigkeit junger Menschen gegengesteuert werden? Wie können die zweifelsohne nicht üppigen Ressourcen für den Bildungs- und Ausbildungsbereich zumindest sinnvoll und gerecht verwandt werden? ...).

Kurz: Dein Vater ist ein Wissenschaftler, der sein Wissen nicht im ‚Elfenbeinturm' hortet, sondern anzuwenden trachtet, der sein ‚Privileg', unabhängig forschen und arbeiten zu können, dadurch abgilt, dass er dieses Wissen anderen – der Öffentlichkeit – verfügbar macht mit dem Ziel, zu einer möglichen Verbesserung der gesellschaftlichen Zustände beizutragen (Nebenbei: im Bereich der Erziehungswissenschaft eine nicht eben häufig anzutreffende Haltung!).

Dein Vater steht so in der Tradition der Aufklärung. Meine ich jedenfalls... So nehme ich ihn wahr nach all den Jahren, in denen wir miteinander zu tun haben, in denen wir befreundet sind.

Was meinst du: Habe ich ihn idealisiert? Interessiert er dich in dieser Rolle überhaupt? Fallen dir vielleicht Beispiele ein, die zeigen, dass seine Vorschläge auch Folgen hatten? Muss ich mein Bild retuschieren...?

Liebe Grüße und arbeite in den Semesterferien nicht zu viel.

Bernd

Lieber Bernd,

mit deiner Einschätzung, Klaus sei ein Bildungsökonom, der seinen Wissenschaftsbereich eher den Wirtschaftswissenschaften zuordnet, liegst Du wahrscheinlich richtig, schließlich betont er immer wieder gerne, dass er eigentlich ja gar nicht Pädagogik studiert hat. Dementsprechend richten sich seine von dir bereits erwähnten Vorschläge eben auch an alle die, welche einen unter ökonomischen Gesichtspunkten stehenden Bezug zu Schulen, Hochschulen und ähnlichen Ausbildungsinstitutionen haben.

Er stellt seine Forschungsergebnisse denen zur Verfügung, die zumindest theoretisch in der Lage wären, aus diesen wissenschaftlich gewonnenen Erkenntnissen auf irgendeine Art und Weise Konsequenzen zu ziehen.

In meiner Wahrnehmung ist er dabei immer bemüht, möglichst unabhängig zu bleiben; ich denke, er ist eher konfliktfreudig denn -scheu und gelegentlich sogar dazu bereit, einen Fehler einzugestehen. Ob mein Eindruck, er lasse sich nicht vereinnahmen, richtig ist und ob er wirklich, wie du sagst, in der Tradition der Aufklärung steht, kann ich schwer sagen. Wahrscheinlich weiß er nur selber, inwieweit er sich zu Recht mit derartigen Traditionen identifiziert.

Kritiker würden vielleicht bemängeln, dass Klaus die Möglichkeit, ein Amt zu übernehmen, das ihn mit den zur Durchsetzung seiner Ideen notwendigen Kompetenzen ausgestattet hätte, nicht genutzt hat, sondern der freien Forschung die Priorität gegeben hat. Mir persönlich imponiert das eher, zumal ich denke, auf diese Weise äußert sich die Zugehörigkeit zu einer gewissen, in der zweiten Hälfte der 60er Jahre recht aktiven Generation, deren Ideale zwar oft Spott und Häme ausgesetzt waren, dennoch nicht unsympathisch sind...

„Fallen dir vielleicht Beispiele ein, die zeigen, dass seine Vorschläge auch Folgen hatten?", lautete eine der Fragen, die du mir in deinem letzten ‚Brief' gestellt hast und ich würde das gerne mit einer Gegenfrage beantworten: dir denn? Vielleicht ein Beispiel, an dem du auch beteiligt warst? Eines, was uns bestärkt in der Vermutung, es könne sich bei Klaus um einen Humanisten handeln?

Eines, was ihn an seinem 60. Geburtstag in seinem Tun bestätigt? Ich bin gespannt, was dir dazu einfällt.

Herzliche Grüße,

Annemarie

Liebe Annemarie,

mit der von dir elegant zurückgespielten Frage, ob denn Klaus' Vorschläge auch Folgen hatten, bringst du mich fast in Verlegenheit, sicher aber ins Grübeln.

Bestimmt haben viele seiner Gutachten, Expertisen – etwa zur Arbeitszeit der Lehrerinnen und Lehrer – politische Entscheidungen oder Positionen der Gewerkschaften beeinflusst. Und mir sind nachhaltig die ‚Geheimsitzungen' in idyllischen Weinlokalen im Nahetal erinnerlich, in deren Rahmen Klaus einer erlesenen Schar bedeutender Ministerialbeamter aus den so genannten ‚A-Ländern' einen Crash-Kurs in Datenanalyse und -interpretation verabreichte (es ging dabei um die von der Bund-Länder-Kommission Anfang der 80er Jahre verantwortete Auswertung der Modellversuche mit Gesamtschulen): erfolgreich übrigens und also folgenreich!

Aber wie ist es mit dem, was den Kern seines öffentlichen Engagements als Wissenschaftler eigentlich ausmacht: Sein seit rund dreißig Jahren unermüdliches Hinweisen darauf, dass unsere Schule, unser Bildungswesen von der Einlösung der nicht zuletzt vom Grundgesetz geforderten Zieldimension ‚Chancengleichheit' immer noch weit entfernt sei?

Zwar ist es ihm gelungen, die griffige Metapher ‚Kellerkinder' für die 15% lernschwächeren jungen Menschen populär zu machen, für die, denen die Abschiebung ins gesellschaftliche Abseits droht, wenn – wie er schreibt – die Gesellschaft „sich ausschließlich um die Qualität von Bildung und Ausbildung der durchschnittlich Leistungsfähigen und derer, die Spitzenleistungen erbringen können, kümmert."

Ob sein imponierend hartnäckiges Insistieren jedoch konkrete Folgen haben wird – irgendwann, irgendwie oder irgendwo...?

Es wird – vermute ich, liebe Annemarie, aber vielleicht siehst du das aus der Nähe anders? – auf die Hoffnung Bert Brechts hinauslaufen, die er Laotse in seiner „Legende von der Entstehung des Buches Taoteking" unterschiebt:

Der Zöllner fragt den Knaben, der Laotses Ochsen führt:
„Kostbarkeiten zu verzollen?" Antwort: „Keine."
Und dann der Knabe weiter: „Er hat gelehrt."
Doch der Mann in einer heitren Regung
Fragt noch: „Hat er was rausgekriegt?"
Sprach der Knabe: „Dass das weiche Wasser in Bewegung
Mit der Zeit den mächtigen Stein besiegt.
Du verstehst, das Harte unterliegt."

Nur mit diesem Bild, Annemarie, vermag ich – leider? – deine Frage nach den Folgen der Vorschläge, an denen ihm letztendlich liegt, behutsam zu beantworten...

Hierher gehört, glaube ich, noch ein kleiner Hinweis – deine dezente Bemerkung aufgreifend, mit der du Klaus den dir „nicht unsympathischen" „68ern" zuordnest. 1983 beispielsweise hat er (bei irgendeiner SPD-Veranstaltung) knackig, wie man so sagt, ‚Klartext' geredet:

> „Bildungsreform ist Verteilungskampf: Bei der Veränderung des Bildungssystems geht es um den Zugang zu gesellschaftlicher Macht und damit um deren Umverteilung. Wer in der Bildungspolitik die Interessen der ‚kleinen Leute' wahrnehmen will, muss Machtverhältnisse, Privilegien und Reformwiderstände benennen und auch auf Interessengegensätze zurückführen. Denn: Es gibt vielleicht einen Sachzwang zur Modernisierung, nicht aber zu Reformen."

Und ein paar Sätze weiter macht er damals deutlich, worüber wir schon gesprochen haben: dass sein Arbeiten, sein Umgang mit Zahlen und Daten immer nur dienende Funktion hat:

> „Bildungsreform muss sich, nicht wahr, auch wörtlich als Reform der Bildung verstehen. Im Streit um Formen der Unterrichtsorganisation, um Schulgrößen, um Schüler/Lehrer-Relationen [...] ging in weiten Teilen der Bevölkerung und vielleicht auch bei manchem sozialdemokratischen Politiker das Gefühl dafür verloren, daß es im Kern darauf ankommt, was Kinder in Schulen lernen und wie sie dort miteinander umgehen."

Abgesehen davon, dass er heute möglicherweise, nein: sicher schmiegsamer formulieren würde: Mir kommt es nicht nur darauf an, auf die Konstanz seiner Positionen und Haltungen verweisen zu können – mir geht es zuletzt darum, dich darauf aufmerksam zu machen, wie souverän er mit Textsorten spielen kann.

Dass er wissenschaftliche Texte schreibt, ist selbstverständlich; dass er Beiträge für Zeitschriften und Zeitungen zu verfassen vermag, die ohne ‚Substanzverlust' anschaulich und verständlich bleiben, ist schon bemerkenswert, dass er schließlich durchaus in der Lage ist, zugespitzt, holzschnittartig, gar polemisch für Parteitage und -foren oder für Gewerkschaften zu formulieren, ist zumindest sehr bemerkenswert.

Klaus kann den Germanisten nicht verleugnen. Oder?

Aber das hieße ein neues Fass aufzumachen. Erwähnen sollten wir aber schon, dass er über Seume promoviert hat, immer noch – oder wieder? – gerne Robert Musil liest und von Heinrich Manns „Henri Quatre" nicht lassen kann – vielleicht, weil Henri – wenn ich mich recht erinnere – eben als streitbarer Humanist gezeichnet ist („Die große Neuerung, der wir beiwohnen, ist die Menschlichkeit", heißt es irgendwo im Roman), vielleicht aber auch deshalb, weil es Heinrich Mann auch darum geht, Französisches und Deutsches sich durchdringen zu lassen (was Klaus auch nicht ganz fremd ist).

Habe ich jetzt ‚abgehoben', liebe Annemarie, deinen Vater im Eifer des Gefechts zu sehr idealisiert? Meine Frau Elke übrigens sagt immer, Klaus sei einer von den ganz wenigen Männern, die nicht eitel seien, obwohl sie durchaus Grund dafür hätten. Ein Kompliment, das man zu seinem 60. Geburtstag ruhig mal laut sagen darf. Aber, was meinst du, hat sie recht?

Mein letzter Brief an dich ist lang geworden, zu lang vielleicht – aber dafür hast du jetzt das letzte Wort...

Liebe Grüße,

Bernd

PS: „Was kennzeichnet einen Bildungsökonomen und bedarf es überhaupt eines solchen?", hast du mich in deinem ersten Brief gefragt; was einen Bildungsökonomen kennzeichnet, weiß ich immer noch nicht genau – aber was den Bildungsökonom Klaus Klemm, deinen Vater, kennzeichnet, haben wir, denke ich, ganz gut herausgearbeitet – und dass es einen wie ihn bedarf in diesen Zeiten, bin ich mir jedenfalls sicher.

Berlin, 8.09.2001

Lieber Bernd,

Vermutlich trifft dein Brecht-Zitat zu. Ende der neunziger Jahre ist Klaus mal von einer Zeitschrift namens Bizz als Visionär charakterisiert worden. Im Rahmen eines mehrere Seiten umfassenden Berichts wurden einige Menschen vorgestellt, die versuchen, politisch und/oder gesellschaftlich etwas zu verändern; Männer und Frauen, die nicht nur hartnäckig auf einen Missstand hinweisen, sondern gleichzeitig auch Lösungsvorschläge präsentieren. Bezogen auf Klaus stellte der Autor fest, dass dessen Bemühungen nicht umsonst gewesen seien, und (an den genauen Wortlaut kann ich mich nicht mehr erinnern) inzwischen sogar Klaus' Partei dahinter gekommen sei, dass seine Ideen zur Verbesserung des deutschen Bildungssystems nicht außer Acht zu lassen seien. Er hat also sicherlich einige Steine ins Rollen oder eben mit Brecht gesprochen „viel Wasser in Bewegung" gebracht.

Indem du Klaus' Neigung zur Literatur ansprichst, öffnest du ein neues Fass und stellst, nachdem wir lange über Klaus, den Bildungsökonomen gesprochen haben, fest, dass es bei Klaus auch „ein Leben außerhalb der Pädagogik" gibt. Man merke Klaus in seinen Vorträgen und Reden oder auch in Artikeln und Aufsätzen den Germanisten an, sagst du und schilderst ihn als eloquent und sprachlich gewandt. Umgekehrt gilt sicherlich auch, dass der begeisterte Leser Klaus vor allem politische Literatur mag, zu Recht erwähnst du u.a. Heinrich Mann, dessen Werke größtenteils hochpolitisch sind und in Klaus' Promotion geht es eben um politisches Denken bei Johann Gottfried Seume.

Ich möchte allerdings noch auf einen anderen Aspekt hinaus: In den letzten Jahren ist immer häufiger die Rede vom „Lebenslangen Lernen". Das Wissen vergrößert sich rapide und der moderne Mensch ist gefordert, sich ein Leben lang weiterzubilden. Literatur, Geschichte oder auch Kunstgeschichte sind Interessenschwerpunkte seit Klaus Schüler ist und er hat bis heute niemals aufgehört, sich damit zu beschäftigen – auch wenn er natürlich weniger Zeit dafür zur Verfügung hat als beispielsweise während seines Studiums, so ist er dennoch ‚am Ball geblieben'. Aber nicht nur, dass er diese Interessen gepflegt und seine Kenntnisse regelmäßig ergänzt hat, er hat auch seinen Interessensbereich erweitert, und zwar in vielerlei Richtungen. So ist er z.B. inzwischen ganz gut in der Lage, die Möglichkeiten eines Computers für seine Zwecke zu nutzen. Doch auch anderen Bereichen ist er zugeneigter als sicher noch vor zehn Jahren: Ich habe mich zwar sehr bemühen müssen, aber heute teilen Klaus und ich die Einschätzung, dass der Besuch einer Oper oder eines Balletts überaus lohnenswert ist. Klaus ist wohl nie stehen geblieben, sondern entwickelt sich weiter, denn „nur wer sich ändert", so stellte der von Klaus geschätzte Wolf Biermann einmal fest, „bleibt sich treu".

Hat Elke Recht? Ich drücke es mal diplomatisch aus: Ob Klaus eitel ist oder nicht, davon muss sich jeder sein eigenes Bild machen, aber Grund dazu hat bzw. hätte er mit Sicherheit. Und ich denke, wir haben einige der potenziellen Gründe hier nachvollziehbar zusammengetragen.

Mein letzter Beitrag ist hiermit beendet und wir haben, glaube ich, im Laufe unseres Briefwechsels vieles angesprochen, was Klaus interessieren und hoffentlich auch erheitern wird. Was uns jetzt noch bleibt? Wünschen wir deinem Freund und meinem Vater Klaus von ganzem Herzen alles Gute zum 60. Geburtstag!

Herzliche Grüße,

Annemarie

Zu den Autorinnen und Autoren

Isabell van Ackeren ist wissenschaftliche Mitarbeiterin in der Arbeitsgruppe Bildungsforschung/Bildungsplanung an der Universität Essen.

Gabriele Bellenberg, Dr. phil., ist wissenschaftliche Assistentin in der Arbeitsgruppe Bildungsforschung/Bildungsplanung an der Universität Essen.

Wolfgang Böttcher, Dr. rer. pol., ist Leiter des Parlamentarischen Verbindungsbüros des Hauptvorstandes der GEW in Berlin.

Ursula Boos-Nünning, Dr. rer. soc. oec., ist Professorin für Erziehungswissenschaft an der Universität Essen mit dem Schwerpunkt Ausländerpädagogik und ist seit 1999 Rektorin der Essener Hochschule.

Heidrun Breyer ist Landesvorsitzende der GEW in Mecklenburg-Vorpommern.

Hermann Budde, Dr. ing., ist Referatsleiter im Ministerium für Bildung, Jugend und Sport des Landes Brandenburg.

Edelgard Bulmahn ist Bundesministerin für Bildung und Wissenschaft.

Manfred Dammeyer, Dr. paed., Honorarprofessor, Abgeordneter des Landtags von Nordrhein-Westfalen.

Christoph Ehmann, Staatssekretär a.D.

Bernd Frommelt ist Abteilungsleiter im Hessischen Kultusministerium.

Andreas Gruschka, Dr. phil., ist Professor für Erziehungswissenschaft mit der besonderen Berücksichtigung der Schulpädagogik und der Allgemeinen Pädagogik an der Universität Frankfurt.

Imma Hillerich ist Referentin im Ministerium für Bildung, Jugend und Sport des Landes Brandenburg.

Wolfgang Hinte, Dr. päd., ist Leiter des ISAAB (Institut für Stadtteilbezogene soziale Arbeit und Beratung) an der Universität Essen.

Hartmut Holzapfel ist Abgeordneter im Hessischen Landtag.

Marianne Horstkemper, Dr. phil., ist Professorin für Schulpädagogik mit den Schwerpunkten Allgemeine Didaktik und Empirische Unterrichtsforschung an der Universität Potsdam.

Yasemin Karakaşoğlu, Dr. phil., ist Hochschulassistentin in der Arbeitsgruppe Interkulturelle Pädagogik im Fachbereich Erziehungswissenschaft an der Universität Essen.

Hartmut Kienel war Abteilungsleiter für Grundsatzfragen im Brandenburgischen Ministerium für Bildung, Jugend und Sport.

Annemarie Klemm ist Studentin der Volkswirtschaftslehre und der Geschichte an der Humboldt-Universität in Berlin.

Wolfgang Klemm, Dr. rer. oec., ist Managing Director der Pari Capital AG in München.

Beatrix Lumer, Dr. paed., ist Professorin für Erziehungswissenschaft mit dem Schwerpunkt Primarstufenpädagogik an der Universität Essen.

Jürgen Lüthje, Dr. jur. Dr. phil. h. c., ist Präsident der Universität Hamburg.

Wolfgang Nieke, Dr. paed., ist Professor für Allgemeine Pädagogik an der Universität Rostock.

Elke Nyssen, Dr. phil., ist Professorin für Schulpädagogik mit dem Schwerpunkt „Lehrämter für die Sekundarstufen" an der Universität Essen.

Thomas Rauschenbach, Dr. rer. soc., ist Direktor des deutschen Jugendinstituts (DJI) in München

Karl-Heinz Reith, Journalist und Erziehungswissenschaftler, ist politischer Korrespondent im Hauptstadtbüro Berlin der Deutschen Presse-Agentur (dpa).

Jutta Roitsch, Dipl. Politologin, ist langjährige Leiterin des Ressorts Bildung der Frankfurter Rundschau.

Hans-Günter Rolff, Dr. rer. pol., ist Professor für Schulpädagogik mit besonderer Berücksichtigung der Bildungsplanung an der Universität Dortmund. Er ist Leiter des dortigen Instituts für Schulentwicklung.

Eva-Maria Stange, Dr. rer. nat., ist Bundesvorsitzende der GEW und – neben einer Vielzahl anderer Funktionen – Mitglied des Exekutiv-Komitees der Bildungsinternationale.

Christian Strücken ist Lehrbeauftragter an der Universität Essen, Referendar für das Lehramt der Sekundarstufen I und II mit den Fächern Biologie und Chemie und Freelancer.

Elke Sumfleth, Dr. rer. nat., ist Professorin für Chemiedidaktik an der Universität Essen und Leiterin des dortigen Zentrums für Lehrerbildung.

Anke Thierack, Dr. phil., ist wissenschaftliche Mitarbeiterin in der Arbeitsgruppe Bildungsforschung/Bildungsplanung an der Universität Essen.

Klaus-Jürgen Tillmann, Dr. päd., ist Professor für Pädagogik und Didaktik der Sekundarschule in Bielefeld sowie Wissenschaftlicher Leiter der Laborschule.

Sybille Volkholz, Diplom-Soziologin, ist u.a. Sprecherin der BAG Bildung von Bündnis 90/Die Grünen, Koordinatorin der Bildungskommission der Heinrich-Böll-Stiftung und Betreuerin des Projektes Partnerschaft Schule-Betrieb der IHK Berlin.

Michael Weegen, Dr. phil, Lehrer, Hochschulplaner, Leiter des Projekts ‚Informationssystem Studienwahl und Arbeitsmarkt' (ISA) und wissenschaftlicher Mitarbeiter der Arbeitsgruppe Bildungsforschung und Bildungsplanung an der Universität Essen.

Steffen Welzel, Mitglied des Geschäftsführenden Vorstands der GEW, ist seit 1978 verantwortlicher Redakteur der Zeitschrift ‚Erziehung und Wissenschaft'.

Dieter Wunder, Dr. phil., ist als bildungspolitischer Berater tätig.